HISTOIRE MACCARONIQUE
DE
MERLIN COCCAIE

PARIS. — IMP. SIMON RAÇON ET COMP., RUE D'ERFURTH, 1

HISTOIRE MACCARONIQUE
DE
MERLIN COCCAIE
PROTOTYPE DE RABELAIS

OÙ EST TRAICTÉ

LES RUSES DE CINGAR, LES TOURS DE BOCCAL
LES ADVENTURES DE LEONARD
LES FORCES DE FRACASSE, LES ENCHANTEMENS DE GELFORE ET PANDRAGUE
ET LES RENCONTRES HEUREUSES DE BALDE

AVEC DES NOTES ET UNE NOTICE

PAR G. BRUNET
DE BORDEAUX

NOUVELLE ÉDITION REVUE ET CORRIGÉE SUR L'ÉDITION DE 1606

PAR

P. L. JACOB
BIBLIOPHILE

PARIS
ADOLPHE DELAHAYS, LIBRAIRE-ÉDITEUR
4-6, RUE VOLTAIRE, 4-6

1859

PRÉFACE DE L'ÉDITEUR

L'ANCIENNE traduction du poëme macaronique de Théophile Folengo nous a paru digne de faire entrer ce poëme dans notre *Bibliothèque gauloise*, quoique l'original soit écrit en latin mêlé d'italien et de patois mantouan. Cette traduction, dont l'auteur est resté inconnu, appartient certainement à un des écrivains les plus facétieux et les plus drolatiques de la fin du seizième siècle. C'est à ce titre, surtout, qu'elle mérite de figurer dans une collection de nos vieux poëtes, de nos vieux conteurs et de nos vieilles facéties; car Merlin Coccaie a été, pour ainsi dire, naturalisé Français, ou plutôt Gaulois, par le fait de son traducteur anonyme.

Nous nous sommes demandé quel pouvait être ce traducteur, qui, sans écrire toujours correctement, manie la langue française avec aisance et y trouve une variété presque inépuisable de tours de phrase, de locutions burlesques et de mots nouveaux, pour rendre les idées et les images bouffonnes du créateur de la poésie macaronique. Nous avons pensé d'abord à Gabriel Chappuis, traducteur des *Mondes célestes, terrestres et infernaux* de Doni ; à Roland Brisset, sieur Du Jardin, traducteur de la *Dieromène*, de Grotto, et de l'*Alcée*, d'Ongaro ; à Jacques de Fonteny, traducteur des *Bravacheries du capitaine Spavente*, de François Andreini ; à Pierre de Larivey, traducteur des *Nuicts de Straparole*, enfin, à Noël du Fail, etc.; mais il nous a été impossible d'asseoir nos suppositions errantes sur la moindre preuve.

Le privilége du roi, daté du 3 août 1605, lequel manque dans la plupart des exemplaires de l'édition de 1606, est accordé à Gilles Robinot, marchand libraire à Paris, avec permission d'imprimer ou faire imprimer l'Histoire macaronique de Merlin Coccaie. Mais Gilles Robinot céda ce privilége à Pierre Pautonnier, libraire et imprimeur du roi, et à Toussaint du Bray, et le livre fut imprimé sans doute par Pierre Pautonnier. Au reste, tous les exemplaires que nous avons vus portent l'un ou l'autre nom de libraire, Pautonnier ou du Bray ; il n'y en a aucun qui ait le nom de Gilles Robinot, quoique ce libraire ait exercé jusqu'en 1627; on est donc autorisé à conclure de ce fait que Gilles Robinot n'a pas voulu mettre son nom au livre qu'il devait publier et qu'il laissa exploiter à ses deux cessionnaires.

Ce livre est intitulé : *Histoire macaronique de Merlin Coccaie, prototype de Rablais* (sic) *où est traicté les ruses de Cingar, les tours de Boccal, les adventures de Leonard, les forces de Fracasse, enchantemens de Gelfore et Pandrague, et les rencontres heureuses de*

Balde, etc. Plus l'horrible Bataille advenue entre les Mousches et les Fourmis. C'est un volume petit in-12, de six feuilles préliminaires, y compris le privilége, et de 901 pages; les deux derniers feuillets, chiffrés 899, 900 et 901, sont en plus gros caractères que le reste du volume, et paraissent avoir été réimprimés comme cartons. Il y a aussi, dans le volume, plusieurs autres feuillets, (voyez les pages 502 et 503,) qui sont évidemment des cartons destinés à supprimer quelques passages du texte après l'impression. Cette traduction, dont les exemplaires bien conservés sont fort rares et se trouvent presque tous divisés en deux volumes, a été réimprimée une seule fois, sans notes et sans préface, en 1735, à Paris, 2 volumes in-12. Une partie des exemplaires porte la date de 1606, comme l'édition originale. Nous croyons que l'édition de 1734 a été faite par Urbain Coustelier, avec privilége tacite.

« L'auteur de cette traduction n'est pas connu, dit Viollet-Leduc dans la deuxième partie de sa *Bibliothèque poétique;* elle m'a paru fort peu exacte, autant que j'en ai pu juger ; d'ailleurs, le patois de Mantoue est très-difficile à comprendre. Cependant l'original contient une petite pièce pastorale, intitulée *Zanitonella,* qui m'a paru un véritable chef-d'œuvre de naïveté et de grâce : le traducteur l'a entièrement passée sous silence. » Sans doute, cette traduction n'est pas scrupuleusement littérale, mais elle se recommande aux études des philologues, comme nous l'avons dit plus haut, par une prodigieuse abondance de phrases, de proverbes et de mots qui appartiennent à la langue comique et facétieuse. On doit s'étonner que Philibert-Joseph Leroux n'ait pas mis à contribution cet ouvrage singulier dans son *Dictionnaire comique, satyrique, critique, burlesque, libre et proverbial*.

S'il nous est permis de hasarder une conjecture sur l'auteur de cette traduction, nous rappellerons que Gilles Robinot imprimait vers la même époque le *Prélude poétique* de Robert Angot, sieur de l'Esperonnière, et que ce poëte normand, qui s'inspirait à la fois des poëtes classiques de l'antiquité et des poëtes italiens, a mis dans ses poésies quelque chose de l'originalité de Merlin Coccaie, et surtout un grand nombre des expressions pittoresques qu'on remarque dans l'*Histoire macaronique*. On pourra, d'ailleurs, apprécier ce que vaut notre conjecture en lisant les *Nouveaux Satires et exercices gaillards du temps*, que le sieur de l'Esperonnière a publiés dans sa vieillesse, en 1637, dix ans après la mort de son premier éditeur, Gilles Robinot.

Nous avons réimprimé cette traduction en corrigeant le texte sur l'édition de 1606, qui n'est pas exempte de fautes grossières. Nous nous sommes borné à reproduire l'Histoire macaronique, qu'on peut regarder comme une des sources principales où Rabelais a puisé non-seulement bien des détails de son roman satirique, mais encore bien des inspirations de son génie Quant à la *Bataille des Mousches et des Fourmis*, nous n'avons pas jugé utile de l'admettre dans cette nouvelle édition, qui n'est pas destinée à réunir tous les ouvrages macaroniques de Folengo ; ce petit poëme, imité de la *Batrachomyomachie* d'Homère, n'offre pas d'ailleurs le même intérêt philologique et littéraire que la célèbre macaronnée dont Balde est le héros, comme Gargantua et le Pantagruel sont les héros du chef-d'œuvre de Rabelais. Ce qui distinguera notre édition de celles qui l'ont précédée, c'est la scrupuleuse révision du texte, ce sont les savantes notes de M. Gustave Brunet, de Bordeaux, c'est surtout l'excellente notice que ce bibliographe a consacrée à l'histoire de la poésie macaronique et à l'examen des écrits de Théophile Folengo.

P. L. JACOB,
Bibliophile.

NOTICE

SUR LA VIE ET LES OUVRAGES

DE THÉOPHILE FOLENGO

ET SUR LA POÉSIE MACARONIQUE EN GÉNÉRAL.

L'art de la poésie macaronique consiste, on le sait, à entremêler au latin des mots de l'idiome vulgaire plaisamment latinisés, et à donner ainsi au style une tournure facétieuse ou grotesque. C'est ce qu'a su faire, avec un rare bonheur, le poëte dont nous allons nous occuper. Nous parlerons brièvement de sa vie, de ses écrits et des auteurs appartenant à diverses nations qui se sont exercés dans cette langue factice, constamment étrangère à tout sujet sérieux [1].

---

[1] Nous avons souvent fait usage dans notre travail de deux ouvrages spéciaux relatifs à la littérature macaronique : *Histoire* (en allemand) *de la poésie macaronique*, par le docteur Genthe, (Leipzig, 1829), et *Macaronéana*, par M. O. Delepierre (Paris, 1852, in-8). Ce savant littérateur, revenant sur le même sujet, a donné quelques détails nouveaux dans un mémoire imprimé à très-petit nombre parmi les travaux d'une association d'amateurs à Londres, la *Philobiblon Society* (1855, in-8°, 79 pages). N'oublions pas quelques pages spirituelles de l'académicien Ch. Nodier : *Du langage factice appelé macaronique*, insérées dans le *Bulletin du bibliophile* (Paris, Techener, 1834).

§ 1ᵉʳ. VIE DE FOLENGO.

Théophile Folengo descendait d'une famille ancienne et distinguée qui habitait à Cipada, village de la banlieue de Mantoue. Dans un de ses écrits, il nous apprend qu'il naquit le 8 novembre 1491. Après avoir commencé ses études à Ferrare, il alla les continuer à Bologne, sous la direction du célèbre Pierre Pomponace, qui professait la philosophie d'Aristote; mais, trop ami des plaisirs et trop enclin à la poésie, le jeune Mantouan se livra fort peu à des lectures sérieuses. Des espiègleries un peu vives le brouillèrent avec la justice et l'obligèrent à quitter Bologne; il revint dans sa famille, et fut assez mal accueilli par son père, qui n'avait pas sujet d'être très-satisfait de lui. Il voulut alors embrasser la profession des armes; mais, promptement rebuté à l'idée des fatigues et des périls auxquels il s'exposait, il préféra entrer dans un couvent de Bénédictins, et, après un noviciat de deux années, il fit profession, le 28 juin 1509, dans le couvent de Sainte-Euphémie, à Brescia; il n'avait pas encore dix-huit ans accomplis. Ce fut alors que, quittant le nom de Jérôme qu'il avait reçu à sa naissance, il prit celui de Théophile.

A cette époque, la discipline était fort relâchée dans les monastères, et les conteurs italiens, qui donnent une si mauvaise idée de la conduite des moines, n'ont peut-être pas extrêmement chargé le tableau qu'ils avaient sous les yeux. Folengo n'était pas homme à résister à l'influence des mauvais exemples, surtout depuis que son monastère avait perdu un chef, Jean Cornelius, qui l'avait dirigé avec habileté, mais qui avait été remplacé par un ambitieux sans principe, Ignace Squaccialupi[1]. Jetant le froc aux orties, Folengo s'enfuit en compagnie d'une femme, Giroloma Dedia, dont il était éperdument épris, et il se mit à parcourir l'Italie.

On ne saurait le suivre dans la vie errante qu'il mena durant quelques années. En 1522, il était à Venise; il y revint

---

[1] Dans un de ses ouvrages, le *Chaos del Tri per Uno*, Folengo fait le plus grand éloge de Cornelius, qu'il désigne sous le nom à peine déguisé de Cornegianus. Par contre, dans son *Orlandino*, l'abbé qu'il nomme Griffarosti, et qu'il dépeint sous de noires couleurs, est sans doute le portrait de Squaccialupi.

en 1526, après avoir séjourné à Rome. Ce fut pendant cette période agitée qu'il composa son épopée macaronique, accueillie par le public avec un vif empressement, et qu'il écrivit un poëme badin sur l'enfance de Roland, qui eut moins de succès.

Fatigué de courir le monde et d'être livré à la misère, qui l'avait forcé momentanément à se faire soldat, il rentra dans son couvent en 1527 ; mais son humeur inquiète ne s'accommodait pas de la solitude du cloître, et il se remit à voyager, toutefois d'une manière conforme à la décence.

En 1533, il se trouvait à Naples, et bientôt il se rendit en Sicile, où un des princes de la maison de Mantoue, Ferrante de Gonzaga, gouvernait cette île en qualité de vice-roi et protégea notre poëte. Se repentant de ses erreurs passées, il revit ses ouvrages ; il en effaça les hardiesses, et il en supprima ce qui était le plus propre à scandaliser ses lecteurs ; malheureusement ces éditions corrigées sont précisément celles dont le public ne veut pas.

Après avoir séjourné quelque temps auprès de Palerme, Folengo, arrivé à l'âge mûr et ayant des fautes nombreuses à déplorer, entra définitivement dans un couvent, où il voulut terminer sa vie. Il ne fit pas un long séjour à Santa-Croce di Campese, car, l'année suivante, une fièvre maligne l'emporta, le 9 décembre 1544 [1].

Il a trouvé un panégyriste fervent dans l'auteur d'un *Elogio di T. Folengo*, imprimé à Venise en 1803, lequel n'hésite pas à dire que Mantoue doit être aussi fière d'avoir produit le poëte macaronique que le chantre d'Énée, et que celui-ci, grand philosophe, grand poëte et grand homme, sera honoré

---

[1] On plaça sur sa tombe une inscription ainsi conçue :

« Hic cineres Theophili Monachi tantisper, dum reviviscat, asservantur, et in Domino quievit felicissime die nonâ decembris 1544. »

Plus tard on lui érigea un autre mausolée sur lequel on plaça des épitaphes en vers et en prose latine, en espagnol, en italien. (Voir Genthe, p. 113.) Nous nous bornerons à citer deux distiques :

Mantua me genuit : Veneti rapuere : tenet nunc
    Campesium; cecini ludicra, sacra, sales.
Hospes, siste gradum : manes venerare sepultos
    Merlini. Corpus conditur hoc tumulo.

tant que les lettres et le mérite recevront les hommages qui leur sont dus [1].

Folengo s'était d'abord livré à la composition d'un poëme latin, dans lequel il se proposait de surpasser Virgile; mais, reconnaissant que cette prétention était excessive, il aima mieux occuper la première place dans le genre badin qu'être réduit à un rang inférieur dans le genre sérieux, et il écrivit ses poésies macaroniques, qu'il mit au jour sous le nom de *Merlin Coccaie* [2]. Soit conviction de son propre mérite, soit par une de ces plaisanteries qui fourmillent chez lui, Folengo se décerne à lui-même des éloges éclatants :

> Magna suo veniat Merlino parva Cipada,
> Atque Cocajorum crescat casa bassa meorum;
> Mantua Virgilio gaudet, Verona Catullo,
> Dante suo florens urbs tusca, Cipada Cocajo.
> Dicor ego superans alios levitate poetas,
> Ut Maro medesimos superat gravitate poetas.

Et ailleurs il s'écrie :

> Nec Merlinus ego, laus, gloria, fama Cipadæ.

C'est à son épopée macaronique que Folengo doit la réputation qu'il a conservée, et c'est elle qui doit nous occuper en ce moment, lorsque nous aurons d'abord fait connaître ce qui distingue la langue factice dont notre poëte ne fut pas l'inventeur, mais que personne, avant lui, n'avait maniée

---

[1] M. Delepierre, qui parle avec quelques détails de cet éloge, p. 99 et suiv., n'a pas connu l'auteur; il est appelé Angelo Dalmistro dans un catalogue imprimé à Paris. (E. P., 1850, n° 124.)

[2] Le nom de Merlin a été emprunté au célèbre enchanteur anglais qui joue un si grand rôle dans ces romans de chevalerie dont Folengo était le lecteur assidu, et qu'il imite en s'amusant. Un autre Anglais, Geddes, signa du nom de *Jodocus Coccaius, Merlini Coccaii pronepos*, une ode ironique *pindarico-saphico-macaronica in Guglielmi Pitti laudem*, qu'il publia en 1795. Ajoutons que Merlin Coccaie a été mis sur le théâtre et qu'il fait usage de sa diction macaronique dans une comédie de G. Ricci : *I Poeti rivali, drama piacevole*. Roma, 1632. Quant au nom de Coccaie, on croit que notre poëte le prit à un des maîtres qui avaient instruit son enfance, Visago Coccaie.

avec autant de bonheur et appliquée à des productions d'aussi longue haleine. Ch. Nodier a eu raison de dire qu'il y avait dans les délicieuses macaronées de Folengo tout ce qu'il faut d'imagination et d'esprit pour dérider le lecteur le plus morose.

§ 2. DE LA LANGUE MACARONIQUE.

La véritable diction macaronique consiste à ce que l'auteur prend les mots dans sa langue maternelle, et qu'il y ajoute des terminaisons et des flexions latines. Faute de s'être bien rendu compte de cette particularité, des auteurs, fort estimables d'ailleurs, sont tombés dans des erreurs complètes en confondant avec le macaronique le latin corrompu à plaisir et des langages hybrides, enfants du caprice. Le pédantesque, qui amusa un instant l'Italie, a été aussi l'objet d'une confusion semblable, tandis qu'il est l'inverse du macaronique, puisqu'il soumet le mot latin aux formes du langage vulgaire; la macaronée, au contraire, assujettit le mot vulgaire à la phraséologie et à la syntaxe latine.

Ces distinctions sont nécessaires à préciser, car pendant longtemps on a employé, dans presque toute l'Europe, un genre de comique qui consistait à créer un mélange hybride dépourvu de règles et fort éloigné de la véritable macaronée. « Dans celle-ci, (ainsi que l'a judicieusement observé Ch. Nodier), c'est la langue vulgaire qui fournit le radical, et la langue latine qui fournit les flexions, pour former une phrase latine avec des expressions qui ne le sont pas, au contraire des langues néo-latines usuelles, et c'est l'expression qui est latine dans une phrase qui ne l'est point. L'italien et donc du latin soumis à la syntaxe vulgaire ou aborigène, est la langue factice de Merlin Coccaie, est de l'italien latinisé. »

L'origine du mot *macaronique* a donné lieu à des explications plus ou moins ingénieuses et nécessairement contradictoires. Folengo, qui devait savoir à quoi s'en tenir, donne à cet égard une explication fort nette dans son *Apologetica in sui excusationem*, morceau placé à la tête de plusieurs éditions de ses œuvres : *Ars ista poetica nuncupatur macaronica, a macaronibus derivata, qui macarones sunt quodam pulmentum farina, caseo, botiro compaginatum, grossum, rude et rus-*

ticanum, ideo macaronices nil nisi grasseninem, ruditatem et vocabulazzos debet in se continere... Fuit repertum Macaronicon causa ubique ridendi.

Le savant auteur du *Manuel du Libraire*, M. Brunet, observe, dans sa notice sur *Alione d'Asti*, l'un des plus anciens auteurs dans le genre macaronique, que le principal personnage du *Carmen macaronicum*, composé à la fin du quinzième siècle, est un fabricant de macaroni, lequel, dès le début de l'ouvrage, est mis en scène dans ces deux vers:

> Est unus in Padua natus speciale cusinus
> In macharonea princeps bonus atque magister;

ce qui, selon l'illustre bibliographe, explique suffisamment et le titre de *Macharonea* que porte cette facétie, et le nom de *macaronique* donné au genre de burlesque dont cette même facétie paraît avoir été le modèle.

Adrien Baillet, dans ses *Jugements des savants*, t. IV, p. 64, apprécie assez bien la poésie macaronique, lorsque, dans un style un peu trivial, il l'appelle « un ragoût de diverses choses qui entrent dans sa composition, mais d'une manière qu'on peut appeler paysanne. Il y a pêle-mêle du latin, de l'italien ou de quelque autre langue vulgaire, aux mots de laquelle on donnait une terminaison latine; on y ajoute du grotesque de village, mais il faut que tout soit couvert et orné d'une naïveté accompagnée de rencontres agréables, qu'il y ait un air enjoué et toujours plaisant, qu'il y ait du sel partout, que le bon sens n'y disparaisse jamais, et que la versification soit facile et correcte. »

On ne doit pas confondre la macaronée avec le latin de cuisine, qui consiste dans une traduction littérale en latin de phrases de la langue maternelle, lorsque les mots échappent à l'auteur. Quelques ouvrages que nous aurons à mentionner, les *Epistolæ obscurorum virorum*, l'*Anti-choppinus*, offrent des exemples de ce mauvais latin.

Le pédantesque est une autre langue factice qui n'a guère été cultivée qu'en Italie, où elle reconnaît pour chef-d'œuvre les *Cantici di Fidentio Glottogrysio ludimagistro* (masque de Camillo Scrofa); il s'est souvent montré dans les *Comédies* du seizième siècle, qui mettent dans la bouche de vieux et lourds docteurs une langue factice, composée de mots latins et parfois grecs, soumis à la terminaison et à la flexion du dialecte vulgaire. En voici un exemple :

> Le tumidule genule, i nigerrimi
> Occhi, il viso perallo et candidissimo,
> L' exigua bocca, il naso decentissimo,
> Il mento che mi da dolori acerrimi ;
> Il lacteo collo, i crinuli, i dexterrimi
> Membri, il bel corpo symmetriatissimo
> Del mio Camillo, il lepor venustissimo
> I costumi modesti et integerrimi :
> D'hora in hora mi fan si Camilliphilo
> Ch' io non ho altro ben, altre letitie
> Che la soave lor reminiscentia.

Un ingénieux philologue, qui fut bibliothécaire de Mazarin, Gabriel Naudé, a donné une assez bonne définition de l'objet qui nous occupe.

« Macaroné, chez les Italiens, veut dire un homme grossier et lourdaut, et d'autant que cette poésie, pour être composée de différens langages et de paroles extravagantes, n'est pas si polie et coulante que celle de Virgile, ils lui ont aussi donné le même nom.

« O macaroneam Musæ quæ funditis artem !

« Si toutefois ils n'eussent mieux aimé la nommer ainsi *à macaronibus*, qui est une certaine pâte filée et cuisinée avec des ingrédients qui la rendent l'un des agréables mets de leurs festins. »

Observons d'ailleurs que, chez les Italiens du siècle dernier, l'habitude d'improviser, dans de joyeuses réunions, des vers macaroniques, n'était pas absolument passée de mode. On lit, à cet égard, un passage curieux dans les *Mémoires* de Casanova, étrange aventurier dont la biographie est souvent si scandaleuse :

« J'aperçois un café, j'y entre. Quelques instants après, un grand moine Jacobin, borgne, que j'avais vu à Venise, vint et me dit que j'arrivais à propos pour assister au piquenique que les académiciens macaroniques faisaient le lendemain, après une séance de l'académie, où chaque membre récitait un morceau de sa façon. Il m'engagea à être de la partie, et à honorer l'assemblée en lui faisant part d'une de mes productions. J'acceptai, et, ayant lu les dix stances que j'avais faites pour l'occasion, je fus reçu membre par acclamation. Je figurai encore mieux à table qu'à la séance, où je mangeai tant de macaroni, qu'on me jugea digne d'être nommé prince. »

Disons aussi que le macaronique, proprement dit, avait été précédé par un autre genre de composition, lequel consistait à mettre à côté des mots d'une langue des expressions empruntées à un autre idiome.

L'ancienne littérature française fournit de nombreux exemples de ce mélange, surtout dans les écrits facétieux; nous nous contenterons de signaler certains ouvrages imprimés au commencement du seizième siècle, et depuis insérés dans quelques recueils.

DE PROFUNDIS DES AMOUREUX.

Apud eum qui m'est contraire
Ubi jacet presumptio
Cupido veille le diffaire
Sans nulle autre redemptio....
Sicut erat ainsy ferai
In principio vueille ou non,
Et nunc, et semper j'aimeray
In secula seculorum.
    Amen.

LE SERMON FORT JOYEUX DE SAINT RAISIN.

Nous dirons tous d'entente fine
Une fois cum corda nostra
Vinum facit leticia,
Hoc bibe cum possis,
Si vivere sanus tu vis.

SERMON JOYEULX DE LA VIE DE SAINT ONGNON, COMMENT NABUZARDEN, LE MAÎTRE CUISINIER, LE FIT MARTIRER, AVEC LES MIRACLES QU'IL FAIT CHAQUE JOUR.

Ad deliberandum Patris
Sit sanctorum Ongnonnaris,
Qui filius Syboularis;
In ortum sit sua vita.
Capitulum, m'entendez-vous?...
Je vous vueil sa vie racompter.
Droit au tiers feuillet du psaultier,

Trouverez en escript : *Credo*
In superly conslequansio
Creature Ongnonnaris ;
Dieu doit bien mettre en paradis
Saint Ongnon qui de mal eut tant.

LE SERMON DES FRAPPECULZ NOUVEAU ET FORT JOYEULX.

De quonatibus vilatis bragare
Bachelitatis prendare, andoillibus boutate
In coflinando, vel metate in coffino...

Brondiare deffesarum cultare et ruate de pedibus. Ces mots, que Jan dict en dessus, sont escriptz VII, *Quoquardorum capitulo.* »

Nous terminerons ces citations en mentionnant le *Dialogue d'ung Tavernier et d'ung Pyon.*

A côté du vers français est un autre vers en mauvais latin.

Aperi tu michi portas ;
Hoste, est-il jour présentement ?
Hec est vera fraternitas
Qui a son goust tout prestement.
Se tu as, en ton tenement,
Diversa dolia vini.
On te dira joyeusement :
Ubi possunt hec discerni ?

§ 3. HISTOIRE MACARONIQUE DE MERLIN COCCAIE. (Analyse de ce poëme ; particularités qu'il présente ; jugements dont il a été l'objet).

Religion, politique, littérature, science, papes, rois, princes, clergé, peuple, l'auteur n'épargne rien dans cette parodie satirique des romans chevaleresques qui amusaient alors l'Europe entière. Présentons ici une analyse fort succincte de cette production ingénieuse ; le lecteur verra ainsi d'un coup d'œil le chemin qu'il doit parcourir.

Guy, descendant du fameux Renaud de Montauban, enlève Balduine, fille de Charlemagne. Ces amants quittent la France et se réfugient en Italie, déguisés en mendiants. Ils sont très-bien accueillis chez un paysan du bourg de Cipade. Guy ne se résigne pas à une vie obscure ; il s'éloigne de sa femme, la laissant enceinte, et va à la conquête de quelque principauté. Balduine meurt après avoir donné naissance à un enfant qui reçoit le nom de Baldus. L'enfant grandit, ignorant son illustre origine, et, dès sa première jeunesse, il promet, par son audace et par sa force extraordinaire, de se placer au nombre des plus hardis guerriers. Querelleur et tapageur, il s'associe divers compagnons, parmi lesquels on distingue le géant Fracasse, descendant de Morgant, et Cingar, dit le subtil, forceur de serrures, larron du tronc des églises, personnage dépourvu de tout scrupule et qui semble avoir fourni à Rabelais l'idée de son Panurge.

Après avoir rempli de troubles la ville de Mantoue, après avoir donné et reçu une foule de coups, Balde est mis en prison; Cingar, déguisé en cordelier, le visite dans son cachot sous prétexte de le confesser, et lui fournit les moyens de s'évader. Passant alors d'un pays à l'autre, courant sur terre et sur mer, Balde accomplit des prouesses dignes des chevaliers errants; il détruit des corsaires, il extermine des sorcières en relations suivies avec le diable, il retrouve son père, qui s'était fait ermite et qui meurt après lui avoir prédit de hautes destinées; il va en Afrique, il arrive aux sources du Nil, il pénètre enfin dans les enfers avec ses amis. Arrivé dans les contrées du mensonge et du charlatanisme, où sont les astrologues, les nécromanciens et les poëtes, Merlin Coccaie, jugeant que c'est sa place, y laisse Balde en lui souhaitant bonne chance, et l'ouvrage finit.

Cette composition est parfois confuse; trop d'aventures y sont accumulées, et Folengo n'a pas su réussir à donner à sa fable le tissu serré qu'Arioste a si bien déroulé; mais les traits parfois excellents qu'on y rencontre, la verve, la vivacité des tableaux, justifient très-bien le plaisir que, depuis près de trois siècles et demi, il cause à ses nombreux lecteurs.

Il n'est pas hors de propos de signaler quelques-uns des passages mordants où Folengo donna carrière à son humeur belliqueuse et qui contribuèrent beaucoup à la fortune de son livre. Un des héros secondaires du poëme, Cingar, détrousse des cordeliers, prend leurs habits et s'en revêt, et l'ex-cidevant moine Folengo s'écrie :

Jam non is Cingar, sed sanctus nempè videtur;
Sub tunicis latitant sacris quàm sæpè ribaldi!

Dans la septième macaronnée, le poëte s'élève contre la multiplicité des moines et des ordres monastiques. Nous ne rapporterons que l'un des traits de sa longue satire :

> Postquam gioccarunt nummos, tascasque vodarunt
> Postquam pane caret cophinum, cœlaria vino,
> In fratres properant, datur his extemplo capuzzus.

« Lorsqu'ils ont joué leurs écus et vidé leurs escarcelles, quand le panier manque de pain et le cellier de vin, ils se précipitent dans le cloître, on leur donne aussitôt le froc. »

Il rencontre et trouve partout des moines de toutes les couleurs, de tous les ordres, soit qu'il voyage sur terre, soit qu'il aille sur mer, et il craint que la chrétienté ne reste sans soldats, sans laboureurs, sans artisans.

N'est-ce pas commenter l'Evangile d'une manière bouffonne et irrespectueuse que d'expliquer, comme le fait Merlin Coccaie, le passage de saint Mathieu (ch. IV, v. 4) : *Non in solo pane vivit homo, sed in omni verbo quod procedit ex ore Dei ?*

> Non homo, Cingar ait, solo de pane cibatur,
> Sed bovis et pingui vervecis carne; probatur
> Istud evangelio, quod nos vult pascere verbo;
> Divide VER a BO, poteris cognoscere sensum.

Le commentateur ajoute : En divisant *verbo*, vous avez VER *vex*, brebis, mouton, et BOs, bœuf.

On trouve dans la vingtième macaronnée un épisode qui témoigne d'un esprit assez peu révérencieux à l'égard de la religion. Le poëte, après avoir conduit ses personnages dans l'enfer, les soumet à faire une confession ridicule à Merlin, qui se désigne lui-même ainsi :

> Nomine Merlinus dicor, de sanguine Mantus,
> Est mihi cognomen Coccajus maccaronensis.

Et il leur donne tour à tour l'absolution, non sans rire.

Dans la vingt et unième macaronnée, Baldus rencontre Pasquin et l'interroge, Pasquin répond que, dans l'espoir de faire fortune, il avait établi à l'entrée du paradis une hôtellerie destinée à recevoir les pieuses personnes qui y seraient appelées. « Or, vous saurez, dit la vieille traduction française, que nous avons tenu nostre hostèlerie par l'espace de quarante ans devant la porte du paradis, avec fort peu de gaing, car les portes estoient toujours cadenacées et tourrillées et toutes moisies, pour n'estre souvent remuées ; les aragnés y avoient tendu leurs toiles. Si toutes fois aucun y venoit, c'estoit quelque boiteux, quelque bossu, quelque borgne ou bicle. J'y ai vu fort rarement des papes, des roys, des ducs, aussi peu de seigneurs, de marquis, de barons, de ceux qui portent chappeaux houppez, des mitres et des chappes cardinalesques. Si d'adventure j'y voyois arriver quelque procureur, quelque juge, quelque avocat ou notaire, ne pouvant penser que ce fussent de tels gens, soudain je m'escriois : ô le grand miracle ! »

Le huitième chant renferme une description des vices des moines retracés avec une hardiesse frappante. Le poëte exprime la crainte de faire un tableau de leurs mœurs de porc, et de nuire ainsi aux bons religieux, ce qui ne l'empêche pas de les montrer comme éhontés, lascifs, fainéants, sans entendement, n'ayant toujours l'esprit tendu qu'au métier de ruffinerie et de gueuserie.

L'épisode du couteau de saint Brancat, qui ressuscite les gens auxquels il a servi pour couper la gorge, est une satire des fausses reliques, si communes en Italie à cette époque.

En parcourant les enfers, Balde et ses amis arrivent dans un lieu où voltigent les fantaisies, les vaines opinions des hommes, les fausses sciences de *Paul* et de *Pierre*, les rêveries de *Thomas* et d'*Albert*, sources permanentes de population pour les régions infernales. C'est un trait qui ne se borne pas à frapper les études scolastiques alors si florissantes ; Folengo était d'ailleurs fort peu fondé à ne voir que des rêveries dans les écrits d'Albert le Grand et de saint Thomas ; l'Académie des sciences morales et politiques, qui vient de faire de l'appréciation de la philosophie de ce dernier l'objet d'un concours brillant, a jugé cette question avec des vues plus hautes que celles qu'on était en droit de demander à notre poëte macaronique.

Parfois aussi Merlin Coccaie a son côté moral ; il déclame souvent contre les vices de son époque ; il se livre à une vive diatribe contre les courtisanes et les entremetteuses, dont l'Italie était alors fort abondamment pourvue :

Terra convertatur passim meretricibus istis
Quæ semper luxu, petulaque libidine jactæ,
Sinceras juvenum nequeuntes flectere mentes,
Ut sua continuo satietur aperta vorago.
Ast aliquam si forte volunt maculare puellam,
Aut niveam pueri de corde tirare columbam,
Quid faciunt istæ tigres, cagnæque rapaces?
Dum missæ celebrantur, amant cantonibus esse,
Postque tenebrosos mussant, chiachiarantque pilastros.
Ah! miserelle puer, dicunt, male nate, quod ullam
Non habes (ut juvenes bisognat habere), morosam!

Les attaques de Folengo contre les grands et contre le clergé, très-communes alors chez les poëtes italiens, et qui n'excitaient point la susceptibilité du pouvoir, ont inspiré à un critique moderne une appréciation que nous ne saurions partager.

M. J. J. Arnoux a consacré à Folengo deux articles dans la *Revue du Progrès* (nos du 15 septembre et du 1er octobre 1839), mais il nous semble avoir grandement exagéré le but que se proposait notre poëte en le désignant comme un fougueux révolutionnaire, animé d'une haine implacable contre toutes les tyrannies. Témoin des châtiments qui avaient frappé de généreux défenseurs de la liberté, il consentit à faire rire les oppresseurs aux dépens des opprimés, à condition d'envenimer dans le cœur de ceux-ci une haine qui tôt ou tard devait porter ses fruits. Moins hardi que Rabelais, il n'écrivit pas dans le langage vulgaire, mais il employa un mélange de diverses langues dont il latinisa les mots seulement dans leurs syllabes finales.

Baldus est le type de l'injustice armée, du privilége inique contre lequel sa victime ose à peine élever la voix. Zambelle est le peuple qu'on opprime, dont on se moque, et qu'on représente comme stupide parce qu'on l'abrutit et qu'on lui ôte les moyens de sortir de son avilissement.

A la tyrannie de Balde qui est celle de la force armée, celle de la violence brutale, succède l'oppression de Cingar et des moines, qui est celle de la fourberie et de l'autorité fondée sur la superstition.

Parfois le poëte, comme l'Arioste, n'a d'autre but que de laisser dans ses récits un champ libre à son imagination; mais bientôt sa pensée satirique reparaît lorsqu'il attaque la corruption des mœurs et les abus criants du clergé.

Tel est le point de vue auquel s'est placé M. Arnoux ; il paraît fort exagéré. De même que tant d'autres conteurs du commencement du seizième siècle, Folengo n'avait, nous en sommes sûrs, aucune idée d'une réforme politique et sociale ; témoin des vices de son époque, vices qu'il avait partagés, il les peignait en riant, sans grande malice, sans envie de renverser les pouvoirs établis et sans la moindre préoccupation des droits de l'homme.

Observons aussi que, dans d'autres écrits, Folengo s'est montré tout aussi enclin à débiter des idées téméraires et sentant le fagot. Son poëme sur le petit Roland (*Orlandino*), dont nous aurons occasion de reparler, dut, sous bien des rapports, choquer vivement les lecteurs orthodoxes. L'héroïne, s'adressant à Dieu, lui dit : « Je ne veux point tomber dans la même erreur que cet imbécile vulgaire rempli de superstition et de folie qui fait des vœux à un Gothard et à un Roch, qui fait plus de cas d'eux que de toi [1], parce qu'un moine, souvent adorateur de Moloch, a l'adresse de tirer de gros profits des sacrifices offerts à la Vierge, reine des cieux. Sous une écorce de piété, ils font d'abondantes moissons d'argent, et ce sont les autels de Marie qui assouvissent l'impie avidité des prélats avares. » Vient ensuite un trait acerbe dirigé contre les confesseurs [2]. « Mon Dieu, ajoute Berthe, si tu daignes me sauver des flots irrités qui m'environnent, je fais vœu de ne jamais ajouter foi à ceux qui accordent les indulgences pour de l'argent [3]. »

Pour faire excuser ses hardiesses, Folengo ajoute que son héroïne était Allemande et qu'il ne faut donc pas s'étonner si elle fait des prières pleines d'hérésie.

Plus loin, on voit Roland se prendre de querelle avec un gros prieur goinfre et ivrogne auquel il dérobe un bel estur-

---

[1] Nè insieme voglio errar con volgo sciocco
  Di superstizia colmo e di mattezza ;
  Che fà suo' voti ad un Gotardo e Rocco,
  E più di te non so qual Bevo apprezza, etc.

Nous employons, pour la traduction française, celle de Ginguené, dans son *Histoire Littéraire d'Italie*.

[2] E qui trovo ben spesso un confessore
  Essere più ruffiano che dottore.

[3] Ti faccio voto non prestar mai fede
  A chi indulgente per denar concede.

geon. La bibliothèque de ce dignitaire était composée de vins, de liqueurs, de pâtés, de jambons ; au fond de cet oratoire était sur un autel l'image d'un Bacchus gras et vermeil : il n'y avait pas là d'autre objet de piété, d'autre crucifix pour y faire ses dévotions [1].

Ces hardiesses n'étonnaient d'ailleurs personne, et en Italie, avant que la réforme eût donné aux attaques contre l'Église une portée jusqu'alors ignorée, on accordait aux poëtes de très-grands priviléges. C'est ainsi que l'auteur de l'*Orlando nammorato*, Berni, reproche à Jésus-Christ et à tous les saints de voir du haut du ciel ce qu'ont fait les quarante lâches cardinaux qui ont nommé pour pape Adrien VI et de ne faire qu'en rire.

> O Cristo, o Santi, sì che voi vedete
> Dove ci han messo quaranta poltroni :
> Estate in cielo, e sì ve ne ridete !

Parmi les sonnets de Berni (et presque tous ont la *coda*, la queue, un certain nombre de tercets, ajoutés aux deux qui terminent le sonnet ordinaire), il y en a un des plus vifs contre les prêtres, dont Jésus-Christ, dit-il, semble protéger les désordres et qu'il défend également des Turcs et des conciles.

> Godete preti, poich e 'l vostro Cristo
> V' ama cotanto, etc.

Le Mauro, mort en 1536, composait un *capitolo* sur les moines dans lequel il ne laissait échapper aucun détail de leur vie oisive et licencieuse ; ce n'est point avec colère ni avec amertume qu'il parle de ces frères ; c'est au contraire en chantant leurs louanges, en enviant leur douce manière de passer le temps.

Nous n'avons pas besoin de rappeler les attaques que les conteurs dirigeaient contre les ordres religieux, en mettant sans cesse en scène des cordeliers, des capucins débauchés auxquels survenaient de fâcheuses mésaventures, juste châtiment de leur incontinence.

Folengo se conforma à un usage répandu à l'époque où il

---

[1] Nè altra pietade, nè altro crucifisso
Tien sull' altare a far divozione.

écrivait, en joignant à chacun des chants de son poëme un prologue et un épilogue badins, où il se livre à la plaisanterie, parle de lui-même, se pose franchement en gourmand. Rien n'était alors plus ordinaire qu'un tel langage en semblable occasion, et la littérature du temps en présente des exemples multipliés. Nous en signalerons quelques-uns. L'auteur du poëme de *Buovo d'Antona* imprimé à la fin du quinzième siècle, interrompt un de ses récits en priant Dieu d'être favorable à ses auditeurs ou à lui-même, et en disant qu'il est las de conter, que sa voix s'affaiblit, qu'il dira le reste une autre fois, qu'il a besoin de boire.

> Hormai, signori, quivi harò lasciato;
> Andate a bere, ch' io son assetato.

Dans l'*Ancroia*, autre épopée imprimée vers 1480, chaque chant (et il y en a trente-quatre) commence par une prière; le plus grand nombre est adressé à la Vierge Marie, d'autres au Dieu suprême, au Père éternel, à la Sainte Trinité, à la sagesse éternelle ; l'exorde d'un chant est le *Gloria in excelsis*, celui d'un autre, le psaume *Tu solus sanctus Dominus*, etc., le tout pour que Dieu et la Vierge viennent en aide au poëte lorsqu'il raconte les combats et les faits d'armes de ses chevaliers et parfois des anecdotes fort peu décentes. Dans le vingt-huitième chant, par exemple (et il débute par l'*Ave Maria* en toutes lettres), l'intrigue amoureuse de la reine Ancroia avec l'enchanteur Maugis est narrée de la façon la plus libre.

Le Pulci, ayant trouvé établi l'usage de ces pieuses invocations et le mélange bizarre du sacré au profane, le suivit dans l'idée d'amuser ses lecteurs. Le premier chant du *Morgante* commence par *In principio erat Verbum;* le quatrième par le *Gloria in excelsis Deo*, le septième par *Hosanna*, le dixième par le *Te Deum laudamus*, le dix-huitième par le *Magnificat*, le vingt-troisième par *Deus in adjutorium meum intende*, ce qui fait tout juste un vers endécasyllabe. Si l'on ne connaissait pas tout ce que l'usage autorisait alors, on s'étonnerait de voir Pulci, un chanoine âgé d'environ cinquante ans, invoquer à vingt-huit reprises différentes ce qu'il y a de plus sacré pour écrire des folies, des indécences et parfois des impiétés.

Dans le *Mambriano* du Cicco d'Ascoli, un seul et même

chant renferme une prière fervente, une vision sainte, un miracle, deux conversions et des récits d'une licence éhontée. Ce poëme est d'ailleurs le premier où chaque chant commence, soit par une invocation poétique, soit par une digression relative à l'action du poëme, et parfois aux circonstances qui touchaient personnellement l'auteur ou dont il était environné. C'est le premier modèle de ces agréables débuts de chant que l'Arioste porta depuis à une haute perfection. Voltaire l'a imité, on sait avec quelle verve spirituelle. Saint-Just, dans son poëme d'*Organt*, s'est montré moins heureux. Bien d'autres poëtes ont marché dans cette voie, mais tous n'ont pas réussi.

Afin de donner une idée du style de Folengo et de la diction macaronique, dont il est resté le modèle, nous devons placer ici un passage de quelque étendue emprunté à son livre, et nous choisirons celui dans lequel après avoir exposé quel a été son projet, il invoque les Muses.

> Phantasia mihi quædam fantastica venit,
> Historiam Baldi grossis cantare camœnis
> Altisonam cujus famam nomenque gaiardum
> Terra tremit, baratrumque metu se cagat ad ossum.
> At prius altorium vestrum chiamare bisognat,
> O Macaroneam, Musæ, quæ funditis artem.
> Num passare maris poterat mea gundola scoios,
> Ni recommendatam vester soccorsus habebit?
> Jam nec Melpomene, Clio, nec magna Thalia,
> Nec Phœbus grattando lyram mihi carmina dictent,
> Qui tantos olim doctos facere poetas.
> Verum cara mihi faveat solummodo Berta,
> Gosaque, Togna simul, Mafelina, Pedrala, Comina,
> Veridicæ Musæ sunt hæc doctæque sorellæ,
> Quarum non multis habitatio nota poetis
> Clauditur in quodam terræ cantone remoto.
> Illic ad nebulas montagnæ culmen inalzant,
> Quas smisurato si tu componis Olympo,
> Collinam potius quam montem credis Olympum,
> Nec sint de petris factæ scopulisque putato;
> Verum de tenero duroque probavimus illas
> Formaio factas, et Sole calente colantes,
> Ad fundum quarum sunt brodi flumina grassi,
> Undezzatque lacus niveo pro lacte biancus.
> Omnia de fresco sunt littora facta botiro,
> Supra quæ buliunt semper Caldaria centum,

> Plena casoncellis, macaronibus, atque foiadis.
> Stant ipsæ Musæ super altum montis acumen
> Formaium gratulis durum retridando foratis.
> Altera sollicitat digitis componere gnoccos,
> Qui per formaium rigolantes fortes tridatum
> Deventant grossi tanquam grossissima butta.
> O quantum largas bisognat habere ganassas.
> Si quis vult tanto ventronem pascere gnocco.
> Altera præterea pastam, squarzando, lavezzum
> Implet lasagnis grasso scolante botiro.
> Altera dum nimio caldarus brontolat igne
> Trat retro stizzos prestum sopiando de dentrum.
> Sæpe foco nimio saltat brodus extra pignattam
> Una probat sorbens utrum bene broda salatur,
> Una focum stizzat, stimulans cum mantice flammas,
> Tandem quæque suam tendit compire menestram.
> Cernis quapropter centum fumare caminos,
> A centum buliunt caldaria fixa cadenis,
> Ergo macaronicas illic acatavimus artes,
> Et me grossiloquum vatem statuere sorores
> Misterum facit hinc vostrum clamemus aiuttum,
> Ac mea pinguiferis panza est implenda lasagnis.

Nous conviendrons, d'ailleurs, que tout le laisser-aller et tout l'emportement dans les injures qui caractérisent si souvent la littérature du seizième siècle, se retrouvent sous la plume de Folengo ; une seule citation suffira à ce sujet.

Un certain Scardaffus ayant donné une édition peu correcte des *Macaroniques*, l'auteur exhala sa colère dans un sixain qu'il signa du nom supposé de Jean Baricocolo, et que nous ne donnerons pas comme un modèle d'urbanité. Après avoir dit que le nouvel éditeur Lodola a purifié ses écrits des ordures que son prédécesseur y avait mises, il fait un appel aux acheteurs.

> Merdi loqui putrido Scardaffi stercore nuper
>   Omnibus in bandis imboazata fui.
> Me tamen acquarii Lodolæ sguratio lavit;
>   Sum quoque savono facta galanta suo.
> Ergo me populi comprantes solvite bursas;
>   Si quis avaritia non emit, ille miser.

Jugé sévèrement par des critiques modernes, qui, presque toujours, n'avaient pas pris la peine de le lire, Folengo a trouvé au delà des Alpes des admirateurs zélés, des apologistes parmi lesquels il faut distinguer un prince de l'Église, le cardinal Quirini. Ce savant prélat n'a pas hésité à s'exprimer avec une indulgence des plus favorables au sujet de notre poëte [1]; transcrivons ces paroles : « Opus novo discendi genere insigne animi que festivitate ac lepore jucundissimum in quo latinis ac italicis vocibus undique permixtis, servata metri harmonia, amœnissimo carmine jocose ac facete, multorum sui temporis vitia carpit. » *Specimen variæ literaturæ quæ in urbe Brixia florebat*, 1739, 4°, p. 315.

Un poëte célèbre, Tassoni, dans sa *Secchia rapita*, (chant VIII, stance 24), mentionne fort honorablement Folengo et n'hésite pas à dire que sa gloire s'est étendue jusque dans les pays les plus lointains, et que sa sépulture recevra des hommages égaux à ceux que l'on rend à la tombe de Virgile :

>   Campese la cui fama a l'occidente
>   E a termini d'Irlanda e del Catajo
>   Stende il sepolcro di Merlin Coccajo.

Un autre poëte italien, Caporali, introduit dans son poëme des *Obsèques de Mécène* Merlin Coccaie, disputant au célèbre poëte Berni la palme du genre facétieux. Il serait superflu d'accumuler des exemples de l'estime que les contemporains de Folengo professèrent à son égard, mais nous ne devons pas oublier l'hommage que lui rendit un prieur du couvent où il était mort depuis près d'un siècle. Jean-Marie Fantassi, appartenant à une famille noble de Vérone, fit en 1640 placer son buste avec cette inscription : *Theophilo clara ex Folengorum stirpe, Monaco Cassiniensi, agnomine Merlino Publio Virgilio Maroni, sicuti Patria, sic Musa simillimo, D. Jo. Mar. Fantasti Mon. possuit A. D. MDCCXL.*

Un distique achevait d'attester en termes pompeux la haute idée qu'on avait de notre poëte.

---

[1] Nous n'apprendrons rien à personne en disant qu'il serait bien facile de citer des ouvrages composés par des ecclésiastiques italiens et qui paraissent aujourd'hui fort peu en harmonie avec la sévérité de leur état. Sans remonter aux temps du cardinal Bembo et de l'évêque Bandello, qui composait des nouvelles peu édifiantes, nous mentionnerons seulement le *Ricciardetto*, composé il y a un siècle par l'évêque Fortiguerri.

Ossa cubant intus : facies splendescit et extra :
Merlini mentem sidera, mundus habent.

Le cardinal Mazarin faisait le plus grand cas des vers de Merlin Coccaie ; il en savait par cœur de longs passages et il les récitait volontiers.

Mais ce qui reste comme un des plus beaux titres de Folengo, c'est qu'il a inspiré souvent un des hommes les plus étonnants du seizième siècle. Rabelais avait lu et relu l'épopée de Merlin Coccaie, il lui a emprunté des traits nombreux, notamment l'épisode des moutons qui sautent l'un après l'autre dans la mer. A deux reprises différentes, notre immortel Homère bouffon a rendu indirectement hommage à l'écrivain dont il s'était heureusement servi. Dans la généalogie de Pantagruel, il dit que « Morgan engendra Fracassus duquel escript Merlin Coccaie » et dans le répertoire des livres que le fils de Gargantua trouva dans la *fort magnifique librairie* de Saint-Victor, nous voyons : *Merlinus Coccaius, de patria diabolorum.*

Fracassus paraît aussi avoir fourni à maître François quelques traits pour l'image de Gargantua : « pour son déjeuner il mangeait un veau ; quatre-vingts pains à grand'peine pouvaient remplir ses tripes. Son bouclier était le fond d'une chaudière en laquelle on brasse la bière, où on fait bouillir le vin ; son bâton était plus grand qu'un mât de navire. »

M. Raynouard, dans un article inséré au *Journal des Savants* (décembre 1831) et consacré à l'analyse de l'*Histoire de la poésie macaronique* de Genthe, a développé les rapprochements qui s'aperçoivent du premier coup d'œil entre les deux conteurs.

« Folengo et Rabelais furent tous deux moines, tous deux quittèrent le froc et écrivirent des plaisanteries piquantes, des satires facétieuses, d'ingénieuses moqueries. L'Italien fit des attaques plus vives et plus franches que l'auteur français, qui mit son esprit à se faire deviner. Tous deux dénoncèrent surtout les vices du clergé et des moines, les abus de la cour de Rome, etc. Rabelais, soit habileté, soit bonheur, obtint auprès des papes et des princes de l'Église assez de protection pour se faire absoudre du tort d'avoir déserté le cloître ; Folengo, plus sage ou moins heureux, y retourna de lui-même, reprit le froc et fit pénitence de ses erreurs.

« Il avait écrit :

Est peccare hominis, nunquam emendare diabli est.

Il ne voulut pas rester diable, il fit pénitence. Rabelais crut sans doute n'être aucunement coupable, et ne songea ni à s'amender ni à expier ses fautes. »

§ 4. DÉTAILS BIBLIOGRAPHIQUES SUR LE POEME DE MERLIN COCCAIE.

Il serait superflu d'entrer ici dans des détails étendus au sujet des diverses éditions du chef-d'œuvre de Folengo ; la première fut publiée à Venise en 1517, chez Alexandre Paganini. On en vit bientôt paraître d'autres en 1520, 1521, 1522, 1530, 1552. De 1553 à 1613, on en compte une quinzaine. Celle de Naples, sous la rubrique d'Amsterdam, 1692, petit in-8, est bien exécutée, et les amateurs en recherchent surtout les beaux exemplaires, quoiqu'elle soit remplie de fautes typographiques. Une autre édition, donnée à Mantoue, en 1768 et de même avec l'indication d'Amsterdam, est enrichie de notes utiles, ainsi que d'un glossaire, mais elle n'a pas reproduit un bon texte. Elle renferme d'ailleurs quelques épigrammes qui ne sont pas dans les éditions précédentes et une dissertation *de Theophili Folengi vita, rebus gestis et scriptis*.

Une version française, due à un écrivain resté anonyme, vit le jour à Paris en 1606, 2 vol. in-12. Elle a reparu en 1734. C'est elle que nous reproduisons. Son style facile nous a paru, dans sa couleur un peu surannée, propre à donner une idée d'une composition qui n'est pas faite pour étaler la correction sévère et l'élégante netteté du français moderne[1]. Nous avons cru devoir ajouter quelques notes

---

[1] Nous conviendrons d'ailleurs qu'une traduction, quelque ingénieuse qu'elle soit, de l'épopée de Merlin Coccaie, ne donnera jamais une idée parfaite de l'original ; c'est encore ce qu'a très-bien démontré Nodier : « Dans la macaronée, le sel de l'expression résulte principalement de la nouveauté singulière et hardie d'une langue pour ainsi dire individuelle, qu'aucun peuple n'a parlée, qu'aucun grammairien n'a écrite, qu'aucun lecteur

pour éclaircir certains passages obscurs, mais nous avons été sobre à cet égard, car Merlin Coccaie est un de ces auteurs auxquels il serait facile de joindre un commentaire beaucoup plus étendu que le texte, chose qui n'est pas du goût de tous les lecteurs.

Landoni a donné de l'*Histoire macaronique* une version italienne, Milan, 1819; et dans la préface de l'édition de 1768, il est fait mention d'une traduction en langue turque, publiée à Andrinople, l'an de l'hégire 1125; assertion qu'il est très-permis de révoquer en doute, tant l'invraisemblance est flagrante.

L'abbé Gerlini avait entrepris de traduire en dialecte vénitien l'*Histoire macaronique*, mais il n'a donné que les deux premiers chants, Bassano, 1806, 8°.

M. Du Roure, dans son *Analectabiblion* (Paris, 1838, 2 vol. in-8), donne, t. I, pag. 265, une analyse, chant par chant, des vingt-cinq fantaisies (*phantasiæ*) qui forment l'histoire des exploits de Baldus. Quelques-uns des passages cités dans le cours de ce travail sont traduits en vers français d'une façon élégante.

M. O. Delepierre a consacré une notice assez étendue à Folengo, dans le curieux et savant volume qu'il a publié en 1852, sous le titre de *Macaronéana* (pag. 85-110); il passe en revue les principaux écrivains qui ont parlé de notre poëte, et il transcrit, pag. 235 et suiv., deux passages empruntés, l'un au seizième, l'autre au vingt-cinquième livre.

Genthe a réimprimé en entier, pag. 208-250, le premier et le vingt-cinquième chant de Merlin Coccaie; il y a joint, pag. 250-284, les trois livres de la *Moschea*.

Nous n'avons jamais eu l'idée de réimprimer le texte de la *Macaronea*; c'est un plaisir qu'il faut laisser à quelque Italien instruit.

Les erreurs commises au sujet de Folengo et de ses écrits sont nombreuses, et très-souvent elles ont été reproduites de

n'a entendue, et qu'il comprend toutefois sans peine, parce qu'elle est faite par le même art et des mêmes matériaux que sa langue naturelle. Le principal charme du style macaronique est dans le plaisir studieux de cette traduction intime qui étonne l'esprit en l'amusant. »

livres en livres sans examen et avec addition de méprises nouvelles. Citons-en quelques exemples :

Watt, dans sa *Bibliotheca britannica*, prend Folengo et Merlin Coccaie pour deux auteurs différents.

Brucker, dans son *Historia philosophiæ*, rencontrant sous sa plume le nom de Folengo, prétend que cette *lepidissima satyra* est le premier ouvrage écrit en style macaronique.

Coupé, dans ses *Soirées littéraires*, t. VII, p. 112, range Merlin Coccaie parmi les mauvais ouvrages français.

Sismonde de Sismondi, dans son *Histoire de la littérature du midi de l'Europe*, après avoir répété l'erreur de Brucker, ajoute : « On ne saurait dire si les poésies de Folengo sont italiennes ou latines. »

Freytag, dans ses *Analecta*, range l'*Orlandino* parmi les ouvrages composés en style macaronique.

Moreri, dans l'article qu'il a consacré à Folengo, tombe décidément dans la niaiserie, il s'exprime en ces termes : « Cet auteur s'abandonne aux saillies les plus bizarres, sans respect pour la langue latine. Comme il était Italien, son style macaronique n'est pas comme chez nous du français. »

Sallengre, dans ses *Mémoires de littérature*, t. I, pag. 139, signale l'édition de 1521 comme la première.

Du reste, la poésie macaronique semble avoir porté malheur à bien des bibliographes et à bien des écrivains qui se sont occupés de l'histoire littéraire ; nous nous bornerons à signaler un seul exemple, celui d'un auteur qui n'est point d'ailleurs sans mérite, Thomas Hartwell Horne, lequel, dans son *Introduction to the study of bibliography*, croit qu'Arena et Théodore de Beze ne font qu'un seul et même personnage.

§ 5. ÉCRITS DIVERS DE FOLENGO.

Quelques mots au sujet des autres productions sorties de la plume de Folengo ne seront point déplacés ici.

L'*Orlandino*, publié sous le pseudonyme de Limerno Pittoco, est un poëme bouffon sur l'enfance de Roland. Il fut composé dans l'espace de trois mois[1]. Il est facile de voir

---

[1] C'est ce que l'auteur nous apprend dans quelques vers latins où il explique en même temps pourquoi son livre a peu d'éten-

que Limerno est l'anagramme du nom de Merlino; quant au mot *Pittoco*, qui signifie un gueux, un mendiant, Folengo le prit comme allusion à l'état misérable où il était tombé. L'*Orlandino* est en octaves et il est partagé en huit *capitoli* ou chapitres, division contraire aux règles alors observées. Nous n'avons pas ici à donner une analyse de cette épopée parfois licencieuse, mais que recommande une originalité soutenue, entremêlée de digressions et ornée de traits satiriques d'une vivacité piquante. Cette analyse a déjà été faite et bien faite par Ginguené (*Histoire littéraire d'Italie*, t. V, pag. 538). La première édition de l'*Orlandino* est de Venise, 1526; on en connaît plusieurs autres données au seizième siècle; celle que le libraire Molini mit au jour à Paris en 1773 (sous la rubrique de Londres) est soignée *ed arrichita di annotazioni*.

Nous avons rencontré une traduction française intitulée : *Orlandinet ou le Petit Roland*, Sirap (Paris), 1783, in-16.

Le *Chaos del Tri per Uno*, publié à Venise en 1526 et réimprimé en 1546, est resté oublié; c'est qu'en effet cet ouvrage, aussi obscur que singulier, tantôt en vers, tantôt en prose, ne mérite guère de trouver des lecteurs. Il est divisé en trois forêts (*selve*). On y rencontre des passages en vers latins élégants et des tirades en dialecte macaronique. Voici le commencement de deux petites tirades de ce genre, contenues dans la seconde partie (*seconda selva*) de cette étrange épopée; le premier de ces fragments, espèce de parodie du premier livre de l'*Énéide*, se compose d'environ 400 vers :

> Ille ego qui quondam formaio plenus et ovis,
> Quique bottrivoro stipans ventrone lasagnas,
> Arma valenthominis cantavi horrenda Baldi,
> Quo non hectorior, quo non orlandior alter,
> Grandisonem cujus phamam nomenque guiardum
> Terra tremit baratrumque metu se cagat ad ossum.
> At nunc Tortelii egressus gymnasia postquam
> Tanta Menestarum smaltita est copia, Baldi

due, et où il écarte l'idée défavorable que ses compositions pourraient donner de ses mœurs :

> Mensibus istud opus tribus indignatio fecit :
>   Da medium capiti, notior Autor erit.
> Orlandum canimus parvum, parvum inde volumen ;
>   Si quid turpe sonat pagina, vita proba est.

Gesta Maronisono cantemus digna stivallo...
    Aspra, crudelis, manigolda, ladra,
Fezza Bordelli, mulier Diabli,
Vacca vaccarum, lupaque luparum
Porgat orecchiam.
    Porgat uditam Mafelina pivæ
Liron o bliron coleramque nostri
Dentis ascoltet, crepet atque scoppiet
    More vesighæ.
Illa stendardum facie scoperta
Fert putanarum, petit et guadagnum
Illa marchettis cupiens duobus
    Sæpe pagari.

C'est un singulier mélange que celui que présente cette composition hétérogène ; des lettres, des dialogues, des fables, des épigrammes, des sonnets, des acrostiches, y sont mêlés. La description des trois âges de l'homme semble avoir été le but principal que s'est proposé le poëte, ainsi que l'indiquent les vers suivants :

Tres sumus ut vultus tum animæ, tum corporis, iste,
    Nascitur, ille cadit, tertius erigitur.
Is legi paret naturæ, schismatis ille
    Rebus, evangelico posterus imperio.
Nomine sub ficto Triperuni cogimur idem
    Infans et juvenis virque, sed unus inest.

Le panégyriste de Folengo que nous avons déjà signalé a voulu montrer que, sous le voile des allégories répandues dans cette épopée, il y avait un sens très-profond.

Sous le nom d'Almafise, il faut reconnaître la Nature ; Anchinia est le symbole des arts industriels qui aident l'homme à supporter les misères de la vie ; la Sagesse, sous le nom de Technilla, corrige et tempère la fougue d'Anchinia. La Discorde se glisse toutefois entre ces deux personnages, mais la bonne Harmonie, sous le nom d'Omonia, intervient, et, par ses douces paroles, elle amène la réconciliation des deux sœurs, qui s'embrassent. Sous la direction de ces sages conseillères, le héros (symbole de l'homme) arrive à l'âge d'or. On voit ensuite agir tour à tour Aletea ou la Vérité, et Eleuteria ou la Liberté, qui le conduisent vers des buts opposés.

Il est plus juste de dire que le titre du *Chaos del Tri per uno* répond à la bizarrerie du livre, et que Folengo s'est proposé de se dépeindre lui-même dans son triple nom de Merlino, de Limerno et de Fulica ; cette dernière dénomination lui fut suggérée parce que sa famille avait dans ses armes trois poules d'eau (*fulicæ* ou *foliche, folinghe*). Il a d'ailleurs pris la peine de s'expliquer là-dessus d'une manière qui ne laisse subsister aucun doute [1].

Il a de plus fait une allusion très-claire à sa conversion, en disant que le Christ se montra à lui au milieu de l'ignorance où il était tombé, et que, conduit par une inspiration divine il revint à la voie sincère de l'Évangile, qui lui avait été primitivement démontrée.

Au commencement de la troisième *selva*, l'auteur dit qu'il était dans sa trentième année ; mais cette assertion ne doit pas être prise au pied de la lettre ; car plus loin il avance qu'il avait atteint la moitié de la carrière humaine, et comme, d'après l'Écriture, cette carrière est de soixante-dix ans (Psaume 89), il aurait alors eu trente-cinq ans.

Sur le frontispice de la première édition de cette épopée, Folengo a placé ces deux vers, qui ne donnent pas une idée fort claire du but qu'il se propose :

Unus adest triplice mihi nomine vultus in orbe :
Tres dixere Chaos, numero Deus impare gaudet.

La *Humanita del figliuolo di Dio* est un poëme pieux *in ottava rima*, que Folengo, ainsi qu'il l'annonce dans un avertissement préliminaire, composa pour expier le tort qu'il avait eu d'écrire ses Macaronées. C'est ainsi que La Fontaine voulait, en célébrant la *Captivité de saint Malc*, faire oublier le scandale causé par ses *Contes*. Malheureusement les vers

---

[1] Un bel aviso quivi darti intendo, che totalmente sul ternario numero siamosi per conveniente ragione fundati. Prima tu vedi lo titulo del libro essere tre parole, Chaos del Triperuno. Seguono poi le tre Folenghe over Foliche son dette, le quale sono antiquissima Insegna di casa nostra in Mantoa. Et sotto specie di loro succedono le tre Donne de tre Etudi e di tre Fagge di parentela, da le quali derivano li tre prolissi argomenti, ciuscano di loro in tre parti diviso. Noi siamo per di tre nomi, Merlino, Limerno, Fulica. Li quali cominciando il nostro Chaos, in tre selve lo spartimo, con li soi tre sentimenti.

édifiants ne sont pas ceux qui provoquent le plus d'empressement de la part des acheteurs, et l'ouvrage de Folengo, dédié *alli valorisi campioni di Cristo*, mis au jour à Venise en 1533, in-4, fut accueilli avec une grande froideur; il paraît cependant qu'il a été réimprimé en 1548 et en 1578. Un panégyriste de notre poëte n'hésite pas à qualifier d'Iliade des hommes et d'Odyssée des Chrétiens, cette composition divisée en deux parties; la première est remplie par la description des actions éclatantes et héroïques du Sauveur, l'autre expose la doctrine de ses attributs divins : c'est le fruit d'une lecture persévérante de l'Écriture sainte.

Un autre petit poëme de Folengo est plus connu, parce qu'il a été joint aux diverses éditions de son Merlin Coccaie : c'est la *Moschea* ou *l'horrible bataille advenue entre les mouches et les fourmis*. Partagée en trois livres, cette production a été traduite en français et insérée dans les éditions de 1606 et de 1732, que nous avons déjà mentionnées. On a tout lieu de voir dans le récit de cette guerre burlesque une allusion aux discordes des petits souverains de l'Italie, bien mesquines dans leurs causes, fort désastreuses dans leurs effets. Présentons ici une analyse succincte de cette épopée, qui a du moins le mérite d'être courte.

Sanguiléon, roi du pays de Mousquée, apprend que les fourmis retiennent prisonnier le plus brave de ses généraux, Ranifuga. Il s'émeut et se met en campagne, assisté du roi des papillons, du prince des moucherons, du roi des taons, etc. Les armées se rassemblent avec grand fracas. Des harangues sont prononcées pour animer les troupes qui s'embarquent, afin d'attaquer le pays des fourmis. Le roi Machegrain s'est préparé à repousser l'invasion; il a fait alliance avec les poux, les punaises, les araignées et les puces; il s'est assuré de l'appui des blaireaux et des chiens. Après avoir été assaillie par une tempête affreuse, la flotte ennemie arrive; un débarquement s'opère, le siége est mis devant la capitale de la contrée des puces; l'armée des fourmis avance pour la dégager, il s'ensuit une bataille des plus acharnées; de part et d'autre on se signale par d'admirables exploits. Les mouches sont enfin vaincues et écrasées; l'escarbot Siccaroboneas reste le dernier sur le champ de bataille; il combat en héros et périt accablé sous le nombre de ses adversaires, mais non sans leur faire chèrement payer leur triomphe.

Voici en quels termes Folengo embouche la trompette pour chanter cette guerre affreuse :

> Grandia Muscarum formicarumque canamus
> Prælia crudeles Marte stigante brigas.
> Scurus Apollo suos abscondit Albora cavallos,
> Non potuit tantum namque patire malum;
> Omnis per circum Tellus sbatutta tremavit,
> Parva super cœlos nec cagarola fuit.
> Pochum mancavit quam mortus ab axe tomaret
> Juppiter herculeum valde gridabat opem.
> Pro bombardarum scappavit Luna rebombo,
> Excusamque Jovi fecit abire foras,
> Æquora tunc etiam sbigotentia signa dederunt
> Atque spaventosas summa tulere faces.

Ce petit poëme, œuvre de la jeunesse de Folengo, est peut-être, sous le rapport du mérite du style, supérieur au Merlin Coccaie.

Genthe a donné en 1846 une édition spéciale de la *Moschea* (Eisleben, 63 pages in-8). Au bas des pages, chaque mot macaronique est accompagné d'une double explication en italien et en allemand. Cinq pages de notes à la fin de l'ouvrage fournissent quelques renseignements intéressants.

M. Brunet signale une traduction en vers italiens de la *Moscheide*, par F. Antolini. Milan, 1807. Il en existe aussi une imitation en vers siciliens, par Carlo Basili, Palerme, 1663, in-12. On en connaît également de vieilles versions allemandes mises au jour en 1580, en 1600 et en 1612 [1].

Folengo voulut s'exercer dans le genre pastoral, fort en

---

[1] Il n'est pas douteux que Folengo n'ait conçu l'idée de la *Moschea* en lisant la *Batrachyomachie*, attribuée à Homère; un assez grand nombre de compositions tracées sous l'influence d'une pareille inspiration existent dans diverses langues; les bibliographes connaissent l'extrême rareté de l'édition originale, faite vers 1494, de la *Galeomyomachia* d'Aristobule Apostolius. La victoire reste aux souris dans ce petit drame; une poutre tombe et écrase leur antagoniste.
Grazzini, dit le Lasca, qui florissait peu de temps après Folengo, chanta de même des guerres burlesques dans deux petits poëmes : la *Nanea* et la *Guerra di Mostri*. (Voir Gingueué, *Histoire littéraire d'Italie*, t. V, p. 560 et suiv.) Lope de Vega a composé une *Gatomaquia*, qui a été plusieurs fois réimprimée.

vogue alors; mais, l'envisageant sous un point de vue peu poétique, et qu'on appellerait aujourd'hui réaliste, il écrivit la *Zanitonella quæ de amore Tonelli erga Zaninam tractat; quæ constat ex tredecim sonolegiis, septem ecclogis et una strambottolegia.* M. Du Roure a analysé en détail ce poëme burlesque; il le représente comme d'une nature peu choisie sans doute, mais original par l'intérêt suivi qu'il présente, et, quant à la vérité, il est bien préférable, dans sa rusticité grotesque, aux idylles musquées, poudrées et pommadées de Fontenelle, et même aux bergères mélancoliques et penseuses de Racan. comme aux églogues élégantes de J. B. Rousseau et de Gessner.

Parmi beaucoup de grossièretés et d'expressions du plus mauvais ton, Folengo sait placer parfois de la grâce et du sentiment. Il y a de la délicatesse et quelque charme dans le sonnet où Tonellus raconte comment il est devenu amoureux.

> Tempus erat, flores cum Primavera galantos
> Spantegat, et freddas scolat Apollo brinas.
> Sancta facit saltare foras Agnesa lusertas,
> Capraque cum cupro, cum cane cagna coit.
> Stalladizza novas Armenta Biolcus ad herbas
> Menat, et ad Torum calda vedella fugit.
> Boschicolæ frifolat Rosignolæ gorga per umbras
> Rognonesque; magis scaldat alhora Venus.
> Ante meos oculos quando desgratia duxit
> Te, dum pascebam, cara Zanina, capras.
> Non appena tuas goltas vidique musinum,
> Ballestram subitus discarigavit Amor.
> Discarigavit Amor talem, mihi crede, verettam,
> Quod pro te veluti pegola nigra brusor.

Le traducteur de 1606 a laissé de côté la *Zanitonella*, ainsi que trois épîtres et sept épigrammes de Folengo, insérées dans les diverses éditions de son poëme macaronique et qui n'offrent d'ailleurs rien de remarquable.

Indépendamment de ses productions imprimées, notre auteur avait composé plusieurs ouvrages demeurés inédits, entre autres un poëme latin en vers hexamètres, intitulé : *Agiomachia*, où il célèbre le courage des martyrs, et trois tragédies, la *Cecilia*, la *Cristina*, la *Catarina*, qui furent mises en musique par un moine du Mont-Cassin, à la demande d'Antonio

Colonna, successeur de Ferrante Gonzaga; une comédie intitulée : la *Pinta* ou la *Palermita*, espèce de mystère *in terze rime*, dont le sujet est la création du monde, la chute d'Adam, la rédemption, et qui fut représentée dans une ancienne église, aujourd'hui détruite, nommée *Pinta*. On lui attribue aussi un poëme sur la passion de Jésus-Christ, un traité de métaphysique contre Platon, un *Orlando inamorato rifatto*, un recueil d'épîtres et deux productions macaroniques (*Il libro della gatta* et les *Gratticcie*, satires); mais l'existence de tous ces écrits n'est pas bien démontrée, et, en tous cas, ils paraissent aujourd'hui perdus.

§ 6. LA POÉSIE MACARONIQUE CHEZ LES DIVERS PEUPLES DE L'EUROPE.

Notre notice sur Folengo et sur la poésie macaronique serait incomplète si nous ne placions ici un aperçu rapide des principaux écrivains qui se sont exercés en ce genre.

Les plus anciens de tous appartiennent à l'Italie et remontent au quinzième siècle.

Signalons d'abord Bassano, né à Mantoue, et sur le compte duquel on ne sait rien, si ce n'est qu'il était mort en 1448. On ne connait qu'un seul exemplaire de son livre; c'est celui de la bibliothèque Trivulzio, à Milan ; il a été l'objet d'une notice sortie de la plume d'un libraire milanais fort instruit. M. Tosi, et il a pour titre, *Collectanee de cose facetissime e piene di riso;* la première de ces *cose* est une *macherona nova* composée par Bassano, elle est adressée *ad magnificus dominus Gasparus Vescontus;* voici comment elle commence :

>   Unam volo tibi, Gaspar, contare novellam
>   Que te forte magno faciet pisare de risu.
>   Quidam Vercellis stat a la porta Botigliano
>   Omnes qui Sessiam facit pagare passantes;
>   Et si quis ter forte passaret in uno,
>   Ter pagare facit : quare spesse voltas cunti
>   Esset opus Medicis intratam habere Lorenzi
>   Hic semper datii passegiat ante Botegam...

Tifius Odaxius ou Tisi Odassi, né à Padoue, vers 1450, et mort vers la fin du quinzième siècle, composa un poëme satirique de sept cents vers environ, dans lequel il attaque avec verve, souvent avec cynisme, des Padouans soupçonnés de se livrer à la magie. Cet opuscule, intitulé la *Macharonea*, est devenu extrêmement rare ; on en connaît plusieurs anciennes editions, sans lieu ni date ; trois sont décrites au *Manuel du Libraire*, t. III, p. 549 ; d'autres ont été signalées par M. Tosi, qui les a examinées dans des bibliothèques de Milan et de Parme (voir le *Macaronéana* de M. Delepierre, p. 126-128). Divers bibliographes, confondant Odaxius avec d'autres auteurs, sont tombés en parlant de lui, dans des méprises que M. Brunet et M. Delepierre ont relevées, mais dont nous n'avons pas à nous occuper.

Le petit poëme d'Odaxius a été partiellement réimprimé en 1851 dans le *Serapeum*, journal bibliographique qui voit le jour à Leipzig ; il l'a été en entier dans le mémoire de M. Delepierre sur la poésie macaronique inséré parmi les travaux de la *Philobiblon Society*, et que nous avons déjà cité. Une courte citation fera juger le style d'Odaxius.

DE CUSINE SPICIARIO.

Est unus in Padua notus speciale cusinus
In macharonea princeps bonus atque magister
Discalcis pedibus propter mangiare polentam
Per fangum et nives caminare atque pedester
Hic ubi de vino facient merchata vilani
Cum San Hieronymo retinet signale botegam,
Non est in toto quisquam poltronior orbe
Sanguine fachinus perjurus atque bosarus,
De zucharo jurat fattos de melle syrupos,
De puteo toltam aquam jurat esse rosatam
Et quicquid vendit nihil est, mihi credite, bonum.

Giovan Giorgio Alioni, né à Asti, est plus connu que ses prédécesseurs, grâce à la découverte récente de deux ou trois exemplaires de ses *Opera jocunda metro macharronico materno et gallico composita*, Asti, 1521, petit in-8° ; une partie de ce très-rare volume est en français un autre partie en dialecte astesan ; le surplus est en style macaronique. Ces dernières compositions ont reparu à Asti en 1601 sous le titre d'*Opera piacevole* di Giorgio Alioni, mais la plus grande portion du contenu du volume de 1521 a été retranchée.

Le savant auteur du *Manuel du Libraire* a publié en 1836 une édition des œuvres françaises d'Alioni, en y joignant une notice très-intéressante de 51 pages. Ce volume, imprimé avec beaucoup de soin, n'a été tiré qu'à 110 exemplaires [1].

M. Delepierre dans son *Macaronéana*, a donné, pages 76-85, une analyse rapide de la comédie, des *farsas*, des *frotulas* et *cautiones* en dialecte astesan; il revient, p. 129-132, sur les particularités bibliographiques qui concernent Alione, et il transcrit, p. 244-250, un échantillon considérable des vers macaroniques de cet écrivain. Nous nous bornerons à en donner un specimen d'une dimension peu redoutable.

> Duos Lombardos etiam vidisse recordor
> Hic ad tabernam; volentes edere saltim
> Par ovum cuilibet sic, et passare caminum
> Accidit ut unus primum ovum cum scapellasset,
> Illum trovavit cocyzum cum polastrino;
> Et cum vocaret famulum pro facere greusam,
> Alter sagacior dixit illi : Tace brignone;
> Sorbe, crede mihi, spagia travondere cito;
> Hospes si intendet nobis dedisse polastros,
> Per certum faciet cuilibet pagare tregrossos.

Guarinus Capella composa un petit poëme *in Calabrinum Gogamagogæ regem composita, multum delectabilis ad legendum*, imprimé à Rimini en 1526, petit in 8°, 28 feuillets [2]; ni Genthe ni M. Delepierre n'ont fait connaître par quelque citation ce livre fort rare, dont le titre seul a sans doute passé sous leurs yeux.

Barthélemy Bolla vivait vers le milieu du seizième siècle,

---

[1] L'exemplaire dont s'est servi M. J. Ch. Brunet avait été acquis dans une vente publique de Londres au prix de dix-sept livres sterling, cinq shellings. Depuis, un second exemplaire, plus complet, s'est montré à la vente de M. Libri, faite en 1847 (n° 444); il a été adjugé au prix de dix-sept cent cinquante francs, pour compte, assure-t-on, du grand-duc de Lucques. Ces deux exemplaires et celui qui a figuré dans les cabinets de deux célèbres bibliophiles du siècle dernier (Gaignat et le duc de la Vallière) paraissent les seuls dont l'existence soit aujourd'hui connue.

[2] Un exemplaire se trouvait à la vente Nodier en 1844; il a été payé soixante et un francs. Un autre s'est rencontré dans un recueil qui a figuré à la vente Renouard en 1854, n° 2531.

il se qualifie lui-même de *vir ad risum natus* et *d'alterus Coccaius;* on connaît de lui deux productions fort rares l'une et l'autre : *Nova novorum novissima, sive poemata stylo macaronico conscripta, quæ faciunt crepare lectores et saltare capras ob nimium risum,* 1604, inséré en 1670 à la suite du poëme d'Arena *ad suos compagnones,* dont nous aurons bientôt l'occasion de parler [1] : *Thesaurus proverbiorum italo-bergamascorum rarissimorum et gabartissimorum in gratiam melancholiam fugientium, Italicæ linguæ amantium, ad aperiendum oculos editurum, à B. Bolla, viro incomparabili, et alegriam per mare et per terram sectante,* Francofurti, 1605, in-12.

Ce recueil est extrêmement rare ; M. G. Duplessis, convient, dans sa *Bibliographie paréméologique,* p. 277, qu'il n'a jamais pu le rencontrer ; nous n'avons pas été plus heureux [2].

Un éloge du fromage composé par Bolla a été reproduit dans le recueil de Dornaw : *Amphitheatrum sapientiæ socraticæ,* Hanau, 1609, t. I, p. 625. Flogel, dans son *Histoire du burlesque* (en allemand, Leipsick, 1794, p. 130), transcrit une quarantaine de vers empruntés à un des écrits de ce personnage, qui était un acteur jouant le rôle d'Arlequin : *Colbii Neu schlosiani laudes.*

Plaçons ici un specimen fort court comme de raison du style de Bolla :

In isto loco est usanza
De qua non possum ridere a bastanza ;
Hanc cum primo spectavi
De troppo rider quasi crepavi,
Et nunquam desit ridendi materia,
Quia hic non curant seria.
Qui primo huc venit peregrinus,
Etiamsi Cæsar esset Maximius,

---

[1] M. Delepierre, p. 260, transcrit une quarantaine de vers de Bolla.

[2] Un savant et laborieux bibliographe allemand, M. Graesse, annonce dans son *Trésor des livres rares et précieux,* 1858, p. 185, qu'il possède un exemplaire de ce curieux volume, lequel est composé de 70 feuillets non chiffrés. Les proverbes, qui sont en partie très-licencieux, sont dédiés au Landgrave Maurice de Hesse et placé dans l'ordre alphabétique.

Oportet colbum, seu mazzam grandissimam,
Et non omnibus portabilissimam,
Ex quodam certo loco tirare,
Et supra spallas circa castellum portare,
Postea ad ipsum locum ritornare
Et colbum ad quendam chiodam atacare,
In præsentia serenissimi, illustrissimorum
Et aliorum nobilium virorum.

Baiano, Zancalaio, Graseri, Affarosi et quelques autres Italiens se sont exercés dans le genre macaronique, mais leurs productions sont très peu connues, et n'ont pas assez d'importance pour obtenir ici quelques détails. On a parfois placé, mais à tort, parmi les écrivains macaroniques, le moine François Columna (ou Colonna) qui écrivit, sous le titre d'*Hypnerotomachia*, une sorte de roman métaphysique et allégorique, fort obscur, mais où domine la passion qu'une femme, nommée Polia, avait inspirée à ce religieux.

Ce livre est écrit d'un style bizarre qui se rapproche beaucoup du pédantesque et qui renferme une multitude de superlatifs. Nodier est allé trop loin en disant que les pages de l'*Hypnerotomachia* se composent de mots hébreux, chaldéens, syriaques, latins et grecs, brodés sur un canevas d'italien corrompu, relevé d'archaïsme oubliés et d'idiotismes patois [1].

Qu'il nous soit permis de reproduire quelques lignes, qui donneront une idée exacte de cette diction singulière.

« Sopra de questo superbo et triumphale vectabulo, vidi uno bianchissimo cycno, negli amorosi amplexi d'una inclyta nympha, filiola de Theseo, d'incredibile bellecia formata, et cum el divino rostro obsculantise, demisse le ale, tegeva le parte denudate della in genua llera; et cum divini et voluptici oblectamenti istavano delectabilmente jucundissimi ambi connexi, et il divino olore tra le delicate et nivee coxe collocato. La quale commodamente sedeva sopra dui pulvini di

---

[1] La première édition de cet ouvrage vit le jour à Venise, chez Alde Manuce, en 1499; une seconde sortit, en 1545, des mêmes presses. J. Martin traduisit en français, en 1546, le *Discours du songe de Poliphile déduisant comme amour le combat à l'occasion de Polia*. Une autre version, mais abrégée et arrangée, due à J. G. Le Grand, a paru en 1804, chez Didot, 2 vol. in-18.

panno doro exquisitamente di mollicula lanugine tomentati cum tutti gli sumptuosi et ornanti correlarii opportuni. »

L'*Hypnerotomachia* se termine ainsi :

« Cum non exiguo oblectamento degli cœliti spirituli, tanto inexperto evosmo fumulo redolente, per laire risolventise, cum il delectoso somno celeriuscula dagli ochii mei, et cum veloce fuga se tolse essa dicendo : Poliphilo caro mio amante, vale. »

César Orsini, caché sous le nom de *Stopinus*, publia, en 1636, un volume de *Capriccia macaronica*, qui a été réimprimé plusieurs fois, et qui est une des bonnes productions en ce genre. On y remarque un traité burlesque *De Arte robandi*, un petit poëme sur un sujet qui a souvent occupé les poëtes italiens : *De Malitiis putanarum*, et les éloges de l'ignorance, de la méchanceté, de la folie ; nous emprunterons quelques vers à ce dernier panégyrique ; il forme la quatrième macaronée : *De laudibus pazziæ*.

    Sunt etenim multi (nec tantum dico potentes
    Divitiis opibusque, quibus moriendo bisognat
    Heredes lassare suos, qui prædia et aurum
    Possideant, magnas pro conservare casadas)
    Sed poveri atque inopes qui toto tempore stentant,
    Nec solo de pane queunt implere budellas,
    Attamen uxores ducunt, capiuntque novizzas,
    Esseque lætantur pazzia duce, maritos.
    Sunt multæ pariter viduæ quas sæpe videmus
    Pazziam seguitare viri post funera morti;
    Namque iste vivendo diu cum conjuge primo
    Mille malas pasquas habuerunt, mille malannos,
    Partibus inque suis probaverunt mortis afannos,
    Non tamen absque viro patiuntur ducere vitam,
    Nam sine compagno possunt dormire negottam,
    Atque viduali nequeunt requiescere lecto;
    Quin imo peccatum sic solæ vivere credunt;
    Hinc ab eis conjux est primus apena sepultus,
    Quod pensant alium sibi retrovare maritum;
    Sic etenim regina illis l'azzia comandat.

Nous transcrirons quelques vers empruntés à Meno Beguoso, dont les *Rasonamenti, canti, canzon, sonagiti et smerdagale*, forment un recueil imprimé en 1775, composé de deux parties, et presque impossible à se procurer.

BAPTALIA SORZORUM CUM RANIS.

O quæ montagnam colitis, mihi plurima, musæ
Carmina forte precor, date, grandem namque bataggiam
Inter homos cupio cantare in carmine sbrajans.
Ipse ergo sorzorum, ranellarumque criorem
Exponam, ad largum dixit quem Nona caminum,
Hinc crior iste scomenzat; nam sorzus fuit unus,
Qui gattam fugiens fermas gambettat ad undas,
Ut sibi lympha sitim cavet; imas illa buellas
Brusarat: fermis testam cazzavit in undis.

Occupons-nous maintenant des écrivains français qui se sont exercés dans le genre macaronique.

Le plus remarquable est Antonius de Arena. On a dit et imprimé qu'il s'appelait *du Sablon;* c'est une erreur fondée sur l'opinion où l'on était qu'il avait latinisé son nom, à l'exemple des littérateurs qui, à cette époque, masquaient et défiguraient leur nom par une traduction latine. On avait pensé qu'il fallait reconnaître *du Sablon* sous le mot *Arena*, tout comme on reconnaissait *Du Chêne* sous l'écorce de Quercetanus.

Cette méprise figure dans la réimpression faite à Avignon des poëmes de cet auteur, dont les dictionnaires biographiques ont à l'envi travesti le nom. Il est appelé *Sablon* dans Moréri, et du Sable dans le *Dictionnaire* de Chaudon et Delandine. La *Biographie universelle*, renchérissant sur ces erreurs, prétend que sa famille était, dès le treizième siècle, connue sous le nom de *la Sable*. Un historien provençal, exact et presque contemporain du poëte qui nous occupe, Honoré Bouche, dit expressément, dans sa *Chorographie de Provence*, qu'il se nommait Antoine de Arena ; son père, Nicolas d'Arena, jurisconsulte habile, était venu de Naples à la suite du roi René.

Les pièces de vers composées par Arena peuvent se diviser en deux classes ; d'abord viennent les écrits qui remontent à la jeunesse de l'auteur et qui sont inspirés par une morale facile. Le poëte veut enseigner à ses compagnons l'art de bien danser et d'obtenir ainsi les bonnes grâces du beau sexe.

Dedecus est malum tripudiare male...
Bellas garsetas dansa venire facit.

Il observe, judicieusement, qu'une fois mort on ne danse plus :

> Dansa cum vivis, post mortem non choreabis,
> Nam paradisus habet tempana nulla sacer.

Il se pose cette question : « Quid est Dansa ? » Il répond : « Est una grossissima consolatio quam prendunt bragardi homines cum bellis garsis sive mulieribus, dansando, chorisando, fringando, balando, de corpore gayo et frisco; quando menestrius, carlamuairus, flotairus, juglairus, tamborinairus bassas et hautas dansas, tordiones, branlos, martingalas et alias sautarellas tocat, siblat, carlamuat, fifrat, tamborinat, harpat, rebecat, floutat, loudat, organat, cantat de gorgia, de carlamusa clara, de carlamusa surda, etc. »

Quant aux mots *dansando cum bellis garsis*, le *doctor dansans* les explique de la manière suivante : « Intelligo quando dansamus a l'usansa de Francia et de Provensa; nam in omnibus partibus Franciæ et Provenciæ, homines dansant publicè in domibus et in plateis et per carrerias, simul cum mulieribus, tenendo eas per manum. Sed in Hispania et Italia, ubi sunt homines multum gilosi sive zylotepi, homines numquam aut rarissimè dansant cum mulieribus, sed homines soli cum hominibus dansant, imo, quod est pejus, puellæ nobiles et de estoffa quæ non sunt maritatæ, quasi nunquam exeunt extra domum.

« O beata Francia, ô bragardissima Provincia quæ est patria plena bonitate, castitate et sanctitate, et ideo plures sancti et sanctæ voluerunt habitare in nostra Provincia. »

Arena expliqua ensuite pourquoi la danse est *una grossissima consolatio* : « Non intelligas quòd homines capiant voluptatem et solatium propter puellas, nec puellæ propter homines, cogitando ad incarnationem ; minimè ! Sed intellige quod capiunt consolationem et gaudium, propter alacritatem et allegrissimam sive melodiam soni, quem facit flouta et carlamusa, quando tocantur et siblantur, nam quemadmodum bonum vinum lætificat cor hominis, ita gaya dansa est alegra et lætificat corda hominum. »

Sa *Gaya epistola ad falotissimam garsam, Janam Rosacam*, est d'une originalité souvent piquante :

> O mea plesansa ! o mea mignonissima dama !

> Dilige personam granditer, oro, meam.
> Tu es mihi tam bella et bona bragardissima garsa
> Quod vellem in camera te rigolare mea.
> Semper ero felix, joyosus, friscus, alegrus.
> Si possim gambas gratigolare tuas.
> Impegolata meo cordi tu es, chara gogeta,
> Spes mea, blanditiæ deliciæque meæ;
> Ipse licet videam bragardas mille puellas,
> Per Christum Dominum! tu mihi sola places.
> Grandem perdonem gagnabis de paradiso
> Si tu me facias corpus habere tuum,
> Si de secreto vis plus parlemus, amica,
> Nil mihi rescribas, attamen ipsa veni.

L'édition originale de l'ouvrage dont nous rendons compte parut à Lyon vers 1527, sous le titre suivant : « Anthonius Arena de Bragardissima villa de Soleris, ad suos compagnones studiantes qui sunt de persona friantes, bassas dansas in gallanti stilo bisognatas... et epistola ad falotissimam garsam pro passando lo tempus alagramentum mandat. » On connaît une douzaine de réimpressions faites au seizième siècle et au commencement du dix-septième. La plus complète a vu le jour en 1670, *In Stampatura stampatorum*. Celle de 1758, petit in-12, est soignée[1].

D'autres ouvrages macaroniques d'Arena sont d'un genre plus sérieux ; ils offrent les récits de la guerre de Rome, de celle de Naples, de celle de Gênes, et surtout de l'invasion que Charles-Quint fit en Provence l'an 1536. Ce dernier poëme contient des détails qui appartiennent à l'histoire du pays. L'auteur le date du milieu des bois, et dit en prose macaronique : *Scribatum estando cum galhardis paysanis por buscos, montaubas*, etc. Reproduisant une assertion fort hasardée, l'auteur avance que le Dauphin, fils aîné de François Ier, fut empoisonné, et, au début de son œuvre, s'adressant à ce monarque, il s'écrie :

> Pro vobis tantum non vos natura creavit,
> Reges pro populo Christus in orbe facit.

---

[1] M. Delepierre, dans son *Macaronéana*, p. 310, transcrit un morceau en prose et un en vers d'Arena.

David Clément, dans sa *Bibliothèque curieuse*, t. II, M. Du Roure, dans son *Analecta-biblion*, t. I, p. 311, ont longuement parlé de cet auteur.

La *Meygra entrepriza catoliqui imperatoris* fut imprimée, pour la première fois, à Avignon, en 1537 [1]. Il en existe deux réimpressions, l'une de Bruxelles, 1748, trop peu correcte; l'autre de Lyon, 1760. Ce poëme contient en tout deux mille trois cent quatre-vingt-seize vers, alternativement hexamètres et pentamètres. Une verve spirituelle l'anime et le fait lire avec plaisir.

Jean Germain, jurisconsulte provençal qui marchait sur les traces d'Arena, écrivit une relation de l'invasion de la Provence par Charles-Quint : cette *Historia brevissima Caroli Quinti Imperatoris à provincialibus paysanis triomphanter fugati et desbifati* a été imprimée probablement en 1538 et avec la date erronée de 1536, sans indication de lieu (à Lyon). C'est un livret de 18 feuillets, devenu extrêmement rare ; on l'avait plusieurs fois confondu avec l'ouvrage d'Arena, mais l'académicien Charles Nodier, ayant eu l'avantage de s'en procurer un exemplaire, constata la différence et signala dans le *Bulletin du bibliophile* de M. Techener (2ᵐᵉ série, 1835, p. 323) le livret de Germain [2].

[1] Cette édition est très-rare ; de beaux exemplaires ont été payés cent soixante francs, vente Nodier, en 1844, et deux cent quatre-vingt-dix-neuf francs, vente Renouard, en 1854. Ajoutons qu'une pièce de quarante-quatre vers macaroniques, composés par Arena, a été découverte récemment dans un livre de droit : *Articles de le st l et instructions nouvellement faits par la souveraine court du Parlement de Provence*, Lyon, 1542, in-4. (Voir le *Bulletin du Bibliophile*, 1843, p. 30 et 33.)

[2] En 1844, à la vente de la bibliothèque Nodier, l'*Historia brevissima* fut adjugée au prix de quatre-vingt-onze francs. Il ne paraît pas qu'on en connaisse d'autre exemplaire. Celui-ci s'est montré derechef à la vente de M. Borluut, faite à Gand en 1858, où il s'est élevé à deux cents francs. Ni M. Genthe ni M. Delepierre n'ont pu en présenter quelques citations, ce précieux opuscule n'ayant jamais passé sous leurs yeux. Nodier le caractérise avec raison comme étant, ainsi que le poëme d'Arena, des monuments précieux de l'histoire nationale ; ils contiennent une foule de renseignements particuliers qu'on ne trouverait pas ailleurs, et une bonne édition critique de l'un et de l'autre ouvrage serait une œuvre utile et digne du meilleur accueil. Germain était avocat, Arena était juge. « Les jurisconsultes de ce temps-là, observe malignement Nodier, étaient plus facétieux que les nôtres. Ceux-ci ont renoncé à la langue macaronique ; ils ne s'en servent que lorsqu'ils veulent faire du latin. »

Un des bons poëtes français du seizième siècle, Remy Belleau, s'est essayé dans la poésie macaronique. Il a laissé un écrit dont les troubles qui désolaient alors la France lui ont fourni le sujet, le *Dictamen metrificum de bello hugonotico et Reistrorum pigliamine ad sodales.*

Cet opuscule a été réimprimé à la suite de quelques éditions de l'*Ecole de Salerne en vers burlesques*, Paris 1649 et 1664, Leyde, 1651, ainsi que dans l'Arena de 1670. Genthe, pages 303-308, l'a également donné en entier. C'est ce que nous nous garderons bien de faire, mais notre revue des productions macaroniques serait incomplète si nous ne faisions, par une courte citation, connaître cette œuvre qui raconte gaiement des choses très-peu risibles.

> Tempus erat quo Mars rubicundam sanguine spadam
> Ficcarat crocco, permutaratque botilla,
> Ronflabatque super lardum, vacuando barillos,
> Gaudebatque suum ad solem distendere ventrem,
> Et pottæ horridulum Veneris gratare pilamen,
> Vulcanique super pileum attaccare penachium;
> Nam Jovis interea clochitans dum flumen aguisat,
> Et resonare facit patatic patataque sonantes
> Enclumas, tornat candens dum forcipe ferrum,
> Martellosque menat, celeres menat ille culatas
> Et forgeronis forgat duo cornua fronti,
> Sic tempus passabat, ouans cornando bon-homum.
> Artes oblitus solis, divumque bravadas;
> Non corcelletos, elmos, non amplius arma :
> Nil nisi de bocca Veneris Mars basia curat,
> Basia quæ Divos faciant penetrare cabassum,
> Omnia ridebant securum, namque canailla
> Frantopinorum spoliata, domumque reversa.
> Agricolam aculeo tauros piccare sinebat,
> Et cum musetta festis dansare diebus
> In rondum, umbroso patulæ sub tegmine fagi.

Le poëte trace le tableau des excès et des pillages auxquels se livraient les hordes indisciplinées qui se ruaient sur la France, dévalisant avec une entière impartialité amis et ennemis :

> Altaros, Christum spoliant, calicesque rapinant,
> Eglisas sotosopra ruunt, murosque ruinant,
> Petra super petram vix una, aut altra remansit.

Omnia sanctorum in piessas simulacra fracassant,
Incagant Pretris, monstrantque culamina Christo.
Omnia diripiunt, unglisque rapacibus ipsa
Condita de chassis brulant ossamina ruptis,
Aut pro caresmo canibus rodenda reliquunt ;
Testiculos sacros Pretris Monachisque revellunt,
Deque illis faciunt andouillas atque bodinos,
Aut cervelassos pratico de more Milani,
Nil illis troppo calidum fredumve Diablis ;
Omnia conjiciunt carretis atque cavallis,
Chaudrones, pintas, plattos, rezacalda, salieras,
Landieros, brochas, lichefrittas, pottaque pissos,
Cuncta volant, ventremque replent de carne salata,
Edocti plenis animam tirare botillis....
Nunquam visa fuit canailla brigandior illa.

Une autre production macaronique peu connue fut mise au jour à Paris en 1588, 8° (onze feuillets), sous le titre de *Cagasanga Reystro-Saysso-Lansquenatorum per magistrum Joan. Bapt. Lichiardum, recatholicatum spaliporcinum poetam cum responso, per Joan. Kransfeltum, Germanum ;* elle a été attribuée, soit à Tabourot, le facétieux auteur des *Bigarrures,* soit à J. B. Richard. Nous trouvons au catalogue de la belle bibliothèque de M. Coste de Lyon, vendue en 1853, une édition en quatre feuillets de cette macaronée; elle avait échappé aux recherches des bibliographes et a été adjugée à 42 fr. (n° 729). M. Delepierre a réimprimé la *Cagasanga* et, d'après lui, nous en transcrirons quelques vers :

Omnes incagant prestri, monachique Reistros
Illis gambadas faciunt, vestamque panadas
Postico ad nasum, gamba pif pafque levata...
Ite, ite æternis et vos abscondite lustris,
Quos non damnosæ puduit mala turba catastæ,
Nec de Germano deinceps vos sanguine cretos
Jactate, ignotis eduxit cerva latebris.

Jean Cécile Frey, docteur en médecine et professeur de philosophie à Paris, où il mourut à l'hôpital en 1631, quoiqu'il eût été médecin de Marie de Médicis, a laissé divers ouvrages oubliés de nos jours ; un d'eux, le seul dont on se souvienne encore, appartient à la littérature macaronique ; il a pour titre : *Recitus veritabilis super terribili esmeuta*

Païsanorum de Ruellio, autore Samon Fraillyona, sans lieu ni date, 8°, 8 pages. C'est le récit d'une émeute à Rueil, où les paysans livrèrent combat à des archers, à cause d'un impôt nouveau établi sur le vin.

> Mos fuit ancienus de toto tempore semper
> Gardatus (veluti mundusque bonæque racontant
> Gentes, quique suæ jam sunt in limine fossæ
> Viellardi) in pagis circum villam situatis,
> In maisone sua cueillitum vendere vinum.
> Nullus facheuso muyos menare chemino
> Debuit ad Grevam ; sed lætus sponte Ruellam
> Mercator veniens, bellaque bonaque monetâ
> Cuvâ vendangis achetabat vina peractis.

Genthe, page 302, s'est borné à citer les quatre premiers vers de cet opuscule, que Nodier a qualifié de « plaisanterie charmante; » il a été réimprimé dans l'ouvrage de MM. Jacquin et Duesberg, *Rueil, le château de Richelieu et la Malmaison*, 1846, in-8°, et dans le mémoire de M. Delepierre que nous avons déjà cité comme ayant été inséré dans les travaux de la *Philobiblon Society*, 1855.

Parmi les écrivains macaroniques, il ne faut pas oublier le zélé défenseur des idées de Calvin, Théodore de Bèze ; il employa l'arme du ridicule, habilement maniée, pour combattre quelques-uns des ennemis les plus redoutables des doctrines de la réforme, et il les voua au ridicule dans deux pamphlets qui furent fort goûtés à l'époque de leur apparition :

Epistola magistri Benedicti Passavanti responsiva ad commissionem sibi datam a venerabili D. Petro Lyseto, 1554. On connaît d'autres éditions 1584, 1595.

Harenga macaronica habita in monasterio cluniacensi ad M. card. de Lotharingia. Rhemis in Campania, 1566, in-8°. (On comprend que la désignation de Reims, ville dont le cardinal de Lorraine était archevêque, est une plaisanterie.)

Le premier de ces opuscules a été réimprimé dans les *Mémoires de littérature* de Sallengre, et à la suite de quelques éditions des *Epistolæ obscurorum virorum* (Londres, 1702 et 1742);

Le second, dans les *Mémoires de Condé*, tom. VI, p. 116, et M. Delepierre, pages 284-291, en a cité d'assez longs passages.

Genthe, page 156, s'est borné à en donner le titre, et il n'a pas su quel était l'auteur.

Nodier signale l'*Epistola Passavanti* comme se réduisant à un petit nombre de pages dont se compose ce que nous appelons maintenant un pamphlet; mais c'est le diamant des pamphlets, et le seizième siècle ne nous a pas laissé un ouvrage plus amusant à lire.

La *Harenga* au cardinal de Lorraine se fait remarquer par la facilité du vers, qui court sans fatigue, avec rapidité, et qui, bien mieux que l'alexandrin, répond à ce que demande le style macaronique :

> Domine illustrissime
> Atque reverendissime,
> Qui transis in peritia
> Et occulta scientia
> Magis magnos sapientes
> Qui sont inter omnes gentes,
> Totus ordo devotorum
> Quotquot sunt prædicatorum
> Nos huc ad vos legaverunt
> Et humiliter miserunt
> Ad vestram Reverentiam :
> Et quamvis bene sciamus
> Quod jam scitis quod petimus,
> Vobis placebit attamen
> Audire usque ad amen,
> Quod habemus totaliter
> Ad deducendum breviter.

Quelques autres opuscules en style macaronique, composés par des auteurs français, ont trop peu d'importance pour être cités ailleurs que dans une monographie spéciale; nous ne pouvons toutefois passer sous silence Molière, qui a produit une excellente macaronée à base française, en écrivant la scène du *Malade imaginaire*. Un savant plein de goût, M. Charles Magnin, a exhumé d'une édition de cette comédie, datée de Rouen, 24 mars 1673, et qui était restée ignorée, cent cinquante vers [1] macaroniques de plus qu'il ne

---

[1] Ces vers ont été reproduits dans la traduction italienne de Molière, par Nic. de Castelli, Leipzig, 1697, 4 vol. in-12; mais, de même que le livret imprimé à Rouen, cette version n'avait été connue d'aucun des éditeurs de notre immortel auteur comique.

s'en trouve dans le texte habituel de Molière ; il a fait connaître cette heureuse découverte, dans un article publié dans la *Revue des Deux Mondes* (1ᵉʳ juillet 1846), et il a cru devoir retrancher un passage ; mais M. Delepierre, *Macaronéana*, p. 271-283, a reproduit la pièce en son entier d'après l'exemplaire du Musée britannique.

Des passages en latin macaronique se trouvent dans les *Epistolæ obscurorum virorum*, généralement attribuées à Ulrich de Hutten, pamphlet qui fut aussi terrible pour les théologiens scolastiques du commencement du seizième siècle que les *Provinciales* furent funestes aux Jésuites [1].

Mentionnons la principale production macaronique qu'a produite l'Allemagne :

Floia cortum versicale de Flois, swartibus illis deiriculis, quæ Minschos fere omnes, mannos, Weibras, jungfras, etc. behuppere et spitzibus suis snafflis steckere et bitere solent, autore Griphaldo Knickkanackio ex Flolandia, 1593, et souvent réimprimée [2]. Une édition de 1823, in-12, 56 pages, est accompagnée d'un *commentarius perpetuus in quo, ut in omnibus hujusmodi commentariis, auctoribus græcis vel latinis additis, fieri solet, difficiliora, ad exercendum lectoris sagacitatem, haud explicata reperiuntur*.

On peut citer de petits écrits en vers sur les amusements des étudiants (*de Lustitudine studentica*), sur les mérites du fromage (*de Casei laudibus*), etc.

Ces plaisanteries germaniques un peu lourdes, trop prolongées et incompréhensibles pour les personnes qui ne connaissent pas la langue allemande, ont été réimprimées dans divers recueils, tels que les *Facetiæ facetiarum*, les *Nugæ venales*, l'*Ars bibendi* et l'*Ars jocandi*, dus à Obsopœus et à Delius, etc.

---

[1] Nous n'avons pas ici à nous occuper de cette production remarquable ; nous renverrons ceux qui seraient curieux de l'apprécier aux notices de MM. Du Roure (*Analecta biblion*, t. I, p. 287-312) et de Reiffenberg (*Dictionnaire de la Conversation*). Deux revues anglaises lui ont consacré de bons articles. (Voir le *Retrospective Review*, t. V, p. 56-70, et l'*Edinburgh Review*, mars 1831.)

[2] M. Delepierre en a transcrit quelques passages (p. 315-319). Consulter aussi Genthe, p. 323.

Voici du reste deux échantillons de ce genre d'écrits; le premier passage est emprunté à la *Floia*.

> Angla floosque canam, qui wassunt pulvere swarto,
> Ex watroque simul stoitenti, et blaside dicko,
> Multipedes deiri, qui possunt huppere longe
> Non aliter, quamsi floglos natura dedisset,
> Illis sunt equidem, sunt inquam, corpora kleina...

La seconde citation, et elle ne sera pas longue, sera puisée dans le poëme *de Lustitudine studentica*.

> Ha, viva fratres, viva, precor esse corassi,
> Nam vos ex animo lætor adesse meo,
> Esse Corasse hodie mihi missa pecunia præsens
> Tristitiamque tulit, lætitiamque dedit.
> Vos famuli Kannis bacchum demergite tieffis,
> Et date Rhenano pocula plena mero.

Nous ne croyons pas devoir nous arrêter à quelques écrivains anglais tels que Drummond, Ruggle, William King, Geddes, qui se sont essayés dans le genre macaronique et à l'égard desquels on peut consulter l'ouvrage de M. Delepierre ; nous y renvoyons de même pour un bien petit nombre de tentatives semblables faites en Espagne ou en Portugal.

La rareté de la plupart des ouvrages macaroniques, le peu d'exactitude des connaissances que l'on a en général au sujet des productions de ce genre, tels sont les motifs qui nous ont engagé à entrer à cet égard dans des détails qu'on trouvera trop développés peut-être; mais, nous aimons à le croire, l'appel que nous faisons à l'indulgence de nos lecteurs sera entendu.

G. B.

AVERTISSEMENT

Ce n'est point aux cerveaux esventez que ceste Histoire est voüée, elle est de trop long-temps promise à ceux qui, non moins doctes que curieux, ont peu cognoistre par effect ce que je moustre par apparence. Je sçay que c'est de se precipiter aujourd'huy devant ces esprits bigeares, qui se faschent autant de vous relever, comme ils sont joyeux de vostre cheute : et ne fais difficulté de croire qu'ils iront plustost après une umbre imaginaire, que de courir au-devant du corps. Telles gens mesprisent seulement ce qu'ils ne peuvent comprendre ; et n'approuvent que ce que leur jugement pueril peut penetrer. Je sçay bien qu'un langage pointu et affecté les pourroit peut-estre arrester à la superficie ; mais j'aurois peur qu'après ils en gastassent le fonds, et fissent accroire à ce Livre autre chose qu'il ne dit. On a fait dire plusieurs fois à Homere ce qu'il n'a pas voulu, à Platon ce qu'il n'a pas sçeu, et à Aristote ce qu'il n'a pas entendu. Car, entre ce qui est attaché à la suitte de chasque sens, nous tirons une infinité d'argumens, de consequences et de conclusions, à une explication fausse, par la comparaison d'un point à l'autre, pour nous esloigner de l'intention d'un Autheur : et bien que nostre jugement nous trompe, nous soustenons plustost ces fantastiques interpretations que d'advoüer nostre ignorance. Je dis cela, pour ce que le subject que je traicte semble autant esloigné de la verité, qu'il est difficille de croire ; et n'estoit que je me fie à l'aage de ce Livre, je craindrois qu'il fust souvent desmenty. Aussi, pour ceste consideration, sera-t-il tousjours espargné, et en excusera-t-on le discours, qui n'a voulu changer le ramage de son temps ; d'ailleurs que l'antique réputation de ce grand cavalier Balde, vivant encore en la bouche de ce Livre, estonnera ces Correcteurs nouvellement erigez. Je ne veux pas dire qu'il n'y ait quelque chose de fabuleux en la suitte de ceste Histoire ; mais aussi ne veux-je pas nier qu'il n'y ayt de la verité, et que ce ne soit une chose approuvée de la representer sous la Fable, de laquelle nos Anciens se sont servis si à propos. J'en demanderois volontiers quelque chose à ce grand docteur M⁶ François, et ce qu'il a voulu dire, et qu'il a voulu traicter sous le couvert d'une infinité de plats maccaronesques. Il me respondra : « Ceux que vous traictez sous les ruses et subtilitez de Cingar ; sous les tours facetieux de Boccal ; sous les revelations de Seraphe ; sous la conversion de Guy ; sous les adventures de Leonard ; sous la force de Fracasse ; sous les enchantemens de Pandrague et de

Gelfore; sous les rencontres et galantises de Balde ; et bref, sous tant de pays de fourmage, montagnes de soupes grasses, que ces guerriers inimitables ont passez.... » Car il ne peut estre que, par le moyen de leurs voyages, ils ne l'ayent rencontré dans le ciel, sur la terre, dans la mer, et aux enfers, et ne luy ayent faict cognoistre une partie de leurs adventures. Mais c'est tout un, je m'en rapporte à ce qui en est, et me persuade n'estre pas tant obscur, qu'il faille faire de cest Ouvrage, comme fist S. Hierosme des Escripts de Perse :

Intellecturis ignibus ille dedit;

attendu que les histoires nous font foy (et peu de personnes l'ignorent) que ce grand personnage, dont il est traicté, est descendu de Guy, et du Paladin Renaud, jadis tant renommé. Que si on ne veut prendre pied à la suitte, j'advertis les Lecteurs d'en considerer les despenses, et s'arrester sur ce qu'ils cognoistront digne d'explication ; ce pendant que la trompette fera sortir en champ de bataille les Mousches et les Fourmis, qui sont sur les termes de s'assaillir. Adieu.

L'IMPRIMEUR AU LECTEUR

Lecteur, voicy un Prototype de Rabelais (Merlin Coccaie), histoire de belle invention, autant diversifiée d'allegorie et d'heureux rencontre, que les esprits et les gouts les plus differens sçauroient desirer. Ainsi qu'en une table bien couverte, chascun pourroit rechercher des viandes à son appetit; le subjet est universel. C'est une Satyre Françoise, si bien tissuë, qu'elle ne cede rien à l'antiquité. Son offense licentiée, et sa picquante mordacité a souventefois aussi esté retenuë : mais ceste-cy, plus douce et plus industrieuse, ne sert que d'aiguillon pour esveiller les plus rares esprits à denoncer ses plaisantes énigmes. Si tu la touches du bord des levres seulement, la lecture ne t'en sera moins utile que facetieuse : et si tu y prens plaisir, ce sera le contentement et le salaire que j'espere de mon travail. Adieu.

HISTOIRE MACCARONIQUE

DE

MERLIN COCCAIE

PROTOTYPE DE RABELAIS

LIVRE PREMIER.

Une fantasie plus que fantastique m'a prins d'escrire en mots moins polis qu'un autre subjet requeroit, l'histoire de Balde; la haute renommée et le nom vertueux duquel font trembler toute la Terre, et contraignent l'Enfer de se conchier de peur. Mais, avant que commencer, il est premierement besoing d'invocquer vostre aide (ô Muses) qui estes authrices de l'art Maccaronesque, sans lequel il ne seroit possible à ma gondole de passer les escueils de la mer. Je ne veux point que Melpomene, ou ceste foible Thalie, ny Phœbus grattant son cythre, me viennent fournir d'aucuns mots dorez [1]. Car, quand je pense aux victuailles du ventre, toute ceste merdaillerie de Parnasse ne peut apporter aucun secours à ma panse. Que les Muses, et doctes sœurs pansefiques, Berte, Gose,

---

[1] Cette expression rappelle l'ouvrage plusieurs fois réimprimé dans la première moitié du seizième siècle, et qui, sous le titre des *Motz dorez du grant et saige Cathon*, offrent une traduction ou plutôt une imitation des *Disticha moralia*.

Comine, Mafeline, Togne et Pedralle viennent emboucher maccaronesquement leur nourrisson, et me donnent cinq ou huict poisles de bouillie! Voilà les divines Nymphes grasses et coulantes; la demeure, la region, et propre terroir desquelles est clos, et enfermé en certain canton de ce monde reculé des autres, auquel les Caravelles d'Espagne ne sont encore parvenues. En ce lieu y a une grande montaigne, laquelle s'esleve jusques aux patins de la Lune, et laquelle si vous vouliez parangonner au mont Olympe, iceluy seroit plustost estimé colline que mont. En icelles ne se voient des cornes steriles de Caucase, ni l'eschine maigre de Marroch, ni des embrasemens sulphurez du mont d'Ætna. Là la montaigne de Bergame ne donne des pierres rondes, lesquelles servent de meules pour faire mouldre le bled. Mais, nous allans en ce lieu, nous avons passé des Alpes faites de fromage mol, dur et moien. Croiez, je vous prie, ce que je jure; car je ne pourrois, ni ne voudrois dire une fourbe pour tous les thresors que la Terre tient enclos. Là courent en bas certains fleuves de broüet, lesquels font un lac de souppes et une mer de jus gras, et savouré. Sur ces eaux on void mille bateaux, barques, et gondoles latines, fabriquées de la matiere de tourtes, par le moyen desquelles les Muses exercent, et mettent en usage leurs laqs et rets, lesquels sont faits et cousus de saulcisses et saulcissons, peschans avec iceux des rissoles et goudiveaux, et cervellats [1]. La chose toutesfois est obscure, quand le

---

[1] Le pays de Cocagne, tel qu'il est décrit dans un fabliau du treizième siècle, renferme des rivières où coulent les meilleurs vins de France; il s'y fait quatre vendanges par an; tous les jours fêtes et dimanches. Citons quelques vers d'après le texte que donne le *Recueil des Fabliaux*, publié par Méon, t. IV, p. 175:

> De bars, de saumons et d'aloses
> Sont toutes les mesons encloses;
> Li chevrons i sont d'esturjons,
> Les couvertures de bacons,
> Et les lattes sont de saussices:

lac est esmeu, et arrouse le plan du ciel avec ses ondes
grandement agitées. Le lac de Menas, ou de la Garde, ne
fait tant de bruit quand les vents s'esclatent contre les
maisons de Catulle. On void encore en ce lieu des cousteaux fraiz, esquels se voient cent chaudrons fumans jusques aux nuës, pleins de caillotins, pastez et jonchées.
Ces Nymphes demeurent à la pointe de la montaigne, et
grattent le fromage avec des rappes percées : les unes
se travaillent à former des tendres goudiveaux; autres
avec le fromage rappé frigolent et s'esbatent ensemble;
et, se laissant couler du haut de la montaigne à bas, paroissent comme grosses mottes avec l'enfleure de leur
ventre. O combien est necessaire d'estendre et eslargir
ses jouës, quand on veut remplir son ventre de tels goudiveaux! Autres, maniant la paste, emplissent cinquante
bassins de gras baignetz et crespes, et les autres, voians
la poisle boüillir par trop, s'occupent à tirer hors les tisons, et souflent dedans; car le trop grand feu fait jetter
le brouët hors le pot. En somme, toutes s'efforcent de
venir à bout de leur gallimafrée, tellement que vous y
verrez mille cheminées fumantes, et mille chauldrons
attachez et pendus à des chesnes. En ce lieu, j'ay pesché
premierement l'art Maccaronique, et Mafeline m'a rendu
son poëte pansefique.

Il y a un lieu en France, prez les confins d'Espagne,
nommé Montauban, lequel a grand renom par le monde.
Ce n'est point ville ou cité, mais un chasteau très-fort,
lequel est enfermé de triples murailles, construites et
baties de pierres vives, lesquelles ne redoutent la batte-
rie des grosses bombardes, non plus qu'un asne se soucie
des mouches, ou une vieille vache des taons. Ce chasteau
est basti sur le plus haut dos de la montagne, et en tel
endroit que les chevres barbues n'y peuvent monter. Ce

<small>Moult a le païs de délices...
Par les rues vont rostissant
Les crasses oies et tornant.</small>

Duc Renaud [1], ce paladin de France, ce dompteur de
Magance, cousin de Sguergi, la plus franche lance qui
fust au monde, l'a autresfois possedé, et tenoit tousjours
en iceluy sept cens bannis, lesquels il entretenoit en ceste
forteresse à ses despens. Après longues années, vint de
sa race ce grand guerrier Guy, doüé d'une proüesse merveilleuse. Guy estoit très-valeureux, et ne s'en trouvoit
de plus genereux que luy, soit en paix, soit en guerre.
Le Roy de France l'aimoit par sus toutes choses, et le
tenoit tousjours auprès de soy, comme fisché à son costé,
pour l'insigne beauté d'iceluy, et pour son regard gentil.
La fille de ce roy, laquelle on nommoit Balduine, fut
prinse au piege, et receut le dard du Dieu Amour, fils
bastard de Venus. Il n'y avoit au reste du monde aucune
qui fut plus belle qu'elle, et estoit très-agreable à son
pere et à tout le royaume, estant venuë en l'aage nubile.
Sa beauté nonpareille la faisoit juger n'estre sortie d'aucun humain lignage, et la croioit-on porter une face angelique. C'estoit une Pallas pour son entendement, et
son visage representoit une autre Venus, et estoit fort
gratieuse à un chacun, et liberale à tous les sujets de son
pere. Mais enfin elle se sentit si fort embrasée du feu
amoureux de son Guy, qu'elle ne pouvoit prendre aucun
repos. D'autre costé, Guy estoit ignorant d'une fureur si
chaude, et sans aucun soupçon tournoit le dos à l'Amour,

---

[1] Renaud de Montauban, un des douze pairs de Charlemagne,
joue un grand rôle dans plusieurs romans du cycle carlovingien.
Il était neveu de Charlemagne. Les plus anciennes épopées italiennes gardent le silence sur son compte; en revanche, il est
un des héros de plusieurs poëmes français, tels que les *Quatre
fils Aymon* et *Maugis d'Aigremont*.

Son histoire a été racontée fort au long dans un volume espagnol intitulé : *Libro del noble y esforçado cavallero Renaldos de
Montalvan*; mais ce livre, qui a fait partie de la bibliothèque de
Don Quichotte, est devenu aujourd'hui d'une rareté excessive,
bien qu'il ait eu diverses éditions et continuations signalées dans
le *Manuel du Libraire*, de M. J. Ch. Brunet, t. IV, p. 59.

et s'estoit tousjours mocqué de son arc. Cependant le Roy
feit publier par tout son royaume un tournoy et jouste
solemnelle, laquelle se debvoit faire en plaine campagne.
Ceste nouvelle s'espand par toutes les provinces lointai-
nes, et le bruit d'icelle convie de loing force compagnies.
Les Hirlandois, Escossois et Anglois se preparent d'y venir, comme aussi plusieurs de la Picardie et de Baviere.
Ce mesme bruit, passant en Italie, excite à s'y acheminer
les Liguriens, Genevois, Savoysiens et Lombards, les plus
courageux de l'une et l'autre Sicile, de la Toscane, de la
Romagne, de l'une et l'autre Marque : des Senois, Romains, de la Pouille et de l'Abbruzzie, se mettent en chemin, ayans entendu qu'en la ville de Paris se debvoit
faire un si magnifique tournoy. Ceste ville est le lieu du
siege principal du Roy des François, et qui se vante par
tout estre si glorieuse, que depuis la naissance de Ninus
ne s'est veu ville pareille à elle en toutes les parts du
monde. Celle est fort recommandée pour les sciences, et
encore plus illustre pour les armes. Le peuple d'icelle
s'addonne à l'escrime, ou à disputer en l'une et l'autre
part de toutes sortes de disciplines, ou à faire bonne
chere et reverer Bacchus. Aucuns s'emploient aux armes;
autres à fueilleter et apprendre les subtilitez de S. Thomas d'Aquin; voulant chascun, par tels moyens, faire
preuve de sa valeur. Or des-ja les Chevaliers, la lance sur
la cuisse, venoient de toutes parts en ceste grande ville,
et de tous costez on voioit trouppes arriver, lesquelles
faisoit beau voir pour estre diversifiées selon l'usance ancienne, de plusieurs et diverses livrées, ainsi que chascun
vouloit faire paroistre sa passion, ou son contentement.
Mille charpentiers estoient en ce lieu travaillans à faire
et dresser barrieres en une grande place, pour enclorre
le camp, et dressoient des eschaffaulx pour donner commodité aux Seigneurs et aux Dames, de veoir plus à leur
aise, du haut d'iceux, les gentils combattans. On voioit
d'autre part, çà et là, les enseignes voleter au-dessus des

tours : et les Palais et maisons magnifiques espiées de longues banderolles, et guidons de toutes sortes de couleurs.

Chascun fait dresser son pavillon et ses tentes, et s'employe à donner habilement ordre à son faict. Toutes les ruës sont pleines de peuple. Les uns preparent et accommodent leurs armes : autres font ferrer leurs chevaux : autres se donnent du bon temps, rient, chantent, dansent. On n'oit que fiffres et tabourins resonner par tout; mesmes les cloches ne sont espargnées pour par leur son et carillonnement rendre ceste feste plus gaillarde. Jour et nuict les portes de la ville sont ouvertes, entrans par icelle continuellement des bandes de gendarmes. Enfin en peu de temps l'amas se faict bien grand de toutes les parties de l'Europe, remplissant tous les environs de Paris. On y void grand'bande d'Allemans, d'Espagnols, et d'Italiens. Il ne peut avoir au monde tant de canaille qu'il y avoit lors à Paris, de Seigneurs et Barons ; et estoit chose merveilleuse de veoir ensemble tant de chevaux. Les Palais, les escuries, hosteleries et tavernes, estoient pleines. Les uns, gargoüillant à table, s'esclatoient de rire; autres, en leurs bouticques et maisons, martelloient, aiguisoient, fourbissoient, et accommodoient armes. Pendant qu'un chascun s'occupoit ainsi, Balduine, pour l'amour qu'elle portoit à son ami Guy, attendoit de grande affection ceste journée, ainsi que follement la Synagogue des Juifs attend encore le Messias : car elle desiroit fort de veoir comme cet homme briseroit ses lances; combien d'hommes il jetteroit par terre. Icelle, estant accompagnée d'une belle et grande troupe de filles, de cent dames, et cent Duchesses, se presenta sur son eschaffaut, vestue d'une robbe brochée d'or, qui rehaussoit merveilleusement la beauté des tapisseries riches, dont estoit tendu l'eschaffaut. Chascun soudain jette sa veue sur elle, et admiroit la beauté de sa face, laquelle, ressemblant en sa couleur naturelle le lait et le vin meslez ensemble, n'estoit fardée d'aucun blanchet, ni sa couleur augmentée d'aucun rouget. Et comme Diane entre les claires estoilles resplendit, ainsi celle-cy paroissoit excellente entre toutes les jeunes filles. Si elle estoit bien regardée, icelle ne regardoit pas moins çà et là, promenant ses yeux le long et à travers la place du camp, pour veoir si elle pourroit point d'avanture apercevoir son amoureux. Incontinent Cupido, voletant legierement devant elle, luy representa son Baron. Iceluy estoit monté sur un fort cheval ; et ne paroissoit en sa personne moins robuste que son grand pere Renaud. Maniant les resnes de son cheval, la part qu'il voulut, luy fait faire quatre bonds en l'air, remplissant le contour de sablon. Ce cheval estoit d'Espagne, couvert d'un poil plus noir que charbon, ayant la teste petite, les oreilles courtes tousjours mouvantes, au milieu du front une estoille, et maschant tousjours avec la dent son mords, en faisant sortir de sa bouche une escume blanche, et tenant les naseaux ouverts, souflant et boursouflant sans cesse avec iceux ; de son meufle touchoit souvent son estomach. Il estoit court, et quelques fois se ramassoit en si peu de place comme si il eust voulu passer par le trou d'une coquille. Il estoit marqué de blanc aux trois pieds, portoit sa queüe serrée entre les fesses unies, estant tousjours tremblant. Sa crouppe étoit ronde : il couroit tant peu qu'on vouloit, galoppoit et se tenoit soudain en arrest. Son harnois estoit tout couvert d'estoilles d'or ; les estriez estoient aussi d'or, la testiere et chanffrain. toutes les boucles estoient de mesme metal. Balduine, apercevant son ami, s'estonne, s'echauffe, et comme un feu s'enflambe : la pauvre fortunée lance ses yeux sur luy, et ses sens se trouvent prins et attachez en luy. Celle loüe son visage plein d'amour, et sa belle contenance, et enfin desire de s'acoster avec un tel personnage. Iceluy peu à peu s'aproche du lieu où elle estoit, marchant devant luy cent estafiers vestus de velours ras :

et, haussant sa face, saliie les Dames, et sans y penser et à l'improviste jette sa veue sur Balduine : et les yeux se rencontrans les uns les autres, chascun tombe en la trappe, laschant Cupido ses fleches tant sur l'un que sur l'autre : et alors l'eschec et mat fut donné à Guy, lequel, à l'instant devenu comme estourdi, s'en retourna tout droit en son logis, emportant avec soy un grand dueil. Il descend de cheval, entre en sa chambre, et se jette sur un lict, se donne trois et quatre coups de la main sur la poitrine, et avec une voix plaintive fait une telle lamentation : « Ah, jeune enfant, où me menes-tu ! Ah, combien de pertes et dommages je veoy menacer ma teste ! Ha, malheureux et infortuné Guy ! Voicy un enfant qui te desrobe l'honneur autant que tu en pouvois avoir acquis par tous les tournois où tu t'estois trouvé, et qui comme un bufle te conduit par les nazeaux. Il y a bien de l'apparence que, comme victorieux, tu puisses maintenant rompre tant de lances ainsi qu'il le seroit besoin, et que tu peusses à la verité surmonter tant de braves Cavalliers, toy qui ores est vaincu si laschement par un enfant aveugle ! Ha ! miserable, esteins ou amortis au moins la flambe de ce boutefeu, avant que tu brusles comme une fournaise, sans y pouvoir plus donner aucun remede, n'estant aucunement extinguible par un million d'eaux de la riviere de Brente. Ta race n'est de si grand lieu venue qu'une seule fille d'un Roy luy doibve donner une seule miette de son amour. O quel visage elle a ! O de quelle contenance asseurée elle m'a frappé ! O de quels yeux ce nouveau basilique m'a œilladé ! Il ne faut point que je jette la coulpe de ce mien mal sur moy : mais c'est elle qui seule en est cause. Elle devoit lancer autre part son ribaut regard. Car à bon droict on doibt appeler les yeux ribauts, puis qu'ils sont si hardis d'ainsi en un chemin et passage assassiner un homme, et le laisser au moins touché de plusieurs playes. En vain, à ce que je voy, les dards d'Amour avoient rebouché cy-devant sur moy, et pour neant jusques à present j'avois soustenu la force de son arc. Mais iceluy s'advisant que la pointure de ses flesches ne pouvoit percer ma poitrine d'acier, qui estoit aussi ferme contre les filles, que se monstre asseurée la forteresse de Milan contre le canon, de la trousse de la mort il a tiré un fer mortel, et m'en ayant atteint, a ouvert la porte, et soudain toute ma liberté a été ravie par ce Diable. Car Amour n'est-il Diable? mais plustost huict Diables, qui contraint les hommes sages tomber en tant de folies. Nostre cuirasse n'a eu aucun pouvoir contre une telle blessure : jaçoit que souventefois elle soit demeurée entiere contre les balles d'arquebuze. Si, pour y resister, Jupiter eust opposé ces montagnes que la trouppe des Geants meit les unes sur les autres, il eust follement perdu l'huille et son travail. » Pendant que ce Chevalier avec ces folles parolles troubloit ainsi son entendement, le bruit des armes et les fanfares des trompettes commencerent à se faire ouïr. Car, s'estant un chascun farci d'un bon repas, soubdain on monta à cheval, et enfin les joustes commencerent. Les trompettes et clairons sonnent leur farираram [1], et encouragent les plus vertueux. Les chevaux, à ce son, grattans d'un pied la terre, ne peuvent se contenir, se manient à voltes, hennissent, et du pied font voler le sable jusques au ciel. Le fariran des trompettes [2] et le pon pon des tambours estoit si violent, que l'on ne se pouvoit entendre l'un l'autre; encore qu'on s'escriast le plus qu'on pouvoit. Des-ja les Chevaliers, ayans couché leurs lances en l'arrest, se choquent rudement, et void-on plus de cent selles

---

[1] Onomatopée assez expressive. Il y en a d'autres et de nombreuses dans Merlin Coccaie. Elles méritent d'être recueillies lorsqu'on fera pour les onomatopées latines et macaroniques un travail analogue au curieux volume publié par Charles Nodier. (*Dictionnaire raisonné des onomatopées françaises*, deuxième édition, Paris, 1828, in-8.)

[2] Trombette frifolant tararan.

vuides de leurs chevaucheurs dès le premier assaut.
Plus de mille lances sont brisées dont les tronçons volent
jusques aux nuës, et les cris des combattans excitent
de plus en plus leurs courages. Le Roy se delectoit fort
à veoir un si beau spectacle, la jouste se maniant avec un
plaisant et agreable succez. De dessus son eschaffaut, il
notoit les plus vaillans combattans, estant vestu d'une
robe enrichie de pierres precieuses, et ayant sur la che-
veleure bien peignée une couronne d'or. Le seul Guy
demeure couché en son logis : luy seul, et seulet estendu
sur un lict jouste contre soy-mesme. Enfin il oit les
hennissemens des chevaux, qui retentissoient par l'air :
recy le fait devenir fol, et fantasiant divers discours en
son esprit troublé, maintenant veut marcher, s'appelant
soy-mesme couard, tantost il se ravise grattant sa teste.
Et pendant qu'il se veautre parmi tels et tels pensemens,
voicy venir vers luy Sinibalde, qui estoit le plus grand
amy qu'il eust. Iceluy, le trouvant au lict malade : « Hola,
dit-il, que fais-tu icy, compagnon? Pourquoy pleures-tu ?
ô chose nouvelle! ô Guy, quelle chere non accoustumée
me monstres-tu en ta face? Le Roy desireux de sçavoir
l'occasion de ton retardement, et qui t'empesche de venir aux joustes, m'a envoyé vers toy. Chascun t'y appelle,
tous t'y invitent, et te prient de venir au tournoy, lequel
sans toy ne sçauroit rien valoir, et sera une chose tenuë
à l'advenir pour goffre et sans aucune grace, si tu n'y
compares. Tu souspires encore, et de ces soupirs et de
tant d'ennuy que je remarque en toy en penses-tu celer
la cause? Tu sçais la faveur que j'ai du Roy, et comme il
fait cas de moy? Partant, si tu penses que je puisse quelque chose envers sa Majesté, qui est plus suffisant que
moy pour te delivrer de ces peines? » Guy, soupirant, jette
une œillade vers son amy, comme fait un pierreux ou
graveleux estant en tourment, pour ne pouvoir jetter son
urine obstant quelque pierre, qui bouche le conduict,
quand il void le medecin, avec lequel il se reconforte un

peu. « O moy, dit-il, par-dessus tous les autres miserables, poussé çà et là par un mauvais sort, et dont la fortune n'est encore contente! » Guy, s'escriant en ceste façon, declare enfin toute son affaire à son fidele Sinibalde ; et pendant qu'il en fait le discours, cent sortes de couleurs luy montent au visage. Sinibalde, d'apprehension, et de fascherie qu'il prenoit de son amy, se ride tout le front, comme coustumierement il nous advient pour quelque merveille inopinée; ne parle aucunement, et se contient ainsi presque une heure. Enfin toutefois, tirant hors du poulmon quelque voix, il commence à parler, et s'efforce de luy tirer dehors telle bizarrerie, luy mettant au-devant plusieurs propos de raison. Il luy remonstre la droite voye, et celle qui est oblique et tortueuse, et comme la vie est tousjours accompagnée de cent perils. Il luy propose en après mille beaux exemples, lesquels estoient suffisans pour attendrir l'ame du cruel Neron. Mais, avec ces raisons, Sinibalde pile de l'eau en un mortier, et escrit sur la glace pendant la chaleur d'Apollon. « Ha, frere, mon amy, dit-il, ne te tue point toy-mesme, ne te casse point les jambes, ni te romps le col! Où est allée ta grande vertu? Où est ta renommée gaillarde? Où est la grandeur de ton courage, pour laquelle on te dit par le monde estre le champion de justice, la lumiere de la guerre, le bouclier le de la raison? Veux-tu en un moment perdre des choses si rares, lesquelles Charlemagne n'a acquises en si peu d'années? Tu pourrois meurement gouverner tout le monde, et maintenant tu souffres qu'une seule femmelette te gouverne! O quelle sale et vilaine vergongne efface ta splendeur! Laisse, je te prie, cet ennuy, et reprens ta propre prudence. Pendant que la nouvelle playe s'enfle, il la faut entamer avec le rasoir de raison. Aye devant tes yeux l'embrasement de la miserable Troye, laquelle a esté abismée par les guerres de Grece, de laquelle on ne pourroit veoir une seule bricque restée. Ce cheval a-il esté cause de sa ruine, au ventre duquel estoient cachez des soldats? Tant s'en faut : mais ç'a esté un visage lascif d'une putain [1], au laz de laquelle ce putacier chevretier, ce Paris, prins, par les jambes et les aisles, comme s'arreste l'oyseau sur la perche, apasté par l'art et industrie d'un pippeur, a faict ce bel essay, que d'une guerre de fuzeaux il s'est rendu la foudre et la tempeste de son pays. » Par telles remonstrances Sinibalde pressoit son compagnon, quand en la mesme chambre vint entrer un autre compagnon de Guy, nommé Franc, armé de belles et luisantes armes, auquel le Roy avait aussi commandé de venir veoir quels empeschemens retenoient Guy au logis. Alors la honte n'a peu retenir davantage Guy au lict : et se jettant iceluy en pieds, demande ses armes. Ses serviteurs

---

[1] Ce mot, qui choque avec raison le lecteur du dix-neuvième siècle, n'éveillait nullement la susceptibilité de nos ancêtres.

On le retrouve dans une foule de pièces de théâtre de la première moitié du dix-septième siècle. La tragédie de François Perrin, *Sichem ravisseur* ou la *Circoncision des incirconcis*, Rouen, 1606, se termine par ces deux vers :

Quoi ! voulez-vous laisser impuni le vilain,
Abusant de ma sœur comme d'une putain ?

Il était même alors admis en chaire, et des prédicateurs réimprimant leurs sermons avec approbation et privilége ne se croyaient nullement tenus de l'effacer. On peut s'en convaincre en parcourant les *Sermons* du Père Bosquet, publiés à Arras au commencement du règne de Louis XIII.

L'Italie offre dans ses poëmes et dans son théâtre maint exemples analogues. Dans l'*Orlando innamorato* de Berni, Charlemagne, irrité contre Roland, promet de pendre de ses propres mains ce *figliuol d'una puttana rinegato*.

Une comédie de Fedini, *I due Persii*, Florence, 1583, représentée solennellement en présence de la grande-duchesse de Toscane, nous fait entendre cette exclamation :

O puttana de mi, ha gran potenza l'amor,

Un auteur comique assez fécond, François Loredano, plaçait, dès le commencement de sa comédie de la *Malandrina*, Venise, 1587, in-8, ces paroles mal sonnantes : *Voler che s'insegni l'arte del puttanezzo à puttane avezze al bordello*.

hastivement les luy apportent, et arment leur maistre : et par-dessus le vestent d'une casacque, sur laquelle estoit portraict un lyon barré : sa salade estoit couverte d'un grand pennache, et au plus haut estoit enlevé un petit vieillard, lequel avec le doigt monstroit ces vers qui estoient gravez sur icelle :

> Rien ne court plustost que le temps,
> Les heures ressemblent aux ans :
> Si tost que voyons l'enfant naistre,
> Aussi-tost se vieillist son estre.

Puis il monte tout armé sur un grand coursier, et prend une forte lance faite d'un chesne verd; et, comme fasché en soy-mesme, donne des esperons à son cheval, et se presente au tournoy où les lances se brisoient à outrance. Il ne faut de donner la premiere œillade là où estoit Balduine : ce qui luy enflamba davantage son feu amoureux, et afin qu'il luy peut plaire luy quadrupla sa force, la rendant pareille à celle de Samson, avec laquelle, n'ayant en main qu'une machoire d'asne, il renversa tant de milliers d'hommes. Il avance son cheval, et outrepasse de grand vistesse les barrieres, et s'arrestant un petit pour remarquer l'estour des combattans, soudain lasche les resnes, et tenant la lance ferme en l'arrest, faict voler le sablon en l'air, et, courant d'une course legiere, fait trembler tout le camp. Il fait monstrer au soleil les semelles du premier; le second fut par luy desarçonné; le troisiesme fut jetté au bas, donnant du cul en terre; le quatriesme comme les autres fut renversé sur terre, le cinquiesme, portant envie aux autres, les accompagna de mesme; le sixiesme, qui estoit de cheval, se veit incontinent homme de pied; le septiesme estendit ses fesses sur le sablon; le huictiesme s'apperceut incontinent estre desmonté; le neufviesme fut contrainct ouvrir les genoux et quitter la selle; le soleil se voulut cacher, quand le dixiesme, malgré luy, luy monstra le talon à l'envers. Guy en jetta par ordre ainsi plusieurs autres, et, courant ainsi çà et là, toujours se souvenoit de Madame, et à chasque coup qu'il donnoit, avoit ce mot en la bouche, le prononçant toutefois d'une basse voix. Le Roy fut grandement estonné pour les faicts merveilleux que faisoit Guy, et dit ces mots : « Voilà Guy la gloire de toute la nation Françoise ! O combien il represente les chevaleureux faits de nos ayeulx, à sçavoir du grand Roland, et du fort Renaud ! Il est sans doubte qu'il remportera chez soy la palme, et l'honneur de ce tournoy. » Balduine aussi quelquefois disoit à ses Damoiselles : « Si je ne me trompe, ce brave Baron, qui ainsi desmonte les autres, est cet insigne Guy ? O qu'il est vaillant ! O comme il porte bien sa lance ! Voyez-vous comme fort à propos il manie les resnes de son coursier, et avec quelle dexterité il assene ses coups sur le heaulme des autres?» Elle n'avoit pas plustost achevé ces mots, monstrant, en parlant et en riant d'aise, ses perles blanches avec son rouge coural, qu'incontinent le son des trompettes fut ouy, comme on a accoustumé de faire quand on veut finir la jouste, et faire la retraicte. Guy demeura seul au millieu du camp, regardant autour de soy, ainsi que fait un superbe victorieux. Mais toutefois n'est-il pas victorieux seul, estant le vaincu d'Amour, portant les fers aux pieds, le carquant au col, et les manottes aux poings. Le Roy, accompagné de tout son conseil, va au-devant de luy : mais Guy, l'appercevant, soudain descend de dessus son coursier, et, haussant sa visiere, fait paroistre son visage tout baigné de sueur, et baise le genouil du Roy. La majesté, luy commandant de remonter à cheval, tire de son doigt un très-riche anneau, auquel estoit un très-grand rubi luisant comme une estoille, et le donne à Guy pour prix de la victoire, estant peut-estre comme arrhes des espouzailles de sa fille. Et toutefois sa pensée ne tendoit aucunement à telle chose, combien que tel present fut un advancement de nopces : nopces, dis-je, malheureuses, et qui seront suivies d'une vilaine ruyne. Guy, humiliant sa face, receut ce beau present, digne certes du travail qu'il avoit prins; et, en le prenant, baisa la main du Roy en s'inclinant fort bas. Puis marchent vers le Palais, estans suivis d'une grand'trouppe de personnes, les trompettes et les fiffres sonnans tousjours devant. Or le soleil, las de son chemin journal, se cachoit des-ja soubs les ondes pour se reposer, et laissoit sa sœur enceinte de son amy; et cependant on donne ordre au soupper Royal. On oit, par les cuisines, des deschiquetis, des cliquetis de cousteaux, des tintamarres des chaudrons, et poisles. Les entrées d'icelles, couvertes de portiques, se voyent rendre la fumée en dehors, et sont soüillées tousjours d'eaux, et de graisses. De là sortent plusieurs odeurs de chairs rosties, et boüillies, lesquelles aiguisent l'appetit de ceux, qui les sentent. Il y a en icelles plus de cent serviteurs obeissans aux cuisiniers : une partie d'iceux portent le bois, autres esgorgelent, autres font boüillir les poisles et chauderons : l'un tue un cochon, l'autre des poulets, cestuy-cy estrippe, l'autre escorche, un autre plume en eau chaude des chappons; cestuy faict boüillir testes de veau avec la peau; autre embroche des petits cochonnez, tirez encore quasi du ventre de la truye, après estre lardez. Celuy qui commandoit en qualité de maistre cuisinier, se nommoit Chambo, lequel estoit subtil et inventif à trouver friandises de gueule, et plaisantes au palais. Iceluy, presidant en une chaire, commandoit entierement à tous les cuisiniers, et quelques fois battoit la canelle et pilloit l'espice sur le dos des marmittons et soüillons de cuisine. Il y en avoit un, qui fricassoit avec du lard les foyes des poulailles : un autre, sur les fricassées, asperge du gyngembre et du poivre : un autre fait une saulse jaune aux oyseaux de riviere. Un autre tire dextrement les faisans, après avoir tasté du bout du doigt, s'ils sont bien cuits. Cinq autres ne font que tourner le moulage de cuisine, d'où coulent les amandes et saulses poivrées. Autres tirent du four des pastez en pot, sur lesquels on jette de la canelle de Venise : un autre tire de la marmite des chappons boüillis, lesquels il met en un grand plat, et espand dessus des gouttes d'eau rose avec du sucre broyé et le couvre d'un test plein de brasier. Mais à quoy m'amuse-je à remplir ce discours de telles fadeseries! Enfin le soupper s'appreste, lequel par sa delicatesse estoit assez suffisant pour ressusciter les morts. On commence à apporter grande quantité de salades tant cuites que cruës, que cent serviteurs et autant de pages apportent, lesquels sont vestus d'une mesme couleur, à sçavoir d'un drap d'Angleterre teint en bleu azuré semé de blanches fleurs de lys, par derriere et par devant. Leur habillement est si proprement joint à l'Allemande, qu'à grand peine se peut veoir la cousture de tels juppons. Arrivans prez la table, font de grandes reverances, plians les jambes l'une après l'autre fort legerement çà et là. Le Roy s'assied le premier, tenant le plus haut lieu de la table, estant vestu d'un accoustrement broché d'or. A sa dextre estoit assise la Royne, et à son costé gauche Guy, par le commandement du Roy. Balduine, esprise d'Amour et aveuglée par cet enfant aveugle, s'advance ; et, ne se souciant de donner quelque tache à son honneur sans aucun commandement, se sied promptement à costé de Guy, et la pauvrette jette du bois dedans le feu ardent. Après, par un long ordre, tous les Seigneurs et Barons prennent place. Chascun estoit affamé, et desiroit de bien manier les joües. Le travail et l'exercice de la jouste avait fait digerer tous les precedens repas. Les pages, par une longue suite, apportent les mets sur la table. Des gentils-hommes servans marchent devant la viande, et avec un grand silence mettent les plats sur la table, faisans aussi marcher les laquays, comme est la belle usance d'une famille Royalle, et comme on a accoustumé de faire devant les grands Seigneurs. On n'oit aucune parolle sortir de leur bouche, s'il n'en est besoing, et ne se faict aucun bruit, si ce n'est d'aventure, quand quelqu'un de ces gentils-hommes servans donne un soufflet à un page, ou quelque coup de pied à un chien. Il y a trente escuyers, qui ne cessent de trencher les viandes, desmembrer des oyes, oysons, chappons, pieces de veau : decouppent les saucissons, et mettent par rouelles, les tenans d'une main avec la fourchette. Iceux toutesfois, en decouppant, retiennent pour eux les meilleurs morceaux, et gardent pour eux les croppions des chapons. L'Abruze avoit envoyé à ce festin ses jambons fumez; Naples, ses goudiveaux ; Milan, ses souppes jaunes, et ses cervelats, qui contraignent les biberons François de vuider souvent les bouteilles. Après avoir mangé le boüilli, les gentils-hommes servans font commandement d'apporter le rosti. Et aussi-tost jambons, faisans, francolins, chevreaux, levraux sont apportez, tout autre espece d'oyseaux, que le faucon et l'esprevier peuvent arrester avec leurs serres, et que le gerfaut a accoustumé d'étriper. On appose pour entremets des amandes, de la saulse verte, du jus de citron et d'orange, de la moustarde. On presente après des tourtes, du blanc manger, composé avec laict de vache, et des plats plains de rissoles toutes couvertes de sucre et de canelle. Après s'estre un chacun bien repeu de ces viandes grasses, et tant que leurs panses estoient pleines jusques au gosier, qui contraignoit de lascher la ceinture ; au seul signal des gentils-hommes servans, promptement fut levé le reste de la mangeaille de dessus la table.

Puis, on apporta une grande quantité de tasses d'or et d'argent, et enrichies de perles : dedans icelles estoient diverses confitures toutes dignes d'un Roy, et la table en estoit si chargée, qu'il sembloit qu'elle en plioit. On apporta morseletz, amandes, pignons, maschepains, et cent autres deguisemens de fruicts conficts ; enfin on presente en des grands vases la boisson fumante ; et de tous les vins, la gloire est donnée à la malvoisie, pour laquelle nos anciens disoient le feu s'amortir par le feu. Il n'y

avoit pas faulte de raisins de Somme, qui est l'honneur
du Royaume de Naples, et la friandise de Rome, ce sont
les montagnes d'Orphée, et là se procrée le vin qu'on
surnomme grec, lequel fait descendre les compagnons
soubs les treteaux. Les vins Mangiaguerre et Vernacquie
y furent entremeslez, et aussi ceux, desquels la Bresse se
vante, le vin Triboan, de Modene, ne fut pas mis en dernier rang, ni le muscat de Peruse, qui en la teste des
Allemans engendra cent sortes de chimeres. Tant de
sortes de vins ne se passerent pas sans celuy de la belle
vallée de Cesenne, ny sans les douces urines que Corse
pisse : un nombre infini de flaccons et bouteilles estoient
pleines de tels vins excedans en bonté tous les autres.
Desjà toute ceste brigade, ayant la fumée du vin montée
en teste, commençoit fort begayer, avec propos et parolles mal liées ensemble. Chacun parle, et nul ne se
taist, force baveries, bourdes, menteries, mille propos de
fusées, sans aucun arrest, ny mesure, comme bien souvent
il arrive apres une longue et continuelle beuverie. Par
entr'eux y avoit personnes de tous pays : et, pour ceste
cause, le vin les poussoit à parler leur langage tous ensemble, en sorte que le ciel n'ouit pas plus de diverses
clameurs, lors qu'avec la tour Babel on pensoit surmonter les estoilles. Les Italiens contrefont les François; les
François veulent imiter les Allemans, tant est divine la
matiere et la forme qui est dedans le tonneau. Sur ces
plaisans devis viennent les chantres, qui estoient Flamens,
et excellens en leur art. Iceux, après avoir bien beu du
bon piot, se mettent à chanter avec voix tremblantes, lesquelles la gorge facilement envoye dehors, ayans tous
une poitrine ferme et robuste. A l'accord de telles voix,
et à telle melodie, tous ces causeurs se taisent, et toutes
choses estans en repos, ny pied, ny banc, ny rien quelconque entrerompt un si doux plaisir que recevoit l'o-
reille. Après ces chantres, entrerent en la salle cinq
joüeurs de flustes, tres-experts, lesquels après avoir joüé

de leurs flustes, s'esleverent avec un grand retentissement des joüeurs de hautboys, et avec leurs tons merveilleux se font cognoistre par toute la ville de Paris. En souflant en leurs instrumens, vous leur verriez les joües grandement enflées, et iceux ne faillir jamais à boucher dextrement les trous avec leurs doigts, les maniant legerement haut et bas, avec une grande asseurance : et leur musique se diminue si melodieusement, que, de huict personnes qu'ils estoient, vous eussiez estimé iceux estre cinquante. Ces melodies servoient de fournaise pour enflamber de plus en plus le cœur de Balduine. Guy en ses entrailles n'estoit pas moins eschauffé. La prinse de tant de sortes de viandes, de tant de sortes de vins avallez, qui entretiennent les uns et les autres le regne de Venus et de Cupido ; les chansons musicales, les doux luthz, les harpes, les lyres, et autres instrumens de musique, avoient attaché ces deux jeunes personnes à des lacz malaisez à rompre, les brulloient au dedans, et les avoient despoüillez de raison. Amour avoit lasché sur eux tant de flesches, qu'il en avoit vuidé cent carquoys, ensorte qu'il ne leur restoit en leur corps aucune partie entiere, sur laquelle ce bourreau d'Amour eust peu lancer encore aucun dard. Desjà Diane commençoit avec un peu de clarté à se faire paroistre, montée sur son rosaïque pallefroy. Les chantres, les hautboys, les dances, le bal, à dieu s'en vont, ne retournans jamais les heures vers nous. C'est assez joüé, c'est assez caquetté. On donne aux bouffons les livrées. La salle se vuide, et s'en va-on dormir : chacun reprend son logis, et son hostelerie, et expose en proye son corps à l'obscur sommeil. Le seul Guy, esmeu comme la vache picquée d'un taon, allant çà et là, ne peut tenir aucun droict chemin. Hà, comme l'Amour contrainct les sages de se matter eux-mesmes ! Qui est celuy, qui pourroit prendre un tel oyseau, contre lequel nul filet, ny aucun tresbuchet a puissance ? Cæsar, qui subjugua le monde, estoit si vertueux ; une femme vilaine le rangea soubs le joug de l'Amour. Alcide, qui dessus ses fortes espaules relevoit, en façon de pilastre, le plancher du ciel prest à tomber, se vestit d'une chemise de femme, ayant quitté pour icelle sa peau de lyon; et, mettant bas sa massuë, print entre ses mains le fuseau. Une vile putain a rasé le poil au fort Sanson, lequel souloit à belles mains escarteler les machoires d'un sanglier, d'un tygre, et d'un lyon. Voicy aussi Guy, lequel, rejettant son honneur et celuy du Roy, et prestant l'oreille aux blandices d'une tendre sienne fille, la ravit, et le pont du chasteau abbaissé, s'eschappe, emportant comme un lacquin sur son eschine une pesante charge, laquelle il ne voulut jamais oster de dessus ses espaules, jusques à ce qu'ils eussent, eux deux, passé les limites du Royaume de France. Mais nostre Comine a desjà soif, et demande le verre, et ce premier livre a vuidé mon cornet d'ancre.

LIVRE SECOND.

Phebus avoit jà lasché hors de l'escuirie de l'Ocean ses chevaux, et, tenant en main les resnes, les faisoit monter vers le Ciel : les habitans de la ville commencent lors à se lever, n'estans encore bien delivrez du vin du soir. La plus part à leur lever baaillent, estant leur estomach chargé de la crapule. Toutefois peu à peu chacun selon la coustume se range à son affaire. La cloche appelle les Escholiers à l'étude : le Courtisan, monté sur sa hacquenée, va au Palais du Roy : l'Advocat court à l'Auditoire : le Medecin, trottant par la ville, va contempler les urines [1] : le Notaire prend la plume pour escrire choses Maccaronesques : les Boulangiers se rangent à leur four : les Mareschaux à leurs forges : le Barbier commence à esguiser ses rasoirs. Mais le Roy avec sa Court s'achemine vers l'Eglise, et fait ses prieres envers les saincts et sainctes pour soy, et pour les siens, pendant qu'en peu d'heure la Messe se dit. Icelle achevée, et s'en retournant au Palais, on luy vint dire et annoncer cette triste nouvelle, et de laquelle il n'avoit eu aucun soupçon premierement, et par dessus laquelle il n'eut sceu recevoir un plus grand ennuy, en l'asseurant que Guy avoit emmené sa douce fille. Sur quoy sa face soudain se tourna en semblance de marbre blanc, et demeura en place comme une souche, si grande fut la force de son estonnement. Quand toutefois il eut reprins son entendement, il jugea bien que tel acte estoit lasche et vilain, commis sans aucune occasion par un sien vassal plein d'ingratitude. Et, pensant à une si enorme faute, l'ire et la cholere

---

[1] A l'époque où Folengo écrivait sa burlesque épopée, l'examen des urines jouait un grand rôle dans la science médicale ; de nombreux et longs traités étaient composés à cet égard. Leurs titres rempliraient ici un ou deux feuillets qu'on se dispenserait de lire.

Bornons-nous à mentionner le traité grec de Théophile, *de Urinis*, dont il existe diverses éditions ; les vers latins de Gilles de Corbeil, *Carmina de urinarum judici's*, publiés pour la première fois en 1483, souvent réimprimés avec commentaires, et qu'un savant docteur allemand a fait reparaître à Leipzig en 1826 avec préface et notes nouvelles.

M. Daremberg, dans ses *Notices et Extraits des manuscrits médicaux*, 1843, signale comme inédits les ouvrages de Magnus, de Tzetzes et de divers autres écrivains sur le même sujet.

Ajoutons que le *Fasciculus medicinæ*, de Jean de Ketham, plusieurs fois réimprimé à la fin du quinzième siècle, renferme un traité intitulé *Judicia urinarum*, et parmi les gravures en bois qui décorent ce volume et qui sont dignes d'attention comme étant les premières qui aient représenté des sujets d'anatomie, on en trouve d'abord une qui montre une foule de verres remplis d'urine.

s'amassent en luy, et la douleur qui luy pressoit le cœur
ne faut à lui donner la volonté de se venger. Incontinent
donc il fait mettre aux champs huict bandes d'hommes
armez, pour par diverses voyes s'aller mettre aux passages, et aux frontieres, et visiter les ports. Puis, par toutes
les Villes, Chasteaux, Bourgs, Bourgades, et par toute
la France, faict publier des Edits rigoureux, dont un chacun s'estone, et mesmes les amis de Guy, ausquels n'eust
pas fallu beaucoup d'estoupes pour leur boucher le cul.
Mais enfin tout le soing, tout le travail, et toute la diligence qu'on y peut apporter, fut pour neant, et les uns
et les autres s'en reviennent rapportans la cornemuse au
sac, comme dit le proverbe; car Guy ne se peut retrouver. Il ne faut point dire comme le Roy mordoit sa chaine,
et rongeoit ses ongles avec les dents. Il envoye en Italie
(soubs pretexte d'autre chose) des espions, par l'Allemagne, par la Poulongne, par le pays d'Hongrie, et par
l'Espagne. Il commande aussi d'aller en Angleterre. Mais
tous enfin reviennent vers le Roy, sans avoir fait aucune
rencontre de ce qu'ils cherchoient. Sa Majesté, tombant
en un desespoir, se vouloit tuer, ou se couper la gorge,
ou s'estrangler avec un lacz. La Fortune guidoit ces malheureux amans, et voulut bien les porter couverts de son
vestement. Iceux avoyent jà oultrepassé les Alpes, sans
estre retenus par aucune lassitude. Y a-il aucun travail,
qui puisse lasser Amour? Enfin ils entrent en l'heureux
pays d'Italie, estant fort mal vestus en façon de vestemens de gueux, de peur qu'un espion descouvrit ces
pauvres gens pour gagner le salaire promis à celuy qui
les descouvriroit, qui estoit de sept mille escus. Balduine,
qui n'agueres estoit portée en litiere dorée entre des
Comtesses, Marquises, et Duchesses, maintenant miserable, chemine de ses pieds delicats sur les pierres et
cailloux, ayant desjà sous la tendre plante de ses pieds
des empoules. En cet habit ils descendent en la plaine de
Lombardie : passent Milan, Parme, et la petite contrée

de Resane, et entrent dans la courtoise ville de Mantoüe : Mantoüe, dis-je, qui autrefois a esté bastie par les Diables Mantois. Icelle pour lors estoit languissante sous l'inique tyran Gaïoffe, extraict et conchié d'une lasche famille. L'entrée de cette ville est la porte qu'on surnomme de Lyonne. En icelle se tenoit lors Sordelle, Prince de Goit, et Baron de Volte, et qui possedoit tout le territoire de Caprian. Cestuy-cy avoit autrefois gagné en duel et en plusieurs tournois mille prix, tant par les Gaules, par les Allemagnes, par les Espagnes, que par tous les Royaumes des tyrans, depuis le Rhin jusques à l'Empire du Sophi. Mais iceluy, pour lors estant parvenu en un aage fort caduc pour le grand nombre d'années qu'il avoit, et estant chastré, ne faisoit plus que donner conseil aux autres. Guy, entrant avec sa pauvre femme, apperçoit Sordelle estant encor fort membru, et se tenant lors debout devant la porte de son beau et haut Palais, auquel autrefois les descendans de l'ancien Grignan avoient fait leur demeure. Incontinent Guy recogneut son compagnon d'armes ayans esté ensemble en plusieurs batailles contre les Turcs et les Mores : mais toutefois, ne voulant se faire cognoistre à luy, se destourne, et, baissant le visage, prend soudain la ruë, qui tire à la porte de S. George, et par icelle sort de la ville. N'ayans faict gueres plus d'un mille, ils se trouvent d'aventure près d'une grande ville, presque en grandeur pareille au Cathay, et, pour le trafic des deniers et marchandises, ressemblant à Milan ; laquelle on appelle Cipade, pour estre située au delà du Pade, autrement dit Po. Icelle, à l'occasion de ses grands Paladins, fait retentir sa renommée jusques au ciel, traverse tout le monde, et descend jusques au Royaume des Diables. Mais, combien que d'icelle fussent sortis mille vaillans personnages, soit pour gaigner le prix des tournois, soit pour combattre à cheval, ou à pied, Cipade neanmoins a tousjours esté douée de meschans. Veronne donne grande quantité de laine de ses brebis et moutons;

Bresse tire force fer de ses montagnes ; Bergame engendre des hommes avec la gorge grosse et pendante ; Pavie assouvist Milan de porreaux et de choux ; Plaisance fournit tous les pays de ses formages ; Parme produit des grosses citrouilles et gros melons ; Resan nourrit de bons courtaux ; Mantoüe nourrit des bonnetiers, des carpes limoneuses. Si tu veux manger des poids et faseols, va à Cremone ; va à Cresme, si tu veux employer la fausse monnoye ; Boulongne engraisse les bœufs ; Ferrare grossit les jambes ; il n'y a Modenois, à qui la teste ne soit fantasque ; autant qu'il y a de mouches en la Poüille, autant Venise a de barques et gondoles ; le Piedmont brusle tous les ans mille sorcieres ; le Padouan engendre des paysans pires que les diables ; la belliqueuse Vincenze nous donne des chats allegres et dispos à sauter et grimper ; le Chiogeos est plus apte au gibet qu'au navire ; Ravenne a en soy des maisons vieilles, et anciennes murailles ; et Cervie sale par le monde un nombre infini de porcs : et toy, Cesonne, tu ne fais pas peu de proflit avec ton soulphre ; nulle peinture se peut esgaler aux escuelles de Fayence ; la vallée de Commachie fournit de trèsbonnes salades confites ; entre les Ceretans Florence porte ses vanteries ; Rome ne cherche que les morceaux frians, et qui facent lecher les plats ; autant qu'on voit de Barons par le Royaume de Naples safraniers, autant la larronnesse Calabre luy fournit de larrons ; autant d'enfans que Gennes procrée, autant de testes aiguës façonne la sage-femme ; Sienne a tousjours eslevé de belles filles ; Milan n'est jamais sans bruit en toutes les ruës pour le martelage des artisans, pendant qu'ils forgent des boucles pour des sangles, et qu'ils percent des esguilles ; ceux qui mettent des clous aux souliers, et rabillent des savattes ; ceux qui couvrent les maisons de chaume ou ramonnent les cheminées sont Commaschiens ou Novarois : mais la très-renommée Cipade, de laquelle à présent j'escris, a tousjours eu en abondance de la riche marchandise de meschante canaille. En ce lieu donc Fortune guida les pauvres amans, et ne voulut les conduire vers de semblables larrons ; mais la premiere rencontre qu'ils feirent, pour se loger en entrant, fut la maison de Berthe, comme on dit surnommé Panade. Ce Berthe estoit un paysant et venu d'un cuisinier, et estoit tant courtois, tant guay, et gaillard, qu'il n'y avoit aucun qui fut si gay, si courtois, et gaillard que luy; et combien qu'il fut citoyen de ville, il n'avoit eu femme, et n'en avoit, et ne se soucioit pour lors d'en avoir, de peur que chassant les mouches de sa teste il ne rencontrast des cornes, et qu'il luy fallut porter et endurer un taon soubs la queuë, qui, le tourmentant par trop, lui feit rompre le col. Toutes ses delices, et tous ses joyaux n'estoient que son jardin, et neuf brebis, avec sept chevres, une vache, un asne, un porc, une chatte, et une poule ; de là dépendoit toute la substance de son labeur, avec laquelle il cherissoit tous les bons compagnons et les passagiers, d'une face tousjours riante. Guy voyant le soleil s'aller coucher soubs les eaux, et loger ses chariots avec les grenoüilles, une honte de demander à loger gratis luy rougist soudain le visage. Mais cet ennuy luy apporta moins de douleur, d'autant qu'Apollo s'esvanoüissant luy couvroit ceste honte par l'obscurité suivante. S'encourageant ainsi soubs la brune, il entre hardiment en la court, qui estoit fermée tout autour de murailles faites de terre et gazons meslez avec de la paille. Le mastin du logis commence à abbayer, et avec son baubau appelle son maistre, lequel avoit desjà fermé l'huis de sa petite chaulmine. Iceluy sort dehors à l'abboy de son chien, tenant en sa main droite une cuillere, et de la lumiere en la gauche ; car lors il escumoit le potage, qu'il preparoit pour son souper. « Ne voulez-vous pas, dit-il, ce soir loger avec moy? Entrez, je vous prie, ce que j'ay est commun à un chacun. » En disant ces mots, il les emmene au-dedans de son logis, et referme la porte, et approche du feu deux sieges faits en forme de trepié, sur lesquels il fait asseoir Guy et sa femme, les voyant fort las. Pour lors il parle peu à eux; car le temps n'estoit pas de parler beaucoup, et quand il voioit son hoste avoir faim au baailler, il avoit accoustumé entre autres propos de luy dire : « Mangez quand vous avez faim, ou dormez quand vous baaillez : après que aurez remply votre panse, ce sera à vous à causer, et quand vos yeux seront saouls de dormir, estendez la peau; ce sont les preceptes que les asnes ont meslé parmi leurs statuts. » Ainsi Berthe, comme s'il eut esté muet, sans tenir autres propos à ses hostes, donne ordre à leur preparer à soupper, et faire tant qu'il en ait au moins pour trois. Il y avoit pendu à un clou un panier à son bas plancher contre un soliveau. D'iceluy il prend six œufs, desquels il y en avoit trois, qui estoient frais. Il en met trois sur la cendre près le feu, pour, après avoir iceux sué, les tirer encore mollets, afin de les humer. Il casse les trois autres pour en faire une omelette : ce fait, il sort, et ouvre une despense secrette, en laquelle la chatte avoit accoustumé de se cacher, et se tenir là à l'aguet, pour lecher et fripper quelque escuelle; de là il prend une poignée de petits poissons, qui sont fort communs en la riviere de Mince, laquelle environne la ville de Mantouë. Toutefois les grandes annales de Cipade contiennent que Berthe n'avoit pas pour lors des ables et verons, mais que c'estoient des gardons : avec iceux il mesle des grenoüilles qu'il avoit peschées avec un apast. Balduine considerant que Berthe ne pourroit accoustrer ensemble tant de viande, si elle ne luy aidoit, estant de son naturel fort courtoise, elle se leve de devant le feu, et non desdaigneuse de mettre la main à la paste, toute gentille, prend ces petits poissons, œilladant joyeusement son Guy, comme si elle parloit à luy par un seul signe, et lui disoit tels propos : « Et moi, qui suis fille de Roy, que manie-je maintenant? » Elle se desgante, et rebrasse ses blancs et delicats bras; elle prend le cousteau, et escaille ces poissons, les vuide, et jette la panse ; puis, escorche les grenoüilles, comme si elle deschaussoit des brayes. Guy, la voyant ainsi embesongnée, ne se peut tenir de rire, considerant une femme si illustre avoir si bon cœur, et se monstrer si joyeuse contre la Fortune. Iceluy aussi, se levant de son siege, fait pareille demonstration d'estre guay et gaillard : et quittant tous les ennuis de si grands marrissons, qu'il pouvoit avoir, il s'employe comme Balduine à donner ordre au souper.

Il amasse de la paille, qui çà et là dedans et dehors la maison estoit espanduë, et rastelle quelques petits bouts de bois et esclats, qui estoient soubs le cul du four, et les met au feu faisant une grande flambe : de peur toutefois qu'un si grand feu ne se consomme trop tost, il met dessus une poisle, et fait boüillir de l'huille pour fricasser le poisson. Balduine œillade avec une veüe basse son homme, et, estant delivrée de melancholie, se prend à souzrire de tout ce qu'elle luy voyoit faire, ne pouvant quasi retenir sa rate. Car, contemplant cet homme, elle remarque combien il est mal propre à remuër telle poisle de cuisine, lequel, malgré qu'il en eust, la fumée, la saleté de la cheminée, le feu petillant, contraignoient de pleurer ses pechez. Tantost il touche de sa main à son front, tantost à ses cuisses, et autrefois il frotte ses yeux : car, pour l'ardeur du feu, le front luy suoit à bon escient ; il cache ses jambes l'une sur l'autre, y sentant le feu trop aspre ; et la fumée lui bouchoit les yeux ; il mouche aussi son nez, et est contraint maudire le bois verd, qui causoit telle fumée. Balduine, riant davantage, voyant telle patience en son homme, y prenoit grand plaisir. Guy, la voyant ainsi rire, luy dit ces mots : « Le sage Socrates disoit qu'il y avoit trois choses qui chassoient l'homme et le contraignoient sortir hors la maison : à sçavoir, le feu, la fumée et la femme maligne. » Balduine soudain luy respond : « Ho, tu ne te soucies toutefois d'oster ceste controverse? » Pendant telles joyeuses risées, ils se brocardent l'un l'autre sans se mordre : Berthe se resjoüit aussi, et approche du feu un petit banc à quatre pieds ; il estend sur iceluy une toüaille ou nappe faite de chanvre et d'estouppe, laquelle, selon le parler de Cipade en matiere de toile, on appelle trilise : sur icelle pour une saliere il met une boëtte, en laquelle y avoit eu autrefois de l'onguent pour la rongne, et pour chandelier, il accommode une rave creusée par un bout, dedans laquelle il met une demie chandelle, qui en bruslant perdoit une partie de son suif, se fondant et coulant le long d'icelle. Il avoit aussi preparé une salade composée de plusieurs sortes d'herbes, y jettant un peu de sel dessus et du vinaigre, et quelques gouttes d'huille tirées du crezieu, lequel il reservoit pour seulement rendre ses salades plus honorables pour ceux qui le venoient voir. Le lict n'estoit pas loing de la table, et contre iceluy estoit un poinsson de bon vin, qui ne sentoit aucunement le moisi. Il tire d'iceluy, et en emplit une grosse bouteille, et la met sur la nappe : et, de peur qu'icelle devint tachée de la rougeur du vin, il nettoye le cul de la bouteille, et met dessoubs un tranchoir de bois. Puis il apporte du pain, des noix, et un fromage frais, et met le tout sur la table. Enfin, icelle se trouve garnie, et la barque est preste à sortir du port. Il ne faut plus que mettre la main aux rames, prendre des cuillieres. Cela dit, il fait un saut vers la cruche, avec laquelle un chacun lave ses mains, et les essuyent avec le panneau d'un vieil rets et filet ; et chassant et envoyant à tous les diables leurs ennuys et soucis que ces amans pouvoient avoir, ils s'assient eux trois à table, se gaudissant, et raillant ensemble, et mangent promptement la salade ; puis un chacun boit dedans un escuelle, la vuidant entierement : car qu'y a-t-il plus plaisant, qu'après voir depesché une salade, exposer à la veuë des estoiles le cul du verre ? Cela expedié, dès la premiere rencontre, ces vaillans hommes ruinent le reste en long et à travers : soudain à trois coups les œufs sont humez. On ne sçait que deviennent les huit rosties qui estoient en une escuelle ; ils mettent en pieces cruellement les dards ou gardons, et n'en veulent laisser un seul au plat, qui puisse en renouveller la trace. Mais, ayans desjà le ventre mieux farci, pour venir à l'omelette, ils laschent la boucle, et commencent à redoubler leurs propos. Berthe enfin, avec une douce et amoureuse parolle, commence et dit ces mots : « Tout ce que vostre Berthe a de bien en ce monde, il l'employe tousjours à la volonté des bons compagnons. J'incague les Roys, les Empereurs, les Papes, et Cardinaux, moyennant que je puisse manger en paix mes petits appetits, et ciboules, et qu'il me soit permis de donner à desjeuner du revenu de mes chevres à mes compagnons. Je ne sçay qui vous estes, ny où vous allez, ny d'où vous estes arrivez en ce gras et ample territoire de Cipade. Je ne veux point m'enquerir, ny sçavoir les affaires d'autruy : Neantmoins vos habits, vostre face, et votre langage, et ces parolles, ouy, tant bien, ma foy, et autres semblables me demonstrent que vous estes estrangers. Mais, si n'avez aucun bien, aucune maison, aucun fond, et si ne sçavez aucun mestier, et n'avez aucune bouticque, et que Fortune vous aye rendu si denuez de tous biens, tout ce que j'ay est à vous : vivez icy avec moi ; ma vache, mon asne seront à nous trois. Qui voudra manger, si mange : qui voudra tirer du laict, si en tire. J'ay cinq journaux de bonne terre, desquels tous les ans je recueille quantité de divers fruicts, des naveaux, des raves, des choux, des concombres, des citroüilles, des porreaux, des febves nouvelles, des oignons, des aulx, des ciboules, et, par sur tout, grande quantité de melons, dont je reçoy grand proffit, aussi bien que de ma vache et de mon asne. Tout cela est au commandement de vostre Berthe, mais pardonnez au mal parler de ma langue, je voulois dire au commandement des bons compagnons, comme c'est raison. Entre les gens de ce monde, il y a six mille sortes de volonté : l'un a peu de bien, et encore ce qu'il en peut avoir, il l'abandonne à un chacun. Un autre est avaricieux, ayant autant de revenu que Cosme de Medicis, ayant aussi grand nombre d'escus que Augustin Ghisi. Il ne despend rien, il ne donne rien, il espargne tout ; mais, estant miserable et malotru, il rapine, et vole ce qui appartient à autruy.

« Si j'eusse esté Roy, si Prince, si Duc, si Pape, quel contentement d'esprit, quelle paix, et quel repos la Fortune m'eust-elle pu donner plus grand que celuy que j'ay à present? Que pauvre homme est celuy, qui estime le Turc, le Sophi, le Prete-Jan, le Soldan, Barberousse, le Pape, le Roy, les Ducs, et telles riches personnes, estre plus alegres, plus joyeux que moy, ny que les miens, ny que vous autres, et tels mandians! Je mange en plus grande patience une gousse d'ail, que les Papes, ou autres grands Seigneurs n'avallent leur coulis, et pressis de perdrix, ou de chappons. Vous repaissez votre ventre affamé en plus grand repos d'esprit d'un pain mendié, et beuvez d'un meilleur goust, par les huys, mille restats de vin, que ne font aucuns, lesquels en esté, soubs leurs bonnets de velours, et soubs leurs rouges chapeaux, boivent leurs bons vins rafreschis en temps d'esté avec de la glace. La Caguesangue les puisse emporter [1], le cancre les tuer, la foire les puisse tourmenter de peur, et, doutans mourir pour avoir avalé de la poudre de diamant, n'ayent le loisir et espace d'entrer dedans le ventre

---

[1] Rabelais s'est sans doute souvenu de ce passage lorsqu'il a écrit : « Que le maulubec vous trousque. » (Prologue de *Gargantua*.) Ajoutons que semblables imprécations ne sont point rares dans les écrits facétieux. L'auteur d'un livret fort singulier, imprimé en 1608 (*Premier acte du synode nocturne*), a imité ce passage et l'a mis en dialecte languedocien : « Mal sainct Anthony bous rape, mal de terre bous bire, lou maulaucis de Biterne bous trigosse. »

d'une mule fenduë! Croyez que, si vous ne m'accordez ce contentement que je jouysse de vous, comme de mon frere, et de vous, comme de ma sœur, je ne seray aucunement content, et confesserez, qu'il n'y a aussi contentement plus doux que cestuy-cy. » Guy fut long-temps estonné de voir une telle et si grande courtoisie en cet homme; et à grande peine pouvoit-il croire ce qu'il oyoit, et ne se peut persuader qu'iceluy fut descendu d'un paysan; mais pense à ce qu'il doit faire, et gratte les resveries et pensées de son suc; car, si la honte a souffert tant de belles offres, où pense-t-il mieux pouvoir conduire son charriage? car Balduine estoit par luy menée, comme une charrette, non seulement pour estre lassée d'un long voyage, mais pour estre devenuë un gros et lourd bagage, estant desjà icelle grosse d'enfant. S'il les accepte malgré luy, quelle plus grande laschetté? Quelle tache plus noire, et qui par aucun savon ne se peut effacer, que l'on voye le premier Baron de France, chef de tous honneurs, et la gloire de tant de beaux-faicts, qui est le plus grand Paladin du monde, prenne maintenant une trenche au lieu d'une espée, un soc pour une masse? Pendant donc qu'il remue en son cerveau tels discours, et qu'il ramasse, de-çà, de-là, plusieurs, et diverses fantasies; enfin ce qu'il jugea meilleur pour luy, et plus honeste, fut par luy resolu, et arresté en son entendement. Sa volonté donc fut d'aller seul chercher quelques pays à conquerir, ou par guerre, ou par force, ou bien par quelques doux et paisibles moyens, et les gouverner en telle sorte qu'il y peut establir seurement un Royaume pour soy, et qu'alors il feroit à bon droit Balduine Marquise ou Duchesse, estant jà née de sang Royal. Ayant aussi resvé après telles deliberations une demie heure, il commença à parler ainsi : « Je suis, à la verité, tout honteux, ô Berthe, et n'ay point l'esprit tel que je puisse trouver aucuns propos propres pour vous declarer au moins la volonté bonne, que j'ay de vous payer tant et si belle marchandise que vous m'offrez. Regardez-nous, je vous prie, comme nous sommes mal chaussez, combien deschirez, quels vous nous voyez à present, tels nous peignez; et ne veuillez penser, que nous ayons autre terroir, que celuy que nous trainons après nous attaché à nos souliers : et, toy, toutefois, qui surpasses autant que Nature a créé d'hommes benings et courtois, et qui as apporté du ventre de ta mere autant de gentillesse que d'amitié envers les pauvres, tu chasses la faim d'avec nous, nous saoullant de ton pain et de ton vin, et nous donnes tout ce que tu as, à nous, dis-je, pauvres et miserables tout ensemble, qui n'avons pas un liard ni denier, prests à nous voir mangez des poulx, et encore nous consoles par tes douces parolles, si nous voulons demeurer maistres et de ta personne et de ton bien. Que les Dieux, si aucun esgard ils ont envers ceux qui donnent telles commoditez aux pauvres mendians, te veuillent recompenser pour nous autres pauvretz ! Pendant que le Pole menera autour du ciel les huict spheres, et que Titan illuminera le monde empreignant les estoilles, et sa sœur, pendant que la Mer engoulera tant d'ondes, et que par ses vagues elle touchera au chariot de la Lune, la renommée de Berthe Panade sera notoire à tout le monde. Partant, maintenant je te jure, par tous les morceaux de pain, que les mendians ont mendié, ausquels nous devons tous nos biens et Royaumes; que ainsi nous puissions oublier quelquefois Berthe Panade, comme le Soleil oublie de nous presenter tous les matins ses chevaux journaliers. » Ces parolles courtoises et autres tels propos achevez, il se couche avec sa femme en un lict de plume, et Berthe se va coucher au grenier au foin, ne faillant aussi-tost de ronfler la bouche ouverte. Le jour jà approchoit, et la lueur du matin, ensemble le coq desjuché chantoit par la place son *quo quo quo*, et la poulle luy respondoit par son *que que que*, lors Guy se leve, s'habille, et puis embrasse sa femme, jettant abondance de larmes, et avec belles prieres la recommande à Berthe, jusques à ce qu'il fut de retour par la grace de Dieu. Il veult, disoit-il, aller visiter le S. Sepulchre, suivant un certain veu qu'il avoit fait : et, ayant prins son manteau, son bourdon, et son chapeau, desloge. Ayant à grande peine ouvert l'huys de la maison, Balduine tombe à l'envers esvanouye, et devenue tout en glace, pour l'extremité de sa douleur, semble comme morte, et vouloir jetter son ame dehors : Berthe soudain lui deslasse le sein, mouille son visage avec de l'eau, et la remet en vie, et peu à peu appaise son marrisson avec douces et gratieuses remonstrances, et ne cesse de luy proferer aux oreilles mille parolles, aussi douces que sucre. Balduine, estenduë sur le lict, le remercie gratieusement, et le prie, et supplie ne luy vouloir desnier une seule grace, s'il desire la conservation de son honneur, à sçavoir qu'il veüille l'espouser, et qu'il ne desdaigne de recevoir d'elle un anneau. « Ce sera le repos, dit-elle, de tous deux, et un doux soulagement ; m'espousant propre à enfanter des enfans, vous cognoistrez, que je ne soüilleray point vostre honneur. » Les propos de ceste chaste Damoiselle ne despleurent à Berthe, et s'y accorda, et promeit faire tout ce qu'elle voudroit. Mais, voulant embarcquer une telle marchandise, il pensoit en soy mesme qu'il avoit besoing d'y employer premierement huict jours au moins, et que c'estoit une matiere, laquelle meritoit estre balancée et marquée au poids, et à laquelle il falloit s'acheminer par posades, et avec pieds de plomb. Une chatte soudaine produit souvent des chatons maigres et moribonds; qu'icelle, disoit-il, se repose cependant cachée en la chambre; car, dit-il, il ne veut estre du nombre de ces cornus, qui cherchent à engloutir de grands biens, la gueule bée; plustost que de cognoistre les meurs de celle, qu'on leur veut donner pour espouse, et lesquels ne se soucient aucunement, et ne font aucun estat s'ils se lient par un neud marital à quelque diablesse, qui, par ses bruits et clameurs, renverse sens dessus dessoubs toute la famille ; ou si, comme un autre Acteon, ils portent en teste un bonnet cornu. Là-dessus il sort de la chambre, et va à l'estable, et deslie ses chevres, son pourceau, son asne, sa vache, et ses brebis, et les meine tous ensemble aux champs pasturer. Balduine demeure seule à la maison, et ne peut appaiser ses larmes, son mary estant party, et soustenant avec sa main sa teste toute pensive ; voici arriver, que soudainement ses boyaux commencent à se broüiller en son ventre avec une grande douleur : car un accouchement la presse, et est contrainte de jetter hors de haults cris ; et Balde, non encore nay, luy tire, et jette de grands espoinçonnemens, et eslancemens Elle tremble fort, malgré qu'elle en aye ; tantost la pauvrette se jette d'un costé, tantost de l'autre, chose qui estoit pitoyable à veoir. Elle n'a point de sage-femme qui la puisse secourir, comme est la coustume. Elle appelle pour neant ses servantes, ausquelles elle souloit auparavant commander, ainsi que peut une fille de Roi : mais elle les appelle en vain, et le chat veut bien respondre *gnao*, mais non pas donner secours. Elle n'est point enfin tourmentée sans raison, pendant que d'icelle veut naistre toute la force et puissance des Barons. Tout ce qui doibt estre illustre, ou par lettres et sciences, ou par Mars et par la guerre, ne sort pas aisement du ventre de la mere : et, outre la coustume, vient au monde avec penible tourment. Enfin naist de Balduine la force de toute proüesse, la fleur de toute gentillesse, Balde, la foudre des batailles, la droicture de l'espée, la vigueur du bouclier parmi les armes, parmi les batailles briseur de lances, le brandon, et boutefeu cruel contre ses ennemis, et une vraye bombarde poussée à travers plusieurs escadrons. La dureté d'aucun rocher, ny l'acier, ny aucun grand rempart, ny aucun fossé d'une grosse et forte muraille ne se pourront tenir fermes et asseurez contre le marteau pesant de sa valeur. Ce Balde naist ainsi sans secours d'aucune sage-femme, et, au contraire des petits enfans, ne feit aucun cri. Balduine, jaçoit qu'elle eust tous les membres lasches, comme sont les cercles d'un vieil tonneau, se leve, et, se soustenant d'un baston, marche lentement, et fait chauffer de l'eau : puis lave son enfant, et l'enveloppe de panneaux : se remet au lict, repose, donne la tette à son fils, le baise souvent, et ne peut saouller son envie, luy leche les yeux, le front, et la bouche. Cet enfant ne pleure aucunement, mais guigne sa mere d'un regard joyeux : et pendant qu'il s'efforce de parler, la langue encore debile ne peut satisfaire à la volonté, mais seulement barbotte ces mots, *tatta, mamam*, et *pappa*, combien que desjà il eust grande cognoissance des choses, ayant un si petit enfançon une estoille à sa naissance fort benigne. Cependant on oit le gaillard Berthe approcher de sa maison, guidant ses chevres, et son trouppeau avec un flageolet, ou avec quelques belles chansons, le ramenant d'abreuver du fleuve de Mince, et le range à l'estable : puis, entre en la chambre, et avec une face joyeuse saluë ainsi Balduine : « Qu'y a-t-il? bon jour : est-il pas heure de boire? » Mais, ce disant, il advise que sa famille est accruë. « O, dit-il, nos affaires commencent à se bien porter à ce que je voy : tu as esté sage-femme à toy-mesme, tu t'es servie de chambriere : cet enfant est-il masle? Tu ris : est-ce une fille? » Icelle tenant la veuë basse, et estant un peu rougie : « C'est un fils, dit-elle, lequel je vous prie recognoistre pour vostre nepveu. » Berthe luy dit alors : « Je suis donc ton frere, et oncle de ton fils ; mais je suis à present la sage-femme et nourrice de l'enfant. » Cependant il lave ses mains ordes de fumier, et s'en retourne au tect, où, prenant la chevre par les cornes, et la tirant en arriere, et luy faisant eslargir les cuisses, luy prend le pys, et en tire une pleine coupe de laict, en laquelle il jette un morceau de pain : et pendant qu'iceluy trempe dedans ce laict, il fait cuire des œufs prins au nid encore tout chaud. Avec cela il se refait avec l'accouchée, remplit les veines, qui estoient vuides de sang, et redonne la force aux os. Mais c'est assez pour ceste heure, reserrez votre cornemuse, estuvez la sourdine, ô Muses, remplissez le flaccon : si la teste est seche, donnez à boire à la teste seche.

LIVRE TROISIEME.

BALDE, nonobstant les langes et les couches, avoit tiré ses bras dehors, et avoit deslié toutes ses bandes : appeloit sa mere *Mamam*, et Berthe *Tatta* : et commence à se tenir en place : et, s'essayant de marcher, n'attend aucun soutien, ny secours de sa mere, et ne se veut ayder de ces petits roulleaux qu'on baille aux enfans de son aage. Luy mesme s'achemine où il luy plaist, allant çà et là. Mais, n'ayant encor les jambes bien fortes ny les pieds bien asseurez, pendant qu'il s'efforce de courir et de vouloir voler comme l'Oyseau, tout halebrené, tombe souvent en terre, et gaigne de bonnes beignes au front, et fait souvent emplastrer ses yeux pochez au beurre noir. Toutefois, pour cela, on ne luy en void pas sortir une larme des yeux : combien qu'il voye son sang sur la place, et soudain se leve, et, se tenant droit, va encor trotter çà et là. Sans qu'aucun luy enseignast, il se fit un cheval d'une canne creuse, et un autre d'un baston de saule et d'un roseau. Ce petit diablotin court deçà delà, ne peut s'arrester en un lieu. Il n'aime se tenir sur la robbe ny reposer sur les genoux de sa mere. Il prend un esclat de bois qu'il attache à son costé en forme d'une espée, et d'une longue canne il fait une lance ; et autant qu'il en peut sçavoir avec son espée il donne coups en l'air à droicte, à gauche, estocades, estramassons, avec tous les coups d'escrimerie. Il court après les mouches, lesquelles il feint estre ses ennemis. Contre les murailles il poursuit les petites lesardes, et prend un grand plaisir, les voyans escourtées de queuë, et neantmoins vivre encor et courir. Il commence injurier pere et mere, suivant la nourriture du vulgaire. Estant parvenu à six ans, qui consideroit sa force, ses ossemens, ses membres gros et bien fournis, pouvoit juger qu'il en avoit douze. Mars luy avoit donné les espaules larges, et les reins de mesme, pour soustenir la jouste, et les jambes propres pour sauter, et en somme toute telle dexterité, qui pourroit estre requise en un homme, soit à cheval ou à pied. Tantost il pique des talons son cheval de bois, court tant qu'il peut, l'arreste soudain, il rompt sa lance contre la muraille, ou la fiche dans le ventre d'un chaumier. Tantost il ferre le baston qui lui servoit de coursier, et contrefaict la Pie, le Chat, et le Chien. Que diray-je de la peau de son corps, qui estoit comme une escorce contre les injures du temps? Les pluyes, la tempeste, la violence, et bourrasque des vents, les neiges froides, les chaleurs brulantes, ne l'eussent sceu retenir une demie heure à couvert. Comme il se couche, il s'endort, et ne dort gueres ; et le plus souvent son dormir est le jour sous le porche de la maison, ou la nuit soubs le plancher des estoilles, et rarement se couche avec sa mere. Pendant qu'elle dort quelques fois, il luy tire et desrobbe sa quenouille, et met le feu à sa pouppée, ne pensant pas que cette besongne soit pour luy, car sa mere lui filoit des chemises. La plume ne luy est pas plus agreable pour se coucher que la terre. Il endurcit ses costez sur la pierre, et change en nerfs forts et robustes sa chair delicate, se couchant ainsi sur la dure. Berthe craint (mais ceste crainte est meslée de joye) que trente boutiques de chausses, ny une milliasse de souliers, puissent fournir à cet enfant ; tant il trottoit de tous costez sans cesse. L'Hyver, le Printemps, l'Esté, et l'Automne ne luy estoient non plus qu'à une pierre ou à un arbre. Quand il avoit faim, il avaloit tout ce qu'il trouvoit devant luy, cuict, ou non cuict, ou chair, ou oignons, du gland, des fraises, des noix, des chastaignes, des nefles, des meures, des pommes, des cornes, des prunelles, et des grateculs. Il devore tout, et son estomach comme celuy d'une Austruche consommeroit l'acier. Tout ce qu'il beuvoit estoit ou l'eau d'un baing, ou de quelque fosse, ou du vin doux, ou rude, selon qu'il le rencontroit. Berthe avoit cependant espousé une femme nommée Dine, de laquelle, l'ayant promptement engrossée, il avoit un fils nommé Zambelle. Mais, l'an d'après son accouchement, à grand peine estoit-il accomply, qu'icelle mourut de maladie. Ce qui apporta à Balduine un grand ennui. Ainsi Berthe demoura sans espouse, lequel Balde reconnoissoit tousjours pour son pere, et Zambelle pour son frere. Berthe les envoioit tous deux ordinairement aux champs avec sa vache et ses chevres : mais le sang, dont estoit sorti Balde, ne pouvoit porter tels empeschemens. La conduite des chevres, ny la hantise du village, ne luy plaisent point, et, au lieu de s'employer à tel exercice, dès le matin il s'en alloit en la ville de Bianorée, laquelle luy plaisoit tant, qu'il n'en pouvoit sortir. Bien souvent ne revenoit à la maison que sur le soir, rapportant quelquesfois ses habillemens deschirez, et des coups à la teste. Ce petit maling, ainsi qu'est la coustume des enfans, maintenant à coups de pierre, maintenant à coups de poing, se combattoit avec ses pareils, voire contre plus grands que soy, taschoit d'en emporter l'honneur, et desiroit et s'efforçoit de se monstrer devant un chacun estre le premier avant tous compagnons. Et ne faut pas que vous pensiez qu'il fut le dernier à aller au combat; mais avec sa voix puerile s'escrioit comme brave et hardi par dessus tous les autres, les provoquant. Il avoit la dexterité de se guarantir de plus de cent coups de pierre, et

ne failloit gueres d'en donner autant sur la teste de ses
ennemis. Balduine cependant avoit acheté un petit livret
pour luy apprendre son A, B, C; mais avec iceluy Balde
n'alloit jamais à l'eschole que malgré soy, et ne falloit pas
penser que la mere, ou autre maistre d'eschole peust forcer un tel enfant. Ce neantmoins, en trois ans on le veid
tant avancé aux lettres, qu'il retenoit par cœur tous les
livres qu'il lisoit, et recita en un jour tout l'Æneide de
Virgile devant son maistre par cœur, tant les guerres
descrites par cet autheur luy plaisoient. Mais, après qu'il
eut mis le nez dedans les gestes de Roland, il quitte là
incontinent les regles du Compost : il ne se soucia plus
des especes, des nombres, des cas, ny des figures : et ne
feit plus d'estat d'apprendre le Doctrinal [1], ni ces differences de *hinc, illinc, hoc, illoc*, et autres telles sophistiqueries, ou fanfrelucheries des Pedans. Il fait des
torcheculs de son Donat [2], et de son Perot, et de la couverture en fait cuire des saucisses sur le gril. Rien ne
luy plaist que les beaux gestes de Roland, de Renaud,
par la lecture desquels il eslevoit son courage à choses
grandes. Il avoit leu Ancroye, Trebisonde, les faits d'O-

---

[1] Ce titre fut donné à divers ouvrages fort goûtés à cette époque. Le *Doctrinal de Sapience*, de Guy de Roy, jouit longtemps
d'une grande réputation. On vit paraître en vers français le *Doctrinal des bons serviteurs, des femmes, des filles, des femmes mariées*. Michault composa le *Doctrinal du temps*. Un poëte resté
ignoré composa le *Doctrinal saulvaige*.
[2] Ælius Donatus, grammairien romain, vivait vers le milieu du
quatrième siècle. Il eut saint Jérôme pour élève. Il est l'auteur
de divers ouvrages de grammaire; l'un d'eux devint une petite
syntaxe latine à l'usage des écoliers, intitulée *de Octo partibus orationis*, et réimprimée maintes fois au quinzième et au seizième
siècle. Le nom de Donat finit par signifier toutes sortes de leçons
et en général un traité élémentaire quelconque. Quant à Nicolas
Perot, né en 1430, il fut l'auteur des *R dimenta grammatices* dont
les éditions furent des plus nombreuses depuis l'origine de l'imprimerie jusque vers l'an 1540, où l'on eut recours à des ouvrages mieux rédigés.

gier le Danois, Automine, Bayard, Antiforre, et les Actes Royaux de France [1], l'amourachement de Carlon et d'As-

---

[1] Il faut reconnaître sous ce nom un célèbre roman de chevalerie en italien, *Li Reali de Franza*, dont la première édition parut à Modène en 1491; elle fut suivie de plusieurs autres; le *Manuel du Libraire* en énumère dix-sept; les deux dernières sont celles de Venise, 1694 et 1821; celle-ci est due aux soins de l'habile bibliographe Gamba. Ginguené, dans son *Histoire littéraire d'Italie*, t. IV, p. 165 et suiv., donne l'analyse de cette composition.

Deux mots au sujet des autres romans signalés dans le même passage :

L'*Ancroie* est le poëme intitulé *Libro della regina Ancroja*, dont l'auteur n'est pas bien connu, et qui, de 1479 à 1589, a été réimprimé au moins douze fois. Les premières éditions sont extrêmement rares. Cette épopée a été appréciée par Ginguené, *Histoire littéraire d'Italie*, t. IV, p. 200; il la trouve ennuyeuse et d'une longueur excessive.

La *Trebisonde* est le poëme de la *Trabisonda*, attribué peut-être à tort à Fr. Tromba, et dont la première édition vit le jour en 1483; on en connaît quinze autres; la dernière porte la date de 1682.

Ogier le Danois est trop connu pour que nous nous y arrêtions; le roman en prose qui raconte ses exploits et dont la première édition vit le jour à Paris, vers 1498, est tiré de deux poëmes français des douzième et treizième siècles, lesquels avaient été précédés par une relation latine. Le fond de ces récits est historique, mais l'imagination des trouvères y a beaucoup ajouté. Voir l'*Histoire littéraire de la France*, t. XXII, p. 645-659; les *Recherches* de M. Paulin Paris, sur Ogier, dans la *Bibliothèque de l'École des Chartes*, t. III, p. 512, etc.

Au lieu de Bayard, nous lisons Boiardo, nom de l'auteur de cet *Orlando innamorato*, si souvent réimprimé, et dont le savant conservateur des imprimés du Musée britanique, M. A. Panizzi, a donné, à Londres, une excellente édition à la suite du *Roland* de l'Arioste, 1830-1831, 7 vol. in-8.

On attend encore une bonne traduction française de ce poëme. Celles de Le Sage et de Tressan ne sont que des extraits où l'on ne s'est nullement piqué de fidélité.

Quant à l'*Antiforre*, c'est le nom d'un géant qui fut mis à mort par Roland lorsque ce chevalier était banni de la cour de Charlemagne. L'histoire d'*Antifor* ou *Antufor de Barosio* et des exploits de son vainqueur, forme le sujet d'un poëme qui a été porté à quarante-deux chants. La plus ancienne édition connue est celle

LIVRE III.

premont, l'Espagne, Altobelle, les guerres et combats de Morgant le Geant, les espreuves de Meschin [1], les entreprises du Chevalier de l'Ours [2], le livre de celuy qui

---

de Milan, 1498; la dernière porte la date de Venise, 1650; entre ces deux dates on peut placer une dizaine de réimpressions.

[1] On reconnaîtra sous ce nom le célèbre roman de Guerin Meschin (*Guerino Meschino*), appartenant, comme ceux dont il est ici question, à l'histoire de Charlemagne et de ses paladins. La première édition est de Parme, 1473; les réimpressions sont en très-grand nombre; plusieurs ont vu le jour au dix-neuvième siècle. Cette production a été traduite en espagnol et en français; la *Bibliothèque des Romans*, janvier 1777, t. II, p. 5-52, en présente l'analyse.

L'*Amourachement de Carlon et d'Aspremont* signifie le poëme italien connu sous le nom d'*Innamoramento di Carlo Magno*, publié pour la première fois en 1481, et divisé en *soixante-dix-sept* chants, heureusement assez courts; sept autres éditions attestèrent, jusqu'à 1856, le succès de cette épopée, *nel quale* (selon les promesses du titre) *si contiene varie e diverse battaylie d'arme e d'amore d'Orlando, Rinaldo,* etc.

Aspremont est un autre poëme de chevalerie où il s'agit surtout de Roland et des paladins français; publié vers 1488, il a été réimprimé sous le titre d'*Aspramonte* huit ou dix fois, et en dernier lieu à Venise en 1620. Ginguené (*Histoire littéraire d'Italie*, t. IV, p. 550) en a fait connaître le sujet.

L'*Espagne* ou la *Spagna* jouit longtemps en Italie d'une grande popularité, quoique ce soit une œuvre au-dessous du médiocre. Composé au quatorzième siècle, mais retouché depuis, ce poëme doit son titre à ce qu'il se propose de raconter les guerres de Charlemagne en Espagne; il a été réimprimé au moins dix-huit fois et même en 1783. Ginguené l'a analysé. (*Histoire littéraire d'Italie*, t. IV, p. 86.)

L'*Altobelle* est un autre poëme qui raconte *le battaylie delli baroni di Francia sotto il nome de l'ardito et gagliardo giovene Altobello*. Imprimé en 1476, cet ouvrage obtint, jusqu'à 1621, les honneurs d'une vingtaine d'éditions différentes.

Nous n'avons pas besoin de dire que Morgant le géant est le héros du fameux poëme de Pulci, maintes et maintes fois réimprimé depuis 1478, et dont plusieurs éditions ont été mutilées.

[2] On doit voir dans cet ouvrage l'*Historia dei due nobilissimi et valorosi fratelli Valentino et Orsone, figliuoli del magno imperatore di Constantinopoli et nepoti del re Pipino*. Plusieurs fois réimprimée en Italie dans le cours du seizième siècle, cette *historia* est une traduction du roman français de *Valentin et Orson*, pu-

sans grand'louange a voulu chanter la belle Leandre [1].
Il print plaisir à lire comme Roland fut amoureux de la
belle Angelique : comme estant ou feignant estre devenu
fol, il tiroit après soy une jument morte : comme il touchoit devant soy un Asne chargé de bois, et comme il
s'envola en l'air ainsi qu'une Corneille. Par telles lectures
Balde s'excitoit grandement aux armes, mais se faschoit
d'estre encore de si petit corsage. Il portoit une petite
espée attachée à sa ceinture, de laquelle il faisoit peur
aux plus braves ; et jamais ne voulut endurer un coup
de foüet : et, pour se faire craindre à l'eschole, rompoit
tables avec ses livres, et la teste à son maistre. C'est une
usance quasi par toutes villes, que les jeunes enfans se
font la guerre les uns contre les autres à coups de pierre ;
et de là bien souvent naissent des envies les uns contre
les autres, qui enfin engendrent de longues inimitiez.
Comme un paysan n'abbat point avec une gaule tant de
gland pour le faire paistre et manger à ses pourceaux,
afin de les engraisser ; ainsi un jour voyoit-on autant ou

---

blié pour la première fois à Lyon en 1489 et souvent réimprimé
depuis. Il ne faut d'ailleurs voir dans ce récit, traduit également
en anglais et en allemand, qu'une contrefaçon peu ingénieuse du
poëme de *Cleomades*, composé au douzième siècle par Adenes.
Le livre français a été analysé dans la *Bibliothèque des Romans*,
mai 1777, p. 160 à 215, et apprécié par M. Saint-Marc Girardin,
Cours de littérature dramatique, t. III, p. 213.

[1] Folengo désigne ici Pier Durante da Cocaldo, auteur resté
ignoré d'un poëme sans mérite intitulé : *Libro d'arme et d'amore
chiamato Leandra, nel quale se tratta delle battaglie et gran fatti
delli baroni di Francia et principalmente di Orlando et di Rinaldo*.
Malgré sa médiocrité, cet ouvrage en vingt-cinq chants, publié
en 1508, fut souvent réimprimé pendant le seizième siècle. Le
titre l'indique comme extrait de la véridique chronique de Tur-
pin, archevêque de Paris, et comme *opera bel issima et deletievole
quanto alcuna altra di battaglia con molti dignissimi delti et elo-
quentissime sententie*. Un littérateur français, tombé dans l'oubli,
de Nerveze, donna à Paris, en 1608, les *Aventures guerrieres et
amoureuses de Léandre* ; c'est une imitation en prose du poëme
italien.

plus de pierres tomber de part et d'autre, s'estant des enfans bandez en deux bandes l'une contre l'autre, lesquelles ils jettoient pour lors, bruiant ces pierres en l'air, tant elles estoient poussées roidement, par grand force, et la multitude d'icelles obscurcissoit quasi le Soleil. Avec ce siflement de pierres le bruit de voix de ces enfans estoit aussi merveilleux, tellement qu'un tonnerre n'eust sceu faire un plus grand tintamarre. Là Balde ne faillit à se trouver, et estre de l'une des parties, et s'advance fort avant devant ses compagnons, et avec une fronde fait ronfler ses cailloux, donne courage aux siens, et la meslée se fait si aspre, que la poussiere obscurcit tout l'air; et, se mettant trop avant dedans ses ennemis, il reçoit un mauvais coup sur la teste, comme il advient aux vaillans Capitaines. Mais, pour cela, il ne se retire point, et prend davantage courage, ayant veu son sang, et fait comme le poivre, qui tant plus est pilé, plus renforce son odeur, ou comme la palme, laquelle s'esleve, plus elle est chargée. Aussi, desire-il estre plustost enfouy dedans un monceau de pierres, que tourner le dos à la semblance d'un couard. Enfin, telle bataille finie, il s'en retourne au logis, tout baigné de sang, se ruë sur les premiers œufs qu'il trouve, d'une partie desquels il fait un retraintif sur sa playe, et de l'autre il appaise sa faim. Mais sa mere, le voyant en tel equipage, s'attriste fort, et l'amitié qu'elle luy portoit la fait desesperer de luy. « Mon fils, mon fils, dit-elle, je te prie pourquoy te tourmentes-tu tant? Ha, pour l'amour de Dieu, arreste-toy : laisse là ces pierres : quitte ces batteries ! Il semble à te voir que tu ayes une face de Diable, tant tu es deschiré, et as la face toute plombée de coups. » Balde luy respond : « Voulez-vous, ma mere, que je souffre qu'on me die que je suis bastard, un mulet, un soüillon de cuisine, un fils de putain? Perdray-je ainsi nostre commune renommée? Y a-il un outrage pire que celuy-cy? Vous vous souciez trop peu, ma mere, de l'honneur de nostre maison. Je me veux bien vanter que je ne suis seulement si outrageux, que je n'aye bien aussi la puissance de ronger le cœur à tous ceux, qui me voudront appeller bastard, ou dire que vous estes putain. Mon pere Berthe est-il connu, pour l'honneur duquel j'exposeray tousjours cent vies. Appaisez-vous, ma mere, je vous prie : que vous sert de tant pleurer? Permettez que je m'exerce en ces combats de fronde, afin que par cy après je m'encourage à choses plus grandes. J'abbats autant de garçons, et les mets à l'envers, qu'il s'en presente devant moy, n'ayant aucune force ny aucune reigle d'escrimerie comme j'ay, et desjà on m'appelle Paladin, aucuns un Geant : car pas un ne se peut parangonner à moy en la façon de guerroyer. Avant tous les autres, je lance plus de mille cailloux : et neantmoins, ma mere, me voilà sain et gaillard. Il se presente à moy des honnestes personnes, qui prennent plaisir à m'apprendre, comme il faut que je me gouverne en telles guerres, quand ils me voyent deliberé, et que je m'appreste de me trouver à telles meslées pour faire à coup de pierres, de baston, ou de poing. Et nous nous devons resjouir de cette bonne fortune plus que de me voir mener des chevres aux champs, et vous, des oyes. » Balde parloit à sa mere avec si bonne asseurance, qu'icelle pleuroit et rioit tout ensemble.

Cependant un jour vint que la ville de Mantoüe estoit toute confite en joye. Ce jour fut le premier de May, auquel dès le matin chacun fait planter devant sa maison de hauts arbres et rameaux, lesquels on nomme May, à cause du moys. Le peuple suit les charettes par les ruës, chargées de tels rameaux, lesquels sont tirez çà et là par des bœufs couronnez, et ornez de longs festons de roses. Au dessus d'icelles on fait un haut amas de feuilles d'oranges, de myrthe, de lauriers, de brins de marjolaine, de rosmarin. On y void toute espece de peupliers, d'ormeaux, de chesnes, de lierre. Du haut pendent mille petits floquets, et autres petites gentillesses faites de papier.

qui au vent sont poussées çà et là. Au dessus de ceste mommerie on void Cupidon ailé, qui est un enfant bandé par devant les yeux, lequel detache de son arc plusieurs flesches d'un costé et d'autre. Une troupe de filles suivent après, portans leurs cheveux tressez et couronnez de fleurs. Icelles portent en des paniers des œufs, et vont chantant par la ville.

Balde, se meslant parmy telles bandes, chante comme les autres, et, voyant qu'on partageoit ces rameaux, en voulut avoir sa part jusques à un brin de fenoüil, et crie tout haut : « Vous me devez les premiers honneurs ; je veux estre de la premiere partie. » Et, après icelle, il voulut encore estre de la seconde. Mais, arrivant de fortune près de Sainct-Leonard, il entend plusieurs garçons faire un grand bruit pour divers jeux à quoy ils s'eshattoient. Les uns avec des noix taschoient à abattre une piece d'argent, qui estoit assise sur le bout du manche d'un cousteau fiché en terre : les autres jouoyent à la balle : aucuns avec un foüet faisoyent tourner et promener le sabot : autres avec la course sautoyent à trois pas et un saut. Balde jette incontinent son casaquin à bas, et, estant en chemise, commence comme les autres à sauter. Mais il feint ne pouvoir franchir la marque, et fait semblant de ne pouvoir tenir son pied en l'air; et, ayant un peu serré la boucle de sa ceinture, et osté ses souliers, et quitté son bonnet, ayant retenu le cordon, lequel en façon de bande lui reserroit ses cheveux, commence à prendre sa course si legerement, qu'à grand peine pouvoit-on voir sur le sablon aucun vestige de la plante de ses pieds ; et asseurant fermement le pied droict, et courbant le gauche, sembloit estre eslevé en l'air comme un petit aigneau, ou comme un chevreau, qui à la sortie de l'estable court, et fait mille bonds sur l'herbe. Du premier saut, il s'advance de six brassées : le second est plus court, mais plus ferme : et au troisiéme, joignant les deux pieds ensemble, se lance en l'air et outrepasse bien loing la marque. Les autres, voiant la marque advancée si loin, ne veulent plus s'y efforcer : et les hommes, qui estoyent là presens, admirerent fort la force de cet enfant, jugeant qu'en luy estoit la dexterité et adresse d'un Paladin.

Autres, qui estoient plus grands, le defient au jeu de la bale, de ceste bale, dis-je, qu'on a accoustumé d'enfler avec une seryngue. Balde assez par force se met de la partie. On luy donne un brassart, il l'accommode à son bras droict, et sur la main : il se presente à joüer : on fait partie avec telles et telles pactions : et pour la victoire on accorde une couronne de fleurs, qui seroit adjugée aux victorieux par le peuple, qui estoit là present.

Toutesfois, chacun tend à tromper Balde, lequel de sa part y alloit d'un grand courage et d'un cœur royal, et jamais ne trahit aucun. Car tous les enfans de la parroisse de Sainct-Leonard ne pouvoient endurer qu'un petit villageois et poltron de Cipade eust la victoire, et emportast l'honneur du jeu par dessus les jeunes enfans de la ville, fils des meilleures maisons, comme sont les Passarins, Arlotes, et Bonacourssi. Alors un plus hardi que les autres luy dit : « Je faits ce marché, que tu ne pourras, Balde, rechasser la bale, si premierement tu ne mets argent sur le jeu. » Balde estoit pauvre, et de honte la rougeur luy montoit au front ; car il n'avoit pas en sa bourse trente deniers. Il se resolut de vendre sur l'heure à un Juif tout ce qu'il avoit sur le dos. Il jette sa veuë sur tout ce peuple, pour veoir, si, entre des bonnets rouges et noirs, il n'en apercevroit pas de jaunes. Il n'en veid pas seulement un, mais cinq, mais huict, mais plusieurs teints en ceste couleur. Car Mantouë n'est point sans des Badanages et Patarins. A iceux il offre son saye, sa cappe, et sa chemise. Plusieurs donnent à ces Juifs assurance pour luy. Balde commence le premier à joüer : il estend la main gauche, et avec la droite serrant fort son brassard, en se mocquant, crie : « Jouez ! » Puis, courant au devant de son compagnon, qui rechassoit la bale, et la recevant, la rejette en haut d'une telle force et adresse, qu'on la voyoit pirouëter en l'air. Toutefois il la jette, ny trop haut, ny trop bas, et ne la jette, comme on dit, au dessus du clocher. Ainsi cette bale est poussée çà et là, et Balde la considere de l'œil venir à soy; et se plante pour la recevoir, et la rechasse dextrement, gaignant la premiere chasse, et aussi la seconde : et plus on la lui envoyoit plus fort, et plus loing la renvoyoit, et sans cesse, et sans aucune relasche ne failloit d'outrepasser le but prefix : et avant que Phœbus se fut aller coucher en la mer, Balde meit de gaing en son escarcelle huict carlins de cuivre et reprint son manteau, son bonnet, et s'en alloit gaillard pour dire à son pere Berthe et à sa mere le gain qu'il avoit fait. Mais un jeune garçon de bonne maison, qui estoit du pont d'Arlote, ou du pont de Macere, estant impatient d'avoir perdu la meilleure partie de ses deniers, se leve, et, prenant sept ou huit de ses compagnons, court après Balde, et luy jure, en maugreant, qu'il luy ostera sa bourse ; ou que, s'il ne peut l'avoir, il luy enlevera son manteau ; ou que, s'il ne peut avoir ne l'un ne l'autre, il luy rompra le col et l'assommera à coups de pierres. Balde avoit jà passé l'Hospital, et estoit prez la porte de l'Evesché, qui est tousjours ouverte, et estoit desjà en la grand'place de Sainct-Pierre pour de là le long du Pont gagner Cipade.

Là, cet enfant d'Arlote attrappe Balde, et le prenant de la gauche par la gorge, et tirant de la main droite une daguette : « Rends-moy, dit-il, mes carlins que tu m'as prins frauduleusement ? » En disant ces mots, il presente devant ses yeux la pointe de sa dague. Mais Balde soudain se demesle d'avec luy, et d'une mesme vistesse prend la poignée de sa daguette, et la luy arrache, et luy donne un si grand souflet sur la joue, que la main y estoit toute marquée.

Incontinent les autres garçons se tiennent ensemble, et

amassent soubs leurs habillemens de gros cailloux ronds. Balde, pour se garantir de tels coups, tourne à l'entour du bras son manteau au lieu d'un bouclier. Les pierres, les cailloux volent, et morceaux de tuilles sont jettez, bruyans aussi fort comme si c'estoient harquebuzades.

Balde se retire, en combattant, soubs le porche de Saincte-Agnés, de peur que ses ennemis le veinssent assaillir par derriere. Puis, il se range en un coing d'où avec cent piques on ne l'eust sceu tirer. On luy jetta là une gresle de pierre; mais, estant agile, tantost il saute à gauche, tantost à droite, evitant par ce moyen avec son agilité toutes ces pierres, comme le pilotte expert en son art en faisant son voyage sur mer, voyant devant luy les ondes eslevées ainsi que montagnes, n'abandonne pour cela le timon, ne perd son entendement; mais eguise son esprit, et donne ordre par son art à fendre les ondes, faire tenir son vaisseau ferme sur icelles : ou les eviter. Ainsi Balde, voyant ces pierres venir droict à luy ou par haut, ou par bas, maintenant baisse la teste à gauche, et à droite, maintenant ouvre les jambes, ou en leve l'une, ou la met sur l'autre. Et, par ce moyen, il evite quelquesfois en un instant plus de cent coups de pierre. Ce combat dura plus de trois heures, et le peuple, qui voyoit cette querelle, s'en emerveilloit fort.

Or le Capitaine, et le chef de ces assaillans, ayant le cœur despit, vouloit faire la sepulture de Balde entre ces tuilles et tuilleaux, qu'on luy jettoit, et s'advance fort sur luy. Balde luy crie : « Arreste-toy : si je te romps la teste, que sera-ce ? Ce sera à ton dam, je t'en avertis. » Mais ce poursuivant ne se soucie de ce qu'on luy dit, et ne prend garde s'il estoit suivi de ses compagnons.

Alors Balde ne l'advertit plus de prendre garde à soy : et, sans se soucier du saye et du bonnet de velours qu'avoit l'autre, prend une grosse pierre, et luy lançant en l'estomach d'une violence aussi grande que si elle eust esté jettée avec une fronde, le met par terre, et pensel'on soudain, qu'il soit mort; dont les autres garçons estonnez monstrent aussi tost les talons.

Balde n'arreste gueres non plus en place, et se detraque par cy par là jusques à ce qu'il se veid seul, et maistre de la campagne, où lors il reprint halcine, et, marchant plus à loisir, tiroit droit à Cipade. Il advint qu'un certain vassal, et subject de cet enfant qui avoit été ainsi griefvement blessé, ouit ce bruit et clameur : ces vaultneans de sergens l'appeloient Lancelot; mais ceux qui ont eu meilleure connoissance de ce faict, le nomment Slandegnoque, qui veult dire *lancebeignets*. Cet homme estoit d'une corpulence fort difforme et ressembloit à Manbrin le geant, n'ayant qu'une petite teste de linotte sur de grosses epaules : et eust-on dit que ce n'estoit point la sienne propre, mais une qu'il eust emportée au gibet. Ce compagnon estonnoit tout le monde par parolles, estoit un bravache, un mastin, un taille-tout, lorgnant tout de tort et de travers. Il monstre le poing, puis desgaine sa dague, et entourne son manteau au bras. Cestuy-cy avec ses braveries poursuit Balde, et en courant crie : « Prenez le larron, qu'il n'eschappe ! Prenez ce pendart, qui a rompu et cassé la teste au conte Janorse ! » A cette rumeur, le peuple, qui se trouvoit à la rencontre, tasche à arrester Balde. Il est prins incontinent. Mais aussi tost il se desveloppe d'eux, comme fait l'anguille qu'on ne peut pas retenir aisement. Lancelot toutefois court tousjours après, comme fait un mastin après un gentil lievre, ou comme un asne après un chevreuil, ou bien comme un gras bœuf, qui tasche à course d'abatre le cerf. Balde, estant sorti les portes de la ville, à un traict d'arc d'icelles, rengaine son espée, et s'efforce de gagner le logis. Lancelot, deplaisant au possible, à force de courir, met la main sur le dos de Balde, comme le mastin, qui se jette laschement sur un petit chien. Balde, se representant soudain les chevalereux faicts de Roland, roule sa cappe à l'entour du bras gauche, et de la droite tire son estoc, et en fourre la pointe dedans le nombril de Lancelot. J'ay veu autrefois abbatre par le pied un grand arbre pour raison de son ombre, qui nuisoit par trop aux bleds qu'on semoit auprès : mais iceluy ne faisoit pas plus de bruict en tombant, comme feit cet homme grand debrideur de pain en son vivant. A grand'peine Balde avoit-il peu tirer son espée du ventre de Lancelot, qu'il void une bande de sergens accourir vers luy. Ce qui luy fait redoubler le pas, et en-galoppant gaigne enfin la maison de sa mere. Balduine, voyant son enfant tout en sueur, et estant tousjours en crainte et en peur de son fils, autant que peut estre le lievre, une couleur plombée luy venant au visage, s'escrie : « Où fuy-tu? D'où viens-tu? Qui t'a fait ainsi courir? Di-moy, gentil danseur, dy, jeune poulain? Pourquoy, malheureux, me fais-tu tous les jours mourir? » Balde luy respond : « Voulez-vous que tousjours j'endure mille torts, qu'on me fait? que je boive mille hontes, mille travaux, qu'on me donne? Suis-je un asne pour ainsi exposer mon eschine à estre grattée par des poltrons et maroufles? Je ne me soucie gueres de parolles frivoles : parlent qui voudront parler, je n'endureray jamais une seule chiquenaude, ny qu'on me touche du seul ongle. Du dict au faict il n'y a pas grande distance pour moy : que les hommes causent, babillent, fiantent, je ne les estime pas plus que pulces : je ne crains pas les chiens, qui jappent et abbayent de loing. La peau ne se deschire point par seules baveries. » La mere luy dit derechef : « Mon fils, tu ne sçais pas le proverbe, tu ne sçais pas que le grand poisson engloutit le petit. Ne va plus à la ville, et ne vueille delaisser ta mere : car je t'asseure que si tu ne laisses ces querelles, ces combats, ces batteries, que tu vivras peu. » Balde luy respond : « On ne peut mourir qu'une fois, et n'y a moyen de resister au destin : on n'y peut rien apposer au devant. Que sert de nous rompre icy la teste après tant de raisons, puis qu'un chacun a son heure bornée? Mais, je vous prie, ma mere, ne

vous tourmentez tant : le Diable n'est si laid comme on le
figure. » Pendant ces propos, il regardoit souvent derriere
soy, dont la mere entre en soupçon de son faict, et se
travaille grandement en son ame. Voicy le Prevost accompagné de ses sergens, qui entre en la court de Berthe, et
commande de prendre Balde, et le lier avec cordes pour
le mener devant le Juge, s'esmerveillant grandement, et
tenant à grand miracle qu'un aussi petit enfant avoit peu
tuer un geant. Berthe pour lors estoit absent de la maison, il y avoit desjà un long-temps. Balde, ne se voulant
laisser ainsi prendre, donne de son espée en l'aine d'un
sergent, coupe le bras gauche d'un autre; et voulant un
d'iceux s'advancer sur luy pour le saisir, il luy donna un
vilain revers. Ho! pensez quelle estoit sa pauvre et crain-
tive mere, le voyant entre tant de sergens, entre tant d'espées nuës! Elle le jugeoit mort, et taillé en pieces; mais
cette femme miserable et malheureuse saisie de si grandes
douleurs, le cœur luy refroidit si fort, qu'il estoit en glace.
« Ha! » s'escria-elle, par quatre fois, et appela à haute
voix Guy, donnant un suject de descrire sa fortune par une
histoire tragicque : laquelle, estant descenduë d'une si
grande race, perd ainsi miserablement la vie, sortant pour
lors, de duëil et d'ennuy, son ame hors de son corps :
et voilà quelle fin donna l'Amour à une telle Princesse.
Cependant toute la bande de ces sergens, s'estant jettée
ensemble sur cet enfant, l'arresterent; et estant bien garotté, l'un d'entr'eux le portoit sur son dos : mais ce garçon se secouë, se demene, taschant à rompre, ou desnoüer
ses cordes, se travaillant en vain : car les cordes, qui
pouvoyent arrester un taureau, estoient celles avec lesquelles ils avoient lié cet enfant de sept ans. Or, estant la
cholere naturelle grande en luy, il prenoit avec les dents
le col et les oreilles de celuy qui le portoit. De fortune, à
l'heure mesme, arriva là le joyeux Sordelle, qui de Motelle revenoit à la ville. Iceluy, ses gens marchant devant,
estoit à cheval, estant desjà d'aage, non toutefois encor

debile pour sa vieillesse. Il n'avoit encor perdu aucune dent, il ne crachoit point des huitres, ny ne jettoit des cailles par derriere. Il advise cet enfant lié par les pieds et par les mains, lequel avec tant de tumulte on menoit devant le Juge, en la forme et maniere que ces malotrus de Troyens au temps passé trainoient Sinon au Roi Priam. Iceluy arreste sa haquenée, et fait commandement à ceste trouppe de demeurer, et à ces sergens, s'estonnant fort d'en voir d'iceux blessez, et s'enquiert d'eux l'occasion, s'esmerveillant comme un enfant, à grand'peine pouvant encor parler et cheminer, fut ainsi lié comme un larron, et comme un meurtrier. Le Prevost luy compte tout le faict : mais cet enfant, ayant tousjoure un hardy courage et bonne parolle, parla à Sordelle en cette sorte : « Mon gentilhomme, je vous prie, que vos oreilles daignent ouyr en peu de mots la cause d'un pauvre orphelin. Nostre differend ne sçauroit estre vuidé par devant un meilleur Juge. La renommée de Sordelle est notoire à tout le monde, qui pour le zele de la justice mesprise tout or et argent.

« Dictes-moy, Seigneur Baron, premierement si contre tout droit aucun vous voulut enlever la bourse ou la cappe, la lairriez-vous ainsi aller? Il y a bien plus fort, si aucun vous assailloit en pleine ruë, vous menaçast, et, qui plus est, voulut vous mettre l'ame hors du corps, voudriez-vous endurer ce faict, et retenir vos mains jointes ensemblement par courtoisie, et faire d'icelles, comme moy enfant je fais, quand je benis la table avant disner? Seriez-vous tel, qu'on vous feit ainsi une barbe de foin? Il y avoit un facquin, auquel je n'avois fait aucun desplaisir, et vous prie m'en croire, et ne luy en eusse fait, s'il ne m'en eust donné le premier. Il n'a pas eu honte de me poursuivre plus de trois mille pas, en intention de m'oster la teste de dessus mes espaules. Pourquoy Nature donne-t-elle des pieds à l'homme, un cœur, une main? Je m'eschappois de luy à courir; car les pieds ne sont que pour cela. Mais, voyant que je ne pouvois eviter par ma course sa rage, je m'asseure le courage, ainsi qu'avec iceluy nous surmontons tout peril. La main, qui sert de ministre au cœur, que feroit-elle alors en une necessité si urgente? Perdroit-elle le temps, sans gratter sa rongne, et chercher au soleil des poulx en teste? Donnez-en jugement selon vostre bonne equité : vous sçavez les ordonnances et statuts de la Table Ronde Si j'ay tort, qu'on me donne la peine : si aussi j'ay raison, vous m'adjugerez le droit comme equitable Paladin. » Ce Baron fut fort emerveillé des propos de ce jeune enfant, et soudain pourpensa en luy-mesme qu'il seroit un jour un vaillant personnage. Puis, dit à ces sergens : « Il n'y a soubs le ciel personne qui soit de moindre valeur que vous. Quelle honte est-ce cy? Tost, à qui est-ce que je parle? Ostez ces cordes à cet enfant, et ne vous en faites point dire deux fois la cause, afin que n'appreniez, qui est Sordelle. » Le Prevost lui dit : « C'est nostre charge d'obeyr au Senat, et ne faisons ne plus ne moins que porte ses commandemens. » Pendant ceste controverse, au bruit d'icelle, le peuple s'amasse de toutes parts. Sordelle voulant bien conserver son honneur, et ne s'attaquer autrement avec cette canaille de sergens, il se tourne vers aucuns citoyens là presens, et avec soubriz dedaigneux tint ce langage : « Ces sergens-cy sont grands poltrons, et rien que pouilleux : ce sont gens dignes de mourir avant que naistre, afin qu'ils ne mangeassent point aussi le pain, et avallassent aussi le vin sans l'avoir merité.

« La coustume de ces sergens n'est pas de combatre contre quelqu'un, s'ils ne le voyent sans espée. Car, si aucun leur fait teste se preparant à tirer l'espée, incontinent ces coquins se retirent comme font les poulets voyant le Faulcon. Mais, si un pauvre homme va de nuict par la ville, et porte avec soy, ainsi qu'est la coustume, quelque peu de lumiere, que font ces larrons, et avaleurs de merde? Ils envoyent un des leurs devant, pour tuer la lumière de cet homme, et luy arracher sa lanterne. Ce fait, ces vautneans tirent leurs espées de plomb, et faisant sonner leurs boucliers, environnent ce pauvre homme degarni d'armes, le despouillent, le volent, et luy lient les mains : mais, s'il leur donne en tapinois ce qu'il a peu embourser de monnoye pour sa journée, ils laissent aller ce miserable garni seulement de cholere, ne luy demeurant aucun denier qu'il avoit gaigné tout le jour à battre la laine, ou tirer de l'estain, pour se sustenter, et sa petite famille. Le Prevost, pour luy faire perdre manteau, chausses, et chemise, le menace de le mettre entre les mains du bourreau. Telle faute vient des Juges, lesquels doivent envoyer au gibet tels larrons, nettoyer les chemins des assassinateurs, faire mourir et exposer par quartiers les voleurs et guetteurs de chemins, y estant excitez par la voye de justice, et non pour farcir leurs ventres et amasser de l'or.

« O combien voyons nous de pauvres personnes qui n'avoyent rien, et qui n'avoyent un sol en bourse estre pendus au gibet ! Nos ministres de Justice n'ont point toutesfois à present cet esgard : car, pendant qu'ils succent leurs bourses et espuisent les escarcelles, ils secondent les malheureux deportemens de leurs ministres. Ils ostent l'espée à la Justice, brisent ses balances, chient sur le Droict, et tournent le cul aux loix. Ha ! combien ceste canaille de sergens meriteroit mieux estre menée au gibet, que ceux-là qu'ils y menent ! He ! pourquoy donne-on permission à tels chiens de porter espée, estant defendu aux autres d'en porter à leurs ceintures ? Le Prevost, les sergens, portent seuls des armes pour desgager et voler les personnes. Aussi, les vaillans hommes, et ceux qui sont de bonne maison, ne veulent aujourd'huy porter espée à leur costé, de peur qu'on les estime sergens. S'ils vont prendre quelque malfaicteur, ce ne leur est assez de l'arrester, mais soudain le volent : l'un prend le manteau, l'autre se saisit du bonnet, un autre le casaquin, leur estant d'avis qu'à eux seuls le vol est permis. Il n'y a au monde impieté plus cruelle. Ils sont instituez pour chastier les meschans : mais, estant insatiables, ils tuent les hommes soubs le manteau de justice ; et avec le sang et la vie emportent le bien. Au contraire, ceste canaille avaleuse de pain, quand la jeunesse courageuse s'esbat de nuit allant çà et là cherchant compagnie, ou donnant quelques aubades à leurs amoureuses avec le luth; ces sergens-cy, oyant le son des cordes, et avec le chant un *frit frit* de leurs armes ; et voyant à une petite lumiere reluire leurs jacques, ou cuirasses, ou rondaches, incontinent ils se retirent à quartier, et courent comme beaux diables, disans en eux-mesmes : Il n'y a rien ici à gagner pour nous. »

Sordelle, ayant fait ce discours, commanda derechef à ces satellites de lascher Balde. Le Prevost soudain luy obeist, fait destascher les cordes, et ne se le fait dire trois fois. Et puis se retire, n'aiant jamais eu la hardiesse de faire recit au Senat de cet acte, de peur d'en estre reprins. Balde ayant un gentil naturel, un cœur doux, et un bel esprit, un courage asseuré, une bouche diserte, remercia ce Baron fort courtoisement : et autant qu'il proferoit de parolles, c'estoient autant de pierres precieuses. Sordelle le print en tres grande amitié, et eust promptement envers luy telle affection que sans s'en enquerir d'avantage, il tourne le derriere de sa hacquenée, et commande à ses varlets de le monter en croupe derriere luy pour l'emmener chez soy. Mais Balde, prenant pour un courage vil qu'on le montast ainsi en croupe avec l'ayde d'autruy, incontinent avec un saut, en ouvrant les jambes, se jette assis sur ceste croupe, dont ce Baron fut encor plus esmeu d'affection envers luy. Il l'emmene en sa maison, et le fait habiller proprement, se servant de luy au lieu de page. Il n'en trouva point de plus diligent, fut pour nettoyer de bonne heure au matin les robbes de son maistre, ou pour verser à boire, ou aller par la ville faire mille affaires. Or le soleil, pour se coucher, se laissant devaler du haut du ciel, la nuit commençoit à apporter ses tenebres sur la terre, et Gose endormie ronfle à bouche ouverte.

LIVRE QUATRIEME.

Desja la corpulence de Balde commençoit fort à s'accroistre, et ses membres s'estendoyent grandement, tellement qu'il avoit cinq brasses de haut, les espaules larges, et la poitrine relevée, le foye du corps serré, les jambes nerveuses, le pied petit, les reins fermes, et estoit droit au marcher; le pas si legier, qu'il n'eust pas esté bien aisé d'en remarquer le vestige sur du sablon. Il avoit l'œil vif, et tousjours prompt à regarder çà et là, brillant comme fait le soleil quand il donne sur un miroir. Il n'avoit encores gueres de barbe, et n'en avoit le poil rude; mais seulement avoit une moustache sur la levre de dessus d'environ trente petits poils ressemblant à de la laine, ayant ceste levre un peu plus eslevée que celle de dessoubs, qui le denotoit devoir estre quelque jour plus sage. Or, parce qu'il n'avoit point en cet aage aucun maistre pour l'instruire, il n'avoit pour compagnons que des ruffiens, des bravaches, des coureurs, des guetteurs de chemins, et certains bons vautneans, qu'on appelloit fendeurs de nazeaux, et machefers. Avec telles gens Balde vivoit plus aise qu'un pourceau à l'auge, l'aage transportant ceste jeunesse hors les bornes de raison, comme un poulain qui n'a encore gousté en l'estable que c'est d'un licol. Car ces poulains-cy desbauchez, pendant que le sang chaut bout encore en eux, et que leur estomach est tousjours prest à digerer, ils ne sçavent user d'huile, ou de sel en leurs affaires. Il ne considerent aucune chose la longueur de leur nez. On ne parle en la ville que de Balde, qui avec une force demesurée abattoit tout le monde, ne se soucioit des saincts, de Dieu, ny du diable. Mille pertuisanes, mille espées, Sergens, ny Archers, ne le pouvoyent estonner; ny mesme Gaioffe, premier Juge de la ville, ne pouvoit dompter son fier courage. Son nom, et sa renommée estoit si grande, qu'il n'y avoit bras si fort, ny eschine de geant si puissante, ny aucun regard pareil à celuy de Roland, ny mille autres semblables à Renaud, qui n'embrenassent leurs chausses de peur, oyant seulement parler de luy. Il portoit à son costé une merveilleuse espée, qui estoit sortie de la boutique obscure de Vulcan, et les ouvriers l'avoient trempée en la forgeant dedans le foudre de Jupiter. Le boiteux Bront, le bigle Sterops, et le bossu Pyrazze[1] l'avoyent battuë sur leur enclume. Il avoit en luy une telle legereté corporelle, que la chatte sautant après la souri, ou la lionne après le chevreuil, n'approchoient aucunement à ses saults, et en faisoit (sans s'en donner aucune peine) autant et plus que pourroyent faire telles bestes. Les Cipadiens, et les plus braves d'entr'eux, et qui avoyent juré une fraternité ensemble en leurs ribleries, forcent Balde de faire serment de vouloir estre leur Roy, et prendre le gouvernement des compagnons, sans faire cas de leur vie, non plus que d'un oignon : Car, disoient-ils, quand il y a faute d'un Roy, toutes affaires vont sans dessus dessoubs. Entre iceux, Balde en avoit trois principaux, esquels il se fioit le plus ; la race desquels ne sera ennuyeux de mettre par escrit. Le premier estoit le grand Fracasse, descendu des anciens geans ; la haulteur duquel, sans mentir, estoit de quarante brasses,

[1] Noms de trois Cyclopes, compagnons de Vulcain.

et d'une belle proportion. Sa teste estoit grosse à l'equipolent : un mouton entier fust bien entré en sa bouche ; on eust bien taillé huit bottes de ses oreilles, et eussiez peu joüer aux detz sur son front. Il avoit les espaules amples, et l'eschine large, les cuisses grosses, et les bras, et un fessier gros et rebondi. Il n'y avoit point au monde cheval aucun qui le peut porter : il crevoit tous ceux sur lesquels il montoit. Il prenoit un grand taureau par les cornes, et le tournoit fort facilement à l'entour de sa teste, comme l'autruche se joüe d'un petit oiseau. Pour son desjeuner, il mangeoit un veau ; quatre-vingts pains à grand'peine pouvoyent remplir ses trippes : telles murailles qu'on luy eust monstrées, il les esbranloit de ses mains, et les jettoit par terre. Il brisoit avec ses doigts les vieux chesnes, comme les paysans l'ail verd et les porreaux : il marchoit avec un si grand bruit, et d'une telle pesanteur, que la terre trembloit soubs ses pieds. Son bouclier estoit le fond d'une grande chaudiere en laquelle on brasse la biere, ou on fait boüillir le vin. Son baston estoit plus grand qu'un mast de navire. Ses ayeux estoient descendus de Morgant, qui pour massuë souloit porter un batail de cloche. L'autre compagnon de Balde estoit Cingart, Cingart l'affineur, le subtil, et la vraye sausse du diable, un larron très-accord, tousjours prest à tromper. Il avoit la face deliée, le reste du corps en bon poinct, prompt à marcher, prompt à parler, et prompt à faire : ayant tousjours la teste nuë, et rasée : expert à donner soufflets, nasardes : à faire tromperie ; tournant sa face en mille sortes, et faisant diverses mines avec ses yeux bigles. Peu souvent disoit verité, et servoit de mauvais guide sur les chemins aux passans ; car, quand on luy demandoit le droict chemin, il enseignoit tout le rebours, et faisoit tomber les passans entre les griffes de ses compagnons. Il portoit tousjours une certaine escarcelle pleine de crochets, et limes sourdes, avec lesquelles il entroit de nuict és boutiques des marchands, fournissant à ses compagnons des bonnes et riches marchandises. Il depoüille les autels des Eglises, et entre dedans la sacristie et revestiaire, et de là emporte le meilleur. O qu'il sçavoit bien crocheter le tronc que le prestre montroit au peuple pour y faire ses offrandes, en intention d'aider à parachever le bastiment de l'Eglise, ou plustost pour acheter une bonne robbe à sa chambriere! Par trois fois il avoit desjà monté en l'eschelle ; et le bourreau estant prest de luy donner le saut, avoit tousjours esté secouru de Balde accompagné de sa suitte, et tiré par force d'entre tous ces sergens embastonnez et armez. Mais, pour cela, il ne laissoit de retourner aussi tost à son premier mestier, et estant prins par le Prevost, et mené en la ville lié et garotté de cordons, entre mille paysans armez de halebardes roüillées, et de pertuisanes, et estant envisagé de tout le peuple, les marchans des bouticques crioient après luy : « Voici ce diable, qui ne donne repos à personne : Il a volé, le larron, l'Eglise des Cordeliers. Ha! le bourreau, il porte sur son dos mille excommuniments! Il a desrobé aux moynes de S. Crestophle les deux chandeliers, et une boëtte pleine de carolus. Il ne laisse aucun fruict aux vergiers, ny aucuns choux aux jardins, ny aux poulalliers aucune poule, ou chappon : il a donné sur la tonsure du Prestre, et l'a laissé quasi mort, battu à coups de poing et a emmené sa jument. » Voilà les beaux cris du peuple après Cingart ; mais il ne se soucie gueres de tels reproches, ny de telles clameurs. Or, pendant qu'il est en prison, pendant qu'on luy prepare une potence, pour y estre le lendemain matin pendu, il lime la nuict les barreaux, il rompt les pierres, perce la prison, sort dehors, et va crocheter autres boutiques. Balde l'aimoit par-dessus tous ses autres compagnons, parce qu'il estoit descendu de la race de Margut [1]. Que dirai-je de toy, Falquet

---

[1] Margutte est le nom d'un géant qui joue un rôle considérable dans le *Morgante* de Pulci. Un extrait de ce poëme a été publié

gemeau, qui pour Balde as juré exposer ta vie tant de fois? Diray-je, mais en recitant, ce que j'ay veu de mes propres yeux, il semblera que je seray un bailleur de venuës, et forgeur de grandes menteries. J'ay veu Falquet nay avec deux formes de corps. Il avoit jusques au cul la forme d'homme, et de là vers le bas ressembloit à un levrier. Je ne sçay, ô lecteur mon amy, si tu comprens bien cette chose? Je te le diray plus clairement : il mangeoit des dents comme un homme, et rendoit par bas ses morceaux digerez comme fait un mastin. Aussi estoit-il si legier à la course, qu'il attrapoit chevreuls, lievres, daims, cerfs. Et par ce que ce gentil personnage estoit ainsi moitié ressemblant aux chiens de Molosse, les Roys, les Papes, et les grands Seigneurs luy vouloyent donner en leur court les premieres places : mais, incaguant et les Papes, et toutes les faveurs des Roys et Empereurs, il ne veult que dormir, boire et manger avec Balde. Durant tel temps, Balde devint amoureux d'une belle et plaisante fille nommée Berthe : iceluy l'enleva de force de chez son pere. Elle surmontoit toutes les bourgeoises en beauté, et

sous le titre de *Margullino*, vers la fin du quinzième siècle, et il a obtenu d'assez nombreuses éditions. Margutte est d'ailleurs un franc vaurien dont le caractère a fourni à Rabelais quelques-uns des traits de la physionomie de Panurge. Il se vante lui-même de ses vices; il en fait avec complaisance la très-prolixe énumération; il les a tous, il a fait ses preuves et il est prêt à les recommencer. C'est un libre penseur et un épicurien décidé; Morgant lui demande s'il est chrétien ou sarrasin, s'il croit en Jésus-Christ ou en Mahomet, et Margutte répond : « A te dire le vrai, je ne crois pas plus au noir qu'au bleu, mais bien au chapon bouilli ou rôti. Je crois encore quelquefois au beurre, à la bière, et, quand j'en ai, au vin doux, mais j'ai foi, par-dessus tout, au bon vin, et je crois que qui y croit est sauvé.

      Ma sopra tutto nel buon vino ho fede
      E credo che sia salvo chi gli crede. »

La mort de ce mécréant est digne de sa vie; à l'aspect des grimaces d'un singe, il se met à rire d'abord un peu, puis davantage, puis plus encore, et il crève enfin à force de rire.

non seulement en beauté de visage, mais aussi en contenance, au marcher, à son ris, à sa façon et douceur de parler. Et, pour telles perfections, Balde, après avoir prins l'advis de Sordelle, lequel avoit tousjours soing de luy, l'espousa avec l'anneau nuptial. Et dès le premier assaut, elle devint pleine, et toute gaillarde de ceste grossesse, meit au monde deux enfans masles, dont l'un fut nommé Grillon, et l'autre Fanet; tous deux si beaux de visage, si gaiz et si poupins, qu'on pouvoit bien dire qu'ils n'estoient point d'autre que de Balde. Cependant Zambelle avoit atteint une bonne aage. Zambelle, dis-je, fils de Berthe, et de sa mere Dine Tonelle, lequel estoit estimé frere de Balde. Iceluy aussi avoit espousé une femme nommée Lene; Tognazze le barbet en avoit été cause, comme nous dirons. Ce Zambelle avoit l'esprit plus rond qu'une boule, et aussi aigu que le pilon dont on pile l'ail pour faire l'aillée. Tout ce qu'il gagnoit avec sa beche et marre, Balde le despendoit en ses beuvettes, et aux tavernes. Pendant que Balde comme un magnifique vouloit avoir à sa table des chevreaux, des cailles prinses avec l'espervier, et des faisans prins avec l'autour; Zambelle ne mange que de l'ail, et à peine quelques ciboules et oignons, et quelquefois est bien fier de lescher les escuelles. Balde ne le laissoit dormir la nuit, et vouloit que le long du jour il ne bougeast à travailler aux champs, ne trouvant, après s'estre bien lassé à sa besongne, dequoy à grand'peine manger : mais Balde, reposant à son aise, avoit la bourse et l'argent. Ce pauvre homme voudroit bien se plaindre du tort qu'on luy faisoit; mais il craint d'estre espousseté à l'accoustumée avec bons coups de bastons, comme tous les soirs sa maigre eschine y estoit sujette. Estant un jour seul aux champs, semant avec sa besche des favottes, lors que le soleil commençoit à franchir les monts et Alpes de Vincence, Zambelle, à qui les dents gresilloient d'envie de manger quelque chose, qui peut passant par son estomach humecter un peu ses boyaux, et se promener en ses tripes, ainsi que font des escrevisses en un panier : mais, voyant qu'en sa besace penduë en un ormeau, il n'y avoit aucun morceau de chair, non pas seulement une miette de fromage moisi ; ni en son baril aucune eau vinée, de laquelle il peut abbreuver sa bouche seche et alterée; jette sa beche bien loing comme desesperé, et tire du profond de son estomach des soupirs sortans par haut et par bas; et grattant d'une main sa teste, et de l'autre son cul pour contenter ses ongles, puis qu'il ne pouvoit saouler son ventre; marmonne en ses dents, et bredoüille des mots en la bouche; et les faisans sonner, ainsi qu'on oyt boüillir des raves en un pot, il despite, il jure, il injurie Balde. Enfin, plein d'impatience, s'escrie en disant : « O lasche de cœur ! ô chien à vers ! ha, ha, mon ventre : ha, ma panse : ha, mes boyaux, me tairay-je tousjours ainsi? Creveray-je ainsi d'une maigre famine ? Estrangleray-je ainsi, pauvre miserable que je suis, et cependant je ne cherche aucun secours? Quelle plus grande disgrace me sçauroit arriver, quand je reciteray ces miennes tristesses que j'ay au cœur? Et bien, ce bourreau et ribaud me brisera l'eschine : ne me la rompra-il pas? et ne me la rompt-il pas tous les jours toutesfois et quantes que je pense proferer une seule parolle? Je trouveray enfin, qui me tirera du tout hors de tant d'ennuis: et qui me fera sortir de tant de miseres et calamitez. Qui trouveras-tu enfin? Certes, croy moy, on ne trouve personne qui veuille s'efforcer contre des tyrans. Tu trouveras un gibet; qui sera veritablement la fin de tes douleurs. Ha, chacun me chasse ! chacun me refuit ! car je ne suis vestu que d'un meschant manteau rapetassé et pendant par lambeaux. Je n'ay pas une pauvre coiffe pour couvrir la tigne de ma teste, et mes fesses sont toutes nuës, n'ayant une meschante braye pour les couvrir. Je n'ay pas seulement des guestres pour cacher mes jambes; mes orteils passent à travers mes meschans souliers. Je n'ay pas eu la bourse un che-

LIVRE IV.

tif denier, pour m'achepter un morceau de pain moisi, ou pour donner à un barbier, qui me veuille abattre les poux, qui jour et nuit me rongent la teste, n'ayant le moyen d'avoir un peu de savon pour les faire mourir, en m'en lavant la teste. Je suis au peuple comme un vomissement : je sers à tous de mocquerie, aux fols de marote, et tous nos Cipadiens m'estiment moins qu'une savate. Il n'y a faute de personnes, qui comme sages et advisez donnent conseil aux autres ; mais je ne vois point qu'aucun m'en veuille secourir. Tous sont medecins ; mais chacun me denie sa medecine. Tous sont compagnons, mais leur escuelle ne m'est compagne. Je suis riche, personne ne veut exposer sa vie pour moy : je suis pauvre, personne ne veut despendre pour moy un liard. » Comme Zambelle faisoit telles complaintes, il voit de loing Tognazze passer, et l'estime venir à propos pour luy dire ses pensées. Ce Tognazze est un vieillard pere de la patrie, nay entierement pour chastier les desbauchez de Cipade. Il avoit esté plusieurs fois Consul et Dictateur de Cipade : car, estant grand praticien, il manioit les affaires du Senat, pour ce qui despendoit des loix et ordonnances d'iceluy. Quiconque desiroit avoir un conseil de Caton, alloit incontinent trouver Tognazze. Il portoit un bonnet, lequel on appelle un bonnet de tailloir, du repli duquel pendoient force papiers. C'est le propre à un Consul de porter quantité de tels petits billetz, par le moyen desquels on s'asseure qu'il y a du sçavoir, et de la prudence en la teste de celuy qui les porte. Il me ressouvient avoir veu telle maniere de bonnets aux festes et resjoüissances du carneval, et autres temps de folastreries, quand on promene et fait-on jouer les beufles masquez. Au dessoubs de ce bonnet, pendent les oreilles de Tognazze, de l'ordure desquelles on eust emply plus d'une poisle. De son nez pendoient toujours de sales et vilaines roupies, d'où sortoit une odeur ressemblant fort à celle d'une chaire percée : de dessus ses espaules pendoit tousjours une meschante juppe faite de plusieurs morceaux de velours, laquelle au temps passé on portoit pour la reputation : avec icelle à grand' peine couvroit-il ses fesses : comme il s'en estoit servi par long temps, aussi l'avoit-il par usance toute pelée. Il n'avoit point d'esguillettes pour attacher ses chausses, et luy suffisoit de les tenir avec deux boucles. Le vent souflant luy decouvroit le cul. A la ceinture il portoit un petit cousteau à demie gaine, avec lequel quelquefois il escorchoit des anguilles, ou escorchoit des grenoüilles. En son marcher, il se tenoit le plus droit qu'il pouvoit, encore qu'il fut bossu ; et, en marchant, avoit ses deux mains d'un costé et d'autre sur sa ceinture, et ressembloit à un pot à deux anses. Se prelassant en ceste façon, se manioit en quarré comme un oye. Aucunefois il tenoit ses mains cachées en ses brayes, et c'estoit quand il faisoit froid, les eschauffant par ce moyen.

Zambelle, l'appercevant, se resjouit, et va droit vers luy, et se haste de l'attrapper, et s'escria : « Hola, Tognazze, hola, Tognazze, je veux vous dire un mot? » Iceluy avec une gravité catonienne se tourne, et dit : « Qui est-ce qui m'appelle? O Zambelle, je te cherchois, je songeois à toy, et t'avois fiché dans mon entendement. Que fait-on? Je te voy tout maigre, tout chetif! N'as-tu point encore desjeuné? n'as tu point encor beu, Zambelle mon amy? Il est temps que tu lasches la besongne, où est la besace? Apporte! — Ha, ha! dit Zambelle en souspirant, ha, miserable, je n'ay point de pain, je n'ay point de viande en mon bissac. Je n'ay point de vin : voyez là mon baril vuide. Et à la mienne volonté, que Balde n'eust non plus dejeuné que moy, et ceste Berthe qui mange tout ce que j'ay! O malheureux, combien iceluy me fait-il tort! J'ay grand honte de le dire à vous autres messieurs. Peut-estre ne seray-je plus nourry par ce meurtrier. Je vous prie conseillez-moy, diray-je? L'accordes-tu? » Tognazze, en toussant, et jettant dehors de grosses colles, luy respond :

« Je le veux bien, parle, et me demande tel conseil que tu voudras, lequel tu eusses aussi bien receu de ta marre. O Maccaron, Maccaron, quelle folie t'a prins? Qu'attens-tu cependant, pauvre gallefretier? esperes-tu d'ailleurs la beschée? Dy, maroufle? Ce n'est point la coustume de donner conseil aux pauvres sans salaire. Mais neantmoins dis-moy ce que tu veux. Que fait ce ribaud, qui merite cent coups d'estrapade, et estre tenaillé cent fois? Dis-moy, mon Zambelle : dis, or sus ne pleure plus : declare tousjours tes pensées à personnes qui soyent d'un aage meur, lesquels ont l'experience de donner conseil au vray à celuy qui est fasché et ennuyé comme toy. Ne sçais-tu pas bien comme nos amitiez sont noüées ensemble?
— Tu as bonne raison, dit Zambelle, seigneur Tognazze : mais premierement je te prie de nous asseoir icy à l'ombre, de peur que, par quelque malheur, ce meschant nous voye parler ensemble, et qu'il estime que nous devisions en mal de ses actions, et qu'il ne te rafrechisse de quelque bastonnades, sans avoir aucun respect à ta qualité. Je ne parle point de moy; car je suis battu et rebattu de ses folies, et contre les coups j'ay affermi les costes, et l'espine de mes reins. »

Tognazze, tournant ses naseaux, avec une mine colerique : « Que jases-tu tant? dit-il : penses-tu que je sois quelque homme de peu, et un lasche vilain? Toute la puissance de Balde ne sçauroit tourner le moindre cheveu de ma barbe. Qu'il prenne garde à soy, et qu'il ne soit si hardy d'approcher les pieds près de moy, ni de faire semblant de me regarder! Et combien que ce breneux là batte et assomme plusieurs du simple peuple, et qu'il taille et couppe ainsi un chacun, je te dy que je n'estime point telle gens un champignon. Or, si je n'y puis mettre la main, je les chargeray de parolles : dy hardiment que les chiens qui abbayent à la lune sont coüards. Enfin tels bragards portent des espées penduës à leur ceinture; mais, quand il est besoing de les desgainer, ils escriment à coups de talon, et tournent les espaules au lieu de l'estomach. Iceux se couvrent de bonnets, auxquels ils attachent des hautes plumes qu'ils font trembler au vent pour faire peur aux mouches, et les font pendre sur l'œil gauche ou droict. Ils font cent taillades à leurs chausses autour de leurs cuisses, et portent de petites capettes, afin que le peuple voye par dessoubs le velours de leurs chausses: et sur le derriere ont une courte dague attachée à un courdon de fil d'or. Mais cependant ils n'ont morceau de pain pour manger en leur maison : faisant les bragards, se fourrent en trouppe dedans les cabarets et tavernes, et donnent cruellement des assauts aux pintes et chopines, renversent avec flaccons et bouteilles le Grec et le Corse. Et de là naissent ces mots de braveries qui se font retentir par tout : *sacre Dieu, putain, potte, je renie Dieu,* et plusieurs autres telles parolles de ces bravaches, qui pourroient faire trembler le ciel. Je les laisse maintenant là en arriere à l'escart : je feray digerer, à tels galands sans bourse, leurs trippes et boyaux. Ce n'est point fables ce que je te dis. Tu sçais ce que je porte en l'estomach. »

Zambelle, grattant la rongne dont il estoit farci à suffisance, commença à dire : « Ha, mon Dieu, je voudrois estre mort ! Ha, ha ! il ne m'est temps de faire ny d'ouyr tant de comptes. Je vous veux demander seulement une chose, touchant ce qu'il me fait tous les jours, qui est assez pour faire mourir de faim des petits enfans. Je suis tousjours attaché à ma marre, et comme font les enfans je fais paistre nostre truye, je file : mais rien ne me sert, ny ma marre, ny ma quenoüille, ny ma truye. Balde devore tout : Berthe tire tout pour soy et pour ses enfans. Quand je reviens à la maison, les bras pendans de lassitude, pensant prendre quelque chose pour mon soupper, on me donne le bon soir avec un fort baston noüailleux : je ne mange que des pensées, et de bons coups de poing, et la patience me sert d'une estrange cueillere. Car ce meschant ribaud me cogne et recogne : et, s'il se trouve las à me battre, Berthe le seconde. « Pourquoy, dit-il, re- « tournes-tu de si bonne heure à la maison? » Et là dessus me battent derechef, me deschirent, m'assomment. Voilà ma viande ; voilà le soupper qu'on m'appreste, et n'ay point de cognoissance d'autre chair. Lene ma femme, voyant le tort qu'on me faict, s'égratigne le visage, se tire les cheveux, et se bat la poitrine : mais ce meschant se jette sur elle comme un mastin sur un os, et sur mon lict force ma femme. Secourez-moy, je demeureray tousjours vostre esclave, et je desrobberay quelque petit fromage et quelque coing de beurre, pour vous en faire present. » Tognazze luy fait response : « La raison est entierement pour toy, et j'ay grande compassion de toy, miserable. Laisse-moy seulement pour cet heure cest enragé ; je feray que tu ne seras plus à l'advenir si tourmenté de ce voleur. »

Ayans ainsi devisé ensemble, Zambelle retourne à sa besongne, et Tognazze s'en va vers la ville, la bouche ouverte comme un sanglier que le veneur a blessé de son espieu, lequel, traversant bois, bocages, buissons, froisse tout par où il passe, escumant entre ses dents d'une escume grosse et sanglante. Ainsi Tognazze s'encourt comme furieux à la ville, montant droit au Palais, se presente devant le Podestat, et là par bons argumens, et par le point de raison, et par plusieurs tesmoings, prouve, que Balde est celuy, qui de droict, froid ou chaud, doit estre pendu. Et, en après, comptant sur ses doigts, il montre clairement que Balde n'est point fils de Berthe : mais que, suivant le rapport des plus viels, il verifie que Berthe receut un jour en sa maison un pauvre passant, las du chemin, lequel menoit avec soy une vache à deux pieds estant empreinte, de laquelle il laissa Berthe chargé et s'enfuit soudain. C'est celle qui a engendré Balde, mais plustost engendré un diable, lequel avec sa croissance a tousjours depuis estimé Berthe estre son pere, et jusques à present a tenu Zambelle pour son frere : mais, après que la mere en crevant par le fondement est morte, et que Berthe avec sa femme a rendu l'esprit, ce gentil voleur s'est fait seigneur par force de tout leur bien, lequel, comme il est tout notoire, appartient à Zambelle. Balde, neantmoins, à tort ou à droict, en veut avoir seul le gouvernement et consomme tout aux tavernes, et après les putains. Cependant Zambelle tous les jours travaille avec sa trenche, sans pain et sans vin, et, ne mangeant rien, se laisse manger aux poux. Alors Gaioffe, qui estoit le Preteur et Podestat, assemble les plus sages. Ce Gaioffe estoit un vray tyran de peuple. Il avoit eu une fois et songé une telle vision : qu'un seigneur, venant à luy de la part de Mars, et luy secoüant sa teste, l'avoit appellé second Francator, un autre Camille pour sa patrie, et pour le peuple : de là ce veillaque, ce poltron devint cruel, et craignoit fort Balde, et ses amis, estant jaloux de sa puissance. Jour et nuict il affinoit et aiguisoit son entendement avec meschantes et malheureuses pensées. Il fabriquoit en l'air plusieurs chasteaux, comme ont accoustumé de faire les tyrans, qui n'ont aucun noble cœur, et avoit tout son soupçon sur Balde, lequel, pour la grandeur de son courage, et pour sa vertu genereuse, s'estoit rendu très agreable aux plus grands et au peuple. Ce Gaioffe, ayant peur de perdre son authorité, imitant le vieil renard pelé, controuve mille finesses, mille meschancetez, ramasse des occasions, suppose de faux tesmoings : fait respandre parmy le peuple des menteries contre Balde, faisant par ce moyen peu à peu grand tort à sa reputation : et rend ce jeune homme si mal notté, qu'enfin par tout on parle fort mal de luy, et est entre le peuple en mauvaise estime. Ceste occasion se presentant encor, Gaioffe assemble le Conseil, pensant bien faire mourir Balde. Toute la troupe des Praticiens et Senateurs de Cipade s'assemble au Senat. Ce lieu est un quarré, lequel maintenant on appelle Salle, grand, et spatieux,

pour contenir plusieurs bancs, le peuple et les Senateurs.
Au haut d'iceluy est le siege d'ivoire de Gaioffe, environné
d'estaffiers, et spadassins. Là se sied ce Juge à la face
severe, ayant tousjours soif du sang de quelque innocent.
Il n'y a point faute autour de luy d'accusateurs, ny de
macquereaus, ny de flatteurs, ny de plaisanteurs; et avec
telles gens est meslée la discorde, remplissant les oreilles
de Gaioffe de mille menteries avec ses cent langues. Après
que tous ces illustres Senateurs eurent prins place, on
fait retirer la canaille, et fait-on fermer les portes. Et
puis Gaioffe, faisant signe de la teste, et de sa main, à ce
qu'on eust à faire silence, commença ainsi à parler : « Vous
autres messieurs les Conseillers, et peres de la patrie, qui
estes assis icy autour, et qui vous estes presentez en ce
lieu à la convocation de nostre bedeau et huissier, vous
demandez pourquoy nous vous avons icy appelez au son
de la cloche? Vous sçavez, et n'estes par vostre sçavoir
ignorans, que je fais tout, que je dispose tousjours de tout,
que je traite et administre toutes choses : non pas que,
par aucune paction ou ordonnance, j'y sois obligé; mais
la seule amitié, et la seule estime que vous avez de moy
qui suis vostre Roy et Preteur, opere cecy en moy, comme
estant et dependant du devoir d'amitié. J'ay jusques à
present celé en mon cœur un meschant homme (comme
souvent il convient à la prudence d'un qui gouverne),
mais sa miserable mere vous l'a fait cognoistre n'estre
qu'un teigneux, ainsi que l'experience vous l'a montré.
Car vous sçavez dès long-temps quelles et combien
grandes sont les meschancetez de Balde. En ses voleries
et rapines, il n'y a aucun but ny fin. Quand il est parvenu
à l'aage virile, il a aussi tost commencé à s'accompagner
de couppe-bourses, de machefers, et de taillepiliers, lesquels nous appellerons mieux à propos taille-bourses. Il
s'est fait chef d'iceux, surpassant en meschanceté tous les
autres. Et le soustiendray-je? l'endurcray-je? Ce ribaud
abusera il ainsi de ma bonté? Qui a-il que je ne souffre

pour entretenir la paix, et le repos de mes citoyens, encor que ce meschant semble estre nay à la ruine de nostre ville, comme un nouveau Catiline? Nostre patience, ô peres, a fait que ce ribaud est le plus grand voleur, qui se puisse trouver. Il se moque de moy et de vous. A quelle fin verrons-nous au reste cette sienne audace parvenir[1]? La gravité de vos personnes, ny ma majesté, ne le peuvent dimouvoir, ny les gardes de nuit, ny les archers, ny les sergens, ny mille diables le peuvent estonner, tant est grande la hardiesse de ce larron. Ne connoist-il point que ses meurtres sont tous manifestes au ciel, à la terre, et à l'enfer? Il a à sa devotion toute Cipade, qui a tousjours esté la retraicte des meurtriers, afin qu'il puisse assommer mes citoyens, et mon peuple. C'est, dis-je, un peuple, qui est nay pour destruire notre ville : Qui est, je vous prie, mis en quartiers par l'ordonnance de nostre chaire? qui est tenaillé? qui est marqué au front? qui est mis au carquant? qui est attaché au gibet? N'est-ce pas des compagnons de Balde? N'est-ce pas cette race maudite de Cipade? En icelle on tient eschole pour apprendre à desrober, et la charge des escholiers est donnée à Balde. De là ceste jeunesse, ainsi bien instruite

---

[1] Tout ce passage est, on le reconnaît sans peine, une parodie de la célèbre harangue dans laquelle Cicéron attaqua Catilina.

Il existe un opéra bouffon de Casti, fort original ; Cicéron en est le héros, la conjuration de Catilina le sujet. Cette pièce est fort amusante ; la grande *aria buffa* du rôle de Cicéron est la composition de sa célèbre harangue contre le conspirateur. Il cherche dans sa tête, essaye plusieurs débuts, et il est au comble de la joie lorsqu'il a trouvé son *quousque tandem* qu'il va, dit-il, improviser au sénat, *Alfine, alfin, l'ho ritrovato*, etc. Le sénat est assemblé ; on fait silence, après que les pères conscrits ont chanté tous ensemble :

  Or cominci l'orazione
  Marco Tullio Cicerone.

Il prononce sa harangue, interrompue vingt fois par des *rival* et des *bravo*; cette furieuse séance est ainsi extrêmement comique

sous un tel precepteur, apprend dès la premiere instruction à blasphemer le nom de Dieu, et puis se retirent aux forests, et se tenans dedans les bois pour leurs domiciles. ces voleurs ne s'employent qu'à voler, assiegent les chemins, assaillent les passans, les tuent, et puis jettent leurs corps dedans les estangs et rivieres, après les avoir despouillez, pour en donner pasture aux grenoüilles. Et si on les void ensemble, vous y verriez mille rondaches, mille pertuisannes, picques, halebardes, langues de bœuf, bastons à deux bouts, et delaschans leurs arquebuses faire *touf taf*. Leurs barbes sont tousjours sales, et saulpoudrées de leur poudre à canon. Ils ont les sourcils des yeux bruslez; ils ne regardent jamais aucun d'un droict regard; mais jettent leur œil la part qu'ils pensent que vous serriez vostre argent, ou en la poche de vostre saye, ou dedans la brayette. Au siflet de leurs compagnons ils entendent soudain que le marchant est près, lequel il faut voler; et, le mettant en blanc voire jusques à la chemise, le laissent sur la place. Balde commande à telles gens : de luy viennent tant de maux. Si Balde n'estoit au monde, que craindroit le marchant? de qui auroient peur les passans? de qui se soucieroit ceste ville? Il faut, ô peres, prendre garde au chef, lequel doit estre rabbattu par l'espée de raison. Les membres n'ont plus de valeur, quand on oste la teste de dessus les espaules. Coupez la teste du serpent, il ne se lancera plus contre vous. »

Gaioffe, en finissant cette remontrance, montra en ses gestes qu'il couvoit au cœur une grande cholere et desdaing. Tous les assistans murmurent ensemble, pour le moins ceux qui estoient ennemis formez de Balde, et ceux aussi qui avoient esté esmeus par les paroles du Presteur : et, levans la face et les mains, crient justice. « Quoy, disent-ils, ceste meschante beste vit-elle encor? Quoy, seigneur Podestat, que peut-on jamais esperer d'un larron, que des pertes, des ruines, des voleries, et des homicides? Il faut pendre ces larrons. Il faut bruler ceste Cipade, et que cest ennemy du ciel, de la terre, et de la mer, soit mis en quatre quartiers pour servir d'exemple à tous ses autres ribauds. »

Aucuns toutesfois de la compagnie, tenans leur bouche close, et se serrant la levre avec le doigt, se plaignoyent en eux-mesmes de telle resolution. Du nombre de ceux-cy estoit Sordelle, lequel pour ce qui concernoit la justice estoit fort hardy, et se sçavoit bien aider de sa langue, et de l'espée. Iceluy, considerant qu'un chacun jettoit sa veüe sur luy, se retient un peu, et puis, se tenant debout de son siege, commence ainsi à parler : « O serenissime Podestat, et vous autres, qui luy assistez, et vous aussi Peres, qui devez conserver l'honneur de cette ville, ce lieu requiert qu'un chacun y aye la bouche ouverte, et que la langue puisse proferer ce que bon luy semble sans vengeance. Pour ceste cause, afin que la faute, que je commettrois en me taisant, ne tourmente ma conscience, je diray cecy avec raison : c'est que j'ay cogneu l'esprit de Balde, et sa valeur, dès ses jeunes ans, et dès son enfance. L'esprit de l'homme est tel, que facilement il se laisse aller au chemin des vices en la delicatesse de son jeune aage, s'il n'est retenu par un escuyer et par une bride ; car lors il est transporté çà et là comme la volupté, qui n'est retenüe par aucun mords. Aussi l'enfant qui est bien nay, combien qu'il suive les appasts des delices de ce monde, ne sçachant encore que c'est des resnes de raison ; si d'aventure il rencontre un personnage meur de conseil, qui l'advertisse de ses fautes, et que par crainte de la verge il escoute volontiers un tel homme ; il est certain qu'abandonnant peu à peu ceste liberté, qui le rendoit farouche, se laissera conduire à de bons enseignemens, et se rendra enfin tel, que par une modestie humaine on le verra destourné de tout vice, et se rangera du tout à ce qui est de droict, y demeurant attaché, et comme collé. Nous voyons les forts et robustes taureaux se soubmettre soubs le joug, estant leur fierté domptée par le chartier. Tousjours seroit indompté le poulain, s'il n'avoit un escuyer, qui le domptast. L'espervier s'apprend à revenir sur le poing, avec un petit poulet. Ainsi seroit de Balde, lequel est venu d'une très-noble lignée. Mais j'en voy plusieurs de vous autres secoüer la teste, et tourner le nez de costé. Je cognois bien maintenant les pensées, qui sont en vostre courage. Je ne veux point jetter davantage mes paroles au vent. Ha! que suis marry de ce que comme à vieil bœuf le pennon me pend si bas maintenant pour l'aage que j'ay! Je n'ay point faute de courage, je le confesse : mais ma force s'en est volée. » Ayant mis fin ainsi à son dire, il se retira tout furieux en sa maison, et au bout de trois jours, estant outré de trop ennuy, rendit l'esprit. Aucuns ont eu soupçon que, par menée de Gaioffe, il fut empoisonné par le Médecin, qui le medicamentoit. Or reposons-nous un peu, ma Gose, avant que ce qui s'ensuit me fasse suer en chemise.

LIVRE CINQUIEME.

CEPENDANT Gaioffe assemble en une Chambre du Palais ceux qui se laissoient aller à sa devotion, et lesquels il estimoit estre les plus advisez. Là, chacun prestant le serment de ne rien reveler de ce qui seroit resolu par entr'eux, la conclusion fut de prendre ce Balde, si on peut, par force, ou par quelque ruse et finesse. Ils n'y veulent employer la bande des Sergens Prevostaires : car ils sçavoient bien, et le tenoient pour certain, et l'avoyent souvent esprouvé, que Balde, en trois coups, les tailleroit tous en pieces. Que font-ils donc? Ce Preteur, ou ce Roy, Gaioffe mande promptement vers luy un Appariteur, ou Sergent du Palais, du nombre de ceux, qui pour un liard presenteroyent le dos à endurer bastonnades et estafilades. On luy commande d'aller trouver Balde, et luy presenter une lettre de la part du Senat, cachettée du cachet, auquel est engravée l'image de Liberté et de Justice, afin que, ce scel estant recogneu, Balde y adjoustast plus de foy, et que par ce moyen la petite mouche se vint jetter dedans la toile de l'araignée.

Cet appariteur, qui se nommoit Spingard, s'accommode entierement en forme de courrier, prend un chappeau sur sa teste, un foüet en la main, et met sur ses espaules un petit gaban brodé de crotte. A son costé droit pend un cornet, et au gauche a une escarcelle ou faulconniere; et, estant monté sur sa maigre jument, galloppe en diligence. Resvant toutesfois souvent, ce pauvre malotru, au lieu où il alloit, se retient quelquefois, et non sans trembler de peur: et, se repentant desjà de sa folie, eust bien voulu avoir refusé telle commission, sçachant bien, pour l'avoir luy-mesme autrefois esprouvé, comme la main de Balde est propre à descoudre leurs casaquins. Cependant il l'advise de loing, tenant pour lors d'aventure avec la laisse son chien nommé Lassé, et ayant des bracques et autres petits chiens autour de luy. Avec iceux, accompagné de Falquet, Cingar, et autres; tantost prenoit le lievre, tantost donnoit la chasse au renard, et autrefois embrochoit des tessons. Spingard l'apercevant, soudain sa peur se redoubla avec une telle frayeur, qu'il lascha sans remede en ses chausses tout ce qu'il avoit en ses boyaux. Toutesfois il s'encourage, donnant de l'esperon à sa jument. Balde, le voyant, se presente à luy, estant desireux de sçavoir quelque chose de nouveau. Cingar, d'autre part, dresse ses esprits, pour enlever sa monture.

Spingard, estant près de Balde, met pied à terre, et

foüille à sa faulconniere, d'où entre plusieurs autres papiers il tire la lettre, et baisant, comme il est coustume, le cachet, la baille à Balde, et feint de vouloir passer outre en suivant son chemin. Balde luy dit : « Quelle presse te haste tant? Boy un coup, et rafraischis un peu ta cavalle. » L'autre luy respond qu'il avoit commandement d'estre à Milan en trois heures. « Toutesfois, pendant que vostre Seigneurie lira la teneur de cette lettre, j'attendray un peu, puisqu'il vous plaist. » Balde appelle ses compagnons, et leur fait lire ceste missive, de laquelle la teneur estoit telle : « Le bon jour vous soit donné, ô gentil Baron, qui estes la seule esperance en laquelle maintenant nostre ville se repose. Nous avons esté n'agueres advertis, et encore de present, par les magnifiques Seigneurs de Venise, et par les sages et très-advisez de Sainct-Marc, comme ce mastin Can el Martino de l'Escalle, premier de Veronne, Can furieux, et meschant tyran, a desjà assemblé dix-huit mille Allemans, pour massacrer toutes nos gens, bouleverser les maisons, bruler les bleds, et faire tout degast. Et parce que nous avons donné secours à ceux de Saint-Marc, par plusieurs fois, quand Veronne fut prinse, en laquelle commandoit ce mastin de l'Escalle [1]; cestuy-cy se prepare de vomir toute sa cholere contre nous. Il a quatre-vingtz enseignes en son armée. Si Dieu ne destourne ce mal'heur, peut-estre que dans trois jours nous serons mis à sac. Nous avons assemblé le Conseil, avons resolu de prendre les armes, et nous vous avons esleu pour Capitaine. Sordelle vous a choisi et nommé pour une telle conduite, et pour adviser à tout, soit pour fournir les murailles de canons et bombardes, de lever de gros bastions, de faire tranchées

---

[1] L'Escale signifie La Scala, famille puissante qui gouverna Vérone pendant près de deux siècles. Pendant les débats qui surgirent entre les enfants de Guillaume de La Scala, mort en 1404, les Vénitiens se rendirent maîtres de Vérone et en conservèrent la possession jusqu'à la chute de leur république.

et retranchements, ou d'aller à Boulongne, et d'icelle, et de toute la Romagne, tirer des soldats, desquels la vaillantise vous est cogneue : mais toutesfois nous voulons que ceci soit secret : car, quand l'affaire est secrete, les espies ne sçavent où ils en sont. Partant, incontinent après avoir veu la presente, venez nous trouver, mais seul, et ne declarez à aucun ce faict. »

Balde, après la lecture de ceste lettre, s'esmerveille grandement du contenu d'icelle : et, s'arrestant, ne dit mot, gratte sa teste, et rumine beaucoup de choses en son esprit. Cingar, plus rusé qu'aucun fin renard, y pense soudain de la tromperie, et regardant attentivement la face de Spingard, luy dit : « Hen ? dis-moy ? Que fait-on maintenant en la ville ? » Spingard, avec un faux semblant, couvrant le mieux qu'il pouvoit sa peur, luy respond : « Nostre Preteur est après les armes, et a ordonné une bonne paye à tous les soldats, qui viennent à la foule se faire enrooller. On canonne incessamment le chasteau de Goiti [1], comme vous pouvez peut-estre avoir oüi ce matin le redoublement du bruit des canons. Ces yvrongnes d'Allemans ont desjà descendu le pas de Trente, et ont outrepassé le haut mont de Balde, et traversé le lac, et sont

---

[1] Donnons quelques explications sur les noms des lieux mentionnés ici :

Goiti ou Goito, bourg sur la rive droite du Mincio, à vingt kilomètres de Mantoue.

Salvi ou Salo, petite ville sur le bord occidental du lac de Garda, au fond du golfe du même nom.

Desenzan ou Dezensano, petite ville sur la rive sud-ouest du lac de Garda, dans la province de Brescia.

Pesquiere ou Peschiera, ville forte, à trente kilomètres de Mantoue ; elle est en effet située à l'endroit où le Mincio sort de l'extrémité sud du lac de Garda.

Lonat ou Lonato, petite ville de la province de Brescia, sur le sommet du mont Della Rova, à quatre kilomètres sud-ouest du lac de Garda.

Les autres noms cités dans ce passage désignent des bourgs de la Lombardie trop obscurs pour avoir obtenu les honneurs d'une mention dans les dictionnaires géographiques.

venus à Saloïe, ayans eu des basteaux à commandement :
aucuns toutesfois sont demeurez noyez en l'eau. Tout le
pays d'allentour, monts, palus, lacz, sont couverts d'armes.
De-là se sont advancez six mille hommes, qui brulent
tout, passant le lac de la Garde, sans qu'aucun s'y op-
pose, et la forteresse de Malherbe ne leur a donné aucun
empeschement, laquelle, avec ses canons, pouvoit tout
autour chasser d'auprès d'elle tels taons : mais, comme
lasche et couarde, n'a fait que baver, et, tremblant de
peur, a fait semblant d'avoir autre affaire; et, quand elle
eust pu mettre à fonds tous les vaisseaux de ces Allemans, elle s'est retenuë, la teste en un sac, en se grattant
le ventre. Sirmie se couche contre terre, comme la caille,
quand elle entend les sonnettes de l'espervier. Et combien que ceste Isle soit environnée de plusieurs rochers ;
neantmoins la peur breneuse l'a renduë faitneante et de
nulle valeur. Ceux de Desenzan de Revoltelle n'ont aussi
aucunement tiré ; et de mesme Pesquiere, d'où sourd et
vient le fleuve de Mince Mantouan. L'artillerie de la forteresse de Monicque s'est contenue en sa roüille Padenʼ-
ghe n'a voulu venir aux mains avec telles gens. Les murailles de la ville ancienne de Lonat ont tremblé de peur :
mais Solpharin, situé sur une haute montagne, trop
audacieux en ses injures, voulant s'opposer aux ennemis,
s'en est repenti, et en a porté la peine cruellement : ceux
qui estoyent dedans, pour empescher que ces Lansquenets
montassent, jettoient du haut à bas de grosses pierres.
Enfin, estant forcez, ils ont esté passez au fil de l'espée,
et ce chasteau a esté brulé, lequel à ceste cause nous
pouvons bien encore appeller Solpharin ; car il a esté
consommé ainsi que le souphre, et a servi, à toute la campagne des environs, d'un haut falot. La gentille Capriane
a fait un beau traict, pour se garentir ; car elle envoya
trente barils de bon vin pour enyvrer ces Alemans : et
par ce moyen elle a appaisé leur furie. La ville de Gody,
y commandant ce vertueux Sordelle, ne veut donner pas-

sage à ces trouppes. Mais, estant bien munie d'hommes et de vivres, jour et nuict faict vomir feu à ses canons. »

Comme Spingard faisoit ces comptes, Cingar, avec un soubris, accompagné de cholere : « Ha, dit-il, combien une mensonge a de peine à se couvrir ! » Et puis, se tournant vers Balde, luy dit : « Ne va point, crois-moy, à ces trompeurs : ils tendent, et n'en doute, ils tendent des rets pour prendre les mouches. » Fracasse, rompant le propos de Cingar, secoüant la teste, et comme depité : « O Cingar, dit-il, les grosses mousches passent à travers les toiles des araignées. Que musons-nous ? Allons tout de ce pas à la ville. Si les araignées filent leurs laqs et toiles, nous passerons à travers, ainsi que les taons. » Là-dessus Balde, qui ne fut jamais retenu pour aucune peur, ne voulut retenir d'avantage ce courrier, et luy donnant congé, luy dit : « Va t'en à Milan, et saluë Sforce de ma part. » Puis il dit à ses compagnons : « Je vous prie, demeurez icy, et qu'aucun de vous autres ne vienne à la ville, si desirez conserver l'honneur de Balde. Je m'y en va seul dès-à-present, ou demain matin, afin que je me perde seul, s'il y a de la trahison. » Mais tous ne veulent acquiescer à ses prieres, et y repugnent. « Allez, dit-il, allez vous-en ailleurs, et n'ayez peur de moy ! »

Tous demeurent, et Balde s'en va à la ville, où, après que la resolution du Conseil fut faite, Barbe Tognazze avoit amassé une bande de Sergens Prevostaires en un canton de la ville, lesquels, estans bien garnis de rondaches, d'espieux, et d'arbalestes, avoient tous bon courage, comme vaillans hommes, d'assaillir Balde par derriere. Tognazze s'estoit fait leur Capitaine, et, comme brave et hardi, leur monstre l'ordre qu'ils devoient tenir, et leur disoit souvent : « Or sus, soyez vertueux, et ne craignez rien. Tu te tiendras-là, toy, et toy, icy, et cestui-cy en ce lieu, et un autre en cet endroit ? Tant que vous me sentirez près de vous, montrez-vous vaillans : je seray celuy qui le premier assailliray Balde. » Et en leur tenant tel langage, il se persuadoit desjà de pouvoir subjuguer tout le monde.

Le Baron Balde approchoit desjà, quand sa seule presence feit trembler un chacun. Il marchoit seul, n'estant accompagné que d'un lacquais. Il monte les degrez du Palais, et entre en la salle, en laquelle y avoit beaucoup de peuple. Là ordinairement se fait un bruit et murmure qui estonne les oreilles, et les fait devenir sourdes. Car en icelle se traitent toutes les affaires des habitans et d'autres. Il y a bien trois cens bancs, qui sont à des procureurs, lesquels ne font que barboüiller le papier avec leur ancre, et dressent des adjournemens, et citations fascheuses et cruelles, et vuident les bourses à ces pauvres malheureux, qui, plaidans les uns contre les autres, esperent obtenir tousjours gain de cause : mais ceste esperance fiebvreuse ne vient jamais à bout. En ce lieu, on void diversitez de personnes s'y amassans pour leurs affaires particulieres, des taverniers, des hosteliers, des Juifs, des paysans contraints d'y venir, des sergens, des fermiers, des leveurs de daces, des solliciteurs, des gentilshommes, des rufiens et putaciers. Le siege du Juge est entouré de tels marchands. Les plaideurs, avec leurs crieries, font esclatter le plancher. Ils n'alleguent en cholere que Jason, Imola, Bartole[1], et autres, et semblent avec leurs parolles picquantes se vouloir percer l'un l'autre. Sans aucun respect, ils se disent mille vilenies :

---

[1] Ces noms sont ceux de trois des plus illustres jurisconsultes de l'Italie au moyen âge. Bartole, mort en 1356, après avoir professé le droit à Pise et à Perouse, a conservé une célébrité qui dure encore; son nom est parfois cité; il est vrai que ses ouvrages, recueillis en onze volumes in-folio, ne sont jamais ouverts.

Ambroise Jason de Maino, né à Pesaro en 1435, mort en 1509 à Pavie, où il avait professé le droit avec le plus grand éclat, a laissé une foule d'écrits qui ont été publiés séparément et dont on a pris la peine de réunir une partie à Venise, en 1590, en neuf volumes in-folio.

mais telles parolles ne sont ny fleches ny balles : car après ils sont amis plus qu'auparavant, et pour recompense ils font bonne chere ensemble. Les sergens vont desgager les paysans, et bien souvent sont garnis de bonnes bastonnades, au lieu d'autre chose. Ces paysans, laissans leur marre à la maison, s'en viennent au matin en la place avec leurs adjournemens ou libelles. L'un a accusé cestuy-cy, un autre est adjourné et cité, l'autre est arresté prisonnier : ils s'efforcent les uns et les autres de mettre hors de leurs bourses ce peu de deniers qu'ils y ont ; ou, s'ils ne desboursent, incontinent on les meine en prison. En tout ce lieu, on ne tend qu'à l'appast de la bourse, car tous sont poussez d'une envie desbordée de gagner.

Balde, estant en ce lieu et representant la personne courageuse de Renaud, fait branler tout le Palais. Passant par la ville, il l'avoit veuë quasi remplie de grand nombre de soldats. Cela luy donna à penser qu'il avoit esté deçeu, ou qu'on le vouloit faire Capitaine et conducteur d'iceux, ainsi que le Senat luy avoit escrit ; il prend garde à soy sur ce doute. Ha, combien les trahisons apportent de nuisance et de dommage à un maistre et brave guerrier ! Celuy qui d'une seule rencontre renverse plusieurs esquadrons est neantmoins aucunefois attrappé par la trahison d'un seul. Ainsi le lion, qui de sa dent deschire sangliers et ours, est quelquesfois tué par la dent d'une belette. Il y avoit un soldat caché derriere un gros pillier, et, ayant tousjours l'œil sur Balde, se contenoit le plus qu'il pouvoit. Le Presteur Gaioffe avait ourdi ceste trame, et pour icelle avoit accordé à ce soldat une grande couppe pour boire. Iceluy, ayant veu Balde passer la porte, le suyvit pas à pas, sans faire aucun semblant, et sans bruit, comme fait la nuit le larron avec ses souliers semelez de feutre. Il marchoit sur le bout des pieds ; passant à costé gauche de Balde, il advise soudain la garde de son espée estre descouverte, et s'advancer un peu, assez

pour estre saisie. Ce compagnon l'agraffe, aussi soudain
que le chat grippe la souris avec ses ongles, et la tire
hors du fourreau. Mais la fortune d'un traistre est tousjours brefve, et l'heur d'un meschant ne dure gueres ;
car cet homme saisi d'un si bon gage et s'encourant bien
viste avec iceluy, pendant qu'il pense estre jà sauvé.
Balde, prenant sa course, joint ce ribaud et luy baille du
pied si grand coup par le cul, qu'il le fait tomber plus de
cent pieds de haut par une fenestre, qui d'adventure estoit
ouverte, et là fust brisé contre le pavé et estendu aussi
plat qu'un tourteau. Mais, toutesfois, peu profita à Balde
la mort de cestui-cy, car, en le perdant, il perdit aussi
son espée. Alors un petit sergenteau se presente devant
luy et ose assaillir ce brave guerrier; mais Balde, sautant
en arriere et puis s'advançant, luy donna si grand coup
sur l'oreille, qu'il luy feit tomber de la bouche toutes les
dents, et le jetta du coup si rudement contre bas, qu'il
se rompit la teste sur le pavé. Soudain toute ceste canaille s'esleva, et les embusches se descouvrirent, la ruse
fut toute notoire; on s'escrie de toutes parts : « Là, là,
prenez garde cy, gardez là, retirez-vous; la vieille corneille est enfin prinse au nid, la souris est attrapée. Demeure, pendart, demeure! car nous te voulons enchaisner
comme un larron. » Faisans tous une telle clameur, chargent tous lourdement cependant sur le dos de Balde, avec
perches, bastons, fourgons. Le pauvre Balde se void sans
aide, et, de bonne fortune, il tenoit en main une grosse
baguette, laquelle il souloit porter, et avec icelle il relevoit leurs coups, et, se jettant legerement çà et là, resiste
le mieux qu'il peut; et, pendant qu'il saute ainsi en l'air,
il meine rudement ces lourdauts; et la rage et despit
l'avoient tellement saisi, qu'on lui voyoit sortir de la
bouche une bave toute pleine de sang. En se remuant en
ceste sorte, il avoit renversé tous les bancs de ces procureurs et avoit rompu la teste à plusieurs avec leurs grosses
escritoires de bois.

Tognazze, qui avoit tousjours l'oreille tenduë au bruit qu'il oïroit, entre en la salle, suivy de sa bande de sergens. Incontinent on void mille espées desgainées autour de Balde, lequel ils enserrent de près, mais iceluy, faisant un saut, se depatroüille d'entr'eux. Tognazze approche le premier avec sa daguasse, et assaut aussi le premier de sa bande Balde, s'escriant : « Demeure ferme ; tu es maintenant, où tu ne pensois pas estre ; il faut que tu sois mon prisonnier, larron ; demeure, dis-je, ribaut, rends-toy à moy ! Veux-tu encor icy braver, meschante beste ? Rends-toy à moy, sinon je te tire une estocade. » Balde, oyant ces mots, escumoit de rage une bave noire, et renflamble en son courage sa cholere, et se jette contre un texier, lequel, avec un coup de poing, il fait tomber tout estourdi en terre, et luy arrache des mains un gros baston de chesne, et, avec iceluy, se sentant plus fort, il s'advance, enfonçant de sa main gauche, jusques sur le front, un pot ou callotte de fer, lequel il souloit porter caché dedans son bonnet ; et tenant ferme en l'autre son tribal, et escumant tousjours comme un verrat, commence à chasser d'autour de soy ces mouches ; et petit à petit se fortifie et s'asseure en un coing, comme fait l'ours, quand il est poursuivy de gros dogues de Corse, et qu'il voit les espieux près de soy, lequel incontinent se fourre en un coing comme en un port seur, et de force se garde, advançant ses griffes sur l'un sur l'autre, en s'eslevant tout droit, et ne veut jamais quitter ceste retraitte. Ainsi ce brave guerrier, très-expert aux armes, se comportoit de mesme en ceste necessité, lequel toutefois ces gens icy eussent bien rendu mort sur la place avec leurs arquebuzes et arbalestes. Mais le Preteur le vouloit avoir vif entre ses mains, afin de le tourmenter par cent sortes de morts soubs la tour de Predelle. Tognazze s'escrie derechef : « A quoy t'enorgueillis-tu encor, bourreau ? voicy le licol de la potence, qui t'est preparé : la force de Fracasse ny les ruses de Cingar ne t'ayderont pas, ny toute la puissance de ta race. » En ce disant, il remuoit en l'air sa daguasse de toute sa force, avec laquelle il n'eust sçeu faire mourir une puce. Balde, avec son baston, la destourne L'autre redouble ses taillades et revers. Mais Balde qui sçavoit mieux les traits de l'escrime que luy, pendant que Tognazze remuë ainsi çà et là sa grande dague, il luy lasche un si grand revers, qu'il met ceste daguasse en cent pieces. Ce que voyant, Tognazze soudain tourne le dos, et Balde luy gratte à bon escient sa bosse avec son baston. Tognazze, en fuyant, crie tant qu'il peut : « Ha, ha, secourez-moy vistement; ha, ma teste; ha, mes espaules ; ha, mon eschine, comme elle est renettie ! » Mais Balde en cholere sans mesure frappe, et ne tend qu'à Tognazze, lequel fuyant et voulant descendre les degrez, Balde, le suyvant, luy baille si grand coup de pied sur sa bosse, qu'il le renverse sur le premier degré et le feit rouller jusques à bas comme une boule. De ceste cheute, Tognazze eut la maistresse coste de sa poitrine rompuë. De peur que Balde s'eschappast, tous se meirent à le suyvre, et, se tournant vers eux, prend son tribal à deux mains, et, comme le paysan après avoir beu plusieurs fois à sa bouteille pour se rafreschir contre la chaleur de l'esté, et se sentant plus vigoureux ayant beu et reinsié ainsi sa bouche, avec ses forts bras prend le fleau pour battre et faire sortir le bled hors de sa bale ; ainsi Balde, tenant son baston avec ses deux mains, rompt les espaules à l'un, respand le cerveau de l'autre, casse bras et jambes, et fait voler en l'air les tronçons de leurs bastons ferrez, lesquels, tombans sur les tables et bancs de la salle, raisonnent de leur cheute sur iceux avec leurs retentissans *tic tac*. Il saute, il frappe, il pousse, il abbat au milieu de cet amas de peuple une infinité, et se contourne comme une rouë de moulin. Enfin, plus grand nombre d'hommes s'y amasse, et commence l'on à luy jetter plus de coups, et presser de plus près ce pauvre homme tout desarmé. Ha ! quelle force et vertu peut

estre en un homme tout las? Il luy restoit peu d'esperance de pouvoir eschapper. Son courage tousjours demeure invaincu, et ne se peut perdre pour quelque
estonnement de la mort, tant espouvantable puisse-elle
estre; moyennant que la vie s'en aille pour acte vertueux
et honorable et avec une loüange éternelle. C'est le propre à un larron d'avoir le col attaché à un gibet : à un
battelier ou marinier, d'estre un jour noyé en l'eau, et
servir de pasture aux poissons : c'est au marchant de
perdre la vie, après la bourse, allant par pays; c'est aux
Prelats d'estre empoisonnez par la poudre de diamant[1];
c'est aux poltrons et aux fait-neants de servir de pasture
aux poulx; ainsi, aussi, c'est une loüange et une renommée grande aux braves soldats, non de mourir au jeu,
entre les bouteilles, ny de pourrir entre vilaines putains,
mais d'exposer, pour l'honneur, cent vies, si faire se pouvoit, entre mille picques, ou à la guerre, ou en juste querelle. Voicy Balde, qui, en se combattant courageusement,
a le corps percé en beaucoup de lieux de coups d'espée
et de longs bois, le sang coulant de son corps comme fait
l'eau d'une fontaine. L'haleine commençoit à abandonner sa force, comme une chandelle s'esteint estant le suif
consommé jusques au bout. Toutefois, maniant encor' son
tribal, abbatoit tousjours quelqu'un par terre, et sur les
morts en faisoit culbuter d'autres prests à mourir.

Ceste meslée avoit jà durée plus de six heures. Le cou-

---

[1] Allusion aux empoisonnements dont divers cardinaux et évê-
ques passèrent à tort ou à raison pour avoir été victimes. Un
poëte français, Andrieux, appelle cette façon italienne de se dé-
faire des gens

Un procédé que l'usage autorise.

Voir le conte intitulé la *Bulle d'Alexandre VI*, imitation plus
spirituelle que décente d'un récit de Casti, et qui, imprimé en
1802, n'a point été reproduite dans les *Œuvres* d'Andrieux, 1818,
4 vol. in-8, ou 6 vol. in-18.

rage neantmoins avec le temps s'augmentoit en Balde : et tous fuyent les coups orbes de son baston ; et leur est advis qu'ils ont plusieurs chiens à leur queuë. Ce fust une chose merveilleuse, comme, durant un si grand travail, son bras peut conserver sa force. Mais, comme une corde, pour estre trop longuement tenduë, se rompt, ainsi son tribal ne peut plus donner, ny supporter tant de coups. Car, voulant Balde donner de grand'force sur le haut de la teste d'un audacieux villain, il l'applatit à terre, comme l'on feroit une tarte ; mais le tribal en vola en pieces : ce qu'estant apperceu d'un chacun, aussitost tous se ruent sur luy, et, le voyant sans armes et tout blessé, le veulent tuer. Autres jettent sur luy des cordes, des chaisnes et des liens, le voulans garotter, ainsi qu'un fagot. Le Preteur et plusieurs de la compagnie des Senateurs encouragent les sergens : « Prenez-le en vie, s'escrient-ils tous, qu'il soit gardé vif, qu'il soit mis vif en prison, qu'il soit vif escartelé, qu'il soit vif brulé ! » Mais Balde, atteint de grand despit, ainsi qu'il apparoissoit assez en son visage, ne tendoit ailleurs, ny tournoit sa veuë en autre part, qu'à tascher, avec les dents et avec les ongles, à rompre les liens desquels il se voyoit garroté. Enfin, un le prend par une jambe et un autre par l'autre, en la façon que font les mareschaux, quand ils veulent coucher par terre un cheval, qui ne veut se laisser manier aisement, luy liant les membres avec cordes qu'ils se baillent l'un à l'autre pour serrer les nœuds, ne pouvant plus ce cheval regimber, ny mordre.

Ainsi est arresté Balde, l'un luy prenant le pied par derriere, et un autre, l'autre pied, et luy jettent plus de cent liens sur les espaules, sur les bras, en sorte que depuis le col jusques au talon il est bien garroté.

Ha, infortuné Balde ! ha, lumiere invaincuë de toute noblesse ! est-ce toy qui es ainsi chargé maintenant de fers ? Es-tu à present comme la brebis, quand on luy tond la laine ? Et, toy, Mantouë, qui a mis en lumiere le premier

Poëte, es-tu devennë si folle, et si grossiere? N'as-tu point cogneu les dons, que les feux celestes t'ont donné si souvent, en sorte que tu pouvois acquerir le renom d'un autre Rome? Tu te trompes toy-mesme, tu te perds Mantouë, et tu t'es renduë pauvre et malotruë. As-tu peu voir que Balde, l'honneur de toute chevalerie, l'estendard de Mars, fut ainsi par les tiens lié, et enchaisné, et qu'en eux on ne veid aucune pitié? Mais il viendra un temps, et bientost, croy hardiment à Coccaie, que l'illustre maison de Gonzague, chantée par tout le monde, et descenduë du sang imperial, domptera ce peuple Gaiofficque, qui n'est nay que pour mascher du pain, et chassera bien loing de toy ceste canaille : autres loix seront establies sur toy, et autres ordonnances, et en ton sein se nourrira une autre race : race gentille, courtoise, affable, et unie soubs le Prince François de Gonzague[1], qui sera nommé la Lance brusque; qui, par son bon sens, entendement et avec sa force, fera trembler tout le pays, et qui par les guerres acquerra mille honneurs. Iceluy sera très-expert à rompre gaillardement une lance, expert à l'espée, et à la masse, expert à bien manier chevaux et genets d'Espagne, expert au maniement, et gouvernement des canons, et bombardes. Combien est à estimer le haraz de ses chevaux! Rome le sçait, aussi fait Florence, Parme, Boulongne et plusieurs autres villes, qui ordonnent un prix aux plus braves coureurs. Nostre ville de Mantouë produira lors de grands guerriers; fournira d'autres Rolands, et d'autres personnes aussi sages et prudentes que Caton. La famille basse de mes Coccaies se relevera en icelle : basse, dis-je, pour le bien; mais grande pour ses anciennes prouësses. Les marques anciennes de nostre famille se voyent ès pa-

---

[1] Il s'agit de Jean-François II de Gonzague, marquis de Mantoue, né en 1466, mort en 1519; il prit une part active aux guerres dont l'Italie fut le théâtre à cette époque, et se montra tantôt l'ennemi des Français, tantôt leur auxiliaire. Il cultiva les lettres avec zèle et composa lui-même des poésies.

piers, ès murailles, et aux sepulchres. Le bouclier de Folengazze, percé de cent coups, pend encor' en la muraille, et aussi l'arbaleste que Nicolas Picinin luy envoya en present, lors que seul il terrassa soubs les murs de Curtaton par force ceste chatte miellée, qui lors au lieu d'un vray sceptre tenoit en main la cornemuse du sac Padoüan. Mais que faut-il dire davantage? Pizzanfare, miserable à tout le monde, en a assez décrit les guerres. Quant à moy, je ne doute que la renommée ne me porte par tout l'univers, et la grande Cipade croistra et s'augmentera pour son Coccaie : mais ma Gose treshuche un peu de son but, et, pensant tourner un pain, elle fait une foüace. Gose, reviens! où tires-tu ainsi enyvrée sans moy?

Or la ville fut longtemps comme tournée sans dessus dessoubs pour ceste grande rumeur. Le peuple et ceste menuë canaille remuoyent qui çà qui là, et avec une peur estoient en armes, ne sçachant la cause d'un tel tumulte. Cependant les sergens bravachent au possible, pour avoir eu à ce coup la raison de Balde, et le menent lié devant les Seigneurs. Alors Gaioffe dit : « Tu es bien mal arrivé, meschant; autant qu'il faut de cordage à un navire Genevois[1], autant en a-t-il fallu pour te dompter. Voicy le temps venu, auquel il faut que tu payes ton escot, et que tu estendes le col soubs un gibet. » Balde ne daigne faire aucune responce à ce tyran, ne voulant, luy magnanime et courageux, respondre à un villain; mais se ronge en son cœur, et cependant ses playes rendent une grande abondance de sang, et n'y a de tous ces poltrons aucun qui en aye pitié, et qui veuille lier ses veines jà vuides de sang, ny qui veuille y appeller quelque bon Chirurgien.

Là-dessus Tognazze revient, bruyant, et estant tout en sueur, ayant la teste nuë, et estant mal mené, et souvent avec sa main frottoit sa bosse, qui avoit esté si bien grat-

---

[1] Il faut lire : Gênois; le vieux traducteur français a suivi de trop près le mot italien *Genova*, Gênes.

tée. Il parle haut, et s'escrie pour se faire ouyr, demandant qu'à l'heure presente on chastiast ce ribaud, et meschant garnement, et que tout chaut on le pendist au plus haut du gibet, afin que ce très-insigne voleur servist d'un bel exemple aux larrons. Un chacun commença à s'esclater de rire, voyant ce vieillard bossu, et tout crevé, se presenter, comme l'on void, quand on represente une comedie, où, pour un entremets, on represente quelque chose pour faire rire le peuple. Iceluy de sa chemise pendante s'essuye le visage, et s'accostant de la muraille, frotte contre icelle son eschine, ainsi que fait un asne. Il ne veut point encore approcher de Balde, ayant peur, que nonobstant qu'il soit bien lié, il revisite encore ses espaules. Monsieur le Preteur commande de donner les manottes et les fers aux pieds et aux mains de Balde, et de le mettre au fonds de la grosse tour, lequel enfin, tenant la veuë basse, est mené ainsi enchaisné, et à l'entour de luy le suivent de près une grande multitude d'hommes armez, et embastonnez, n'estans asseurez que la capture d'un si grand et vertueux personnage n'esmeut entierement toute la ville de Cipade, et tous les habitans de Burbasse, et le peuple de Garolde; et ce qui est davantage, c'est qu'ils estoient en grand doubte de la puissance de Fracasse, qui commande à toute la campagne de Pollette. On reclust Balde au fonds de la terre soubs le cul du Diable, et ne luy ottroye-on point une seule dragme de jour, ou de lumiere, et la detresse de la prison est telle, que ce n'est point prison, mais la vraye forme d'un puant sepulchre. En icelle il n'a autre compagnie que de vers, de souris, de crapaults, et de scorpions : ce sont ceux, avec qui il mange, avec qui il dort. Jà, Valtropie, avec sa grosse gorge, rappelle ma Muse. Elle m'a assez departi de ses fleurs, et ma panse a consommé à bon escient beaucoup de ses tartes. Nous sommes venus à la fin de la mangeaille. Tout se gouverne avec le ventre plein. Vous autres, leschez les escuelles!

LIVRE SIXIEME.

Or voicy Comine, qui se presente pour vous declarer une entreprinse merveilleuse, et vient donner secours et aide à son Merlin. Gose, qui est sçavante à bien preparer des trippes Milanoises, a assez chanté dès son commencement l'origine de Balde, sa naissance, son enfance, et sa jeunesse. Holà! çà, icy, vous, Berthuzze, mere de Gonelle, qui sçauriez bien faire à un diable subtil, une sausse maligne; Cingar le delié vous servira d'une matiere ample. Commencez à reciter les larrecins, les voleries, les piperies, et toutes sortes de tromperies de Cingar, et les déchifrez au long à toute la compagnie. Je vous en prie, par la teste de veau cuite avec sa peau, qu'autrefois vous desrobastes subtilement à Follet soubs son lict, quand luy seul se preparoit pour aller souper avec Morgane[1] la Fée, et remplir à profit de mesnage ses flancs de bon rosti. Et, en recompense, je desire, que la selle de mon mulet te soit agreable, quand les jeudis tu galoppes dessus

---

[1] Cette fée est une de celles qui jouent un grand rôle dans les romans de chevalerie. Rabelais en fait mention sous le nom de Morgue au chap. xxiii de son second livre, et ce passage présente, dans les éditions originales, une variante remarquable que nous avons, ce nous semble, signalée les premiers en 1844 (*Notice sur une édition inconnue du Pantagruel*). Au lieu de la leçon donnée dans toutes les éditions connues jusqu'alors : « Pantagruel ouyt nouvelles que son père Gargantua avoit esté translaté au pays des phées par Morgue comme feut jadis Ogier et Artus, » maître François avait d'abord écrit : « Comme feut jadis Enoch et Elie, » mais cette saillie, d'une témérité irréligieuse, disparut aussitôt dans toutes les réimpressions.

iceluy à travers les nués, après t'estre frottée de certain onguent. Chante; et, pendant que tu chanteras les subtilitez de Cingar, embouchant ma sourdine, et soufflant en icelle, je sonneray *lire lire lire liret*.

Desjà un grand bruit s'estoit espandu par le monde, comme la ville de Mantoue se mettoit d'elle-mesme en pieces, et que Balde estoit acculé au plus creux de la grosse tour, et qu'il n'avoit aucune esperance de vivre. Fracasse, ne musant aucunement, s'avance d'aller en la ville, esperant tirer Balde hors de prison, ou de briser toute la ville avec son grand tribal : mais Cingar advisé, et plus rusé que pas un autre, court après, et rappelle ce geant. « Je te prie, n'y vas point, lui dit-il, mais pense à l'advenir : pense quel malheur nous pourroit arriver : je t'asseure que, si tu fais quelque esmotion, ils tailleront la teste à Balde en prison, et tu seras par ton imprudence la seule occasion de nostre ruine; car, dis-moy, quel dommage, quelle plus grande perte nous sçauroit venir, que de perdre le soleil du monde? Fais plustost ce que la raison te conseille : dépoüille-toy de ceste fureur, donne repos à ton courage, et alors tu dompteras tout, tu briseras tout avec le baston de la raison. Ne te fasche, Fracasse, de te ranger à nostre advis, lequel n'est fondé que sur une bonne raison. Prens avec toy pour compagnons deux de nos Cipadiens, que tu cognois ne pouvoir estre mattez par aucune peur : prenez courage ensemble, et entreprenez un long voyage en passant la mer du port de Gennes, et vous en allez au Royaume de Guras le Soldan, où sont les Mamelucs, gens fort endurcis à la guere. Essayez à tort et à travers, si vous pourrez convertir ceste nation; je ne dis pas à la foy de Jesus-Christ, puisque vous n'estes bon prescheur; mais pour leur persuader à venir pardeçà ruiner ce peuple, en façon qu'il ne reste aucune pierre de ceste ville. Et si d'aventure ils veulent que vous reniez cresme et baptesme, pourquoy non? Nous nous ferons tous Mahometistes, moyennant que nous nous vengions pour nostre compagnon et Capitaine. En ces quartiers-là, la renommée de tes faicts chevaleureux bruit encore, et ne sera jamais obscurcie par aucune antiquité, quand tu portois l'enseigne Royale, soubs le Sophi Roy des Parthes, à l'encontre de ces marroufles de Turcs. Cependant, par force, ou par ruse, je tireray hors Balde, et n'en fais aucun doute : j'auray Balde, asseure-toy. Va, je t'en prie, aussi avec toy, Falquet, et Mouchin ; car iceluy est un pilote très-expert sur la mer : va, je te dis, ne dors point : va, je te prie, et chemine. — Ha ! dit Fracasse, laisseray-je Balde ? » Neantmoins il entreprend ce voyage, et ne fait aucun doute qu'il n'ameine Guraz le Soldan, avec toute la force de ses Mamelucs.

En mesme instant, par le commandement de Monsieur le Preteur, Tognazze estoit venu en la ville de Cipade, se trainant comme un renard pelé, lequel, après avoir donné la chasse aux poulles, et s'estre repeu de quelque une, se retire gayement le long des hayes, et à couvert, laissant le long de son chemin de repaire, en vuidant et deschargeant son ventre. Ce Tognazze enleve Zambelle, et le meine avec soy en la ville de Mantouë, luy remonstrant, par le chemin, qu'il se doit à present tenir joyeux, et asseuré contre celuy, lequel il rendra en peu d'heure escartelé, et duquel il luy fera manger le foye. Puis, il luy enseigne, en forme de Pedant et de Magister, quelle reverence et inclinabos il devra faire, et de quels mots il usera en parlant devant ces sages Messers ; il l'advertit de tenir son nez bien mouché, de n'estre si hardy de gratter sa teste pour en chasser ses poulx.

Zambelle n'avoit jamais veu de ville si remplie de bruit, combien que Cipade ne soit gueres esloignée de Mantoue, et partant il luy sembloit voir tout le monde, considerant de loing tant de monceaux de maisons. Ils arrivent ensemble à la porte de S. George : il faut là passer cinq pont-levis. Zambelle les passe à grand'peine ; car, voyant tant de cheminées fumer, et oyant tant de cloches sonner (parce que lors le tonnerre [1] esclatoit furieusement sur la ville), il se retiroit en arriere, se defiant que le monde allast renverser, à cause d'un tel tintamarre de cloches, et de tonnerre bruyant ensemble à l'envy. Mais Tognazze, le prenant par la ceinture, l'attiroit au-dedans, comme on tire un veau, quand il ne veut entrer à l'escorcherie. Estant entré et venu jusques en la place, il hurte à un bois, et se fait une beigne au front, tombe, et donne du cul en terre. Le peuple s'approche de luy, pensant que ce fut un fol. « Pourquoy, luy dit Tognazze, t'amuses-tu? Que ne t'advances-tu? A ce que je voy, il te faut conduire, comme on meine un ours à Modene. » Zambelle ne dit mot, ayant plusieurs contemplations en sa teste, autant et plus que l'on void de lignes tirées sur un papier pour escrire. S'acheminant toutesfois marchoit à petit pas, allant çà et là, ainsi qu'on void aller une beste folle. Il s'estonne de voir tant de maisons ensemble, tant de ruës, tant de portes, tant de fenestres, tant de chiens, tant d'hommes, tant de mules, et de chevaux, par la ville; et regardant en haut, il donne tantost de l'espaule contre une muraille, il choque contre les premiers qui se trouvent à sa rencontre, donnant du pied contre une pierre, il se laisse tomber, il s'esmerveille grandement de voir un cheval courir, et les chiens après luy pour le prendre à la queuë. Tognazze luy dit : « O Zambelle, de quoy t'estonnes-tu tant? N'as-tu jamais veu telles choses? » Iceluy s'arrestant tout court, comme si il étoit aux champs à sa besongne, appuyé sur le manche de sa marre, luy respond : « Potte de ma mere, que voicy une grande chose! Ho, Tognazze, je vous prie, laissez-moy un peu veoir tant de belles maisons : je n'ay point veu de si belles chaumines, depuis que je suis sorti du ventre de ma mere. O, com-

---

[1] L'usage de sonner les cloches, lors des orages, dans le but d'écarter la foudre, s'est conservé très-longtemps dans toute l'Europe, et il subsiste encore au fond de quelques campagnes.

bien ces gens icy peuvent loger de foin, et de paille en tels fenils, pour engresser leurs vaches! Pourquoy, Tognazze, ne m'y avez-vous mené plustost? » En braillant tels mots, il advise, au haut des fenestres, de belles dames, non pas belles de leur naturel, mais par artifice, regardans en la rue pour la voix de Zambelle, qu'elles avoient entenduë, et s'estoyent soudain descouvertes, ainsi qu'est la coustume des galantes dames, de mettre la teste dehors à quelque bruit que ce puisse estre. Zambelle s'amuse à les regarder, et les monstre avec le doigt l'eslevant en haut, et se rit : « Ho, ho, Angonaie, voyez-vous ces femmes, Tognazze? » Tognazze luy dit tout bas : « Le cancre te vienne! Que cries-tu maroufle? » En disant cela, il luy donne un coup de poing soubs les costes. L'autre crie plus fort, et hausse encore plus haut son doigt, et dit : « Hi hi ho, tu ne voys pas, Tognazze, ces belles roines? Pourquoy reluisent-elles ainsi? Fi des estoiles! — Si tu regardes nos femmes, autant vaut que tu regardes le cul d'une poisle. » Ce vieux bossu, n'esperant quasi plus faire quelque chose de bon de cet homme, le destourne en autre ruë, et là, luy dit : « Ferme ta bouche si tu ne veux estre bastonné. Penses-tu, sot, estre au milieu d'un bois? » Et de là le meine au Palais.

Zambelle, arrivant devant le Podestat, appresta soudain et de loing à rire à tous les assistans; car il estoit tout basti pour cet effect. Il avoit l'entendement tout lourd; il estoit halé du soleil, et demy cuict, ayant la couleur noire, tout deschiré, ses habillemens renoüez, et sembloit n'avoir jamais dormi ailleurs que sur le foin : ses cheveux estoient tous herissez, comme un aspergez, entrelardez de festus de paille, et de brins de chaulme. Le peigne n'y avoit jamais passé, mais bien quelquefois l'estrille de ses bœufs. Aussi, estoit-il teigneux, et avoit tousjours ses ongles en ses cheveux, parce qu'il estoit fort tourmenté de ces grands poux d'Esclavonie. Il portoit un petit sayon de gros bureau, tout deschiré, lequel vous n'eussiez sçeu juger s'il estoit à l'endroit, ou à l'envers : dessoubs iceluy, il avoit une chemise de gros canevas, laquelle il ne blanchissoit qu'une fois l'an. Approchant devant le Preteur, il s'esmerveille de ce qu'une si grande compagnie se rangeoit près de luy pour le regarder. « O mon amy, dit-il alors, Barbe Tognazze, où m'as tu amené ! Je ne veux plus, Tognazze, demeurer davantage en ce fenil : ramenes-moy à la maison ; car l'envie d'aller à mes affaires me presse. — Qu'as-tu à braire, dit Tognazze, quand tu vois Monsieur estre present ? Va, or sus, maraut, advances-toy plus avant, va là ! Que t'amuses-tu ? A qui parle-je ? va là, diable : touche la main de Monsieur ; fais le petit. plie le genouil, et dis : Bon soir vous soit donné, Monsieur le Podestat ! » Zambelle veut bien faire comme Tognazze luy monstre. Mais, estant courtisan, peu pratiqué en la court, n'ayant hanté que les porceaux, il advint qu'estant le siege du Podestat, lequel les anciens ont nommé *chaire*, fort haut eslevé, il falloit monter huict marches pour en approcher. Zambelle, s'y acheminant, jette sa veuë sur le preteur, et tenoit tousjours ses yeux fichez sur luy, ne se souvenant point de hausser les pieds, et, ne regardant à bas, heurte bien rudement contre la premiere marche, et tombe à la renverse, et cheant sur l'eschine, il se demole la cheville du pied, et se rompt le cropion. Je vous laisse à penser si plus d'une centaine, qui estoyent là presens, ne s'éclatterent pas bien à force de rire. Chacun, de plaisir qu'il en prenoit, frappoit en ses mains, faisant tous en ceste sale un grand applaudissement. Tognazze se leve en cholere, et prend un baston, avec lequel il avoit envie d'aplanir un peu les espaules de Zambelle, et les charger de bois, et luy dit : « T'ay-je ainsi appris ? t'ay-je enseigné la façon de parler ainsi, beste que tu es ? Dy, pendard ? As-tu si-tost oublié ce que t'ay appris ce matin ? Ne t'ay-je pas monstré, gros buttier, comme tu devois faire des belles reverences devant Monsieur, et que tu devois avoir ton nez bien mouché, et que tu luy devois dire, Bonne vie, Monsieur! » Et, ce dit, voulant encore instruire ce villain à bien et dextrement plier le genouil, Zambelle, laschant du derriere un gros pet, s'en voulut en aller; car il pensoit que ce tonnerre eust amené une pluye, qui eust ensafrané sa chemise. Une odeur en print aux nez des assistans, non telle, qu'est celle, qui procede de la poudre à canon faicte avec eau vive, salpetre, et autres drogues inventées pour faire ceste marchandise diabolique : mais elle tenoit de la senteur des aulx, eschallotes, oignons, ciboulles, et pourreaux. Alors fut encore plus manifeste la sottise de Tognazze. Vous-mesme pensez si la risée n'en fut pas grande, chacun se bouchant le nez à belles mains? Tognazze excuse l'autre, et allegue que ce bruit, qu'ils ont prins pour un pet, n'est venu que de la rupture de la boucle de sa ceinture. Mais sa face demonstra la faute. Il tire neantmoins Zambelle, l'appelle faineant, idiot, le pousse, le picque, pensant par ce moyen couvrir sa honte.

Zambelle nullement exercé en tel art, pendant qu'il veut mettre à effect les enseignemens de son precepteur, il fait une reverence si belle, et si legiere, qu'avec le genouil il rompt une des marches, et estendant la main, le Podestat la prenant, luy dit : « Soit bien venuë la premiere et plus recommandée loüange de Cipade! » Puis le feit asseoir à sa dextre; et là, ce bel orateur, qui estoit plus Ciceronian qu'aucun autre, commença à compter de ses ennuys, ayant par ses estudes acquis une aussi grande abondance de bien dire, qu'un bœuf en sçauroit apprendre en se lechant les fesses. La harangue de Zambelle esmeut fort les Senateurs, sçachant dextrement embrocher tout ce qui est requis pour une vraye persuasion. Et la plus grande loüange qu'on luy donnoit estoit qu'en discourant de son faict, il sautoit souvent, comme un subtil docteur du coq à l'asne, et quand il deschiffroit ses plaintes pour les meschancetez de Balde, il entremesloit souvent que sa vache avoit faict un veau, et qu'il vouloit en donner un caillotin à Monsieur le Podestat tout frais. Et combien que ses propos fussent obscurs, neantmoins la grande prudence de Gaioffe entendoit bien tout. Et là-dessus on donne jugement contre Balde, par lequel il est dit qu'il tiendra prison perpetuelle jusques à la mort, et que Zambelle sera mis en possession de tous les biens par luy pretendus.

Tognazze le bossu, ne voulant remettre ce negoce, prend incontinent une grande bande de Sergens; et, par l'ordonnance du Senat et commandement du Podestat, s'achemine vers Cipade, pour mettre à sac toutes les maisons d'icelle, qui estoyent à la devotion de Balde. L'intention de Gaioffe n'estoit autre, que, après avoir seurement reserré Balde en prison, et sçeu pour le certain que Fracasse le Geant s'en estoit allé, de renverser toutes les maisons de Cipade, laquelle avoit accoustumé de gratter Bresse, de peigner Cremone, de faire aller Ferrare avec le bissac vuide, et de faire Veronne conchier en ses brayes, la renommée de laquelle n'estonne pas seulement Milan, Rome, Gennes, les Venitiens; mais aussi l'Empire, et les peuples et Royaumes de Baccan.

Or Cingar, ayant entendu ceste résolution, se retire en soy-mesme, et amasse tous ses esprits, voulant de bon cœur souffrir toutes choses pour son amy Balde : et cependant qu'on saccage Cipade, et que tout est mis au butin, sa maison fut plus nette qu'un bassin de barbier. Il ne l'ignore pas. Toutesfois il se presente devant les Sergens, et devant Tognazze. Il jure, et fait de grands sermens, et dit n'avoir jamais eu compagnie avec ce larron de Balde, et, tant qu'il peut, se feint estre amy de Tognazze. Enfin la ville de Cipade pillée et mise à sac, tous ces Sergens s'en revont à la ville de Mantoue, chargez de butin, emportans sur leur dos plusieurs hardes, et touchans devant eux quantité de bestial.

Cependant la femme de Balde, qui s'appelloit Berthe,

ayant perdu son mary, et devenue miserable, n'ayant pas à grand'peine un corset pour se vestir, est chassée hors de la maison. Car, suyvant le jugement, il avoit esté ordonné que la possession des biens de feu Berthe seroit baillée à Zambelle. Mais Cingar ne la veut ainsi delaisser mal-heureuse, ayant si peu dequoy se sustenter, de peur que, se tenant sur un siege, comme on expose la marchandise, de laquelle on espere tirer du proffit, elle tint bouticque ouverte, si Cingar, par bon conseil et par effect, ne la secouroit. Icelle allaictoit deux fils gemeaux en la maison de son pere, et filoit, et gaignoit sa despense. Mais, un jour, la cholere et l'esprit s'augmentant en elle, jette son fuseau en terre, et arrache sa quenouille de son costé, prend une perche, et s'encourt à la maison de Zambelle, jurant de luy donner plus de coups de baston que ne font les paysans quand ils battent la paille.

O quelle misere à toy, Zambelle, si elle te trouve à la maison! malheur à tes espaules et à ton eschine : voicy la tempeste, ô pauvre diable, qui te va porter une ruine toute evidente! O! le grand bien pour toy de ce que pour lors tu te trouvas absent du logis! Mais ta femme Lene, ta femme, dis-je, galante, qui se resjouit de t'avoir mari un peu meur, voyant ceste beste furieuse Berthe accourir à elle, et, en s'escriant tant qu'elle pouvoit, luy dire desjà mille vilennies, et laquelle vouloit, en fichant le clou, battre la selle, puisqu'elle ne pouvoit bastonner le cheval; Lene, voyant que ce pacquet s'adressoit à elle, bien advisée tire aussi de son costé sa quenouille, à laquelle elle ne faisoit que de mettre une grosse poupée d'estouppes, et voulant oster ceste pouppée, et combattre avec sa quenouille, Berthe commence à remuer sa perche. Lene ne se sentant assez forte avec sa quenouille, et n'ayant promptement autres armes, elle s'en va au feu, et y allume sa quenouille et pouppée, à laquelle, pour estre une matiere seche, la flambe print aussi soudain qu'une coulevrine se delasche contre le mur, quand on y appose le feu. Berthe, voyant ce falot allumé contre elle, tournant le dos, s'en va, galloppe, et s'envolle aussi viste qu'un oyseau ; car c'est grand'folie que de combattre contre le feu. Lene, qui remet en memoire tant d'offenses qu'elle avoit receuës d'elle, la talonne d'aussi près, que faict un espervier la caille, et qu'une aloüette fuit l'esmerillon ; elle tasche de luy mettre le feu aux cheveux. Berthe s'escrie : « Ma douce sœur, ma bonne cousine, pardonnez-moy : pardonnez, ma sœur, à moy miserable ! » Lene la laisse crier, et ne s'esmeut de ses prieres aucunement, ses oreilles ressemblans à celles d'un marchant. De la main droite, elle tient haut eslevée sa quenoüille bruslante, et de l'autre, pendant qu'elle court, tasche à attrapper Berthe par les cheveux, lesquels pendoyent contre bas, avant perdu sa coiffe, qui estoit tombée ; ou bien par la robbe que le vent faisoit voletter. Berthe tant plus fort advance le pas, et desjà sentoit quelques estincelles tomber sur le derriere de sa teste, et le feu estoit si près, que, voulant se tourner pour souffler le feu, qui jà tenoit en ses cheveux, la flambe la print par le nez, et estant de ce fort estonnée, court deçà, court delà, comme fait un chat, à la queuë duquel on a attaché une vessie de pourceau, en laquelle on a mis cinq ou six pois ou febves : iceluy fuit, oyant ces poix sonner, et faire bruit ; tant plus il court, de plus près la vessie le suit, et estime que ce soit une personne, qui court après luy.

Berthe, s'approchant enfin d'une maison, crie au secours ; et voulant passer par-dessus une haye qui estoit forte, et bien liée, et pleine de ronces, comme elle se vouloit jetter de l'autre costé, sa robbe s'accrochant aux espines, elle tombe la teste en bas, les pieds contremont, demeurant là empestrée ; et, descouvrant par ce moyen son quadran, elle feit obscurcir le Soleil et la Lune, et contre nature teint le dessus pour ce coup. Mais ce ne fut pas pour neant ; car Lene fourra en ceste eclypse sa quenouille ardente. Quand la bonne femme sentit le feu petillant entre ses cuisses, de douleur qu'elle sentoit, elle jetta une gallimafrée du derriere avec sa cholere, qui saillit aussi de l'autre bouche, laquelle esteignit soudain le feu; et se développe de-là, et, estant plus encouragée qu'auparavant, prend une pierre, et la jette de toute sa force contre sa cousine. Mais Lene habilement evite le coup, et, prenant la mesme pierre, la rejette d'où elle étoit venue. Entr'elles deux y avoit un gros buisson : Berthe d'un saut se lance par-dessus, et se joint à Lene. Là, elles deux se prennent par les cheveux à beaux ongles, se choquent, se mordent, se tirent çà, et là, se pelent la teste sans ciseaux.

J'ay veu autrefois des poules couvans des œufs, ou menans une bande de poulets, s'attaquer ainsi les unes les autres par envie, et se combattre fort cruellement avec le bec et les ergots, et tant, et si longuement, que leurs corps estoyent descouvers de plumes à force de se becqueter et griffer l'une l'autre. Berthe et Lene se secoüoient de mesme. A ce bruit, les voisins y accourent, et trouvent ces femmes à demy-mortes, couchées l'une deçà, l'autre delà. Le vieillard Jambon les reconcilia pour lors avec une paix de chien. Tognazze y vint aussi. Cingar aussi s'y trouva; et ce bon marchant, feignant de défendre Lene, donnoit le tort à Berthe; et, faisant semblant d'estre bien courroucé contre elle, la menaçoit, et mesme, levant la main, feignoit luy vouloir donner un beau soufflet. Mais Tognazze le reprint, et en le reprenant, luy dit : « Que fais-tu, ô Cingar? Quel honneur y acquererions-nous? Ce n'est pas aux hommes de buffeter les femmes. Ne te souvient-il pas ce que te dit le petit Doctrinal :

>   La femme n'est que peine,
>   Et beau renom n'ameine :
>   Si d'elle avons victoire,
>   C'est une lasche gloire.

J'aimerois mieux combattre le diable, que contre une

femme, qui est pire que trente diables. Tant plus que droleras ses espaules et son eschine avec un lourd baston, tant plus elle vomira contre toy d'injures et de vilenies. La cholere d'un diable n'est rien au-dessus de la sienne. Si tu la blesses (encore que tu ne le vueilles, et que ta volonté ne fut telle) tant soit peu, et moins que ne se monstre ceste petite lettre *i*, et non plus qu'un poux, ou une puce, sçauroient laisser de marque de leur fiante sur ta chemise, ha, ha, prens garde à toy, et sois advisé à ton faict; car la Sinonne a deux faces, et Gnatonne avec ses trois langues : quand en une mesme table elle mange son pain avec toy, ou qu'elle couchera avec toy en un mesme lict, ou qu'elle soit debout, ou assise, ou qu'elle aille, ou qu'elle remuë en son mesnage, ou qu'estant à genoux elle die ses patinostres, elle machine tousjours en son cerveau quelque chose, elle travaille son entendement, son esprit forge quelque ruse, elle couve en son cœur, elle minutte plusieurs choses, qu'il faut qu'elle face en esprit, ou avec un bruit en la maison, pour, par quelque moyen, et maniere que ce soit, prendre de toy, miserable, une entiere vengeance. O! malheureux, miserables, et fols maris! donnez plustost les poules au gouvernement des renards, ou les brebis aux loups, les perdreaux aux esperviers, que d'adjouster une miette de foy à vos femmes. Une femme seule peut destruire tout un pays, tant elle sçait bien composer de fraudes, par son malin esprit. Elle a une teste de bronze, et si dure, que toute l'artillerie du chasteau de Milan, toute celle qu'a le Duc de Ferrare d'un costé et d'autre, ne sçauroyent esbranler un seul petit poil de son nez. Icelle, aristotelizant en sa caboche à tort et à travers, veut que son advis soit receu. Ce qu'elle pense, elle veut que ce soit Évangile; et ce qu'elle dict, elle veut que ce soit comme un cheval fougueux et opiniastre, qui se tient retif contre l'esperon, ne voulant aucunement s'advancer. Mais à quoy approche-je la lumiere d'une chandelle au Soleil? Mais à quel propos pense-je donner conseil au sage? Tu sçais mieux ce que ç'en est, ô Cingar! Tu l'as souvent esprouvé, lorsque ta premiere femme, avant que le diable l'eust emportée, estoit maistresse de toy. Dis-nous, je te prie, avec quels liens la mort l'a tirée à soy : car le bruit est que tu luy as fait perdre le pain. Mais on ne sçait par quel ferrement, en quelle riviere, ou avec quel laqs, ou cordeau elle soit morte. Ne t'ennuyes donc point, Cingar, de nous dire le tout, pendant que ce jour de feste nous donne repos. Commences, et toy, Jambon, assiez-toy, je te prie, et tous vous autres soyez assis. »

Le rusé Cingar, qui de longue main avoit eu l'esprit entierement tout l'art de tromperie, et les subtilitez de la S. Cité, se tient un peu en cervelle, et pense quelque stratageme, avec lequel il peut prendre au piege Tognazze, comme au glu on attrappe l'oye sauvage. Car il n'avoit envie de compter autre chose de sa feuë femme, laquelle, à dire verité, il avoit enterrée toute vive, l'ayant trouvée tournant autour des fuseaux torts : et n'estimant point que ce fait fut encor notoire, il aimoit mieux demeurer sur le point de droict, que de venir sur le faict. Mais au lieu se vestit de la robbe d'un flatteur, en commençant ce propos. « O Tognazze, dit-il, nous experimentons tous les jours combien tes parolles sont pleines de bon conseil, estans semblables aux sentences de Salomon; aussi, n'est-il loüable de croire à autres, qu'aux anciens experimentez, et practiquez ez affaires de ce monde. » En achevant ces mots il donne une œillade à Berthe, et, en luy faisant signe, tacitement il s'excuse envers elle de ce qu'il a loué le discours de Tognazze, et qu'il a dit qu'il estoit digne d'estre gravé en marbre pour instruction perpetuelle avec lettres d'or. Car, par telles flateries, il veut pipper ce fol de vieillard. Berthe, remarquant toutes les ruses de Cingar, et laquelle n'estoit pas moins que luy pleine de tromperies, se tourne vers Tognazze, et parle ainsi doucement à luy : « Barbe Tognazze, la renommée de Cipade vole depuis le Royaume de Castille jusques à celuy des Mores, non point pour confesser ce qui est vray par la vertu de mon mary, non point pource qu'en ce pays des Paladins y fassent residence ; mais vostre sagesse, et prudence pleine d'un grand trésor, nourrit ainsi Cipade, et autres villes, comme fait la truye ses cochons, ou une chienne ses petits. Et si Cipade est maintenuë en pied par le conseil de Tognazze ; par le mesme conseil, elle pourroit aussi entierement se perdre. Toutesfois, vostre reverence se trompe en cela, en ce que vous donnez si rudement sur la race des femmes. Mais la doctrine d'un homme sage quelquefois s'abuse. Vous qui estes le grand Conseiller, vous qui estes le Roy, vous qui estes le Pape de Cipade, en la main duquel on laisse la bride d'un si grand cheval, ceste mauvaise opinion que vous avez de nous, renverse-elle ainsi vostre cerveau? Ha! mon amy Barbe, qui mange trop, creve à la fin : une maison n'a point de consolation, et est pleine de querelles, en laquelle la femme n'a puissance sur le bien. Si la femme ne permettoit à l'homme l'entrée, comme elle doit, que seroit-ce du monde sans gens? L'estable ne seroit-elle pas sans asnes, et sans porcs? L'homme n'endure point les apprehensions de la mort en accouchant : il est sans soucy de ses enfans, et mesme de sa femme, de soy-mesme, et de sa famille : et ne fait que se donner du plaisir, allant çà et là comme un vray faitneant. Si la femme fault quelquefois, et tombe à la renverse, quelle merveille? Elle ne peut pas tousjours se soustenir debout sur un talon rond, elle qui de sa nature est mobile, tendre, et très-facile à se laisser tomber par terre. Mais l'homme, qui s'estime estre une certaine espece bien esprouvée, bien meure et ferme, et pleine de raison, de la grande coste duquel la femme est sortie, mon Dieu, combien fait-il des entreprinses, qui sont lourdes? Un bœuf, un asne, ny toute autre beste sans entendement, ne voudroit faire pour mille picotins d'avoine ce que l'homme fait. Dites-moy, par vostre foy, les larrons qu'on pend par tout le monde, les boucheries qu'on dresse de langues, des yeux, et d'oreilles, ne sont-ils pas d'hommes meschans condamnez par jugement? Parmy eux y trouve-t-on une seule femme? S'il y en a aucunes, vous les pourrez donc compter du nez, et non de la bouche. La femme ne renie point Dieu, n'invocque point le diable comme fait l'homme, quand au jeu de prime, ou du tarot, il perd durant la nuit son argent, sa robbe, son manteau, sa chemise, sa braiette. La femme ne se retire point aux bois et forests, pour voler, et tuer les passans; elle ne frequente point le Palais, pire que les bois, pour dérobber, estrangler, escorcher les petits orphelins, les pauvres, et les miserables vefves. La femme n'appaste point les pippeurs friants de chair, ne donne sa souppe à des bracques, ne donne le pain blanc à des levriers. Quand elle oit un mendiant frapper à sa porte, ou un pauvre gueux demandant un petit morceau de pain, elle ne luy dit point : « Dieu te donne patience, et ne t'amuse ainsi à rompre ma porte! » La femme ne corrompt les garçons, ne viole les filles, ne donne point à usure, n'eschelle point de nuit les fenestres, ne fait point de fausse Alchimie, ne rongne point la monnoye; en suivant un camp, elle ne rapine le bien d'autruy : mais tous ces actes sont beaux et saincts à l'endroit de l'homme, auquel seul Dieu a donné un cœur haut, une subtilité d'esprit, une prudence grande, et une ferme et solide raison. O impudens! ô lourde semence! Allez, loups, pourceaux, chiens, asnes, et chevaux : car il n'est point seant de vous appeller hommes; mais plustost loups, pourceaux, chiens, asnes, et chevaux. Et si nous tournons le feuillet, la seule femme est bonne et vertueuse, laquelle a accoustumé de ne bouger de la maison, et là depesche en une heure mille affaires. Pendant qu'elle fait le lict, elle fait boüillir le pot, berce l'enfant, donne la mamelle à un autre, au plus grandet elle donne une crouste de pain à ronger : elle entend au porc qui grongne, au coq qui chante, à la poule qui cacquette, et qui clocque en gardant et promenant ses poulets, et qui bruit en les défendant du milan, contre lequel il n'y a autre qu'elle, qui crie *hua, hua*. Ainsi, quand il est besoing, je depesche mille besongnes; si le pot bout trop fort, je retire du feu les tisons, je mets la saveur au pot; j'appaise mon enfant en luy donnant à teter et lave ses drappeaux breneux : je donne du pain au plus grand, et en mesme temps, en criant *pipi, pipi*, les poules viennent, comme de coustume, à la mangeaille. Voyla les œuvres d'une bonne femme. Qui éplucheroit, ô Tognazze, les poux de vostre teste? Qui laveroit, et nettoieroit vos ordures? Qui espuceteroit au matin vostre chemise, si vous n'aviez aucune femme, ou épouze, qui vous servit d'une bonne fourrure pour vous eschauffer au lict? Ne blasmez donc plus, ô Tognazze, nostre race. Car, depuis que nous enterrasmes Bertoline vostre femme, qui vous servit long-temps, il n'y a plus personne, qui vous face beau, coinct, et joly. » Tognazze alors jetta un grand soupir, disant : « O Berthe, tu m'as donné un grand coup au cœur, quand tu m'as ainsi remis en memoire le nom de ma femme bien aymée : j'eusse mieux aymé perdre toutes mes vaches que Bertoline, laquelle les excedoit en tout. Il y a cinq ans passez ou peut-estre six, que j'épousay Bertoline au mois de Novembre. Ha! ha! qui pourroit reciter ses bonnes coustumes, et qui voudroit nier qu'icelles fussent dignes des femmes d'un Roy, et d'aucun Prince? Certes elle eust abbreuvé mille brebis en une demye heure. Elle sçavoit fort dextrement composer des gogues, des tourtes, des tartes, des crespes, de la boüillie. Je ne perdray jamais la memoire, tant que seray en vie, de sa luysante peau, et de ses doigts polis : et, si je voulois compter tout, ce seroit un trop grand' ennuy. Quand il m'en ressouvient, je me sens au dedans tout rompu. Enfin, autant qu'elle avoit de cheveux elle estoit douée de bonnes façons. » Cingar, escoutant ces beaux discours, ne pouvoit qu'à grand peyne retenir sa ratte d'esclatter. « A dire verité, dit-il, ò Tognazze, c'est un grand crevecueur pour tes affaires d'avoir perdu une telle femme. Car ta maison, tes biens, vont sans dessus dessous, depuis que tu l'as perduë, elle qui estoit Dame et gouvernante de toutes tes affaires; mais elle est morte, qu'as-tu besoin de tant t'en soucier? Prens-en une autre jeune, mon bon homme, qui te puisse eschauffer? Ne doute point que tu n'en trouves. Nous demeurons tous deux en un endroit où il y a abondance de tel bestial : à la mienne volonté que la cherté fust compensée en autant d'abondance de pain, qu'il y a de femmes par le monde. » Et, en disant cecy, il feit signe de l'œil à Berthe à ce qu'elle eust à se retirer, parce qu'il vouloit seul demeurer avec Tognazze. Berthe, fine, sçachant ce que Cingar trainoit, prend congé de Tognazze en luy faisant une grande reverence, et luy donnant une œillade aspre et picquante. Et, toy, Comine, tu as assez chanté. Voicy Gose, qui a preparé le gouster pour toy et pour moy. Il y a desjà long-temps que le pot bout, plein de bon potage.

LIVRE SEPTIEME.

Que la presence et grande authorité de nos peres se repose icy presentement, lesquels pensent avoir seuls mangé Minerve, et neantmoins sont plus fols que cent mille poulains : je prie iceux ne vouloir desdaigner d'escouter nostre Comine; laquelle, jurant avoir eu un vieil mary, et l'avoir de jaloux rendu tout capricieux, ayant devant soy à present pleine table d'escuelles remplies de crespes et beignetz, commence en ceste sorte.

Cingar ayant par sur tout, devant les yeux, l'amitié qu'il portoit à Balde, developpe entierement toutes les subtilitez de son esprit, encor' qu'il y deut perdre son bien, ou y laisser la teste, voulant trouver les moyens de l'oster hors des fers. Il feint de se rendre ami à Tognazze, avec une ruse de renard : avec lequel, discourant de diverses choses, enfin vint tomber sur la cause de Balde, duquel il commence à dire mille maux, le blasmant de larcin, le nommant voleur, guetteur de chemins, un ribaud, un pendard, un meurtrier de gens, un maudit, qui sur ses espaules portoit mille diables, mille satans, qui meritoit cent morts, voire mille, huit mille, et cent centaines de millions. Puis, le fin compagnon, tournant sa parolle d'autre costé, vient sur le fait de Berthe, laquelle, privée de mary, qui estoit enfermé et confiné en une prison perpetuelle, estant toutes choses desesperées, desjà mortes, et desjà enterrées, desire un nouveau compagnon de lict. Et cecy dit, il arreste un peu sa parolle, puis recommence : « J'ay un secret, Barbe Tognazze mon amy, que je te veux dire, moyennant que tu te tiennes muet, et que tu ne veuilles le reveler à personne. Ceste affaire n'est pas de petite importance, et la faut tenir sous le nœud de confession. Jure-moy que le diable te puisse emporter, si tu fais à autruy quelque moindre demonstration que ce soit de ceste affaire? Dis, respond Tognazze, je te promets, je te jure, et feray mille sermens que je n'en diray rien à personne. » Cingar soupire, et puis dit : « Celuy n'est point vray amy, qui cele quelque chose à son amy. Ma coustume a tousjours esté de servir un chacun fort volontiers, moyennant toutefois que mon honneur n'y fust interessé, sans avoir aucun respect, ny considerer aucun proffit. A quel propos cecy, me direz-vous? Car, par avanture, Barbe Tognazze, pour les choses que je vous veux declarer, vous aurez opinion de moy que je suis un Jean qui se mesle de tout, et qui se fourre par tout, et qui entreprend d'accorder les amoureux. Mais toutesfois, à cause que ce que je vous veux dire n'est que très-raisonnable, estant suivy d'un sainct lien de mariage, jamais personne ne me destournera d'un si bon office. Berthe, cy-devant femme de Balde, et maintenant deliée du lien de mariage, est tourmentée à present d'un grand embrasement de vostre amour. Elle me desgorge de son estomach ses pensées : un crible en son fonds, ny une rappe, dont on gratte le dur fromage, n'ont point tant de trous, qu'icelle a de pensées de vous en son ventre percé. Elle vous appelle tousjours, elle ne pense qu'à vous, tousjours soupire, se plaint contre son estomach, et a grand' peur qu'en vous montrant ingrat, vous refusiez son cœur. « O mon bel amy, « s'escrie-elle souvent, pourquoy, mon beau Tognazze, ne « sçais-tu que je t'ayme et que je brule pour toy, mon « beau Tognazze? Vien, mon Narcisse ; vien, mon Gani- « mede : chemine, ne me desprise point, ne me refuse ta « bouche emmiellée. » Ainsi la pauvrette crie, transportée hors les bornes de raison, pour le trop grand embrasement, qui la tourmente jour et nuict; elle pense après vous, et sur vostre petite bouche, laquelle, elle croit surpasser en douceur le succre. Et l'ennuy se redouble si fort en elle, et abreuve tellement ses nerfs, que vous diriez : Ha! la pauvre femme s'en va mourir! Quant à moy, je cherche les moyens pour la destourner de telles fantasies; mais je trouve que je n'y fais rien : partant, je suis venu vers vous de sa part, pour vous annoncer ceste nouvelle, pour sçavoir de vous si vous la daignez prendre pour vostre espouse, et coucher avec elle, moyennant que cecy se face encor en secret, sous contract toutesfois de mariage. »

Cingar lave les pieds de Tognazze avec telle eau, afin qu'abbreuvé d'icelle, il croisse plus haut. Et ne pensez pas qu'il luy rie au bec, comme on dict, en prononçant telles parolles, lesquelles il proferoit avec telle grace, que Tognazze y eust adjousté foy plus qu'en cent Freres-presches de Robert [1]. Ainsi que la rave s'enveloppe dans le filet, d'une soudaineté grande, et la grenoüille gouluë sur le morceau qu'on luy presente, et que la mouche se laisse prendre en la toile de l'araignée ; ainsi, aussi, Tognazze s'engluë en l'amour de Berthe, lequel aussi tost commence à alonger son eschine, et se tenir plus droit, et avec le doigt essuyer la bave, qui luy couloit des levres. Puis, embrassant trois fois Cingar, et trois fois le baisant, luy dit : « Est-il possible ? Ma Berthe me desire-elle pour mari ? Rien ne me sçauroit estre plus cher, que cette affaire ; j'en suis content, je l'accorde, il faut qu'il se face. Si icelle me veut parangonner à aucun, elle confessera que Balde n'est qu'un poltron, qu'un faitneant, et homme de peu : et m'assure qu'elle voudroit que luy et tel maris fussent morts. Que d'ailleurs, Cingar mon amy, ma Berthole ne pense point à ma petite bosse, et à ma teste, qui a des poils blancs : crois-moy, la vieillesse ne me les a point blanchis : ceste dent-là de devant que j'ay perduë, elle n'est point tombée par mes vieux ans ; mais les fatigues et ennuis que me donne la Republique en sont cause. Car, je te puis jurer, et le cancre me tuë, si j'ay plus de quarante et deux ans. Et elle peut croire que Tognazze est un vieillard rajeuny, et semblable à cet ancien Mathusalem. Qu'elle se souvienne de la sentence de Gonette [2], qui disoit que la force est au jeune, et la dexte-

---

[1] Il s'agit de Robert de Litio, prédicateur célèbre à la fin du quinzième siècle et dont il sera encore question au neuvième livre de cette histoire.

[2] Il faut lire Gonelle, nom d'un bouffon célèbre en Italie, et dont la mémoire est restée populaire. On trouve d'amples détails à son égard dans le curieux ouvrage de Domenico Manni, *Le Veglie piacevole, ovverso Notizie de' piu bizzarri e giocondi homini toscani*, troisième édition, Florence, 1815.

Un volume d'une extrême rareté et que nous avons signalé dans notre introduction comme renfermant la macaronée de Bassano, les *Collectanee de cose facetissime*, renferme les *Facecie iocondissime del Gonella*. Nombre de *buffonerie* de ce person-

rité au vert vieillard. Je suis beau, riche, je suis prudent et gaillard : j'ay une bonne terre, et une vallée grasse et opulente : une vallée, dis-je, où les grenoüilles ne coüacquent point, et où les moucherons ne s'engendrent par une corruption d'air, importunant nos oreilles par leurs malplaisantes chansons de *zimt* : mais le vin y croist en abondance, qui est doux, fort, et qui fait rougir la face. J'ay trois vaches, une chevre, et une noire Gode, lesquelles en tout temps me font des caillotins : et de leur laict je reçois tous les jours de bon argent. Ma maison n'est point faite de bousillage, ny couverte de roseaux, qu'un petit vent puisse emporter : mais elle est bastie de bricque, et couverte de tuilles neuves, et y en a vingt-cinq pour rang. En après, j'ay tout ce qui est nécessaire pour le labourage, et pour la cuisine; des pics, des rasteaux, des scies, des marres, des socs, des coignées, des paisles basses, et des haches, avec lesquelles j'ay accoustumé de fendre les gros tisons. J'ay des cloux, des marteaux, des vilbrequins, des tarieres, des mets pour la farine, des saas, des blutteaux, et autres mille choses que je serois trop long à reciter, et en ennuyerois le monde. Tout cela est au commandement de ma chere Berthe. Je suis docteur en l'art de labourer : je suis docteur pour sçavoir bien tirer le fumier de l'estable. Tous les soirs je sçays bien traire les vaches, et faire les petits fromages en leurs faiscelles : je ne porte envie aux Plaisantins, et aux Malghesins. Je sçay bien battre le beurre; je sçay fort bien comme il faut faucher, aplanir les mottes de terre, lever des fossez autour des champs, et dresser les bœufs sous le joug, et dompter les jeunes taureaux. J'ay trois tects à porcs, couverts de lambrusses verdes, et en ma court j'ay mon four, auquel toute la ville de Cipade

---

nage ont été insérées dans divers recueils, notamment dans la *Scelta di facezie, tratti, motti e burle*, dont il existe de nombreuses éditions. Florence, 1580; Vérone, 1586, etc.

vient cuire son pain. Enfin je suis Tognazze : je suis celuy qui conserve Cipade : je suis le Prince de la Synagogue et l'Archivillain. On ne parle, par toutes les villes, que de Tognazze ; personne n'abonde en toutes choses que Tognazze ; je suis advisé et ay une teste sage : je suis, dis-je, Tognazze. Les choses qui se font sans le conseil du grand Tognazze deviennent, crois-moy, enfin miserables ; mais celles qui sont bien masticquées avec son conseil, crois-moy qu'elles sont tousjours bonnes, et n'y a faute d'un iota. Quand la bouche de Tognazze parle, c'est Évangile. Mais pourquoy jette-je le temps au vent en racomptant tant de choses ? Tu sçais ce qu'il en est, ô Cingar, tu le sçais, et tu l'as assez esprouvé. Va-t'en : va trouver Berthe, et luy dis ainsi : « Tognazze, ô Berthe,
« vous envoye autant de bons jours que je verray à ce soir
« d'estoilles au ciel, autant que les forests poussent de fueil-
« les, autant que Milan vend de souppes bien grasses, au-
« tant qu'entre les Venitiens la canaille dospend de vesses,
« autant que Rome monstre aux pelerins de sainctes re-
« liques, autant que le pays de Piedmont brule sorcieres,
« autant que les refectoires des Moines consomment de
« tourteaux, autant qu'à Naples le peuple jette d'oran-
« ges, autant que Cipade fait pendre de larrons, autant
« que les espiciers vendent de drogues esventées, autant
« que les larrons de sergens, les Novarois, les gabeleurs,
« et mesureurs desrobent, et les hosteliers pillent. Ainsi
« je donne ma ratte, et tout mon cœur, et me donne moy-
« mesme à Berthe avec ma jeune vache. » Puis, il embrasse Cingar estroitement, et jette un grand soupir du profond du poulmon. Cingar luy promet d'y employer toute sa force, et faire tant, que le mariage se fera : et là-dessus s'en va trouver Berthe.

Tognazze demeure ; ne pouvant neantmoins demeurer sur pied, il crache en ses mains, et tire ses chausses contremont, qui pendoyent contre bas pour la sangle qui n'estoit serrée ; puis, avec les doigts il pinsse toutes les petites ordures, qui estoyent dessus, et tire au jour de son col le collet de sa chemise blanche ; avec la main, il tourne, et tire ses cheveux gris, lesquels toutesfois, par la force de l'amour, il se persuade estre blonds. Il tasche à estendre les rides de son front, et avec du savon il applanist les plis de son visage. Il nettoye, pour l'amour de Berthe, ses yeux chassieux, lesquels par tout le passé il n'avoit aucunement lavez. Il gratte à beaux ongles son nez sale et villain, lequel couloit tousjours des roupies, et qui cornoit bien fort, et avoit au dessus des verruës. Sa bouche estoit grosse, et de longues baves lui pendoyent le long de la poitrine, telles que vous voyez sortir de la gueule d'un vieux bœuf. Il n'avoit point de miroir, pour se faire beau, et, à ce défaut, il s'en alloit à l'auge, où il avoit accoustumé abreuver ses vaches, quand elles estoient pleines : en icelle il se contemple comme un galand Narcisse ; et encor' qu'il se voye avoir le nez pendant quasi jusques sur le menton, et ses yeux esraillez de chassie, et ses gencives degarnies de dents, neantmoins esprins d'un grand amour, il se trouve le plus beau du monde. Sur sa teste ronde il prend un bonnet moisi, et sur le bord gras il attache une rose blanche. Son cousteau à trancher pain estoit pendu à son costé, ayant le manche garni de corne de bufle, et doré de letton, estant la gaine attachée à une petite courroye rouge : de l'autre costé, pendoit son escarcelle faite à trois plis : icelle estoit pleine de deniers et de liards.

Cependant Cingar avertit Berthe comme elle se devoit comporter, et faire la rusée. Icelle se vest incontinent d'une robbe blanche de futaine : et, pour se faire bien galante, elle se farde, elle peigne ses cheveux, et en fait trois cordons, et avec fers chauds en frise une partie. Puis, avec une coiffe couvre sa teste, et accommode fort proprement une bande au dessus de son front, pour tenir les cheveux sur ses espaules ; elle met un voile jaune, et delié, duquel les deux bouts pendans sur la poitrine estoient accouplez avec une coquille et nacre de perle. De bonne fortune, pour lors il estoit feste, durant laquelle les paysans avoient accoustumé de venir danser soubs un grand ormeau, au son de la cornemuse, à tel jour.

Cingar ne faut de venir en ce lieu, et Berthe tout à propos s'y trouva aussi. Là, les paysans dansoient desjà, et avec un tel bruit, que la terre en trembloit. L'un fait un saut droit pour l'amour de s'amie; un autre une cabriole en l'air avec un tour legier : cestuy-cy se jette en l'air en tournant le corps : un autre, trois et quatre fois, piroüette sur un pied : un autre ne fait que tourner à gauche, et à droite, essayant à lasser la fille. Un autre crie tout haut en braillant : « Sonne cornemuseur la Pavanne ! » Autres demandent la Milanoise, la basse-danse, les Matassins, l'Espagnole, la gaillarde. Plusieurs, estans las de la danse, et suans à grosses gouttes, se retirent aux prochaines tavernes, et là remuënt les verres. Les cornemuseurs, par le moyen de la bouteille, redoublent le vent, et avec la langue fresche font plus dru frisoler le flageolet.

Cependant, comme est la coustume, le bal avoit lasché : et les joueurs attendoyent pour veoir, qui recommenceroit la danse : et toutes les femmes s'estoyent retirées à l'escart pour s'asseoir, et les hommes avec leurs mouchoirs essuyoent la sueur de leurs visages. Cingar, qui estoit là, tenoit un voulge en main, et sur le cul avoit une large dague, faisant bien le brusc avec un grand pennache, qui voltigeoit sur son bonnet, et ne regardoit çà et là que de travers. Iceluy plante son voulge en terre, et oste sa mandille : il tire sa bourse de sa brayette, et y prend quelques grands blancs qui estoient faux et les jette aux cornemuseurs : car jamais sa bourse ne fut garnie d'autre monnoye, et, en passant pardevant Berthe, luy fait une grande reverence, pliant le genoüil assez bas; puis prend le premier celle villageoise qui luy sembloit la plus galante, et toutes les autres filles suivent.

Or, parce que Cingar s'estoit dépoüillé, et s'estoit mis

en pourpoint, il se monstroit fort dispos et legier, et il emportoit le prix de la danse. Il ne passoit pas un point de la cadence de l'instrument, et d'une voix hardie commande à tous les autres de se mettre au bransle. Il ressembloit au chevreau, quand au matin il sort de l'estable, et, laissant sa mere çà et là, court, tourne, et fait le saut en l'air. Tel estoit Cingar : en un saut s'eslevoit en haut de trois brasses : tantost faisoit la piroüette tout droit : tantost courbé : et tantost eslevé. Tous s'esmerveilloient de luy, et pensoyent que ce fut un chat. Voicy Tognazze qui arrive, ayant les deux mains posées sur ses deux costez, et se portoit si droit, qu'il sembloit avoir perdu sa bosse. Il avoit les jambes bien tirées, et marchoit si doucement, qu'à grand' peine voyoit-on en terre le vestige de son pied. Il se plante vis-à-vis de Berthe, escarquillant ses jambes ; et ce pesant et sommier vieillard œillade ceste jeune femme. Cingar remarque soudain la contenance de cet homme, et resserrant la paupiere et cil de ses yeux, faisoit signe à Berthe, comme est la coustume des pipeurs. Berthe, qui entendoit assez les ruses de Cingar, se tient quoye, comme fait une espousée quand on la veut espouser avec son accordé : mais toutesfois elle levoit un peu ses yeux, et les dardoit de costé vers le vieillard : et avec un petit souzris lançoit un regard bien aigu et perçant. Ho ! vous pouvez penser quelles esmotions et quels saisissemens Tognazze sentoit lors en son cœur. Il soupire, et, en soupirant, jette des colles plus grandes que huitres, ou medailles antiques. Maintenant il se tient sur le pied droit : maintenant sur le gauche : souvent gratte sa teste, et ne se peut tenir ferme en une sorte, se remuant en mille façons. « O, disoit-il en soy-mesme, ô sang-suë ! O Berthe, veux-tu, ainsi qu'une truye, avaller mon barbet ? » Cingar avoit instruit auparavant certains rusez, et bons galants, qui estoyent de ses compagnons, à ce qu'ils eussent à prendre garde aux actions de ce vieillard cornu. Il sembloit qu'un chacun eut mangé une

platelée de ris, tant les uns et les autres esclatoient de
rire. Mais Tognazze ne pensoit pas que ceste risée vint
pour luy, et œilladoit de plus en plus Berthe, et Berthe
luy rendoit de mesme. Et pendant que Cingar danse, passant par devant Tognazze, faisant le compagnon avec luy,
luy dit à l'oreille : « Que musez-vous? elle a envie de danser
avec vous plus de trois heures. » Et, passant outre, fait
semblant de ne luy avoir rien dit. Ce vieillard ne le se fait
dire deux fois, il s'en va à Berthe et luy demande si elle
veut pas danser. Icelle, faisant la petite bouche et le petit
musequin, baissant la teste, et s'inclinant bas promptement, luy presente la main gauche : et, se tenans ensemble
par la main, commencent à danser. Alors une grande risée
s'esmeut parmy tous ceux, qui estoyent là presens : et
Cingar donne ordre le plus qu'il peut, çà et là, à faire taire
un chacun, car il avoit peur que ce ris fit rompre son
entreprinse. Auprès du bal estoyent quelques Bonnetiers,
compagnons de Cingar, Brunel, Ganbe, Sguerze, Schiamine, et Lanfranc, lesquels, estans bons frelaux, avoient
accoustumé de se railler des personnes avec leurs belles
parolles. Iceux, parlans l'un à l'autre bas, veulent aussi se
railler de Tognazze : mais il ne parloient pas si bas, qu'il
ne les entendit bien. Sguerze dit, comme Tognazze passoit
auprès de luy : « O qu'il monstre une grande habilité de son
corps? — Voyez, dit Schiamine, combien il balance bien,
et proprement son eschine? » Gambe respond : « Aussi,
est-il legier et dispos : je jure Dieu qu'il ne casseroit pas
un œuf en sautant. » Brunel ajouste : « C'est merveille du
saut qu'il fait : toutesfois il pourroit aller encor plus haut,
s'il avoit osté son casaquin. Tu dis fort bien, respondit
Lanfranc; car, en ce faisant, il monstrera à son amie Berthe
la galanterie de sa personne. » Tognazze entend bien tout
ce qu'ils disoient de luy : ce qui l'incite à danser davantage, et jette les talons gaillardement le plus haut qu'il
peut, et luy est advis qu'il touche au ciel. Il croit que ce
soit Evangile tout ce que ces bons raillarts disoyent de

luy. Il despoüille incontinent son casaquin, et lasche la boucle de sa ceinture, et, tendant le bras à Berthe, il luy commande de luy tirer le pourpoint, ainsi que nous avons accoustumé de demander secours à nostre voisin. Icelle, en tirant ceste manche tire quant et quant la manche de la chemise, le faisant exprès, et, tenant bien ferme, tire tout ensemble. Tognazze bon homenas, sentant que la chemise s'en alloit avec le pourpoint, se laissoit aller. Mais Berthe tiroit tousjours plus fort, et feit tant qu'elle luy enveloppe la teste au dedans de sa chemise et pourpoint tirez desjà à demy : et le bon homme crioit : « Laisse la chemise, m'amie; c'est assez de tirer le pourpoint. » Mais cependant l'autre tiroit tousjours, et le vieillard ne se voioit, ny autruy, ayant la teste toute embroüillée en sa chemise. Estant à demy despouillé, il montroit desjà son cul quasi tout à nud, quant Cingar, feignant le bon valet, y accourut, et lascha du tout l'esguillette de ses chausses, en sorte que Tognazze demeura tout nud, tombans ses brayes jusques sur ses talons.

Toute l'assemblée se print si fort à rire, qu'on eut dit que là estoyent plus de cent singes et magots. Voulant escamper ainsi sans vestemens, et chercher quelque lieu pour se retirer et cacher sa honte, voulant courir, il se laissa tomber de si haut, que, donnant de sa panse contre terre, il feit un son, comme ci c'eust esté un tambourin. Et ce qui le feit cheoir fut, à raison que, ses chausses estans tombées jusques sur ses tallons, il s'enveloppa tellement les pieds, qu'il ne luy fut possible de se retenir, ne pouvant marcher autrement que comme fait un petit poulet, qui s'est empestré avec de l'estouppe, ou filace. Tous ces paysans accourent avec risée, pour voir cet homme. « Ha, ha, ha, disoient-ils, voicy de quoy rire. » Les femmes, et les filles tournent la teste d'un autre costé, ne voulant voir de jour ce qu'elles pouvoient sentir la nuict. Ce premier des Senateurs, et Consul de Cipade, tenoit les mains sur sa bourse, et monnoye, monstrant le tablier de derriere tout à l'ouvert. Ceste honte luy feit esteindre le feu d'amour.

> Tout est surmonté par Amour,
> Mais honte le dompte à son tour.

Enfin, ayant développé ses jambes en quittant là ses brayes, comme fait le Castor ses coüillons à celuy qui le poursuit à dent de chien, s'encourt le plus vistement qu'il peut. Je n'ay point veu chat, tombant du fest d'une maison, courir plus fort. Estant venu en lieu où il se pouvoit couvrir, la honte luy fait baisser sa teste grise, n'osant eslever la face : et disoit en soy-mesme comme s'il eust parlé à un autre : « O vieil Tognazze, quelle disgrace t'a saisi? ne recognois-tu point, ô pauvre malotru, ta honte? Nagueres je pensois que la femme n'est qu'une vraye ribaude, et que nous devrions plustost croire à ce larron de Mahomet, qu'aux fausses langues des femmes ; et maintenant je voy que Berthe m'a prins au piege. Ha! je m'estimois le plus heureux de tout le monde ; mais à présent chacun se moque de moy comme d'un malheureux. Je sçay bien conseiller les autres, et ne me sçaurois conseiller moy-mesme. La coulpe, quand tout est dit, n'en doit estre rejettée que sur moy, pauvre sot !

> Le conseil, ce n'est rien quand on n'en veut user,
> Et cil conseille mal, qui le veut refuser.

J'ay honte de m'estre trompé moy-mesme. Et, pour un fol amour, je n'ay point recogneu la faute jusques à ce que la vergogne m'aye osté le bonnet, et fait tomber le masque de mon visage. Après le dommage, on se repent, crois-moy, de l'entreprinse. »

Pendant que Tognazze se desprisoit ainsi, Zambelle arrive, lequel le vest de ses habillemens, et s'en vont ensemble. Il se tint **trois jours** entiers caché, ne voulant se montrer à aucun : et rongeoit cependant son mords, se disposant à la vengeance, ne voulant laisser tomber à terre l'injure honteuse qu'il avoit receuë de Cingar et de Berthe. Par ce moyen, l'honneur et reverence qu'on souloit porter à Tognazze, qui estoit en réputation d'estre le premier de la ville, furent fort amoindris, et le moulin de Cingar en mouloit mieux.

Je, Comine, escris cecy pour servir de miroir aux vieilles personnes : non pas que je sois si folle et temeraire de l'escrire aux sages vieillards, desquels la jeunesse doit aprendre le droict chemin. Mais je parle à vous, vieils moisis, et galeux, lesquels l'Escriture appelle enfans de cent ans. O vieil, que resves-tu? Où est-ce que ta bestise te meine? Ne portes-tu pas tousjours sur ton dos la maison des morts? T'estimes-tu sage pour porter une callotte fourrée, et avoir le front tout plié, comme si la sagesse residoit seulement aux rides et au poil blanc? Tu ne fais à present que ronger, et blasmer les jeunes personnes : comme la teigne se coule sur un doux velours. Et que jases-tu? que quaquetes-tu, pauvre podagre, en disant que le Magistrat est maintenant entre des mains pueriles; que les grandes affaires, et choses serieuses du public, sont administrées par personnes qui sont sans experience; que les jeunes se font croistre la barbe, et se font frotter le visage pour y faire monter le sang, afin qu'ils semblent à des aveugles estre desjà bien âgez, et, après avoir fait passer le rasoir sur leur menton, estre plus dignes à manier les offices honorables, et estre assis aux plus hautes chaires pour rendre le droict à un chacun? Tous ces propos que tu allegues ainsi, ô vieillard moisi, ne partent que de l'ordure d'envie, mais quand tels vieux peons se regardent en un miroir, ils ont honte quand ils voyent leur face amaigrie, et qu'aucune beauté n'embellist leur personne. Leur visage argentin se voit changé en couleur d'or; de leur bouche tombe la bave; le fer a arraché les dents; les oreilles leur cornent tousjours; la roupie leur pend au nez : ne font que cracher des huitres : et de leurs yeux chassieux coule sur leur poitrine une eau jaune, comme leurs levres s'abreuvent de ce qui descend de leur nez. Pendant qu'ils se remarquent estre devenus tels, et, s'estimant alors miserables, ils s'attristent et se deschirent au dedans avec aspres et rudes morsures d'une maligne envie. Ils se ressouviennent des festes passées en leur jeunesse, quand, bien esguilletez et bien attachez, ils se marchoient avec un pas gaillard : quand, se trouvant aux tournois, ils rompoient dextrement leurs lances : quand ils manioient et faisoient voltiger les genets d'Espagne : quand ils menoient le bal, au son et à la cadence des instruments : quand ils donnoient des œillades à leurs amoureuses. Mais, pendant que ces vieillards rememorent ces choses, ce sont autant de tourmens qu'ils sentent, et tels que sont ceux de Promethée attaché au fond d'enfer, quand l'Oiseau luy vient tousjours arracher le foye renaissant.

Cingar ayant ainsi reprimé Barbe Tognazze, il tache de gagner l'amitié de Zambelle, afin aussi de luy faire rompre le col. Cestuy-cy, se voyant à present possesseur de tout le bien de feu son pere, ne pouvoit se contenir, pour la trop grande allegresse dont il estoit plein. Il se delibere de bien ordonner de ses affaires et d'enrichir sa maison à bon escient. Un jour, il appelle sa femme Lene, et la tire à soy, et luy donne un baiser : puis, luy dit : « Nous avons maintenant du bien pour sustenter nostre corps autant qu'il nous en faut, et Balde ne nous fera plus passer nostre vie avec peine et travail : veux-tu que nous demenions ensemble le trafic de marchandise? J'iray tous les jours à la ville trafiquer, et, toy, cependant, avec ta quenoüille et fuseau, fileras à la maison. J'espere qu'en peu de temps nous deviendrons riches, et ne me soucie beaucoup si je porte des cornes. Il faut mettre tout en œuvre pour gagner. » Lene luy respond : « Je feray tout cela volontiers. Ne sçais-tu pas que Berthe m'a voulu battre avec un gros baston? je ne sçauroy mettre en oubly telle offense. Mon cher mary, je vous prie que vous me veüilliez oster de cest ennuy : fais que la vengeance se face de ceste vache. Ne t'estimera-t-on un cheval, si laisses ainsi nostre honneur. » Zambelle luy respond : « Tu as raison, ma Lene : Berthe a tousjours esté ennemie de nos espaules ; il la faut incaguer, et à plein ventre. » Et là dessus machinent une grande entreprinse, avec laquelle, ô chose merveilleuse, ils puissent faire une grande vergongne à Berthe. Ils se levoient de nuit, à cinq heures, et tous deux devant la porte de Berthe alloyent descharger leur ventre. Pardonnes-moy, Lecteur, si ce que je t'escriray maintenant te puira. Berthe, se levant de son lict de bon matin, trouvoit sur le seuil de son huis ces belles cailles Lombardes. Cingar, ayant une queuë pelée de renard, se douta bien incontinent que c'estoit là une des prouesses de Zambelle. Que fait le compagnon? il s'arme l'estomach de bon vin, et tous les jours alloit enlever ceste bonne marchandise, laquelle il gardoit en un pot jusques à ce qu'il fut plein. Berthe s'estonnoit de ceste reserve, et luy demandoit ce qu'il en vouloit faire. Mais Cingar, sçachant qu'une femme n'a jamais de fonds : « Tu en cognoistras, dit-il, un de ces matins, la cause. » Dessus cette bonne drogue, il verse une potée de doux miel, afin qu'on estimast que tout ce qui estoit au post fust de mesme. Il le charge sur son espaule en un bissac et s'en va vers la ville en habit deguisé : car, autrement, il n'estoit que trop cogneu. En s'acheminant, il apperçoit Zambelle; soudain l'appelle, et se declare à luy, qui il estoit : « O Zambelle, dit-il, ô mon amy Zambelle, attens, je te prie : tu ne me cognois pas? Je suis ton bon compagnon Cingar, qui t'ay porté, et qui te porte, et qui te porteray tousjours bonne amitié. Comment te va? et comment se porte Lene ta femme? Touches-là la main : tu me sembles gaillard, et ton visage monstre une bonne chere. — Je suis, dit Zambelle, sain, gaillard, et Lene aussi est assez saine, et non moins gaillarde. Mais, dis-moy, que portes-tu en ce bissac? Veux-tu que je t'ayde? Je le porteray volontiers pour te faire plaisir. »

Lors Cingar, feignant estre las, luy dit : « Aydes-moy donc, aydes-moy, je te prie, à mettre bas ce fardeau? » Zambelle, y mettant la main, le descharge, et luy demande ce qu'il y avoit dedans. Mais Cingar, encore qu'aucune sueur ne fut sur son front, si ne laissoit-il à s'essuyer avec son mouchoir, faisant bien le lassé, et luy respond, comme descouvrant son secret à son compagnon : « Veux-tu, mon cher Zambelle, que je te die la verité d'une chose, que peut-estre vous croirez estre fausse; veux-tu que je te le die? Il ne faut celer à son compagnon quelque entreprinse que ce soit. Berthe te remercie avec tous les remerciemens qu'il est possible : laquelle toutesfois tu n'estimes digne d'aucun present; elle pensoit cy-devant que tu luy fusses ennemy; mais, depuis, elle a cogneu, par espreuve, que tu luy es amy, et sur ceste bonne opinion, voicy en ce vaisseau tout ce que vous avez lasché toutes les nuicts devant sa porte, et j'espere aujourd'huy en faire de bon argent. » Zambelle, estonné : « Que dis-tu, mon amy? Pourras-tu bien exposer ma fiente en vente sur une bouticque? Tu me ferois bien chevreter, si tu pouvois me faire accroire que tu peusses vendre ce qui sort de mon ventre. Vas, tu me vens, ou veux vendre des vessies, lesquelles je n'acheteray pas volontiers de Cingar. » Cingar luy respond : « Pourquoy non? Ha, ne penses cela de ton fidelle amy; mais plustost de ton parent. Ne sçais-tu pas que le Panade Berthe estoit frere de Jean le Mignot, de qui ma mere Catherine m'a engendré, et ensemble ma sœur, tellement que nous sommes cousins? Mais que servent tant de propos? La preuve jugera le tout. » En disant ces mots, il tire un petit baston d'espine, qui bouchoit un trou, lequel estoit au bas du vaisseau, et soudain sort une claire matiere, qui les prend au nez. « Sens-tu, dit Cingar, l'eau rose, et l'ambre de chien? T'est-il advis maintenant que je suis un vendeur de vessies? » Zambelle, bouchant son nez, commence à crier : « O sangsuë ! Qu'est-ce que cela? estouppe le trou, Cingar, je te prie. Ha ! c'est de la merde, qui put trop. Mais qui est l'estourdi, et qui aye l'entendement si grossier, qui veuille bailler un meschant chetif denier faux, ou rongné, pour une telle marchandise? » Cingar lui dit : « Viens avec moi, tu verras le profit que j'en feray. Toutesfois, te souvienne de ne descouvrir ce secret à personne. » Puis, haussant ce vaisseau, il le met sur l'espaule de Zambelle, et, marchant devant, ne se pouvoit tenir de rire. Ils viennent à la place du marché. Cingar, sans faire semblant de rien, ameine Zambelle devant la boutique d'un Apoticaire, et, le laissant dehors, il entre dedans, demandant en ces mots à cet Apoticaire : « O maistre, voulez-vous acheter merde de mouches à miel? » Zambelle n'ouyt que ce mot de merde, et non de mouches, et fut bien estonné, entendant qu'on faisoit trafic de telle noble marchandise. L'Apoticaire se print incontinent à rire de ceste nouvelle appellation, et jugeoit que le vendeur devoit estre quelque bon bouffon, qu'ainsi appelloit merde du miel ; et soudain meit le doigt dedans le dessus du pot, pour taster s'il estoit bon, comme telles gens ont accoustumé ; et ne touchant qu'au miel, qui couvroit ce qui estoit de plus précieux au fonds, et le trouvant fort doux, ne pensa plus que ce fut quelque pipperie. Ils font prix ensemble, et Cingar en tira de bons escus trebuchants : et neantmoins ce bon gaudisseur se plaignoit de laisser sa marchandise pour si petit prix. L'Apoticaire vouloit vuider le vaisseau de Cingar dedans le sien pour luy rendre, ce qui eust descouvert toute la fourbe. Cingar, craignant cela : « O, maistre, ne vous hastez point pour cette heure, retenez mon baril, je viendray tantost : je vay acheter de petites choses dont j'ay affaire, puis reprendray mon vaisseau en passant. » Il appelle Zambelle et s'en vont bien viste, laissant-là leur Apoticaire bien garni et bien trompé. Voila comment les vieux re-

nards sont quelquefois afinez : la Fortune permettant à
bon droict cela arriver, afin que ceux, qui à tort et à travers amassent des deniers en grande quantité, pour de la
casse, pour des petites pillules, pour des syrops, remplissans leurs escuelles, en faisant bien souvent au monde
vuider la vie avec la merde, se voyent aussi deceuz et
trompez en mesme matiere : et que, comme telle drogue
leur fait venir des escus, aussi la mesme matiere face
sortir de leur bourse mesmes escus.

Là-dessus, Zambelle se propose beaucoup de chose en
l'esprit, et se resoult de faire trafic de telles puanteurs :
et estant de retour chez luy, va le long des ruës amasser
un grand plein baril de cette fine drogue, et, le chargeant
un jour sur son espaule, trotte à la ville, et droit à la
place, et s'en va le long d'icelle par les bouticques, criant :
« J'apporte de la merde à vendre : Qui en veut? je le demande, à la verité ; car elle est bonne, et fresche. » Si chacun rioit de ceste sottise, vous le pouvez croire. Mais un
malheur suivoit le pauvre Zambelle. Car, se promenant
ainsi avec sa marchandise, il arriva devant la boutique de
cet Apoticaire embrené, que Cingar avoit si bien pippé.
Aussitost qu'iceluy apperceut Zambelle avec son fardeau,
laissant là son pillon, prend un gros baston, et allant
pas à pas après le bon homme, crachant en ses mains
pour mieux tenir son baston, donne un si grand coup sur
ce baril, qu'il le defonce, et fait voler les cercles. Tout le
bran s'escoule par tout sur le vilain, au visage, au-devant, sur le derriere, estant tout couvert de ce brouet
intestinal. Le compagnon court tant qu'il peut deçà et
là. « Ha! disoit-il, mes espaules! Ha, mon dos! Ha, mes
rongnons! » L'Apoticaire, ne luy laissant prendre haleine,
le poursuit, et ne donne repos à son tribal. L'autre se
jette en une boutique, et tantost en une autre, implorant
secours et ayde : mais chacun le chasse pour la puanteur, qui estoit sur luy, et pas un ne luy donne secours.
Les enfans courent après luy, luy jettent des pierres, de

la bouë, et telle villenie. Les Bonnetiers y accourent, tousjours prestz à railler. Les Dames mettent la teste à la fenestre. Le Prevost y arrive avec ses Sergens, et avec une voix forte demande quelle rumeur c'estoit. L'Apoticaire, devant le peuple, accuse Zambelle, de ce qu'il luy avoit vendu de la merde soubs couverture de miel. Zambelle, pleurant, le nie, et veut monstrer que c'est une menterie, braille, et s'escrie fort et ferme : « Je ne suis pas celuy-là, dit-il ; Monsieur, ça esté Cingar, le pendard, comme on l'appelle, lequel le Podestat a voulu tant de fois faire mettre en quatre quartiers. » Le Prevost, sentant, et voyant la puanteur qui estoit encore sur cet homme, le fait prendre, et luy lier les mains derriere le cul, et l'envoye en la prison commune.

Cingar, ayant entendu ce faict, aussitost, comme un rusé paillard, s'en va trouver Lene, femme de Zambelle en sa maison, laquelle estoit assise sur un botteau de paille, fort en cholere, et, soustenant sa teste dedans la paulme de sa main, pleuroit amerement ; car elle avoit jà entendu la prinse de son mary, et ne sçavoit quel party, ny moyen prendre, et n'avoit aucun conseil pour tirer son mary de là. Cingar, soupirant, entre, et avec son mouchoir essuyoit ses yeux, qu'il avoit auparavant moüillez de sa salive : fait semblant de pleurer l'infortune de Zambelle son bon compagnon, et la reconforte autant qu'eust peu faire un sien frere, et usoit envers elle de parolles plus douces que succre, et la prie de vouloir donner patience à son esprit, si d'aventure il arrive que la potence separe son mary d'avec elle. Car le bruit de la ville estoit que Zambelle le larron s'en alloit en Picardie, pour estre picqué au gibet. « Ha ! miserable que je suis, s'écria Lene, je mourray bien-tost ! Que dites-vous, Cingar ? on prepare une potence pour Zambelle ? » Et ce disant, elle se frappe les mains, elle arrache ses cheveux. La pauvre sotte implore à jointes mains l'ayde de Cingar. Mais Cingar, en pleurant, lui dit : « Ma sœur, m'amie, que voulez-vous davantage de moy? Il n'y a aucune esperance? Il a passé le Pau en merde, et a foiré sa vie. Toutesfois, afin que vous cognoissiez, et toute la ville de Cipade, combien je vous estime, et Zambelle, et tous les vostres, je m'efforceray de vous rendre vostre bon homme. Mais l'ordonnance rigoureuse du Palais rend la chose bien difficile, parce qu'elle veut qu'aucun ne sorte de prison, que premierement il n'apparoisse sa bourse estre vuidée : c'est la pratique de Messieurs, mais plustost des larrons. Voicy, je vous fais offre de ma bourse, et de moy-mesme, afin que plus promptement nous tirions Zambelle de là où il est. Aussi, si vous avez quelque argent il faut le debourser ; car, avec vostre argent et le mien, et la faveur du peuple, ne doutez point que ne le garentissions du gibet, nonobstant le bruit qui court, qu'on le doive faire mourir. » Lene, adjoustant encore plus de foy à telles parolles, redouble ses plaintes, rompt la porte de son logis, et prend son tresor, qui estoit de quelques carolus qu'elle gardoit en un panier, et les presente à Cingar, qui aussi-tost le serre sans compter, et met avec quelques autres pieces de cuivre qu'il avoit fait luy-mesme en la tour de Cipade ; asseurant avec serment qu'il despendroit tout, et son propre sang, pour tirer Zambelle hors du danger de la potence. Aussi-tost il va à la ville, et de propos deliberé passe pardevant la boutique de son Apoticaire, qui avoit acheté de luy une si precieuse marchandise, et qui pour ceste cause avoit fait mettre Zambelle en prison. Cestuy-cy, ayant apperceu Cingar, ne faut de sortir soudain en la rüe, et, le poursuivant, s'escrie contre luy de loing : « Demeure, pendard, demeure, bourreau : rends-moy mon argent, larron : tu m'as vendu de la merde pour du miel, coquin ! » Cingar, qui oyt cette clameur après soy, s'advance, et appelle les plus proches à tesmoings : « N'oyez-vous pas ce que cestuy dit? Je vous prie, dit-il, vous en souvenir, vous en serez tesmoings, s'il vous plaist, mes Freres. Ce larron-cy, et trompeur, confesse n'avoir pas achepté de Zambelle ceste merde dont il se plaint, pourquoy donc Zambelle est-il prisonnier? Penses-tu, traistre, ainsi prandre au trebuchet un bon homme? Penses-tu ainsi vendre ton fenoüil à tes citoyens? Mais j'ay trop tenu couvertes tes meschancetez. Ne sçais-je pas bien (et en ay des tesmoings assez) que tu as falsifié tes poids et mesures, et que tes balances ne sont justes? Ne vends-tu pas, meschant, des crottes de chien, et de chevre, au lieu de diaculon, et au lieu de pillule de tribus? Au lieu de bonnes drogues, tu n'en vends que de meschantes. Je m'en vais au Palais, je te feray soudain adjourner, et te prepare de respondre à plus de cent tesmoings, qui meritent aussi bien que moy qu'on leur adjouste foy. Corps D..., mais je ne veux pas blasphemer. Enfin je feray saccager ta boutique, poltron, et maroufle que tu es! As-tu ainsi pensé à t'enrichir aux despens d'un pauvre homme? » Pendant que Cingar tenoit tels propos, tout le monde s'assembloit autour d'eux, et puis feint de s'en aller droit au Palais. Mais une peur chiarde prend incontinent l'Apoticaire, et plus viste que sa scammonée n'opere en un paysan, il ne sçait ce qu'il doit faire, il se voit perdu s'il n'y donne ordre de bonne heure. Il s'asseure bien n'avoir jamais eu de fausses balances; toutesfois, il est en grand esmoy, et le soucy luy ouvre l'entendement. Il va après Cingar et l'appelle ainsi : « Attends un peu, je te prie, ô compagnon ! » Mais Cingar fait l'oreille de marchant. L'Apoticaire crie plus fort : « Hola, frere, demeure, que je te die seulement, je te prie, trois mots ! » Cingar se tourne et luy demande ce qu'il veut. L'autre, faisant la chattemite, le prie, et supplie et luy dit : « Hé quoy ! mon compagnon, mon amy, que pensez-vous gaigner, quand vous m'aurez fait perdre mon bien et ma vie? Ha! pour l'amour de Dieu, et que la Fortune vous sauve et garde, ne veüillez m'accuser de telles choses, et principalement en ce temps, auquel vous voyez tant de loups, ayans la gueule ouverte pour devo-

rer un chacun miserablement. Je te donneray quelque
argent, et ne poursuivray plus le paysant touchant sa
merde couverte de miel : au contraire, je te jure et promets que je le feray sortir de prison. » Cingar luy respond : « Certes, tu t'es eschappé d'un grand peril; car, de
droit, tu eusses perdu toute ta boutique, et peut-estre que
le juge t'eust condamné à la mort. Je te remets toutesfois
ceste faute, moyennant que tu gardes ta promesse que
tu me viens de faire, et qu'à tes despens tu tires le
bon homme hors de prison. — J'en suis content, dit l'Apoticaire. » Et là-dessus, ce pauvre lourdeau met la main à
la bourse, et la vuide de tout ce qu'estoit dedans, le baillant à Cingar, qui le prend très-bien, en le refusant
quelque peu, après l'avoir en sa main, à la façon des
medecins [1]; et s'en vont ensemble à la prison commune,
et non celle de la tour. Zambelle, advisant Cingar, soudain
accourt, et tout joyeux s'en vient aux grilles de la fenestre,
et l'appelle, le priant le vouloir aider. Cingar lui dit :
« Tais toy, tais toy, parle bas, fol, et te tiens joyeux.
Car, tout à ceste heure, moy seul, te feray sortir de là, et
je ne crains point de despendre mon argent pour toy, et
en ay desjà beaucoup debourssé. Cet homme qui est icy
venu avec moy, et qui t'a battu à tort, affermera et ju-
rera devant le monde avoir usé d'une menterie, quand il
a dit que des bouges de vache, qu'il avoit achetées pour
quelque peu de deniers, estoient de la fiante humaine. —
Mais, dit Zambelle, telle purgation intestinale nous apporte bien de l'incommodité; toutefois je voudrois estre
payé de celle qu'il m'a fait perdre. Dis-moy, Cingar, por-

---

[1] Rabelais s'est inspiré de ce passage lorsque, au troisième
livre de *Pantagruel*, chap. xxxv, il montre Panurge s'approchant
du docteur Rondibilis et lui mettant en main, sans mot dire,
quatre nobles à la rose. « Rondibilis les print très-bien, puys luy
dit en effroy comme indigné : Hé, hé, hé, monsieu, il ne failloyt
rien. » Nous n'avons pas besoin de rappeler que Molière prête un
trait semblable à Sganarelle dans le *Médecin malgré lui* (scène viii).

teray-je encore cette grand'perle? » Cingar lui respond :
« Repose-toy sur moy pour telle chose; je te promets que
tu en auras quatre barils bien pleins. Adieu, je m'en
vais, tu sortiras maintenant. O, Apoticaire, allons à l'auditoire ! » Ainsi s'en vont, et ayant eu audience, Cingar
prouve tout ce qu'il veut, jure, afferme et allegue cent
mille menteries, et fait tant qu'il fait sortir Zambelle, et
le rameine à sa maison, emportant en sa bourse l'argent
que Lene luy avoit baillé, et ensemble ce qu'il avoit receu
du miserable Apoticaire. Mais, pour telle drogue puante,
je voy que la compagnie est en cholere, pendant que mes
Muses m'ont tenu le nez bouché. Pardonnez-moy si nous
avons remply vos oreilles de choses si grandes. Il vaut
mieux en ouyr parler que d'en taster. Je me recommande.

LIVRE HUITIEME.

JÀ la bonne femme de Zambelle avoit receu son mary
de retour de la prison et le caressoit d'estranges manieres. Comment? Estoit-ce avec baisers? Estoit-ce avec
embrassemens joyeux, comme fait la femme finette,
quand elle veut tirer quelque chose de son mary? tant
s'en faut. Mais le receut avec un gros baston, avec lequel
elle luy affermissoit les coustures de son casaquin. Voilà
le repos qu'on donnoit à Zambelle après une prison. Et,
trois jours après, Lene veut employer son mary en quelques affaires, afin que la pauvrette peut recouvrer ce
qu'elle avoit perdu; car Cingar avoit entierement espuisé
sa bourse, et ces miserables n'avoient un morceau de

pain en la corbeille. Partant, Lene, advisant à son fait, commande à Zambelle de s'en aller à la ville y menant leur vache pour la vendre.

C'est ceste vache, des plus illustres et plus renommées qui soient au demeurant du monde, de laquelle Cipade estoit ordinairement garnie de ses fromages, de laquelle tous les jours on tiroit une grande chaudronnée de laict, et la ville estoit fournie en tout temps de son beurre et de caillotins. Et comme les anciens ont laissé à leurs petits-fils, icelle fut nommée par le Pannade Berthe, Chiarine. Zambelle, pour s'acheminer, se fait un éguillon que Calpin[1] nomme *Stimulum*, et nostre Comine l'appelle Gaiole ; et picquant avec ceste verge sa vache : « Va là, disoit-il, Chiarine ! » et icelle rendoit une voix qu'il n'est pas possible de mettre par escrit. Mais, parce qu'il n'avoit pas bien apprins à compter et à calculer, et ne sçavoit escrire un compte sur tablettes ; pour ceste cause, Lene luy commande de vendre la vache et n'en recevoir pour lors l'argent ; mais bien qu'il prenne ce que l'on luy voudroit donner en son panier, et qu'il face sa vente en presence

---

[1] Ambroise Calepino, né en 1435, à Bergame, mort en 1511. Il entra dans l'ordre des Augustins et se rendit célèbre par son grand *Dictionnaire des langues latine, italienne*, etc., qu'il publia pour la première fois à Reggio en 1502 et qu'il ne cessa, jusqu'à son dernier jour, de revoir, d'accroître et de corriger. Après la mort de ce savant, d'autres érudits, tels que Passerat, La Cerna, L. Chifflet, augmentèrent ce vocabulaire polyglotte qui a été porté successivement jusqu'à onze langues diverses et qui a obtenu plus de vingt éditions différentes. Les deux dernières ont vu le jour à Padoue en 1758 et en 1772, 2 vol. in-folio. Aujourd'hui il ne reste rien du lexique de Calepin, si ce n'est un nom qui s'emploie proverbialement et souvent sans qu'on sache si c'est le nom d'un livre, d'un meuble ou d'un homme. D'habitude on s'en sert pour exprimer un recueil de notes et d'extraits. Tout le monde connaît les vers de Boileau (satire I) :

> Que Jacquin vive ici...
> Qui de ses revenus écrits par alphabet
> Peut fournir aisément un calepin complet.

de tesmoings, et que celuy qui l'acheteroit de luy, luy baillast une scedule payable à samedy prochain, auquel jour elle iroit à la ville recevoir elle-mesme le contenu de la scedule. « Je feray ainsi, luy respond Zambelle, et vous tenez cependant en repos. » Puis, touchant sa vache, parloit à elle en Mantoüan : « Çà, mamao, tournes-ci? » et subloit comme fait le bouvier à ses bœufs.

Cingar, ayant entendu de Berthe ce marché, que fait-il? Il ne demeure à quartier, il se haste d'aller après, disant en soy-mesme : « Qui tarde trop jamais ne mange rosti chaud, et jamais n'est bien logé qui trop tard arrive : aussi, la limace, tardant trop, perdit de bons morceaux. » Pensant à tels inconveniens, chemine hastivement, et, arrivant d'heure à la ville, il espere acheter la vache Chiarine. Il s'en va droit en une boutique, garnie de force hardes, laquelle appartenoit à un Juif nommé Sadoche, lequel, avec sa circoncision, estoit doüé de trois beaux presens et bien marqué de Dieu, afin qu'il ne fut incogneu au monde. Il estoit bigle, boiteux et bossu, et qui par usure avoit rendu miserables plus de cent personnes. En sa boutique pendoient plusieurs sortes de vestemens, des cappes, des juppons, des chausses, des fourrures, des sayes, des cottes, des cotillons, des robbes. Cingar, donnant gage à ce Juif, prend une manteline deschirée et toute usée et un bonnet jaune, et enfin se vest de tels habillemens, qu'on l'eust creu estre le Juif Sadoche. Il s'en vient ainsi habillé en la place; on l'estime estre Baganaie. Il void loing de luy Chiarine, et son bouvier. Aussi-tost, clopinant, s'en va vers cil, et, fermant un peu l'œil droit, contrefaisoit le bigle, et se faisoit paroistre bossu en tournant un costé : de pas en pas, il marmonnoit quelques mots hebreux. Zambelle crie le plus haut qu'il peut : « Qui veut achetter ceste belle vache? » Cingar, l'oyant ainsi crier, ne se pouvoit quasi tenir de rire. Approchant toutesfois de luy, tenant les yeux à demy fermez et les jambes tortes, se contrefaisoit si bien avec ces habits, que Zambelle, le bon homenas, ne le cognoissoit aucunement. « O bon homme, dit-il, j'acheteray ta vache. Que veux-tu? A quel prix est-elle? Ne demande, je te prie, que le vray prix, que tu en veux avoir. » Zambelle luy respond : « Si tu veux acheter Chiarine, voici, je te la vendrai, accordons-en : je ne veux, pour le present, en toucher l'argent; mais, pour mon vin, tu mettras au panier ce que tu voudras, et ne me bailleras qu'une scedule, et Lene viendra samedy prochain querir le contenu d'icelle en te la rendant. » Cingar luy dit : « Qu'elle vienne, je la payeray bien; mais ameine la vache avec toy. Es-tu si fol? Viens, laisses-tu Chiarine derriere? — O, dit Zambelle, je ne le suis pas! Çà icy, va là, chemine. » Ils entrent ensemble en l'ouvroir du vendeur de paniers, et Cingar en achete un et met dedans trois barbeaux, lesquels ont au ventre des œufs de telle vertu, que, si vous en mangez, vous aurez le flux de ventre à bon escient. Puis, prend une escritoire et du papier en presence de tesmoings, et escrit en iceluy à rebours, à la mode des Hebreux, ceste scedule : « Zambelle, fils de Berthe Pannade, a vendu à Sadoche, Juif, une vache, pour laquelle il promet payer samedy prochain huict florins de Rhin, presens Caroie, Bergnacque, Mango, et Hierosme, Prestre. En signe j'ay apposé mon nom : Sadoche. » Cela fait, il plie un papier et y met son scel. Et met sur l'espaule de Zambelle le panier et le renvoye chez soy, en retenant Chiarine et la scedule. Zambelle, pour la pesanteur de son panier, sué d'ahan, chemine toutesfois joyeux, pensant avoir faict un grand gaing. Cingar s'en retourne vers son Juif, et luy rend ses vestemens en reprenant son gage, et, qui plus est, il luy vend Chiarine, pour laquelle il tire de luy huict ducats, luy remonstrant qu'icelle estoit pleine et devoit bien-tost avoir son veau.

Ayant receu son argent, il s'achemine vers Cipade et advance par le chemin Zambelle, prenant les petits destours qu'il congnoissoit, et rencontre Zambelle tout sueux sous sa charge et soufflant en assez bonne mesure; mais ce travail n'est point ennuyeux à un cœur alegre. Cingar, passant outre, ne fait semblant de l'envisager ; mais Zambelle, l'advisant, s'arreste soubs son fardeau et l'appelle : « O Cingar, où vas-tu ? Arreste un peu ! » Cingar se tourne : « Qui est-ce qui m'appelle ? dit-il. Ha, certes, gentil Zambelle, je ne te recognoissois point soubs ce panier. Qu'as-tu dedans ? » Zambelle luy respond : « Il est besoing que je trafique de mon bien. Je suis marchand, je vends, j'achete de tout ; mais te souviennes des quatre barils de merde que tu m'as promis. — N'en fais point de doute, dit Cingar, on te tiendra promesse. Qui sera plus riche que toy avec telle matiere ? Je ne te voudrois pas tromper, mon cher Zambelle l'annade : asseures-toy d'avoir ce que je t'ay promis une fois. Penses-tu que je t'eusse tiré de la prison, où tu estois, prest à estre pendu, si Cingar n'eust esté ton amy ? Sois certain que tu l'as et auras à jamais pour amy. Ce sont veritablement parolles; mais tu en as fait l'épreuve. Or, dis-moy, que portes-tu ? Quelle marchandise as-tu trouvée ? » Zambelle luy dit : « Mon panier a prins des poissons, lesquels ma femme mangera, comme elle en a envie, estant grosse d'un petit enfant, pour laquelle je laisserois toute besongne, afin de luy trouver ce qu'elle desire de manger; autrement, elle perdroit le fruict de sa grossesse. — Tu fais, dit Cingar, une bonne œuvre; car tu dois secourir ta femme, principalement quand elle est grosse ; car, estant en tel estat, elle est excusée de mettre la main à la paste pour s'appresterà manger, parce qn'elle en pourroit avorter, et jetteroit son enfant mort comme un abortif. » Zambelle, pour ce mot *abortif,* pensoit que Cingar eust dit *boutir,* qui signifie *beurrée* : « O, dit Zambelle, lors elle ne fera plus de beurre; car elle a vendu sa vache Chiarine : le bigie Sadoche la vient d'acheter. Adieu cependant, Cingar, jusques au revoir. »

Il arrive, bien las, à la maison, en laquelle il ne trouve pour lors sa femme, qui estoit allée à l'Eglise à confesse, ou faire autre chose, et avoit emporté la clef du logis et bien fermé ses huys, de peur des larrons. Zambelle se descharge et avoit grande envie de fricasser en la poisle ses poissons; mais, ne pouvant entrer, ni par la porte, ni par la fenestre, il se gratte la teste, il se fasche et se met à demy en cholere. Et, à force de se gratter, il resveilla si bien son cerveau, qu'il trouva un moyen d'entrer; et, pour cet effect, il prend une eschelle, avec laquelle il monte sur la couverture de son magnifique logis et met le pourpoint bas, et commence à oster les tuiles pour se laisser couler dedans. Cependant arrive la femme, qui venoit de se bien confesser à un Jacobin. Icelle, voyant sa maison découverte et les chevrons remuez de leur place, et entrant dedans, cherche par tout, et trouvant son homme : « O Dieu! quel degast est cecy? Ha bourreau! s'escrie-elle, ha! mal-heureuse beste! A la mienne volonté que je te veisse maintenant rompre le col! Que fais-tu là? Dis, poltron, faitneant, quel diable te pousse? O Dieu! à quel mary ay-je esté mariée! Que n'ay-je esté plustost mariée au grand diable! Ha! que maudit soit le jour, auquel ma mere Agnez me dit : « Tu auras, ma « fille, Zambelle pour mari. » Que fais-tu là? veux-tu laisser cela, meschante beste que tu es? Tu descouvres encore ma maison! Ha! malheureuse que je suis! Descend vistement, descend, lourdaut! » Zambelle fut bien estonné et s'attendoit d'estre frotté à bon escient à coups de baston : et, en descendant de l'eschelle, disoit : « Ha! Lene, pardonnez à vostre mary : l'envie que j'avois de faire cuire ces poissons a esté cause de faire cecy. » Mais icelle, toute transportée de furie, ne prenant pied aux parolles de ce miserable, pousse de sa force l'eschelle contre bas, tellement que l'autre descendit plus tost qu'il ne pensoit, et donna du cul en terre sur des pierres fort rudement. « Ha ha, crie-il, ha, mon Dieu, pardonnez-moy! je vous prie, ma sœur, tuez-moy, j'en suis content, si je fais plus telles choses : pardonnez-moy! » Mais, estant ainsi tombé, Lene avoit sauté sur son ventre et luy fouloit bien la trippe, et le coignoit durement et de poings et de pieds. Les voisins viennent et accourent au bruit, et trouvent encore le pauvre Zambelle soubs les pieds de ceste diablesse.

Toutesfois, ce n'estoit point merveille. Car la chose n'estoit point nouvelle, ayant accoustumé d'épousseter tous les jours ce malostru, en ceste façon, ainsi qu'on en voit plusieurs estre traitez comme luy, lesquels je n'estime pas estre hommes, mais gros bufles. Les voisins demandent la cause : Lene leur compte. Mais, quand Tognazze, qui estoit là venu, et les autres aussi, eurent entendu de Zambelle le traffic qu'il avoit fait du panier et de ce qui estoit dedans, ils plaignoient fort le travail de Lene n'estre sans un grand ennui. Et, par les plus sages, fut pleurée la perte de Chiarine. Mais, pour tout cela, Zambelle, n'estant à grand'peine eschappé du baston, ne laisse de vouloir achever ce qu'il avoit envie de faire et fait cuire ces barbeaux, et en mange les œufs et nettoye tout, puis s'en va aux champs pour bescher des naveaux : et cependant Cingar, par un autre chemin, vient à Lene, lequel avoit desjà entendu toute ceste farce, et, en pleurant, feint estre fort attristé de tout cecy. Il blasme Zambelle de ce qu'il est ainsi sans gouvernement et de ce que la longueur du temps ne luy apporte aucun jugement. Lene, pleurant plus fort, luy racompte ses grandes pertes, et comme pour une vache il n'a rapporté qu'un panier : et, qui est encore le pis, il ne sçait à qui il l'a baillée. « Voila une mauvaise chose, dit Cingar ; mais ne bougez, Lene, j'espere que vous aurez ou la vache ou l'argent. Je ne vous faudray à ce besoing, asseurez-vous-en sur moy. J'iray à la ville et retrouveray Chiarine. »

Cela dict, et songeant à son vieux mestier, s'en va viste trouver Zambelle à sa besongne. « O pauvret, dit-il, tu as fait le maraut. Tu as perdu l'argent et la vache, fol que tu es : ce n'est là grand esprit : ce n'est pas là un bon avis, gros marroufle. Je voy bien que tu n'as point de sel en ta teste : quand auras-tu quelque sentiment? quand aiguiseras-tu ton esprit, gros buttier, gros asne? Je suis las de t'avoir tant de fois remontré comme il faut vivre. Mais, dis, sçaurois-tu cognoistre l'homme, qui s'est mocqué ainsi de toy, en te donnant un panier et retenant ta vache? — Ouy da, dit Zambelle, je recognoistray bien la vache ; car elle a deux cornes en teste, et deux gentilles oreilles, et soubs le ventre elle a son pis. — Mais, dit Cingar, l'acheteur de la vache Chiarine, le pourrois-tu cognoistre et me le montrer, dis-moy? — Hem, dit Zambelle, mon amy, je ne vous avois bien entendu. Je pourrois bien cognoistre le larron : il n'a point de cornes en teste ; mais quand il chemine il cloche, et, regardant, il tourne ses yeux l'un d'un costé, et l'autre de l'autre, et a, comme Tognazze, une grosse bosse sur l'eschine : et son bonnet est de couleur comme la foire d'un enfant. — Je sçay, respond Cingar, qui est celuy que tu veux dire. Allons, par le corps sainct Pierre ! il faudra qu'il te rende la vache, ou je tueray le ribaut. — Laisse là ta marre, vien, allons viste à la ville! »

Ils s'acheminent ensemble. Zambelle, courant, esmeut la trippe, et est contraint mettre cul bas pour fumer la terre : parce que les œufs des barbeaux qu'il avoit mangez broüilloient ses boyaux autant que s'il eut avalé sept scrupules de Diagredi. Cingar se haste, et se fourre parmy le peuple, cheminant hastivement, nonobstant la presse des uns et des autres, qui estoient dedans les rues, voulant aller vers la demeure des Juifs, qui est en entrant la porte de la ville à main gauche. Toutesfois, de propos deliberé, il print son chemin par une petite ruelle à main droite tirant vers Saincte-Gade : puis, passa par l'Hospital, et par l'eglise de Sainct-Leonard ; et, en ces quartiers, passe par plusieurs petites ruelles. De là il s'en vint au couvent des Nonnains de Carette, et puis aux Cordeliers, et, outrepassant Tous-les-Saincts, voulut voir Sainct-Marc, là où, en passant, il gagna devotement les pardons.

La foire pressoit jà cependant Zambelle; il pettoit, et roussinoit, et à grand peine se pouvoit-il retenir, mais l'avarice l'empeschoit de jetter dehors à pure perte telle marchandise, laquelle il pensoit estre son bien. Il serre le pertuis tant qu'il peut, et ne peut neantmoins si bien faire, que le vent de Siroc ne fasse passage, après lequel quelquefois la pluye sort. Pour cela, Cingar ne l'arreste; mais tousjours le haste. Il visite l'eglise de Sainct-Sebastien, et passe par un lieu fangeux qu'on nomme Chantereine. Puis, viennent à la porte Tiresie, laquelle le menu peuple surnomme de Ceresie, par laquelle les hommes ne passent sans buletin. Zambelle passa sans contredit, portant derriere son buletin bien ensaffrané : car de pas en pas le villain laschoit tousjours quelque chose. Ils passent la place de la foire, et viennent enfin au pont d'Arlot, ainsi que les Carmes l'appellent, puis se tournent vers la ruë des Juifs, ayant Cingar fait en ceste façon un beau tour par la ville. Zambelle arrive, après tant de destours, dedans la Synagogue, et ne pouvant plus endurer l'oppression de son ventre, s'accroupissant, jette tout dehors, et, se relevant, dit : « O Cingar, en quoy porterons-nous ceste matiere-cy ? — Advisons premierement, respond Cingar, à recouvrer Chiarine, et puis nous achetterons un baril pour cet effet. Nous voilà arrivez entre ceste canaille de Baganaie. Te souvienne de bien regarder, entre ces bonnets jaunes, si tu pourras voir ton larron de vache ? » Et, ce disant, arrivent devant la bouticque de ce borgne Sadoche. « O mon amy Cingar, dit lors Zambelle, voilà le galand : voilà le borgne, qui a acheté Chiarine. C'est luy qui me bailla le panier. » Soudain Cingar, avec une contenance brusque, et un visage asseuré, entre en ceste bouticque, et tirant un poignard, en le tenant de la main droite, en mettant l'autre main sur le collet de Sadoche, luy crie : « Larron, patarin, patarin, ribaut, penses-tu ainsi pipper les bonnes gens, qui sont chresticus? Ce pauvre homme-cy t'a vendu une vache, et tu luy as baillé en payement un panier et quelque meschans poissons, qui luy ont quasi fait jetter tous les boyaux dehors. Il vouloit une scedule pour son asseurance, et, au lieu, tu luy as seulement baillé un corbillon ; et, en le trompant ainsi, tu as gaigné pour peu la vache et le veau. Rends-la vistement, sinon je te coupperay le col? »

Le Juif fut soudain si saisi de peur, qu'il ne pouvoit parler ny respondre à telles menteries. Cingar ne le laisse en repos, le pousse, gronde fort contre luy, et plusieurs s'amassent à ce bruit : on demande la cause de ce debat. Cingar, au lieu de la verité, prouve tout ce qui estoit faux : son eloquence surmonte le droict, et l'equité cede au fil de la langue, et la cause du mieux disant est soustenuë. Mais, après que Sadoche eut un peu reprins ses esprits, enfin il luy dit : « Je ne sçay certes ce que vous dites : vous m'avez vendu une vache, et non ce paysan; et vous en ay donnez huict ducats. — Il n'est pas vray, dit Zambelle, il n'est pas ainsi. Ha! borgne de Diable, je te cognois : c'est toy-mesme qui as ainsi le costé mal basti; qui as ainsi les yeux faits, et qui portes une mesme bosse. Tu ne sçaurois le nier, celuy qui a vendu le panier en pourra tesmoigner : qu'on le face venir ! »

Cingar le fait appeller. « Hola, marchand, tesmoigne-nous icy, qui est celuy, à qui tu as vendu un panier ce jour : n'est-ce pas à ce marroufle de Juif? Dis verité! N'est-ce pas à ce boiteux ribaut? Dis ce qui en est : n'est-ce pas à ce diable de bossu, n'est-il pas vray? Qu'en dis-tu? » Le marchand respond : « Il est ainsi : le veut-il nier? O Dieu! il se faut bien garder de bigles, de bossus et de boiteux. — Tu as bien dit, maistre, respond Cingar ; il n'y a point de foy aux bossus, et moins aux boiteux : et, si un borgne ou bigle est bon, il le faut mettre entre les choses miraculeuses. » Sadoche assemble toute la Synagogue comme ils font quand ils destachent l'Arche d'alliance, et barbottent entr'eux : « An ha ay men chey [1], » et font un bruit comme s'ils vouloient sacrifier une oye en appellant le Messias. Si ne peurent-ils ces malotrus tant pour lors marmonner, ny prendre tel avis de leurs Rabbins, et des maistres de leur Synagogue, ny par leur bec circoncis et ny par leur cabale si bien faire à Sadoche, que, à l'occasion des tes-

---

[1] On rencontre un passage du même genre dans une pièce d'Adriano Banchieri, de Bologne, imprimée à Milan en 1600, intitulée : *Il Stud o diletterole*, et qui est un des premiers essais de l'opéra buffa en Italie. Qu'on nous permette ici une citation extraite de ce volume fort rare et très-peu connu.

A la fin du troisième acte, Zani, qui s'énonce en patois, voulant mettre en gage son manteau, frappe à la porte de la synagogue, mais il ne peut rien obtenir des juifs, attendu que c'est leur jour du sabbat.

   Tic, tac, tic, tac,
O Hebræorum gentibus,
   Tic, tac, tic, tac,
Su prest auri, auri su prest,
   Tic, tac, tic, tac,
Da hom da ben ch' a butt zo buss.

  QUI GLI HEBREI CANTANO IN SINAGOGA.

Ahui Baruchui Adonai Merdochai
 An bilachan
Chett milotran la Baruchabà.

    ZANI.

A non farò negott, negott,
Che i canta i sinagoga
O che'l Diavol ve affoga.

  SEGUITA LA SINAGOGA.

Oth zorochott, oth zorochott,
Astach, mustach, Iochut, zorochott,
Calamala Balochott.

moins et de la crierie de Cingar, il ne fut condamné de desbourser encore huict ducats, ou de rendre la vache. Icelle fut enfin renduë à Zambelle; et Cingar eut quelque argent pour sa peine.

Voilà comment Zambelle recouvra sa vache, laquelle, comme on dit, de la poisle tomba au feu. Icelle, estant arrachée de la griffe des Juifs, aussi-tost fut devorée par des moines enfrocquez. Dis, je te prie, Comine, la mort de ceste miserable Chiarine. Il y a un lieu à deux mille pas de Cipade, lequel, selon que recite l'histoire, est nommé Motelle, qui est un petit village pour le peu de maisons qui y sont; mais a un beau et grand terroir. Là y a une vieille Eglise, ayant ses murailles à demy rompuës, en laquelle font le service quelque sorte de moines, et est par eux gouvernée comme est une taverne par des Brodes et Allemans. Soubs quelle regle ils vivoient, je n'en suis certain : mais, ainsi qu'on pouvoit appercevoir avec de la lumiere, on trouvoit qu'un nommé frere Stopin, qui pour lors sembloit estre la splendeur de l'Eglise, avoit reformé le convent, et rempli de bons freres Frappars, desquels si je voulois descrire les meurs porcins, je craindrois apporter un trop grand scandale aux bons Religieux, ausquels pour la mauvaise vie des autres pourroit advenir faute de pain et de vin, et de leur pitance ordinaire, ne recevans plus rien des gens laicz. Iceluy enseigna à ses moines les preceptes de bien cuisiner et les passa docteurs en l'art de larderie. Or deux freres Stopins, de ceux qui demeuroient en ce convent, puans tousjours le lard, ne sçay pour quel sujet, s'estoient mis lors aux champs, trottans du pied sans aucune mesure, ayans la teste levée en regardans tout autour, et és environs d'où ils passoient, donnant un très-mauvais exemple aux simples gens, estans eshontez, lascifs, faitneans, sans entendement, n'ayans tousjours l'esprit tendu qu'au mestier de ruffiennerie et gueuserie.

Pendant qu'ils alloient visiter les commeres, ils advisent de fort loing Zambelle venir au devant d'eux, lequel touchoit l'infortunée Chiarine. Le premier de ces deux freres, non pas en l'Ordre, mais qui estoit plus sçavant que son compagnon en la science de cuisine, soudain se propose de mettre à effet une brave entreprinse, et dit à son compagnon : « Frere Baldrach, arreste-toy un peu : je veux gaigner ceste vache qu'ameine vers nous ce paysan. » Baldrach respond : « Ainsi soit-il : je suis prest, frere Roch, à faire ce que tu voudras. Si nostre marmite peut engloutir ceste vache, les feries precedentes nostre mardi gras, en seront meilleures, et plus grasses. » Promptement frere Roch met le froc bas, et, estant en pourpoint, sembloit un brave soldat. Si vous le consideriez ayant despouillé ses habits monachaux, vous le jugeriez plustost digne de porter la rondache, ou l'espieu Boulonnois, que non pas de porter une croix, ou dire la Messe. Ostez-luy la couronne, c'estoit un vray soldat. Baldrach se cache en un gros halier, comme ils advisent par entre eux. Frere Roch, ainsi desguisé en homme lay, advance le pas au devant de Zambelle, et luy dit : « Où vas-tu paysan, où meines-tu ceste chevre ? » Zambelle luy respond : « Chevre ? Le cancre ! c'est une vache, et non pas une chevre. — Que dis-tu ? luy replique Roch, c'est une chevre. Tu as trop beu, vilain. — Mais, dit Zambelle, vous avez la veuë de travers, voulant dire que ma vache Chiarine vous semble une chevre. » Frere Roch commence à braver : « Que le cancre, dit-il, te vienne aux yeux ! c'est une chevre, je te le dis. » Zambelle luy dit : « Mettez vos lunettes à vos yeux, et vous pourrez cognoistre votre folie. Je ne suis pas maintenant à cognoistre une chevre, ou une vache : une chevre n'a point de queuë ; ceste-cy en a une bien longue : ceste-cy porte-elle une barbe longue comme fait la chevre ? chie-elle des crottes ? ceste-cy ne crie point *bai bai*, mais dit *bou*. » Frere Roch luy dit : « C'est une chevre, qui porte cornes : tu luy as rasé la barbe, et luy as tiré, et alongé la queuë par derriere. » Zambelle luy respond : « Je ne suis point barbier, et ne sçaurois raser le poil à ceste vache, mais bien luy tirer le laict. — Dis plustost, replicque Roch, chevre, et non pas vache. — Je ne diray pas, respond Zambelle, une mensonge ; c'est Chiarine ma vache. »

Frere Roch fait semblant de se mettre en cholere, jure et dit : « Veux-tu joüer ceste beste, que tu nommes vache, contre huit escus, laquelle je dis estre une vraye chevre ? Veux-tu accorder cela ? — Ouy, dit Zambelle, je le veux, desbourse argent : s'il se peut prouver que ma vache ne soit vache, je ne seray plus Zambelle, ny Chiarine vache ; et tu gaigneras la chevre, si Chiarine est chevre. — Je suis content, dit frere Roch, mais qui pourra vuider ce differend ? Voicy un Religieux. » Sur ceste gageure, que frere Baldrach oyoit de loing, frere Roch parlant haut tout exprès, iceluy sort dehors son embusche, et, faisant comme le vieux renard qui se cache dedans le buisson pour gripper la poule, se leve doucement et marche avec une gravité et sembloit un *sanctificetur*, ayant un panier à son costé. Approchant près de ces gageurs, Roch l'appelle : « O mon pere, je vous prie de venir un peu jusques à nous, et de vouloir user d'une saincte charité en nostre endroit, si telle est en vous ? Jugez-nous icy d'un differend qui n'est pas petit entre nous deux : Cestuy-cy s'opiniastre, ainsi qu'est la façon des paysans, en ce qu'il dit que ce n'est pas une chevre qu'il meine, et jure que c'est une vache. Qu'en dit votre Reverence ? » Baldrach respond : « Il n'y a aucun doute que ce ne soit une chevre : un aveugle le diroit. Et toy, pauvre homme, comment oses-tu dire que ce soit une vache ? Va, tu es un fol. As-tu fait gageure d'adventure contre cestuy-cy ? — Ouy, dit Roch, j'ay mis huict escus contre la vache. » Baldrach conclud : « La chevre est donc perduë selon mon jugement. » Et ainsi Zambelle se trouva desaisi de sa chere Chiarine, laquelle les Freres menerent au couvent de Motelle.

Cependant Cingar venoit tout seul de la ville, et trouvant Zambelle pleurant comme un enfant : « Que fais-tu là, luy dit Cingar ; que pleures-tu ? Où est ta vache Chiarine ? » Zambelle luy respond, en faisant une grande exclamation : « Ha ! je suis mort ! ha ! je suis mort ! je suis mort tout à faict ! Ma femme me tuëra, malheureux que je suis ! » Cingar, en riant, luy dit : « Où est demeurée ta vache ? — Le cancre, respond Zambelle, te puisse ronger le nez ! Il n'y a plus de vache Chiarine : tu m'as fait rendre une chevre pour une vache. — Qui est-ce, dit Cingar, qui te faict accroire que Chiarine soit chevre ? » Zambelle respond : « Un Religieux me le vient d'asseurer tout maintenant. Il porte un cappuchon et un bissac sur son dos, et de grosses patinostres de bois. Il a une barbe de bouc et est ceint d'une sangle. Il tient un breviaire en sa main droite, et de l'autre il porte un panier. Iceluy a jugé que ma vache n'estoit point vache et l'a nommée chevre : ce meschant borgne nous a rendu une chevre et a retenu la vache. La chevre Chiarine nous a esté baillée ; mais la vache Chiarine a esté enlevée. Nous avons premierement perdu une vache et secondement une chevre, et tu es seul cause de ma perte. — Ha, ha, dit Cingar, pauvre miserable, tu crois donc à un Moine ? As-tu adjousté foy à un tel frere Lambin ? qui, s'il est meschant, il n'y a meschanceté au monde qu'il ne commette. Allons, le cancre me mange ! je te feray rendre la vache. » Car il pensoit bien que ceste tromperie estoit venuë par le moyen de ces Moines, qui renient mille fois leurs couronnes, lesquels il cognoissoit, soubs ceste cappe monachale, bien aises de trouver nappe mise et de remplir le sac de leur ventre de bons vivres. « A leur occasion, disoit-il, les gens de bien, les personnes illustres, ceux qui sont sortis de noble sang et qui sont pleins de bonnes lettres, et qui portent un mesme habit qu'eux, sont travaillez de mocquerie, souffrent des hontes grandes, tellement que les Moines, les freres et les bons Religieux ne sont maintenant que la fable du peuple pour la faute des faitneans et poltrons. »

Pendant que Cingar degoisoit en cholere telles paroles, maistre Jacob se presente, lequel autrefois avoit esté Chapelain d'Arene. Cestuy-cy se vantoit qu'il ne sçavoit ny l'art, ny la façon de bien vivre, et le montroit par effect. Il estoit prebstre d'une Eglise, laquelle vous eussiez dit estre un cabaret, si vous eussiez veu les murailles tant dedans que dehors escrites de plusieurs devises et barboüillées de sales et ordes figures, ainsi qu'on dit que la muraille blanche sert de papier aux fols. Au dedans vous sentiez le pissat de chiens et de femmes, et à l'entrée vous voyiez de belles cailles Lombardes. Je ne sçay qui estoit le simple Evesque qui luy avoit donné les ordres et permis de celebrer la Messe. Entre les autres vertus qu'avoit nostre messire Jacob, il estoit plus sçavant qu'aucun mouton. Iceluy, allant à l'eschole, y avoit passé beaucoup d'années sans pouvoir apprendre une seule lettre, et fallut apprendre ce maroufle, en l'envoyant à Boulongne pour estudier avec une telle dexterité : La premiere lettre de l'Alphabet est A. Icelle, comme capitainesse de toutes les autres, luy fut aussi enseignée la premiere soubs la representation d'une esquierre ou d'un compas, duquel se servent les Charpentiers, les Astrologues et Philosophes, quand ils veulent tirer des lignes en rond, en long ou de travers, avec lesquelles on marque toutes sortes de formes. Jacob, par ce moyen, apprint ceste premiere lettre; mais il ne la pouvoit prononcer, et, pour cet effet, on luy bailla un asne pour precepteur, lequel, à force de braire *a a, a a*, luy apprint de la prononcer. La lettre d'après, qui est B, et assez cogneuë aux Grecs, fut incontinent par luy apprinse et sans peine, parce qu'elle ressemble à ces fers qu'on met aux pieds des larrons, des meurtriers et meschans qu'on tient en prison, et luy-mesme y avoit esté autrefois attaché pour avoir violé une fille; et, pour la sçavoir bien dire, on luy faisoit feindre la voix d'un mouton, *bai, bai*. Quant à C, il l'apprint en contemplant l'anse d'une seille ou d'un chauderon, laquelle il cognoissoit assez pour avoir gardé les pourceaux, et leur avoit faict et porté souvent des augées, et la prononçoit assez aisement, parce que les Cipadiens disent *Ce, ce,* quand ils appellent leurs porcs. D luy fut fort aisé à apprendre par cœur à raison qu'il avoit accoustumé de blasphemer Dieu; et neantmoins on luy apprint encore par un autre moyen, à sçavoir par le son des cloches quand elles sonnent *din don.* La cinquiesme, qui est E, avoit esté figurée à Jacob sous la ressemblance d'un arc bandé sur lequel est la fleche posée : et, estant fait clerc tonsuré, il apprint à la prononcer chantant *Kyrie;* par ce que les clercs repetent souvent, cest E. Quant à F, il eut tousjours peur de ceste lettre, parce que c'estoit le commencement de ce mot *fourche*, que nous disons *gibet*, auquel il avoit merité monter plusieurs fois, et autant de fois qu'il avoit forgé de faux liards avec Cingar. Il ne peut apprendre à prononcer G, parce qu'il avoit la langue grasse, et pour ceste cause il chantoit *Loria in excelsis* et non pas *Gloria*. Il ne se soucia point de H, à raison que, suivant le Doctrinal, les Poëtes n'ont aucun esgard à icelle. Quant à l'I, pour le retenir en son esprit, on luy proposa le clochier droit et haut de Sainct-Marc, en la cime duquel y a un Ange qui tourne çà et là, selon le vent qui le pousse; mais la prononciation luy fut apprinse par le hennissement d'un cheval ou d'un poulain, quand il dit *I, i, i*. Pour K, il le laissa là, parce qu'il ne le pouvoit non plus prononcer que le G, et disoit qu'il le falloit laisser pour le derriere plustost que pour le devant. Il apprint L, pour la semblance qu'elle a à la faux, avec laquelle on faulche les prez, et comme est celle qu'on donne à la Mort, quand on la dépeint sur les murailles. La flute luy en apprint la prononciation, quand il se trouvoit souvent aux danses de village avec les autres paysans, l'oyant chanter *lu lu*.

M luy fut montrée par son Magister avec une gentille façon; il luy démancha une fourche de fer à trois dents, avec laquelle on charge le fumier. Quant à N, on luy presenta, pour l'apprendre, deux fourches sans manches estans l'une contre l'autre mises à l'envers. Et icelle, à quelque temps de là, mit fin à l'estude de maistre Jacob : car il fut pendu entre trois beaux piliers. La cause du sujet fut la lettre O, laquelle, estant ronde, estoit en grande recommandation à ce prebstre, s'employant souvent à forger sa faulce monnoye. En après, il disoit ses Messes toutes d'une sorte; et n'eust sceu former le signe de la croix. Entre *Confiteor* et *Amen*, il n'y avoit pas grande distance, ne songeant qu'à la fin. Car il ne faisoit que commencer *In nomine Patris*, qu'en trois sauts il estoit à *Ite Missa est*. Si, au milieu de la Messe, il s'arrestoit quelquefois au *Memento*, il n'estoit ravi qu'en pensant à l'oye qui se rostissoit, craignant aussi que le chat meit la patte au plat. Il chantoit souvent deux Messes le jour et emportoit pour soy l'offerte que faisoient les paysans pour les trépassez, sans en rien laisser au Curé ou à son Vicaire. Il vendoit tous les calices d'or et d'argent qu'il pouvoit desrober, et despendoit son argent en rougnons de veau, dont il estoit fort friand. Il n'eust pas reblanchi ou renouvellé en cent ans les corporaux; aussi peu les serviettes et nappes de l'autel, lesquelles estoient toutes rongées de souris et tachées de vin; il n'y avoit nappe de cabaret qui ne fut plus blanche. La table, sur laquelle gouste une bande de Lansquenets, est plus nette, quand ils exercent à l'envy leur trinc et brindes. Il confessoit pour trois ou quatre deniers les meurtriers, assassinateurs, larrons et tels meschans, et les absolvoit de la peine et de la coulpe. Jamais ne voulut avoir de vieilles pour chambrieres, disant que telles femmes avec leur bave ne font qu'abreuver la viande et ont tousjours les oreilles sourdes et le cul lasche; mais, par sur tout, une jeune chambriere luy plaisoit, de laquelle il avoit tiré huit garçons, disant qu'il avoit besoing de clercs qui luy pussent responde *Kyrie* et *Ora pro nobis.*

Or Cingar l'aperçeut, et l'appella : « Holà ! messire Jacob, où va ainsi si vite vostre prudence ? » Il respond : « Je m'en vay à Motelle ; car les saincts et beats peres m'ont invité d'aller souper à ce soir avec eux. » Cingar luy demande : « Qu'ont-ils de bon pour souper ? — Ils ont arresté par entre eux, dit-il, de manger une vache toute entiere avec la peau. » Incontinent Zambelle s'escrie : « Ha ! cancre ! seroit-ce bien, ô Cingar, Chiarine ? — Nous irons tout de ce pas, respond Cingar, et sçaurons si la vache est devenuë chevre : car si Chiarine est redevenuë vache comme elle estoit auparavant, il n'y a doute que tu ne sois aussi Zambelle ; mais, si Chiarine est chevre, tu seras un autre, et ne seras point une autre vache. — Et qui seray-je, dit Zambelle, si Chiarine est chevre ? — Qui seras ? respond Cingar ; tu seras un bœuf, ou quelque gros sommier. » Ils arrivent enfin aux portes de la saincte Abbaye, et n'estoit point besoing de frapper à la porte ; car l'entrée n'est defenduë à personne, hommes et femmes y entrent et en sortent à toute heure, et ce convent n'est jamais sans bons compagnons, mais les reçoit tous. Cingar, Zambelle et messire Jacob entrent ; et ne se presente aucun, qui dise : « Hola, où allez-vous ? » On ne voyoit, par tout le convent, et par les cloistres, que mille ordures, avec une grande puanteur de merde, et les araignées penduës et attachées par tout. En ce lieu il n'y a aucune sobrieté, nul silence, nulle discipline : mais le vie qui s'y meine est semblable aux pourceaux, ou bien à la vache de Zambelle, laquelle pour lors ces Motellois devoroient peau et tout.

Cingar les trouva en certain quartier reculé, estans en bonne troupe tout autour de cette vache rostie, et estoient environ vingt ou trente de ces freres. L'un tire à l'espaule, l'autre à la cuisse : un autre tient un bon morceau du simier; un autre, de la poitrine : un friand arrache les yeux de la teste : un aussi friand, après avoir avallé la chair d'autour un os, en tire la mouëlle. Veistes-vous jamais une bande de pourceaux se saouller plus salement autour de leur auge, pleine de sale lavage? Cingar, entrant en ce beau refectoire, est soudain par eux convié d'en venir manger sa part. Il s'approche et commence à mordre comme les autres, et donne à Zambelle un os d'alloyau, qui estoit encore assez garni de chair. Zambelle le prend, mange, et jure n'avoir jamais mangé chair plus savoureuse. Personne n'entretient le caquet : on n'oit qu'un brisement d'os, et un soufflement qu'aucuns faisoient sur leur potage, estant une grande marmite pleine de trippes qui bouilloit sur le feu. On oioit claquer leurs levres l'une contre l'autre, et le bouillon leur couloit le long du menton. Ils mangent hastivement; car ainsi l'Escriture le commande. La miserable Chiarine commence à perdre cuisses, et espoules, et le dedans du corps se decouvre representant une grande carcasse : tant plus ils mangent, et plus la vache devient à rien : et la faim et la pauvre Chiarine s'en vont ensemble. Messire Jacob se jette sur le lard et sur la gresse. Il ne veut point d'os. Il ne prend que la chair grasse, et lappe comme les chiens le jus, qui est dedans les escuelles, et luy sortent de la gorge de gros crots. Il est contraint lascher la ceinture, sa panse tirant trop fort; et sur son ventre eut-on bien joué du tabourin. Il ne travailloit gueres ses dents : car, ouvrant grand le gosier, avaloit les morceaux entiers, et si les faisoit bien gros. Frere Roch estoit là assis, Frere Baldrach et Antoch, Frere Germain, Frere Marmot[1], Frere Schirate, Frere Panocher, Frere Scapocchin, Frere Tafelle, Frere Agathon, Frere Scarpin, Frere Arofle, Frere

---

[1] Frère Marmotta, frère Scapocchia, frère Scapinus, frère Bisbacus, sont heureusement nommés, et Rabelais ne les a pas oubliés.

Bisbacche, Frere Enoch, Frere Rige, Frere Bragarotte, Frere Capon. Voilà les principaux de la bande, qui tiennent eschole en l'art de cuisine, et ont passé plusieurs maistres en la science de lechecasse. Le ventre est leur Dieu : le potage est leur loy : la bouteille, leur saincte Escriture. Desjà les ossemens bien nets de Chiarine estoient jettez sous la table, et n'y a plus apparence de vache. Ces os sont si bien renettis, que les chiens ne font point la presse. Les freres se mettent à lescher les plats et assiettes, n'ayant point autre façon pour laver les escuelles. Si le lard ou la graisse est figée, ils la grattent avec leurs ongles, et aucuns avec la manche de leurs frocs, essuyent les escuelles. Or, après avoir ainsi sabourré leur ventre, ils se levent pour faire partie, et aller jouer aux cartes : après ce jeu, ils s'esbattent à l'escrime : après l'escrime, ils goustent. Ainsi passent leur vie heureusement ces gens ici devotieux. Ils se mocquent de ceux qui s'échauffent en la chaire à force de bien prescher, qui vont aux enterremens des morts, qui jeunent, qui se foüettent, qui vont pieds nuds, qui estudient, qui font mille compositions pour l'Escot[1], et contre l'Escot.

Il estoit tard, et Cingar se vouloit retirer, ayant assez bien chargé son vaisseau. Zambelle le tire par derriere, et le supplie de luy vouloir faire rendre sa vache, luy monstrant avec le doigt le larron de moine, qui la luy

---

[1] Il s'agit de Jean Duns Scott, célèbre théologien, né en Écosse, et l'un des oracles de la philosophie scolastique. Il entra dans l'ordre des Cordeliers et mourut en 1508 à Cologne. Ses nombreux écrits ont été réunis à Lyon en 1639 en 13 vol. in-folio. On rend depuis quelques années justice à ce docteur qui avait été enveloppé dans l'injuste mépris longtemps professé pour la philosophie du moyen âge, mais dans lequel on reconnaît un esprit ferme, un logicien sévère, quoique subtil. On peut consulter à son égard le *Dictionnaire des sciences philosophiques*, t. II, p. 165 ; l'*Histoire de la philosophie du moyen âge*, par M. Rousselot, t. III, p. 1-75 ; l'*Histoire de la philosophie scholastique*, par M. Haureau, t. I, p. 112-130 ; t. II, p. 307-383.

avoit prinse. Alors Cingar, en riant, se faict bailler un sac, lequel il emplit des ossemens, qui estoient soubs la table, et, le chargeant sur l'espaule de Zambelle, luy dit : « Allons-nous-en ; car en ce sac tu portes Chiarine : Zambelle, vien ; nous l'enterrerons nous deux. » Et prenant congé de tous ces bons compagnons, se met en chemin, et Zambelle le suivoit, assez chargé des os de sa Chiarine. Quand ils furent près la fosse de Cipade où les grenouilles chantent ordinairement, là mettent en repos les reliques de Chiarine, laquelle en son temps a esté digne d'estre celebrée par le grand Coccaie. Là se trouverent les Satyres, et filles Dryades, lesquelles laissant flotter leurs cheveux espars çà et là, pleurerent Chiarine : et le pere Seraphin, s'y trouvant aussi, grava en un arbre ces vers :

> De ce que j'ay esté venduë par deux fois
> Par le malin Cingar avec fraude et astuce ;
> De ce que de ma chair se sont pour une fois
> Saoullez jusqu'à crever des Moines sans capuzze :
> Point du tout ne me deuls, mais seulement me plains
> D'avoir en vie esté par un sot gouvernée.
> Ainsi quand par malheur vous vous voyez contrains
> Suivre un fol gouverneur, que votre âme bien née
> Pleure plustost cela, ô vous pauvres humains,
> Que pour se voir soudain de son corps separée !

LIVRE NEUVIEME.

C'estoit la feste de sainct Brancat et sainct Ombre[1], lesquels, à la priere et requeste de Buffamalque et de

[1] Ces deux saints sont de la famille de saint Gobelin, de saint

Nole, Beltrazze, Evesque de Cipade, avoit canonisez, lors que les paysans s'assembloient desjà au quarroi. Il n'y avoit aucun qui se souciast de sa besche : chacun avoit quitté la charruë, et tous ne songeoient qu'à complaire à leurs amoureuses. Ils prennent leurs beaux chapeaux de paille, s'accoustrent proprement, se peignent, se bandent le front d'une bande bien blanche, chaussent des chausses, ou des braies bien faites, lesquelles, espargnées, pouvoient durer mille ans. Les jeunes gens plus et grands du village, qui se sentoient plus fiers à cause de leur bien, et plus audacieux pour l'abondance de la recolte ordinaire de leurs fruicts, portoient, à tels jours de feste, de belles chausses attachées tout autour d'esguillettes, y pouvans ranger commodement leurs chemises delicates, lesquelles leurs maistresses et amoureuses ont faites et cousuës. Mais, avant, on sonne la cloche pour chanter la Messe ; et maistre Jacob s'appreste pour la dire. Cingar avoit prins le gaviot d'un mouton, et l'ayant remply de sang, l'avoit accommodé subtilement contre la gorge de Berthe, le couvrant si proprement de son collet blanc, selon la coustume, que vous eussiez juré qu'il n'y avoit aucune pipperie, et font leur complot ensemble de s'entendre l'un l'autre avec leurs parolles.

Cependant maistre Jacob, après avoir amassé tous les autres prebstres de la paroisse, commençoit à gorge desployée à chanter la Messe, et les autres le suivoient, et à grands cris ; ils despeschent incontinent l'Introit, tellement quellement, et viennent aux *Kyrie*, lesquels, avec un bon ordre, ils contre-pointent autant, et aussi dextrement que si Adrian[1], Constans[2], et Jacquet y estoient.

Quenet et autres bienheureux dont les noms se trouvent dans les écrits de Rabelais et d'autres écrivains facétieux, mais qu'on chercherdit en vain sur le calendrier.

[1] Serait-ce Adrian Villart, mentionné parmi les musiciens dont parle Rabelais (nouveau prologue du livre IV)?

[2] Constantio Testi, nommé dans Rabelais ainsi que Jacquet Bercan.

9.

La douceur du chant en estoit si grande, et si plaisante, que les esprits des paysans se sentoyent ravir, et transportez ailleurs, quand ils oyoient maistre Jacob, vray musicien, descendre des quintes, et des tierces en une octave, et tirer ces octaves avec une longue haleine. Il passe *Gloria in excelsis*, et vient au *Credo*, lequel estoit si mignardement chanté, que si Josquin[1], la splendeur de tous les chantres, y eust esté, il eust apprins à mieux composer ses Messes musicales. D'autre costé, on commençoit à préparer ce qui estoit necessaire pour baler soubs l'orme. Car, pour la bonne envie qu'avoient aucuns des prebstres d'estre de la danse, aussi bien que les autres, en brief y estoit venu de *Sanctus* à l'*Agnus*. Et quand on fut parvenu à la fin de la Messe, maistre Jacob ouyt la cornemuse, et soudain marmonne à la haste le reste des menus suffrages. Et aussitost tous les paysans sortent à la foule de l'Eglise, comme si le feu estoit à la couverture d'icelle. Les jeunes garçons bien esguilletez, et les filles bien fardées, et vestuës de leurs belles cottes blanches, et de leurs coiffes, se rangent au quarroi. La cornemuse, avec *lire lirette, lire liron*, commence à fredonner plusieurs sortes de danses; et chacun laisse Dieu pour servir au diable. Ne vous estonnez point, Lecteur, si après la celebration de la Messe vous n'en voyez pas un retourner desjeuner en sa maison; car ils penseroient commettre un grand sacrilege, s'ils alloient à la Messe les boyaux vuides. Maistre Jacob et les autres prebstres ne musent gueres : ils se despoüillent habilement de leurs aubes, de leurs amits, et de leurs robbes, et s'en viennent premierement droit à la table. On leur sert une oye, une longe de pourceau gras, et sept poulles. Ils mangent tout, et à grand' peine laissent-ils les os aux chiens; car ils se resouve-

---

[1] Josquin Des Prez, mort vers 1531, l'un des plus célèbres musiciens du seizième siècle.

noient de l'ordonnance du Vieil Testament, qui commandoit de ne laisser aucun morceau au lendemain.

Après donc qu'ils eurent avallé toutes ces viandes, et jetté les os soubs la table, ils se levent plus cuicts que cruds, estant leur pot bien plein du boüillon de la bouteille : et s'en vont soubs la saussaye, où la cornemuse invitoit chacun d'aller. Maistre Jacob, tenant en sa main tous les deniers qu'il avoit receus à l'offerte, faisant baiser la platine, les donne tous aux cornemuseurs, et leur commande de sonner la pavane, et puis, prenant une belle fille, nommée Pasquiere, commence à danser; mais à grand'peine pouvoit-il mouvoir son ventre plein. Cingar, qui estoit là present, ne se pouvoit tenir de rire voyant danser Maistre Jacob. Un paysan, qu'une mouche avoit piqué soubs la queuë, s'en va vers Berthe et luy demande si elle vouloit danser. Cingar, appercevant cela, luy fait signe de l'œil, comme il estoit rusé en son mestier. Berthe, qui sçavoit desjà bien ce que Cingar vouloit faire, accorde à l'autre, et, luy tendant la main gauche, se leve et va danser avec luy. Cingar, fermant un œil, estant fin et advisé, regarde Berthe et ce qu'elle faisoit, ainsi qu'ils avoient convenu ensemble. Icelle commence à frotter legierement la main du galant, comme on fait quand on veut faire une secrete declaration d'amour. Ce gentil compagnon, sentant une certaine allegresse s'estendre par tous ses membres, dansoit plus legierement, avec les deux pieds joincts, faisoit en l'air des sauts de bon courage, et n'eut voulu lors avoir le cul dans une ruche de mouches à miel. Berthe, considerant ses gestes, joüe des orgues avec ses menus doigts sur la main du compagnon, en la serrant quelquefois, et, la frottant plus souvent, elle feint de souspirer. Le compagnon croit qu'il y a de l'amour, tellement que, se sentant chatoüillé, il la chatoüille aussi de ses doigts en sa main; et le pauvre malotru croit à la bonne foy estre aimé. Ils se retirent enfin ensemble un peu loing de la compagnie et disent l'un à l'autre cinq ou six parolles en parlant bas ; mais, après six, ils en adjoustent huict, et après huict, trente, quarante, et après les quarante, le compagnon a envie d'une autre danse ; il la prend par la main, il la tire, elle le suit volontiers quelque part qu'il la veut mener : va vers l'Eglise, pensant ce badin, en quelque coing d'icelle ou derriere l'autel, ou dedans le clocher, jouir d'un si bon butin.

Incontinent Cingar, jettant l'œil sur eux, s'advance avec un cousteau en la main. Le peuple accourt de toutes parts, ne sçachant que c'estoit, quel debat, quelle querelle il y avoit. Mais soudain fut cogneu ce que c'estoit. Cingar, ayant monstré avec le doigt comme Berthe suivoit ce paysan, ainsi qu'une villaine putain suit après son putacier, Cingar l'attrappe, la prend par les cheveux, la pousse et s'escrie : « Ha, meschante, sera-il ainsi? Est-ce ainsi qu'il faut garder à son mary les ordonnances et statuts de l'Eglise? » Et, en ce disant, avec son cousteau trenchant, comme un rasoir, à la façon d'un bourreau ou d'un boucher, couppe le gaviot de mouton qui estoit plein de sang, et semble avoir couppé la gorge de Berthe. Icelle tombe en terre, fait la chatte morte et se remuë après toute, comme si la vie s'en alloit de son corps, et, feignant fort bien de rendre les derniers soupirs, battoit la terre avec les pieds ; et, tournant les yeux, et puis peu à peu les fermant, sembloit estre entierement morte. A ce bruit, tous ces paysans, quittant là les filles, accourent, prennent les armes et s'escrient merveilleusement. Cingar ne faillit à se voir soudain environné de telles gens, et en eust enduré, s'il n'eust sauté legierement un fossé, et en diligence ne se fust retiré en une maison, feignant fuir et craindre ces paysans ; et, avec les deux mains montant au haut du toict, il se monstre courant sur iceluy, et se retire à couvert derriere la cheminée, de peur d'estre touché de coups de bale ou de traict. S'estant ainsi caché, il monstroit un peu la teste au-dessus du mur, et, avec une parolle tremblante, disoit : « O bons compagnons, pourquoy me voulez-vous tuer? — Parce que, respondirent-ils, tu ne souffres pas un de nous autres vivre en repos, et tu broüilles et mets sans dessus dessous toutes les affaires de Cipade, meschant larron que tu es ! Tu fais tous les jours cecy ou cela : et penses-tu que nostre republique veuille endurer tant de maux, tant de pertes, tant de ruines? Nous ne nous soucions pas, si tu as couppé la gorge à Berthe : ce ne seroit que bien fait, que tout tant qu'il y en a au monde qui lui ressemblent en eussent autant. Mais nous sommes marris de ce que tu broüilles ainsi la feste de sainct Brancat, qui regit et garde nos murailles, nos assemblées, nos peres et nostre Senat. » Cingar, faisant la Magdelaine croisée, leur dit : « Si vous voulez me pardonner ce meschef, et si vous voulez jurer que vous ne me ferez aucun mal, je guariray Berthe et la ressusciteray toute vive; et si je n'en viens à bout, arrachez-moy le cœur et jettez aux chiens ma ratte. » Iceux, estonnez, se regardent l'un l'autre, et s'esmerveillent de ce qu'un homme si meschant et si malin ose promettre de remettre en essence un corps mort. Il n'y a pas un qui ne soit bien aise de voir un tel miracle. Et, partant, ils donnent leur foy, laquelle neantmoins est la plus infidelle qui puisse estre, soit de paysans Padoüans ou de la Romaigne. Il ne faut point du tout avoir foi aux parolles des paysans.

Cingar, toutefois, les croit, ou feint de croire à tels larrons, et descend du haut de la maison à bas, et de là s'en va à l'Eglise. Tout le peuple le suit, estant sa coustume de se precipiter pour veoir choses nouvelles. Il s'en va au lieu où Berthe estoit tombée les yeux renversez, et avoit fait les signes d'une personne morte. Mais messire Jacob l'avoit transportée de là, sçachant bien les ruses et subtilitez de Cingar, pour lesquelles seconder il avoit bien conduit la barque. Car il avoit fait enlever de là Berthe, laquelle s'estoit laissée porter où on avoit voulu, comme

si ç'eust esté un corps mort, laissant ses jambes pendre
çà et là avec sa teste, ainsi qu'une cornemuse non enflée.
On la met au milieu du revestiaire, comme est la coustume du pays, et messire Jacob ne souffroit personne
approcher d'elle, de peur qu'on apperceust qu'elle respiroit et prenoit vent. Souvent il l'encensoit, et avec le
guipillon l'aspergeoit d'eau beniste et chantoit le *Lazarum*. La cloche sonnoit; on faisoit la fosse : une grande
bande de femmes y accouroit, criant et pleurant si asprement que les oreilles en estoient rompues à un chacun.
Cingar approchoit desjà, lors qu'on estoit à *In Paradisum*. Après laquelle Antiphone, Berthe devoit estre
jettée en la fosse. Cingar, approchant, crioit : « Mon
pere, messire Jacob, que vostre reverence veuille un peu
avoir patience ! J'espere que pour neant vous luy aurez
donné les ensencemens de la mort. » Et, en ce disant, il
entre en l'Eglise, suivy de tout le peuple, et s'en va droit
à l'autel, au devant duquel il s'agenouille, et, levant ses
yeux au ciel, pria environ une heure, puis, estant relevé
avec une belle gravité, s'en retourne au revestiaire vers
Berthe, laquelle il promet remettre en vie, et puis il tire
de la gaine son cousteau, je dis le mesme couteau avec
lequel il sembloit avoir couppé la gorge à Berthe et l'avoir fait mourir. Il esleva un peu ses yeux en haut, tous
mouillez de larmes, et commença à faire telles prieres
avec une voix lamentable : « O mien cousteau, qui m'es
plus cher que tout le reste du monde, lequel ne pourroit
estre acheté par tous les thresors, quels qu'ils puissent
estre, qui avez desjà fait paroistre au monde tant de miracles, je vous prie, par la vertu de saint Berthelemy, qui
es encore rouge et ensanglanté de son sang, lors que les
Roversans luy arracherent la peau; si en ta devotion je
dis tous les jours, les genoux en terre, mon chappelet, si
pour toy je jeusne tous les Dimanches, si je t'ay derobbé
et enlevé d'entre les mains de ces chiens de Turcs; je te
prie, je te supplie, et avec tous vœus te reprie, que comme

Berthe est morte par ta playe, ainsi, par le merite de ta vertu, elle puisse maintenant ressusciter ! » Ce disant, il feit deux ou trois fois le signe de la croix, prononçant entre ses dents quelques pseaumes, et soudain la morte feinte commença aussi-tost à se mouvoir, et à ce mouvement le peuple s'escria merveilleusement; puis, eslevant les yeux en haut, beaucoup de personnes furent si saisis de peur, qu'ils eschapperent de là bien vistement. Et après se leve sur les pieds, disant : « Helas! pourquoy m'as-tu tuée, ô Cingar? » Et celuy luy feit response : « Pourquoy faisiez-vous ainsi des cornes à Balde? — Pardonnez, dit Berthe, à un sexe si tendre et si fragile. La femme est faicte du masle; la femme desire le masle : donnez-nous des gardes, vous autres, si faire le pouvez. Une femme, qui est esloignée de son mary, ne peut, en quelque sorte que ce soit, estre sans homme. Et, si d'avanture il y en a aucune, c'est un grand miracle. » Alors tous les paysans accouroient de toutes parts, crians tant qu'ils pouvoient, et faisans retentir en l'air leurs cris et admirations, disans : « O, ô miracle! ô le grand miracle! entre tous les cousteaux, il n'y a point tel cousteau que cestuy-là! O! très-sainct Cingar, nous ne t'avions jamais creu estre si devot et avoir avec toy un si riche thresor. »

Cingar meine lors Berthe en l'Eglise, et monte avec une grande apparence dessus l'autel, et là avec belles parolles annonce au peuple le merite de son cousteau, disant : « O ! gens devotieux, voyez le sainct cousteau : voyez le cousteau, avec lequel la meschante forteresse de la Romagne, la forteresse des Roversans, pleine de meschans paysans, a renversé cruelle la peau de sainct Berthelemy, comme elle eust fait celle d'un veau ou d'un chevreau. Voicy l'heureux cousteau. Voicy le beau thresor, qui n'a point, et n'aura son semblable en l'Eglise de Sainct-Marc [1]. C'est celuy, qui pourra guarir, et

[1] La cathédrale de Venise; on y conservait beaucoup de reliques.

affermir vos playes ; qui guarantira de male peste vos malades : c'est celuy qui ressuscite les vifs et les morts. Vous n'avez pas veu maintenant ressusciter Berthe? Ainsi pourra-il rendre les morts sains et gaillards. Accourez : que regardez-vous là? Accourez, ô peuple, accourez, dis-je, pour baiser ce sainct cousteau ! » A ceste exhortation, le peuple s'advance, et se presse, comme quand les porcs courent tant qu'ils peuvent au clacquet du chauderon, et tiennent leurs groings dedans l'auge pour humer le lavage. Ils se pressent les uns les autres pour baiser ce cousteau, lequel Cingar leur presentoit, et, comme font les prebstres, quand ils presentent la platine à baiser à l'offerte, leur disoit *Pax tecum*, avec une contenance asseurée ; sentant en son cœur un grand contentement à cause des liards qu'il oyoit sonner dedans le bassin, lequel messire Jacob avoit apporté pour recevoir l'offrande ; aussi, tenoit-il la coiffe de Berthe, en laquelle ces paysans jettoient de bons grands blancs.

La predication de Cingar avoit duré environ une bonne heure, lequel on eust pensé estre frere Robert[1] ; car il alleguoit le Sexte[2], les Decretales, le Decret[3], la Somme angelique, la Glose, la Bible, et sainct Thomas. Il n'y avoit point eu, entre tous les moines estudians, Bachelier, ou Regent, ou Scotiste, plus sçavant que luy. Il renversoit sans dessus dessous toutes les subtilitez des *Utrum* : il faisoit des argumens, il nioit d'un costé,

---

[1] Ce frere Robert est Robert Caraccioli de Licio, qui fut regardé comme le Massillon ou le Bourdaloue du quatorzième siècle, et dont les Sermons ont eu près de quatre-vingts éditions différentes de 1472 à 1500.
[2] Il s'agit du *liber sextus Decretalium* de Boniface VIII, qui fut imprimé pour la première fois à Mayence en 1468.
[3] Le *Decretum* de Gratien, publié à Strasbourg en 1481, fut longtemps le code de ce droit canon qui tenait dans la vie de nos ancêtres une place bien plus considérable qu'à présent. Il a été réimprimé maintes fois et notamment en 1726, à Rome, par les soins de J. Fontanini (2 vol. in-folio).

il prouvoit de mesme ce qu'il vouloit. Or, craignant que quelque fin et accort vinst sur le lieu, qui eust peu à l'instant descouvrir son faict, il cache et reserve son cousteau, et descend de dessus l'autel, et s'en retourna en son logis chargé de bon argent. Berthe, sans parler à personne, le suivoit.

Après que Cingar fut party, Messire Jacob appelle tous ses paroissiens au *din don* de la cloche, et tous les citoyens de Cipade. Là, les plus sages s'assemblerent, et proposerent par entr'eux huict opinions dignes d'un Caton : aussi, n'estoyent-ils pas que huict, ausquels on se rapportoit de tout. Iceux furent Bertasse, Mengue, le Bossu, Gugnane, Gurasse, Zanordin, Garabin, et Lancefeuille. Ils font par entr'eux un long discours sur ce sainct cousteau, à sçavoir : Si le peuple de Cipade vouloit l'acheter à communs despens, et le mettre en la chasse de sainct Brancat, afin que le peuple luy peut faire ses prieres. La conclusion fut de l'acheter, et la charge d'en faire le marché fut donnée au Bossu et Lancefeuille. Ce conseil parvint aux oreilles de Zambelle. Il eut soudain ceste envie d'avoir luy seul cet honneur et ceste renommée, que ce cousteau fut en sa possession, et qu'il en eut seul le profit. Il se propose desjà qu'avec iceluy, il pourra ressusciter Chiarine, s'estonnant fort d'avoir veu Berthe estre redevenuë en vie. Il s'estime le plus heureux du monde, s'il peut obtenir la gloire qu'il se propose, moyennant ce cousteau. Il parle à soy-mesme, et se belute tout le cerveau, et dit : « O, si Cingar me vouloit vendre le cousteau, ma vache ne pourroit-elle pas facilement reprendre vie ? Ne pourrois-je pas assommer ma Lene autant de fois qu'avec le baston elle me chatoüille les reins ? et puis, après l'avoir ainsi tuée, luy remettre la vie au corps, comme auparavant ? O quel gain je ferois avec ce cousteau ! Cingar a gaigné aujourd'huy plus de mille liards : ne me donnera-on pas des œufs, des poullets, dont je deviendray riche en trois jours ? »

Sur telle proposition, il s'en vient au logis de Cingar, et le tire à part, disant qu'il luy vouloit dire un mot en l'oreille, de peur que ces lourdaux de paysans entendissent le secret : et s'estans eux deux mis à l'escart, Zambelle parla à luy en ceste sorte : « Mon amy Cingar, m'aymes-tu? — Plus que toy-mesme, respond Cingar, tu l'as assez esprouvé. — Me veux-tu vendre, dit Zambelle, ton cousteau? — Non, respond Cingar, et pardonne-moy, si je t'en refuse. Cela importe trop à tout le monde, et mesmement à Milan. — He, he, dit Zambelle, je te prie, contente ton amy et compagnon! Qui a-il à contenter, si nous ne contentons nos amis? fais-moy ce service, et puis commande-moy ce que tu voudras. Car, qu'une bosse me vienne au bout du nez, si je ne refuse mille paradis pour toy. Vends-moy ce cousteau, je te bailleray ce que tu voudras, demande! » Alors Cingar, jettant un grand soupir, se taist pour un peu, premeditant ce qu'il vouloit. Puis dit : « O frere, mon amy, j'acquiesce à si grandes prieres. Ce m'est une chose bien dure et amere de vendre un joyau, vendre les delices de ce monde, et le thresor du ciel. Mais que feray-je? où me tourneray-je? puisque celuy, qui jour et nuict a pouvoir de me commander, me fait une telle demande? Je sçay bien que tu peux beaucoup en toutes affaires. Mais il n'est point besoing de tant de parolles. Le cousteau est tien, tout ce que j'ay est à toy : commande! Va trouver Messire Jacob, et Briosse, parle à eux, qu'ils facent, qu'ils defacent, qu'ils dient, et redient : tout ce que vous ferez ensemble soit un Evangile! »

Zambelle saute çà et là, estant joyeux et allegre au possible, et s'en va vers Messire Jacob, et puis vers Briosse. On fait un accord en lieu secret, approuvé par les premiers docteurs, et sages de la ville, et le Bossu faict cet acte : « Soit, à tous habitans de Cipade, notoire, que à present Cingar a vendu le cousteau de sainct Barthelemy à Zambelle, pour le prix de trente ducats, avec telle condition toutesfois, que toutes et quantes fois que Cipade voudra rendre ladite somme à Zambelle, iceluy sera tenu rendre ledit cousteau, et ne retenir par-devers soy telle relique, auquel appartient faire construire une belle chapelle en l'Eglise, en laquelle ardroit tousjours une lampe, et sur les murailles de laquelle on peindroit les miracles advenus par son moyen, tant ceux qui sont jà faits, que ceux qui se feront cy-après. » Zambelle cherche à trouver deniers, veut vendre tout ce qu'il a, sa maison, sa femme Lene et soy-mesme. Il n'a point faute d'acheteur, et le badaut vend ce qu'il peut à Brunel et à Lanfranc. Schiamine acheta sa maison, et les deux autres acheterent le reste, les marres, les beches, les focz, les rasteaux, les barils, les coqs et poules, les haches, avec mille vetilleries de mesnage. Lene, au refus de tout autre paysan, fut engagée pour neuf sols à Messire Jacob; et ayant Zambelle amassé de toutes parts les trente ducats, il les baille à Cingar, lequel les met en sa bourse, et, en flechissant fort bas le genouil, luy baille le cousteau en la presence de Briosse, qui en passa l'accord. Ce Briosse estoit Notaire, bien entendu à derobber, et nay pour escorcher les paysans: car il avoit tousjours en sa bourse sept ou huict faux tesmoings, qui de droit ne demandoient que le feu, il y avoit longtemps. Si Nature luy eust donné autant de mains que Mantouë nourrist de Juifs Baganaies, que la Romagne pend tous les ans des larrons, on les eut toutes coupées à Briosse par jugement : car il avoit falsifié autant d'instrumens, que la Marque envoye et distribuë de figues par tout le monde. Zambelle happe soudain ce cousteau, et aussi avidement que feroit un febricitant, de l'eau, ou un affamé, un morceau de pain : mais le miserable se trouvera enfin avoir prins une grande flesche, et avoir les mains pleines de fresions.

Quand il fut venu chez soy, il voulut faire l'espreuve de son cousteau. La premiere qu'il en feit fut sur Lene, et la seconde sur Chiarine. En presence de plusieurs, il prend à l'impourveu Lene et luy fourre ce cousteau au milieu de la poitrine, et de son corps la vie s'envola à la pure verité. Puis, il dit : « O mon cousteau ! He, suscite et remets en vie ma femme ! Je t'en prie, par la vertu de sainct Barthelemy ! » Mais c'estoit autant comme s'il eust parlé à une muraille. Elle ne luy fait aucun signe de vie. Aussi, estoit-elle toute roide morte. Zambelle poursuit, baise le cousteau et puis dit : « O mon cousteau, je te prie : He, pourquoy Lene ne revient-elle en vie, comme nagueres vous avez fait ressusciter ceste poltronne de Berthe? J'ai employé tout ce que j'ay peu pour t'acheter. Quoy donc? Quoy donc, mon cœur, que fais-tu? Ainsi me tromperez-vous, mon cousteau? Mais ses veines et son poulx ne bat aucunement! »

Alors un amas se fait de grand nombre de paysans, et s'assemblent ensemble les plus sages. Le Bossu faisoit le Consul, n'en estant point de plus caut que luy. Il estoit frere juré à Tognazze et n'eust rien entrepris sans l'advis de Tognazze. Cestuy-cy assemble tous les Cipadiens, et, s'estans tous assis devant Tognazze en grand nombre, au signe du Bossu, chacun tint bouche clause. Tognazze estoit monté sur un haut tronc d'arbre et commença ainsi à remuer les levres : « Il est vray, Messieurs, qu'on nous a icy assemblez pour vous donner à cognoistre toute ceste cause. Nous sommes icy cinq pilliers de Cipade, Bertazze, Mengue, le Bossu, Cugnane, et moy Tognazze, qui sommes deliberez de garder le dicton du Catonnet[1] : Combats pour la patrie, si tu veux vivre sainement. Icy les femmes ny les petits enfans ne sont venus, desquels nous avons pleines maisons; vous sçavez qu'ils sont moins capables de conseil. Vous estes tous hommes dez long-temps masles : vous êtes les defenseurs, vous estes la

[1] Recueil de sentences morales attribuées à Caton, et l'un des livres les plus répandus au moyen âge. Son autorité est invoquée plus d'une fois par Merlin Coccaie.

targe et bouclier, vous estes l'espée de Cipade. Que vaut, je vous prie, Mantouë, sans nostre Cipade? Me voicy present : je ne manqueray à la verité de ce qui est mien. De bouche je vous donnerai conseil, et, par effect, aide, voulant bien exposer ma vie pour mes Citoyens. Partant, les Senateurs vous font sçavoir ce que maintenant, comme par le passé, nous avons à questionner et debattre avec les compagnons de Balde. Tousjours ces meurtriers, ces assassinateurs, ces larrons et ces gens de diable, ont cherché de rompre le repos de Cipade. Que les craignons-nous? Quoy? dites : ne tenons-nous pas en prison enchevestré la lie et l'escume de tous les larrons, Balde? qui est le chef, qui est le Roy, qui est le Prince des meschans, n'est-il pas à la Cadene par la vertu de Tognazze? Si la teste est emportée, que craignons-nous les autres membres? Vous souvienne des questions et des plaids de Carazze! Estant la force de Cugnane, si grand', qui est ici present, et vous ayans aussi esprouvé, qu'il ne fait gueres bon gratter ma panse. Qui est ceste malheureuse sangsuë, qui est ce ver à chiens, qui ose exciter ces diables à chatoüiller les mouches guespes? Les Medecins vont-ils de leur bon gré chercher leurs malheurs? Cherchent-ils de la brigue et de la controverse? Nous leur donnerons de la brigue. Or sus, tenez-vous fermes, je vous prie, soyez constans, mes freres: laissons-là le bien, laissons la vie et nos propres enfans, laissons le pays, si aucun veut assassiner nostre honneur : s'aille faire pendre qui n'a soing de l'honneur! Il y a long-temps, ô Peres, que vous me congnoissez estre Tognazze? Voicy present le Bossu, par la vertu duquel Cipade a souvent triomphé de Mortelle et a touché jusques au plancher du ciel. Qu'il aye soin des armées comme Consul, jusques à ce que nous ayons reduit à neant les bravaches de Balde. Vous avez veu comment le pauvre Zambelle est demeuré la nourriture des poux, achetant le cousteau de ce ribaut de Cingar, et comme il ne luy est demeuré pas seulement un cordeau pour se pendre. Il a perdu sa maison, il a tué sa femme, il a vendu toutes ses terres, ses chevres et toute autre chose qu'il avoit : et nous toutesfois (ô combien est grande la honte qu'en souffre Cipade!), nous, dis-je, ayans éprouvé tant de fois les ruses de Cingar, voilà, nous prestons encore l'oreille à ce meschant! Il fait tous les jours cecy ou cela. Il derobbe icy, il derobbe là; il trompe un chacun, il se mocque, il jure, il se parjure, et nous, pauvres gens, nous ne croyons de rien moins à luy qu'à sainct Aloie, à sainct Beuf ou sainct Belin, tant Cipade endure patiemment ce ribaut! Croyez-moy, ô Peres conscripts, la victoire est à nous. Icy viendra Cingar; il se mettra au filet, le meschant; il fuit le gibet, il recule en arriere; il sera neantmoins prins au trebuchet, et, comme la traie, il se viendra prendre à la glus. J'ai dit. »

Lors Zanardin se leva de son siege, et, tenant ses deux mains sur ses hanches, après avoir, comme sage, craché deux et trois fois, ainsi parla : « O cancre! comme a bien dit Barbe Tognazze, estant un autre pere Ciceron, et ce grand Aristote, lequel avec beaux vers a chanté :

> Escrire faut aux petits clercs,
> Qui premier, de Troye aux bords verts,
> S'en vint descendre en Italie.

Mais je croy que Cingar ne sera jamais prins au piege. Vous sçavez la raison et n'est besoin que je la die. Il nous trompera et nous fera suër d'ahan; car qui est le diable qui voulust s'opposer à luy? Il y a un certain Venitien, Syre Pole, et iceluy n'est point du rang de pescheur, ne de ce petit menu peuple de Mouran [1]; il n'est point barquerotier, qui aille crier : « A la barque! » Mais est gentilhomme de la race de Fasole, qui a tousjours tenu les premiers lieux du grand Conclave et a fait pendre un millier de Caodefiens. Cingar, malin, subtil, a de si longue main

---

[1] Murano, petit port dans les lagunes de Venise, habité par des pécheurs.

gaigné son amitié, qu'il obtient de luy tout ce qu'il veut au moindre signe qu'il luy face, à sa simple parolle, et meine ce bon homme par le nez, comme on fait un bufle. Pensons-nous d'advanture combattre contre sainct Marc? J'ay dit mon advis, vous me pardonnerez. »

Soudain Cugnane saillit en place, en cholere. « Quoy, dit-il? Que baves-tu, Zanardin? Nostre Cipade n'estime pas Venise une figue, non pas cinq cerises. Quelle braverie sçauroit faire sainct Marc contre Cipade, encore qu'il aye l'espée nuë en la main, encore qu'il aye une longue barbasse pendante jusques à l'estomach? Sainct Marc n'est point le Bossu, n'est point Cugnane, qui porte et barbe et espée; mais plustost il ressemble à un mastin, et à ces grands chiens, qui avec leurs regards hideux espouvantent le peuple. Celuy qui porte une espée et une grand'barbe blanche, si tu ne le sçais, on le nomme sainct Paul. Mais c'est nostre folie : nous voulons mesler avec nos affaires les Saincts bienheureux; ne veuilles escrimer avec les Saincts, dit le proverbe. »

Alors Gurron print la parolle. « Je ne louë point cecy, dit-il, et n'endureray d'estre contraire aux compagnons de Balde aucunement, quand toutes choses seront certes considerées grossement : ne pensez point avoir aucun secours de moy. » Lancefeuille, se levant tout choleré, luy respond : « Tu ne donneras point de secours? Que dis-tu? Penses-tu te separer d'avec les autres! O, la grande perte! Nous laisserons ceste entreprinse pour toy?» Gurron, impatient, luy replique : « Je croy, dit-il, et tiens pour certain, que tu laisseras à grand'peine ceste tienne entreprise. Tous les jours iras, reviendras, remueras plusieurs affaires, et, pensant avoir tout fait, tu trouveras n'avoir rien fait, et toute ceste peine ne sera que pour tirer profit, non pas pour ce que tu veuilles defendre l'estat de Cipade; mais pour rapiner, et derobber mille bons grands blancs à Cipade. »

Les Peres du Senat, émeus pour telles parolles, bourdonnoient ensemble, et dirent : « Gurron, ta langue, tousjours sale et mal nette, parle trop ! » Gian, Pannade, Garofolol, et plusieurs autres excuserent Gurron ; autant en firent Girardet le Tanneur, Mengue, et Tonal. Enfin, il fut arresté (Gurron en crevant de dépit) d'envoyer au Podestat le Bossu et Barbe Tognazze, pour avoir de luy permission de mener en armes les compagnons; et ce fait chacun s'en retourna en son logis.

Cependant Cingar est adverti par Gurron de la resolution du Conseil, fait et assemblé à la sollicitation du Bossu et de Tognazze ; il s'en rit, et amasse auprès de soy de bons et braves soldats : et, entre autres, Brunel y vient, Gambe, Schiamine, Lanfranc ; Americ brule du desir de combattre. Galete aussi fait bien le brave : l'un porte une arbaleste et l'autre une pistole : Pizzanocque tient un espieu : Scivalle un voulge : Jambon porte sur son espaule une grand'coignée, forgée de bon acier : Rigasse porte aussi une arquebuze bien chargée de poudre, tousjours prest à mettre la mesche allumée en l'esmorche.

L'Aurore n'avoit pas encore chassé les tenebres de la nuict, quand Cingar amassa tous ces gentils compagnons, et les feit marcher par le milieu de la ville de Cipade, donnant grande terreur à un chacun ; et le Caporal, passant avec parolles hautes, fait bruit, et commande à tous les autres de crier haut : « Sus, sus, qui veut se gratter avec nous, vienne en place ! O villacques ! ô porceaux ! ô canailles ! ô gens de peu ! ô faitneans ! ô poltrons ! ô gueux pleins de poulx ! ô assommeurs de pain ! Sus, sus, qui veut se gratter avec nous vienne en place ! » Bravans ainsi tous avec telles parolles, faisoient à leurs ennemis avec la bouche des peterrades ; et Schiamine met le feu à sa pistole, et la poudre de l'arquebuze de Rignazze fait un grand feu. Il se fait un grand bruit, et *tuf tof* raisonne partout. Bertazze oit ce tintamarre ; aussi fait Cugnane, Tognazze, et tous les autres. Ils se cachent, ils s'enferment, et, verroüillans bien leurs huys, se tiennent ainsi en leurs maisons. Ceci advint en la sorte, comme quand les veneurs, partie à pied, partie à cheval, donnent ordre à leur chasse, et au son du cornet, ou de la trompe, les chiens clabaudent *bau, bau* : l'un prend un espieu, l'autre une laisse, l'un un cheval; un autre crie : « Hau, hau, » et les chiens, à ce cri, s'empoignent l'un l'autre, et s'entrepelaudans s'espoussetent eux-mesmes avec le nez le cul. Les lievres et les renards escoutent cependant ce bruit, se tiennent quoys en leurs buissons et ès bois, et ne veulent mettre au vent pour tel bruit leurs pulces et tanes. Ainsi le Consul le Bossu, Cugnane Tribun, et les autres Senateurs, et tout le peuple de Cipade, se contiennent cachez en leurs logis.

Toutesfois le dictateur Barbe Tognazze reprend courage, et, confortant les autres, s'en va seul à la ville. Cingar l'advise; il se recule de ses compagnons, et, estant en armes, se va cacher en un bois, par lequel on passe quand on va à la ville. Tognazze, cheminant, se fantasioit beaucoup de choses en l'entendement, et se promet de renverser bien toutes les ruses de Cingar. Mais tu ne te souviens point de la fable d'Æsope, ô Tognazze ! en laquelle, la souri dressant embusche au morceau de lard, le chat luy en dressoit de mesme. Cingar s'estoit mis en embuscade : Tognazze vient; s'estant approché, Cingar sort, et le tourne tout autour, et, ayant en main un bon baston fendu en quatre, torche à bon escient la bosse de Tognazze; et pour ces coups tomba par terre la forteresse de Cipade, celuy qui estoit le plus grand de tous les sages, la reputation de Cipade, qui avoit esté six fois Consul, le grand soustien de raison cheut par terre, et le pillastre fort et ferme fut renversé sans dessus dessous. Puis Cingar s'en va au loing, ayant premierement prins avec soy Berthe et les deux fils gemeaux de Berthe, et se retire vers le quartier de Mantouë, s'allant cacher ès montagnes de Bresse. Et toy, Lacquay, mets la selle sur mon mulet; car l'envie me prend d'aller à la ville.

LIVRE DIXIEME.

Cingar, aymant de tout son cœur Balde, toute la nuict ne fait que resver après luy, et, ayant bon courage, remuë tous les moyens en sa cervelle pour tirer hors de prison celuy qui estoit fils de Mars; et dit à Berthe : « Je tireray Balde hors de prison; ou bien je me feray tailler en plus de mille quartiers. » Et puis, la laissant fournie et garnie de ce qu'elle pouvoit avoir besoing; il s'en va par les bois, n'osant se monstrer, pour voler ce qu'il pourroit trouver, et proposant en soy-mesme mille inventions et subtilitez, pour mettre Balde hors du lieu où il estoit.

Cheminant par une forest, il rencontre d'adventure et void de loing venir vers luy en son chemin deux Cordeliers, lesquels se faisoient assez entendre par le *tic toc* de leurs galoches, qui coustumierement leur mangent le dessus du pied lequel ils tiennent nud. Iceux tiroient par le licol après eux un asne chargé de pain, et ne se pouvoit bien juger qui estoit d'entr'eux l'asne; parce que l'asne et le Cordelier sont couverts de mesme poil. Cingar, les voyant près de soy, soudain prend avec les deux mains son voulge, avec telle contenance, comme s'il vouloit les tailler en quatre. Iceux promptement se laissent tomber sur leurs genoulx, crians pardon, et faisans mille croix. Cingar leur fait quitter l'habillement, ne leur laissant que le haut de chausses et le breviaire pour dire leurs vespres; et, leur commandant de se retirer, il demeure seul avec ces habits et l'asne. Que fait-il? En premier, il se couppe la barbe avec des ciseaux, et par sur sa chemise accommode dextremement la haire du beau pere general : puis, prend la grande robbe grise, et, par dessus le capuchon, se ceint de la corde nouée ; s'estant deschaussé à nuds jambes et pieds, prend les galoches, et enfin il met sur ses espaules le petit manteau du frater, soubs lequel, au lieu d'un panier, il porte son escarcelle, où estoient ses tenailles et crochets, avec lesquels il ouvroit les serrures, ou degondoit les huys, et avoit aussi en icelles des autres ferremens qui luy servoient à forger de la fausse monnoye. Il n'est plus Cingar, parce qu'il est vestu de saincts habits : et toutesfois il est tousjours Cingar. Car la robbe, ou le froc, ou le roquet ou le capuchon ne fait pas les personnes saincts. Ha ! bien souvent soubs de saincts habits sont cachez des meschans, et la laine des brebis couvre quelquefois des loups.

Soubs tels vestemens Cingar espere tirer hors Balde, n'ayant aucune autre esperance de ce faire. Il desmanche incontinent son voulge, et cache le fer sous sa robbe ; le manteau couvre tout. Prenant son asne, nommé Rig, pour compagnon, monte dessus, et le charge encor' de ses bissacées de pain. Il fait aller son asne par les monts et vallées, et n'eut voulu avoir pour iceluy une hacquenée françoise, tant bien cet asne alloit l'amble. Quiconque le rencontre luy fait grande reverence; car il sembloit un sainct Macaire : et quand il eut blasphemé, vous eussiez dit que c'estoyent vespres qu'il disoit, tant il se feignoit estre un bon Religieux faisant le torticollis. Il va par les maisons, et de porte en porte demande un morceau de pain en aumosne. Chacun luy donne du pain, du vin, du salé; et l'asne en estoit enfin si chargé, qu'à grand'peine pouvoit-il plus marcher. Alors Cingar, estant revenu de sa queste et despouillé ses habits monachaux, retournoit comme devant en son premier habit par les bois, et puis alloit à la ville vendre tout son butin, et en tiroit de bon argent.

Enfin, voulant venir à Mantouë, il entre et passe si sub

tilement par les portes de Cipade, qu'il n'est aucunement recogneu, et apperçoit Zambelle dedans un champ, qui au soleil faisoit reveuë de ses poux, et en avoit jà fait une grande boucherie. Cingar talonne son asne, et s'en va droit à luy. « O ! dit-il, que fais-tu ? Bonne vie ! Quoy ? hola, bon homme ? Ne sçaurois-tu point où est Zambelle ? dis-moy ? en sçais-tu rien ? » Zambelle respond : « J'estois Zambelle pendant que ma vache Chiarine estoit vache : mais, après qu'elle est devenuë chevre Chiarine, je suis devenu autre, et ne suis plus Zambelle. — Tu me comptes, dit Cingar, mon amy, une grande chose, ò Zambelle, que tu ne sois plus par cy-après mon Zambelle, mais un autre, comme, autrefois a esté la vache Chiarine non chevre : mais, encor' que tu sois une souche, ou quelque vieux pot à pisser, dis-moy pourquoy est-ce que je te vois ainsi tout dechiré ? — Ainsi la disgrace, respond Zambelle, traite les miserables. Je suis desesperé, et la caguesangue ne me sçauroit faire mourir : j'ay esté autrefois riche, et maintenant la pauvreté me contraint d'aller par les portes demander mon pain, et à grand'peine en trouve-je, soit pain, soit vin, ou viande, et un malheureux ribaut a esté seul cause de mon malheur, qui est un Cingar, auquel le cancre puisse ronger le cœur. O si le Podestat pouvoit faire brancher ce larron, il pourroit dire qu'il auroit signé un beau jugement pour un si meschant subject. » Alors Cingar luy dit : « Benist soit Dieu, beniste soit sa mere ! Veux-tu, pauvre miserable, estre mon compagnon ? Je te donneray ceste robbe, soubs laquelle nous sommes sauvez, et te bailleray le capuchon de sainct François. Veux-tu, dis-je, servir à Dieu, et estre fait Religieux ? Tu seras predicateur, tu chanteras la Messe. L'Eglise nourrist autant de semblables à toy, que mille galeres sçauroient tenir de forçats à la rame. » Zambelle, se reveillant un peu, luy respondit soudain : « Je suis content et très-content d'estre vostre petit frater. Je chanteray Messe nouvelle, moyennant que me veuilliez donner ceste robbe grise. Car mon pourpoint s'en va tout en pieces, et je rempliray bien mes joües de pain blanc, lesquelles à grand'peine se peuvent-elles saouler de pain noir. Combien que je ne sois gueres lettré, toutesfois avec vous je pourray bien dire vespres. » Cingar le depoüille, et jette son habit poüilleux en un fossé, puis le vest de celuy de sainct François : et, en le luy baillant, marmonnoit quelques mots, semblant dire quelques Pseaumes. Il le fait son compagnon, et l'appelle Frere Herin; et luy se nomme Frere Quentin.

En après, ils s'en vont de Cipade, et comme vrais Moines cheminent avec une grande gravité. Zambelle marche à pied, tirant après soy l'asne, sur lequel estoit monté Cingar. Ils entrent en la ville de Mantouë avec un pas mesuré : le peuple pensant que ce fussent saincts Religieux. Ils viennent d'advanture en la place, lors qu'on sonnoit la trompette pour assembler le peuple. suivant la coustume, quand on publie quelque ordonnance : au son de *tararan*, le peuple s'amasse, et chacun laisse la boutique, courant pour aller ouyr la publication. Cingar ne sçavoit que c'estoit. Il met pied à terre, et dit : « O frere Herin, tenez-vous icy; car je vay voir que veut dire cet amas de peuple. » Et puis va se fourrer parmy les autres. On publie qu'un nommé Cingar, meurtrier, voleur, larron, et meschant, qui fait de la fausse monnoye, et rogne la bonne, est banny du ressort de Mantouë, et que quiconque le tuëra aura cent cinquante ducats. Cingar, oyant cecy, se conchioit de peur : toutesfois il estoit tout resolu de perdre la vie pour Balde. Que fait-il? ò la force de courage ! ò la prouësse nompareille ! Haussant soudain sa voix, commence ainsi à parler : « O peuple; ò je voy, bien que vous ne sçavez rien : car en peu de jours ceste ville sera brulée, si à present et si soudainement vous ne trenchez la teste à Balde, que vous tenez attaché en prison. Je ne fais que venir de la Terre saincte, et du sainct Sepulchre, et je vous apporte, mes amis, de mauvaises nouvelles. Car j'ay veu là un grand geant, semblable à une tour, et fort terrible, tout couvert de fer, lequel ameine de grandes troppes de Mores à pied et à cheval. Il jure par les Saincts du ciel, et par tous les diables, qu'il veut, en quelque sorte que ce soit, ravoir Balde, et veut du tout ruiner ce pays. Jamais je ne vey de plus meschantes gens qu'ils sont. Que sont-ce que Lombards, Bressians, Calabrois? Les Curces sont pourceaux; mais les Mores, c'est la lie de tous maux. O Dieu, veuillez destourner de ce peuple une telle ruine! Ils assomment les hommes, ils vollent et forcent les filles, ils pillent les autels et desrobent les calices : les larrons Espagnols ne sont rien au prix de cecy. Ils surmontent en cruauté tous les plus meschans qui soyent. O quelle pitié! Ha! quelle compassion j'ay de nos cloistres! N'ont-ils pas ravi et emporté la pitance des Moines de Malandrin! N'ont-ils pas jetté sans dessus dessoubs le monastere! Il n'est pas demeuré pierre sur pierre, et ont assommé beaucoup de Religieux. Car ce Fracasse (je ne voudrois pas dire une menterie soubs ce sainct habit), ce Fracasse [1], dis-je, sans aucune peine jette des grosses pierres comme si c'estoient petits cailloux : je l'ay veu lancer ainsi ces pierres plus de mille fois tout de suite sans se lasser. Avec un morceau de brique il tua le pauvre Prieur : et d'un coup de poing feit entrer en terre le cuisinier du monastere, comme il accoustroit à manger pour les Religieux. Il y avoit un vieillard bossu se soustenant à grand' peine avec le baston; cestuy-cy le print par le col, et le luy tourna comme un faucon fait à un poulet, et puis le lança au haut d'une montagne. Ils ont enlevé du revestiaire, sans aucun respect, les platines, les aubes, les amits, et tous tels vestemens : de la despense, ils ont emporté les pots, les bouteilles, les plats, les escuelles, les paniers, les nappes :

---

[1] Fracasse est le nom d'un géant qui joue un grand rôle dans les anciennes épopées chevaleresques de l'Italie.

de la cuisine, ils ont tiré les chauderons, les marmites, les bassins, mille pots de terre, broches, poisles : de la cave, ils ont succé nostre vin : ceste pourchaillerie a beu nostre vin, a enfoncé nos tonneaux, et des saloirs ils ont fait des auges pour leurs chevaux. Mais ce seroit trop si je voulois racompter toute chose : avec grande difficulté ay-je peu m'eschapper de leur main avec mon compagnon. Prenez donc tous mon conseil, mes amis ; tirons ce Balde hors de prison, et luy faites trencher la teste. Il faut arracher une si mauvaise plante : il faut retrencher la maladie, de peur que de la puanteur d'icelle l'air s'en punaisisse. Pourquoy une si meschante beste est-elle si long-temps sur terre? c'est un autre Pithon, un autre Polypheme, un autre Hydre, une Carybde. Ostez de ce monde ceste rage de diable : rompez-luy la teste, la cervelle ne remuera plus. Que Balde soit mort, la force de Fracasse viendra à neant. Je ne veux pas toutesfois vous scandalizer, pour quelque chose que ce soit, soubs ceste venerable robbe, et soubs ce capuchon, comme si je voulois preparer et solliciter contre ce larron les vengeances de Gaioffe. Nostre esprit neantmoins, remuant çà et là, souvent outrepasse le capuchon, et sommes soigneux de defendre l'estat de l'Eglise. Mais toutesfois, par ce que cet habit ne sent que la paix, nous cherchons la paix avec les saincts, et avec les diables. Si la paix ne sert, il faut s'aider de brigue. »

Cingar harangua ainsi le peuple qui luy avoit donné bonne audience, et, feignant de pleurer, essuyoit ses yeux avec son mouchoir. Chacun commença à avoir grand'peur, adjoustant foy au dire de Cingar. Le bruit s'esmeut, et ceste canaille ignorante, comme folle, court par les ruës, qui çà, qui là, et s'en vont à la maison du Podestat ou Preteur. Ils apprestent leurs armes, ils levent desjà les ponts-levis : ferment les boutiques : les artisans jettent leurs ferrements par terre, et prennent leurs piques, arquebuzes, et espées Bolonoises. Le Preteur assemble les plus illustres et le sage Senat. Ils font par entr'eux plusieurs discours entrelardez de longues parolles inutiles sur ce que le Moine avoit declaré soubs sa robbe grise, croyans le tout estre aussi vray que l'Evangile. Et ce qui plus aidoit à croire cecy, estoit que le bruit dès un peu auparavant s'estoit espandu, que Fracasse estoit allé vers Thunes[1] en intention d'amener des Turcs et des Mores. Làdessus ils donnent ordre pour mettre des sentinelles sur les murailles, et autres pour les advertir toutes les nuicts à faire bonne garde. Aux tours, aux moineaux et aux barbacanes, ils assient des bombardes, des coleuvrines, et des passevolans.

Cependant la cloche brimballe *don don don* : au son de laquelle chacun accourt au Palais, d'un grand courage : aucuns toutesfois s'en vont à grand haste à la chaire percée, rompant leurs aiguillettes pour estre trop pressez du ventre. Au *pon pon pon* des tambours, et au *tararan* des trompettes, tout le peuple armé fait un grand bruit. L'un porte la picque, l'autre l'hallebarde, un autre la pertuisane, celuy-cy une lance, cestuy-là un espieu, un autre un javelot, et l'autre un dard. En peu d'espace, se trouverent soudain autant de personnes qu'il en faudroit pour remplir une bonne armée.

Cingar, après avoir ainsi esmeu ce peuple, s'en retourna vers Zambelle, lequel il avoit laissé avec son asne chargé. Iceluy estoit demeuré là, fort estonné par ce tumulte, et accommodoit desjà ses guestres pour mieux fuir. Cingar l'appelle et luy commande de ne parler à personne, disant que les Moines doivent garder silence. En après, il lie son asne affamé en un coing, se souciant d'autre chose que de luy bailler à manger; l'affaire de Balde luy estant de bien plus grande importance. Il fait marcher après soy Zambelle, et, montant les hauts degrez du Palais, marmonnoit entre ses dents quelques Psalmes qu'il ne sçavoit,

[1] Tunis.

mais qu'il feignoit bien sçavoir. Il rencontre force peuple : chacun luy oste son bonnet, et disoyent l'un à l'autre : « C'est cestuy-là qui vient du haut ciel? Dieu l'a envoyé icy bien en temps pour nous advertir de bonne heure avant la ruine de ce pays. » Cingar ne faisoit pas semblant de les ouyr; et, marchant tousjours plus avant, faisoit sonner ses galoches sur le pavé. Il entre en la salle et tient sa veuë contre bas, et, comme par mesgard, repoussoit en arriere les grosses patinostres de bois qu'il avoit pendues à sa ceinture, au son desquelles la devotion coustumierement croit, et à l'occasion d'icelles on luy adjouste plus de foy, et oste-t-on toute defiance. Le Preteur vient au devant de luy, estant suivi de plusieurs, et le conduit avec soy sur les sieges, et luy fait de grandes caresses : puis, par l'ordonnance des Peres et de tout le Senat, on luy donne en aumosne cent soixante ducats, pour ce qu'il avoit dit son monastere avoir esté ruiné par Fracasse, l'Eglise et les calices pillez. Mais Cingar dextrement se retire en arriere, et finalement fait semblant de n'en vouloir aucunement. Le Preteur le force, et par force luy met le sac où estoit l'argent entre ses mains. Cingar le remercie, et luy promet de chanter plusieurs Messes pour luy et pour sa compagnie tant vivans que trepassez.

On avoit desjà dressé un eschaffaut au milieu de la place, et le bourreau avoit dressé son pau horrible, sur lequel Balde devoit avoir la teste tranchée. « Ha, dit Cingar au Preteur, que vostre seigneurie permette à Balde de se confesser, afin qu'au moins il ne perde l'ame et que le diable ne l'emporte? Quand le larron dit : *Memento mei*, il fut incontinant sanctifié. » Le Preteur, ne pensant point plus long, luy feit response : « Vostre reverence le confesse! Je suis obligé à permettre telle chose : et tant s'en faut que je le voulusse empescher, qu'au contraire je vous prie de sauver ce malheureux. Ho! Prevost, menez ce beau pere, et, vous, sergens, accompagnez-le, et luy faites ouverture de la prison, afin que Balde soit par luy confessé ; mais n'abandonnez la porte, et, pendant qu'on le confessera, faites bonne garde ! »

Cingar avoit sur soy de l'eau forte en une petite bouteille, et des limes sourdes, qui ne font aucun bruit, quand on en lime le fer. Il tenoit tout cecy caché soubs sa grande robbe. Il descend soubs terre en des cachots, pour entrer au sepulcre de Balde. Iceluy oyoit remuer les courroyes, les huis, et ouvrir les gros cadenats, et branler un pesant trousseau de clefs. Il pense que pour le vray l'heure de mourir arrivoit, et que bien tost il s'en alloit estre delivré d'un si grand ennuy. Le pauvre homme estoit couché contre terre, pleurant amerement, non pas pource qu'il eust peur de la mort, estant en cela tout resolu, et fort constant; mais à raison de la souvenance qu'il avoit de ses compagnons et de ses enfans : et s'ennuyoit fort pour une telle espece de mort, qui par les armes n'avoit peu perdre la vie, après tant d'honneurs acquis par icelles, et tant de despouilles gagnées. Et, par sur tout, la conscience le tourmentoit fort, pour la consolation de laquelle on ne luy permettoit aucun confesseur. Le Prevost avoit jà ouvert tous les huys, et Cingar entre avec une gravité, et passant par entre ces sergens, iceux luy faisoient de grandes reverences, mettant le genoüil en terre. Zambelle ne vouloit suivre, et se retiroit en arriere, et en toutes sortes ne vouloit entrer là dedans. Cingar l'appelle : « Venez, venez, frere Herin ; car il faut que nous soyons tousjours deux. » Zambelle obeit ; et, baissant la teste, passe le guichet, tastonnant avec la main pour se guider en telles tenebres. Après qu'ils furent passez, on referme la porte.

Balde, pour le long temps qu'il avoit esté prisonnier, portoit une barbe si longue, qu'elle luy pendoit à la ceinture : Cingar marchoit le premier, et puis Zambelle qui barbottoit des patenostres et des *Ave Maria*, car ce villain chastré s'imaginoit fermement estre Herin, et

qu'en bref il chanteroit la Messe. Cingar, approchant de
Balde, ne le pouvoit quasi veoir pour le peu de lumiere,
qui venoit seulement d'une petite et estroite fenestre, et
laquelle lumiere ne vient pas mesme du jour, mais d'une
lampe allumée par le dehors. A ceste premiere abordée,
Cingar, en se contrefaisant, parle en ceste sorte à luy :
« Que fais-tu, bourreau, larron, meschante plante?
Voicy : tu porteras maintenant la peine que meritent tes
pechez, tes voleries, tes larrecins. Toy qui es digne de cent
potences, tu serviras maintenant d'exemple, à ceux qui
ont si grande envie de voler! Fracasse, Mosequin, ny
Cingar, ne te secourront point. On a n'agueres mis en
quatre quartiers Fracasse, et donné ses trippes aux
chiens : Cingar a esté estranglé avec un cordeau doré en
un gibet de trois bois : on a attaché à une meule de moulin Falquet par le col, et jetté dedans les escluses du
Gouvernol. Et maintenant te faut presenter le col, pour
estre trenché. » Balde, haussant un peu les yeux et sa face
ridée, s'estonne, oyant sortir d'un sainct habit et d'une
teste rase, si folles paroles. Et puis, rebaissant le visage,
ne regarde plus ce Moine, et ne daigne luy rendre aucune response, jugeant que c'estoit un froc eshonté.
Cingar, plus rusé, luy en dit encor davantage. « Je suis
confesseur, dit-il : confesse tes pechez, meschant ribaut
que tu es? » Balde, soulevant encor un peu les yeux, soupire et dit : « Combien que tes parolles ne meritent aucune response à toy qui parles et qui ne sçais que tu dis,
meschant moine; toutesfois, je te dis que tu t'en ailles,
vilaine puanteur du diable. Si ces liens de fer ne me
tenoyent attaché, je te tordrois le col comme à un poulet,
beste que tu es. Toy qui devrois me consoler, par doux
propos, conforter mon ame pleurant pour la pesanteur de
ses fautes, tu te comportes maintenant en la sorte que
tu me ferois plustost invoquer le diable, pour mourir du
tout, que non pas Dieu? Meschant Moine, tu as en l'estomach mille pipperies : regarde-toy toy-mesme, reprens

et arguë tes mœurs vilaines et sales : va-t-en d'icy, devoreur de pain blanc ; tu portes tonsure, laquelle je m'asseure que tu as reniée plus de mille fois. Ta vie n'a jamais tendu qu'à la soupe. Va-t-en d'icy, avalleur de pain, qui seroit mieux employé à des mastins qu'à toy. Ha! que de puanteurs sont couvées soubs ce capuchon! J'auray plus de pardons de la misericorde supreme, que toy, qui dis la Messe, qui pense tenir par le merite de ta ceinture cordelée nostre Seigneur Dieu en ton escarcelle! » Alors Cingar, esmeu en son cœur de pitié, avec une voix basse commença à parler autrement à luy : « O mon cher et doux amy Balde, ô mon doux amour, ô mon cœur, ô mon soing, et ma fidelité! Je ne me veux plus celer à toy : je suis ton Cingar : ne recognois-tu point ton bon amy, ne me recognois-tu point, mon Balde? Regarde-moy en face, remarque les traicts anciens de ma face : Je suis Cingar le premier de tes amours, le principal de tes amis, qui jour et nuict ay pensé à toy, comme je pense tous les jours, et penseray d'icy à mille ans. Il ne faut pas endurer, ô Balde, que tu meures d'une mort si honteuse. Toute noblesse se plaint sans toy : la courtoise vertu s'en va la teste baissée; la liberté languit, et Mars tient ses armes roüillées, et a jetté son bouclier comme inutile : la mer, la terre, l'air, ne te desirent pas mort, et ne demandent que, par la mort d'un si grand personnage, toute bonne reputation et tout l'honneur se voyent mis soubs les pieds. » En disant ces mots, il le baise plus de cent fois, l'embrasse, le serre, pleure à bon escient : « Je suis ce tien Cingar, dit-il en continuant; chasse de toy toute peur : n'en doubte point, je suis Cingar : je suis Cingar, garni, soubs ce manteau, de marteau et tenailles. »

Comme sont grandes les joyes d'une mere attristée et pleurante, quand, pensant son fils estre mort, elle le reçoit sain et sauf, gaillard et bien dispos, autant en sentit soudain en son ame Balde, ayant recogneu Cingar : jettant ses yeux sur luy ouverts, comme s'il venoit de se resveiller soudain, et le contemplant depuis la teste jusques aux pieds, devient si fort ravi, que la grande joye qu'il en sentoit l'empeschoit de pouvoir parler : et ce qu'il voyoit devant soy, il luy estoit advis que c'estoit un songe. Zambelle, qui cognoissoit bien Balde, et le craignoit encor, se retenoit en un coing sans branler, et se conchioit de peur. Cingar dit à Balde : « Il n'est pas temps de faire longs discours ; pour trop muser, on pert souvent un bon morceau. » Et alors, ostant son manteau de Cordelier, tire ses ferremens de son sachet : avec l'eau forte il mollifie le fer, en l'abreuvant d'icelle : et puis, avec ses limes, il met en deux les fers qui tenoient Balde par les pieds, lequel en peu d'espace de temps se leve debout, mais ne peut à grand'peine se soustenir, pour estre trop affoibly. Cingar luy donne sept ou huit morceaux de maschepain fait de pignons, et un bon traict de malvoisie qu'il avoit apporté exprès en une bouteille. Balde soudain se fortifie et sent la vigueur s'estendre par les membres. Après, Cingar appelle Zambelle, luy disant : « Frere Herin, approchez icy ; car il faut que nous prions Dieu ensemble. O Jesus-Christ ! pourquoy, hola, frere Herin, pourquoy ne respondez-vous ? Dormez-vous ? Hola ? A qui enfin parle-je ? Que vostre fraternité vienne icy ? » Zambelle ne respond aucunement ; car le pauvre petit bon homme eust voulu estre dehors, parce qu'il cognoissoit bien Balde, et le voyoit desjà reprendre courage. Cingar l'appelle derechef : « Venez, frere Herin. » Balde s'estonne : « Qui appellez-vous ? dit-il. Y a-il aucun icy, dites, je vous prie ? » Cingar, en souriant, luy compta en brief toute l'histoire. Balde s'esmerveilla de l'artifice de Cingar, lequel s'en allant enfin vers ce frere Herin : « Ha ! pauvre homme, dit-il, je vous ay appelé plus de mille fois, et ne voulez respondre à vostre maistre. Apprenez-vous ainsi à obeyr à vostre pere le Prieur ? Il faudroit vous donner une bonne penitence, ou une discipline sur vos fesses, ou mauger vostre soupe soubs la table avec les chiens. » Zambelle luy respond : « Pardonnez-moy, je vous prie; car, nous autres freres, devons garder silence. Vous m'avez donné, mon reverend pere Quentin, ce premier precepte, quand me commandastes de ne parler à personne. » Cingar n'avoit que luy respondre là dessus, se voyant chastré par un chastré.

Cingar et Balde le prennent, le despoüillent, et l'enchaisnent, et au lieu de Balde l'attachent avec les mesmes menottes et fers. Le Prevost, fasché de tant attendre, ouvre la porte, et du dehors s'escrie : « Hola! pere, que musez-vous tant? Il n'est pas encor confessé? Que vostre prudence supplée à tout; car, s'il vouloit reciter par le menu toutes ses meschancetez, un an n'y suffiroit pas. » Balde, oyant le Prevost ainsi parler, eut bien voulu sortir dehors et luy rendre son change à coups de poing. Cingar, le prenant par le bras, le retint, lui disant : « Donne un peu de repos à ton cerveau : es-tu devenu furieux et enragé? » Et puis respond au Prevost : « Attendez un peu ; je despecheray tout à present l'affaire, nous venons à la fin. Il estoit chargé de mille excommuniemens. Le sac estoit plein : il puoit desjà comme estant pourry de quatre jours. Je luy donne l'absolution. Et, vous, frere Herin, priez cependant Dieu pour luy? » Puis commence le Psalme *Miserere mei Deus* : mais, ne le pouvant achever il marmonnoit le reste entre ses dents jusques à *Gloria Patri*; voulant par telles ruses alonger le temps, et entretenir le Prevost. Cependant Balde se vest de la robbe grise, et succede à Zambelle, pour un autre frere Herin. Cingar luy monstre comme il doibt marcher, comme il faut qu'il contienne son regard, et qu'il sublete des patinostres entre ses levres : et, pour le faire mescognoistre, il luy rabat bas le capuchon, et luy coupe la barbe : ils viennent ainsi desguisez à la porte. Cingar marchant devant, fort devotieux, Balde le suit avec la teste baissée, auquel pas un ne prend garde. Incontinent toute cette canaille de sergens, archers, Prevost, et bourreau s'advance d'entrer : mais Cingar dit au Prevost : « Quelle soubdaineté est cecy? Ha, ha, non, pour Dieu, donnez-luy un peu de loisir pour achever sa penitence. » Cela dit il advance le pas, et s'escoule avec Balde.

Mais où vas-tu, Cingar? Où est-ce que ta fuite te sauvera? On avoit fermé toutes les portes de la ville, et n'estoit restée ouverte qu'une poterne, à la garde de laquelle on avoit mis cent hommes. Le pauvre Cingar, sçachant cela, minute en son cerveau plusieurs subtilitez. Il a plus de soing de Balde que de soy-mesme, l'aymant uniquement. Estant en telles pensées, il arrive à la porte, à laquelle le Preteur avoit commis si bonne garde, qu'il n'y passoit point une mouche. Balde avoit grande envie de mettre le froc bas, encor que par tout il rencontrast grand nombre de peuple avec halebardes, espées, arquebuzes et arbalestes. L'esprit luy fretilloit, ne se pouvant quasi contenir, que par force il n'arrachast des poings de quelqu'un de ces gens une halebarde, ou autre baston, pour avec iceluy mesler les mains avec telles gens, et leur faire tomber la tripe bas. Cingar le retient et luy dit : « Laisse, fol, laisse-moy penser un moyen pour nous eschapper. »

Marchans ainsi eux deux coste à coste, ils advisent passer auprès d'eux un beau jeune homme, qui estoit suivy d'une bonne troupe de soldats. Ce vaillant personnage se nommoit Leonard; sorti de sang illustre, car son pere estoit Colonnois, et sa mere Ursine [1]. Cestuy-cy avoit autrefois entendu la renommée grande de Balde, et estoit venu en ce lieu pour le voir, et communiquer avec luy. Mais il trouva lors la ville toute esmeuë, et les habitans en grande frayeur, prenant chacun les armes. Il demande la cause; ils luy respondirent : « La guerre se

---

[1] Les Colonna et les Ursini, deux des plus illustres familles de Rome au moyen âge.

prepare contre les Mores et les Turcs que Fracasse conduit. » Oyant cela, il pense rencontrer Balde, commandant à plusieurs trouppes, comme excellent capitaine qu'il estoit. Il chevauchoit pour lors un grand et gros cheval Frison bay, et avoit ceint à son costé l'espée de Balde, laquelle il avoit achettée trente ducats à Rome, où quelqu'un l'avoit portée, n'appartenant icelle qu'à un vaillant homme. Balde, tournant la veuë vers ce jeune homme, recognoist son espée au pommeau, qui estoit doré, et se resoult de l'avoir, quand il devroit en perdre la vie. « Hastons-nous vistement, dit-il, ô Cingar, nous avons moyen d'eschapper : en voilà un qui porte mon espée à sa ceinture, je la veux avoir : elle est à moy de droict ; suis-moy, chemine. » Mais Cingar retient dextrement la furie de cet homme, et luy dit : « Va, sois asseuré que tu auras l'espée. »

Ils se mettent à suivre ce jeune homme, et regardent si d'adventure il sortira de la ville, pour eschapper avec luy, et recouvrer l'espée. Mais iceluy entra en une hostellerie avec tous ses gens. Cingar le suit, et, donnant son manteau gris à l'hoste, le prie de luy vouloir bailler une chambre et un lict. Leonard avoit trois beaux chevaux et Cingar prend garde en quelle escurie ils estoient. Le premier estoit d'Espagne, nommé Rochefort ; le plus puissant et le plus membru estoit Frison, et le tiers estoit Turc, et l'appelloit-on Parde. L'hoste accoustre incontinent le souper, et Leonard commande de servir. Chacun s'assiet à table : au haut bout d'icelle estoit Leonard, lequel après le souper se delibere de chercher Balde. Les soldats avoient posé çà et là leurs armes, comme ils ont de coustume, quand ils veulent bien remplir leur panse. Balde, qui estoit en une chambre près celle où souppoit Leonard, regarde par la fente d'une porte. O que la face de Leonard luy sembloit belle ! Il ne s'amuse pas à le regarder seulement, mais prestoit aussi l'oreille à leurs propos.

Cependant Cingar peu à peu dérobboit de ces armes, et les apportoit en sa chambre. Puis, ils se depoüillent de leurs habits de fratres, et s'arment depuis les pieds jusques à la teste, comme un jeune cheval que nous appellons poulain, après avoir esté nourry de son et d'orge, voudroit bien sortir hors de sa triste estable en rompant son licol, ne pouvant plus se contenir en icelle ; ainsi estoit Balde, lequel, sorti nagueres de prison, et se voyant à present armé de toutes pieces, petilloit d'envie qu'il avoit pour sortir hors, et se fourrer à bon escient par la ville, et, mettant par terre testes et boyaux, aller jetter Jupiter hors de son siege, ruiner le pays infernal, et renverser la maison Stygiale ; mais, pour le respect de Cingar, il reprime la puissance de son courage, et l'ardeur de sa cholere. Or le retentissement de l'horrible bataille, qui se feit cy-après, n'est pas une charge propre pour tes espaules, ô Comine : il faut un plus grand secours ; ferme le flascon ; car tes vins me sentent le moisi.

LIVRE ONZIEME.

Il nous faut lever les voiles plus haut, et un mystere plus pesant nous contrainct de roidir l'eschine plus fort. Jusques icy ma barque a vogué seulement sur les eaux de Cipade, lesquelles ne se font entendre que par la voix des grenoüilles, qui y font ordinairement leur demeure, et, par leur mauvaise odeur, qui rien ne sent qu'un pur lavage de pourceaux ; maintenant je veux passer la mer Pietole, laquelle est plus dangereuse qu'aucune autre.

O Pere boiteux, tu as si soing de tes baliverneries, si ta viole attire les faitneans aux pilliers de Saint Marc de Venize, et si ta cornemuse gagne de bon argent, tourne vers moy tes cordes canines avec ta douce voix, qui endort par tes plaisantes chansons les rameurs volontaires, qui sont ès galeres de Venise, et qui, par sa douceur et belle harmonie, attire à toi le peuple! Viens aussi vers moy, ô Lippe Mafeline, qui coustumierement suis les bons morceaux, et qui es le soustien des bonnes coustumes de Coccaie! Invite ton amy à souper avec toy. Jusques icy, Bertazze m'a fait porter mes houseaux rompus; jusques icy, Comine a laissé pendre mes brayes jusqu'à mes talons: mais maintenant il faut que ce que je veux à present desduire, soit attaché avec de belles esguillettes, pour celebrer la force d'un vaillant Baron, par dessus lequel il n'y a aucun qui se puisse comparer à Hector, ou à Roland, ou à Sanson qui emportoit les portes sur ses espaules.

Desjà Zambelle avoit esté mis hors de la prison, et la subtilité de Cingar estoit toute evidente à un chacun. Le Preteur Gaioffe, se voyant pippé, jette hors de la faulconnerie Zambelle, lequel avoit servi d'appast. La mocquerie s'épand par toutes les ruës de la ville; on recognoist les ruses et les finesses de Cingar. Car le pendard estoit bien versé en tels stratagemes, desquels il usoit souvent. Le peuple de Mantouë, tout estourdi, s'assemble, et là Zambelle leur recite sur l'ongle toute la farce; l'un luy donne un chappeau de fleurs, un autre une autre chose. Gaioffe, bouffé, se cholere contre soy-mesme, se donne au diable. Il fait dire à son de trompe par tous les carrefours que, si aucun peut prendre ces deux Cordeliers, ou ces deux ribauds couverts de si saincte robbe, ou seulement descouvrir et declarer le lieu où ils se sont retirez, il aura pour recompense mille ducats. A ce cry, plusieurs, picquez d'un tel gaing, cherchent partout et ne s'ennuyent d'y travailler: ils courent çà et là; ils remuent tout : ils ne laissent tonneaux, coings, cavernes, maisons, eglises, palais, tours; ils descendent jusques dans les privez, dans les puits; vont chercher et remuer les matieres fecales des privez publics. Car telle canaille n'a aucune honte, quand il est question d'argent ; elle ne pardonneroit ny à son pere, ny à son frere, ny à son amy; c'est une très-meschante nature d'hommes, et une malheureuse race, qui tousjours n'ont l'esprit tendu qu'à gagner à toute reste, tels que sont ces sergens, ces bourreaux de collecteurs de peages, de daces, et de doüanne.

Le bon hoste, au logis duquel estoient Balde et Cingar, avoit entendu ceste recherche. Le meschant s'en vient devant le Preteur et Podestat, et declare que ces moines gris estoient logez en son hostelerie, et en fait bonne, suffisante et prompte preuve, tellement qu'il tire le salaire promis. Aussi-tost, par le commandement du Preteur, tout le monde s'esleve; on prend les armes, et se bastent pour aller assaillir cette hostelerie. Le trompette, qui marchoit devant, advise ce jeune homme Leonard, ce Baron, dis-je, qui avoit circui le monde pour voir Balde à cause de sa grande renommée, et pour acquerir son amitié, et lequel ne sçavoit rien de son entreprinse. Ce trompette l'advertit, et le prie de desloger de ceste hostelerie. Cingar, voyant cecy, parle en ceste sorte à Balde : « Ha, mon Balde, nous sommes contraincts mourir ! Voicy le danger tout eminent. Enfin le renard tombe en la trappe. » Balde le regarde, et luy respond : « Qui a-il, mon Cingar, qui me puisse arriver de plus honorable que de perdre la vie en combattant ? C'est la derniere et souveraine loüange à un soldat de mourir en une bataille. » Cingar, à la persuasion de Balde, se rasseura et perdit la peur, et par la fenestre avec une corde se coule à bas, esperant enlever les chevaux de Leonard; mais les valets d'estable, ayans jà mis sur eux les selles, les accommodoient à cause que Leonard vouloit monter dessus.

Balde demeure seul en la chambre et se prepare aux armes, et une heure luy sembloit mille ans.

Leonard, ignorant tout cecy, laisse la viande et commande à ses soldats de descendre à bas. Ils vont à l'escurie pour monter à cheval. Comme Leonard avoit desjà le pied en l'estrier, Cingar tout armé l'appelle, et, approchant hardiment, prend la bride du cheval, et luy dit : « Demeurez-là ! Le Preteur et le Senat vous commandent de venir à pied, et donner secours à ceux qui veulent prendre Balde, lequel est icy caché, et on vous recompensera bien de vostre peine. » Leonard respond : « Mon Balde est-il icy logé ? Au contraire, je jure Dieu que j'exposeray ma vie pour Balde. Suyvez-moy, tous mes gens et soldats ! La mort me sera maintenant douce et très-agreable. » Et soudain se met legierement en selle. Cingar, joyeux au possible, luy descouvre tout, parlant à luy à l'oreille, et, ne luy demandant autre aide que de leur vouloir prester deux chevaux, avec lesquels Balde puisse éviter à ce danger. Alors Leonard descend de cheval et baise Cingar avec demonstration de grande amitié, et luy dit : « Il ne nous faut pas demeurer icy longuement, et n'est temps de deviser trop. Allez, je vous suivray, et mes soldats viendront quant et nous : je suis resolu d'espandre ma vie pour Balde. » Cingar ne demande que des chevaux. Leonard ne baille point seulement les chevaux, mais aussi l'espée de Balde, laquelle Cingar prend et la met à sa ceinture, et puis prie Leonard de s'en aller avec ses gens vers une porte de la ville, feignant de la vouloir defendre et garder, si d'adventure Balde la vouloit forcer et passer par icelle ; et qu'estans là ils soient advisez, que, si d'adventure eux deux se retirent en cet endroit, ils leur facent passage, et soudain relevent le pont-levis. « Je le feray ainsi ! » respond Leonard, et soudain remonte sur un autre cheval et se haste d'aller, estant suivy de tous les siens.

Or une grande trouppe de bragards, conduits par

l'hoste, qui rapportoit ses mille ducats, approchoit; desjà toute l'hostelerie estoit pleine d'aussi grand nombre d'hommes, qu'il en sçauroit tenir au fort chasteau de Milan. La sale en estoit pleine : un grand bruit s'esleve par tout, ils braillent, ils crient : « Sortez, sortez, meschans! » L'hoste leur montre la chambre ouverte, en laquelle estoit Balde, lequel voyant la porte ouverte, et en icelle plusieurs pointes de picques tenduës contre luy, du premier coup qu'il tira avec son javelot, il perça l'estomach du Connestable, et le renversa mort, et, retirant son bois, en enfonce un autre, qui tombe sur le ventre estendu comme une grenoüille. Sur le seuil de l'huys, il se fait un grand abbatis, et les assaillans furent contraincts se retirer à quartier. Cingar estoit cependant en certain endroit, tenant les chevaux pretz si d'adventure Balde y venoit : durant ce combat, Balde escumoit d'ire, et de cholere se mordoit les ongles, et, pensant comment il pourroit eschapper, se met en furie. Cependant une grande clameur s'esmeut, crians tous : « Prenez ce larron ; tenez ferme ; prenez ce meschant; apportez du feu, des eschelles ; entrez sus, frappez, gardez bien ! »

Balde, combattant, s'enflamme en la face, non moins que fait Vulcan, quand avec les tenailles il tient une lame de fer dedans le feu, remuant de l'autre main ses soufflets, et laquelle il bat après avec Bronce et Sterops ses forgerons. Il se vire en l'air, comme un autre cerf; il ne disoit aucune parolle ; mais, quand il veid que ceste canaille de sergens avoient peur et estoient espouvantez, il les agasse, il les provocque, et les menace : « Que pensez-vous, dit-il, faire, meschans coquinailles? Je vous tueray tous comme vaches. Je ne vous crains, je ne vous estime rien, canaille! » En ce disant, frappoit tousjours sur eux et les mettoit jambes contremont. Personne, encor' qu'il aye la rondache au bras, n'ose passer le seuil de la porte tout abreuvé de sang ; car, avec son javelot, il perce tous leurs boucliers aussi facilement qu'une clisse à faire fromage. Cependant il n'advise pas à pouvoir sortir dehors, et se contente de combattre ainsi avec tant de personnes, desquels sept ou huit pouvoient seulement venir aux mains. Les autres ne font que crier et menacer de loing. Ils commencent à escheller tout autour, afin que chacun y peut faire son devoir. Balde appercevant cette entreprinse, en frappant il songe à ce qu'il doit faire, ou de sauter du haut de la fenestre, ou de se fourrer au plus fort de ses ennemis, n'estimant sa vie une cerise.

Pendant qu'il est ainsi empesché, une grande partie de la muraille tombe, et le miserable Balde se trouve quasi enfouy dedans les pierres. Incontinent chacun accourt, comme font les Loups quand d'adventure ils voyent un toreau par terre, pensant le manger s'ils peuvent estre maistres de luy : mais, se levant, sans estre atteint d'aucune blessure, et de cornes et de pieds les chasse au loing. Ainsi mille personnes veulent assommer Balde, tombé sous mille pierres; mais il se despatrouille habilement de dessoubs ce monceau de pierre, et, s'arrachant de là, s'escrie. Mais, ô malheur! retirant son javelot enfouy en ce debris, ne retira que la hampe, y demeurant le fer. Il la prend avec les deux mains, et d'un saut se jettant au milieu de la presse, chacun luy fait voye, en luy tournant les talons; personne n'y veut aller foüiller avec son nez pour y chercher des trufles, et estime plus grande louange en estre loing que de passer plus outre. Mais cet amas de peuple se renforce davantage. Toute la ville y accourt. Gaioffe le menace de le faire rostir tout vif et donner aux chiens ses boyaux. Il est incontinent environné, et tant plus il se void pressé, plus luy redoublent les forces, il pare çà, pare là aux coups. On luy donne par les flancs, par derriere, par devant; autres le chargent, à droit, à gauche, avec des revers; on crie après luy : « Demeure, larron, demeure, pendard! » Le ciel, la mer, la terre, tout retentit des voix et bruit merveilleux de ce peuple. Depuis le bas jusques en haut, ceste hostelerie est remplie d'hommes, et neantmoins ce brave champion ne s'estonne aucunement, estant asseuré contre telle canaille, tout ainsi qu'est la tour de Cremone contre les vents, et devenoit plus robuste et vaillant par le sang qu'il voyoit espandu autour de soy.

Cingar avoit l'oreille tenduë à ce grand tintamarre, et n'avoit aucune esperance que, luy et Balde, peussent monter à cheval. Il se delibere d'aller mourir avec Balde, et prend un espieu de ceux qu'il avoit desrobbez à Leonard, et, montant en la montée, il rencontre l'hoste, qui traitreusement avoir descouvert Balde. Il ne le feit point reculer, ny luy dire : *Garde !* mais, du premier coup, sans dire gare, luy fendit la teste jusques à ses grandes oreilles, et, luy donnant un autre coup dedans le ventre, luy fait sortir les trippes au vent.

Nous avons souvent experimenté que qui cherche à tromper autruy est avec le temps trompé luy-mesme [1] ; mais Cingar, n'oubliant ses bonnes et anciennes coustumes, aussi tost qu'il veid cestuy-cy mort par terre, il jette la griffe sur la bourse qui estoit bien pleine et pesante, et laquelle, comme est l'usance de telles gens, estoit cachée en la brayette. Cingar la fourre en sa manche, puis entre en la sale. Il trouve là un horrible chamaillis ; il voit Balde entre cent espées et cent facquins, faisant merveilles avec son javelot, luy estant advis qu'il voyoit un ours entre des mastins enragez, ou un aigle entre des corbeaux. Cingar, approchant, luy dit : « Je suis Cingar ! Tiens ferme, Balde, et ne lasche les armes, entre lesquelles mourons avec honneur plustost que de servir de

---

[1] Cet adage se retrouve parmi les *Proverbes communs* du seizième siècle :

> Qui d'autruy tromper se met en peine,
> Souvent lui advient la peine.

proye avec nostre honte à Gaioffe! Et, vous, poltrons, marraus, race de couards, pourceaux, escampez d'icy, escampez, marroufles! N'avez-vous honte d'estre tant contre un? Quelle loüange, quelle reputation vous en adviendra-il? » Cingar, parlant ainsi à eux, se fourre au milieu d'eux, et fait paroistre que les effects suivent promptement les parolles. Il encourage Balde; il fait voir aux uns les boyaux des autres; il pousse l'un du bout de la hampe de son espieu, et avec le fer en met par terre un autre. Il se jette en l'air, il ne repose aucunement sur ses pieds : il pare aux coups de toutes parts. Balde, se voyant assisté du secours de Cingar, manie son javelot avec si grand'-force, qu'il le rompt en cent mille pieces, et du coup assomma plusieurs hommes. Ceste canaille, voyant son javelot brisé, incontinent se precipite ensemble, pensant le prendre, et se rue sur luy comme feroit une montagne, qui cherroit en bas. Balde n'avoit rien aux mains que ses gants. Il combat des poings, des dents, et des pieds, et ne donne coups à faute. Un tombe par terre; à un autre il donne si grand coup de pied dans le cul, qu'il le fait voler en haut, comme une corneille, et tombant sur le plancher, se rompt le col.

Cingar, ayant l'œil tousjours sur son amy, se retournant vers luy, le void sans baston en la main, et bien enserré. Ayant grand peur de luy, il se ruë comme un porc sanglier sur ces gens, et s'approche de Balde; et là, avec son espieu, tout autour de soy, il chasse ces mouches bouvines, et de son long baston il leur perce le ventre. Alors, tirant du fourreau l'espée de Balde qu'il avoit ceinte à son costé, la luy baille, et luy dit tout haut : « Voilà ton espée, Balde, prens-la, et la rougis comme coral au sang de tes ennemis! » Balde, joyeux au possible, la prend, en faisant un saut, et, la prenant avec les deux mains, commence furieusement à faire une cruelle boucherie, plus que n'en feit Renaut à Roncevaux. Vous n'eussiez veu au plancher, que des bras, des testes, et des jambes espanduës. Comme un toreau estant en amour d'une jeune genisse se met en furie, quand il est harcelé de gros mastins, et frappe les uns du pied, renverse les autres de la corne, fait voler en l'air le sablon en rendant un horrible mugissement : ainsi ce brave et valeureux Balde, eschauffé, tranche testes et jambes, bras et mains; et, contournant ses yeux remplis de rage et de cholere, faisoit peur à ceux qui pouvoient le regarder. Son corps enfin est tout souillé de sang. Cingar est à son costé, et, soufflant de rage, combat cruellement, donnant des coups orbes à droicte, à gauche, des revers, des montans; il crie à Balde, chacun l'oyant : « O Balde, viens après moy, et me suis! Je veux par force descendre à bas : qui est l'espée, ou la pertuisane, qui m'en pourra empescher? » Et, en ce disant, avec son espieu tout ensanglanté, rompt telle presse, et, se faisant ouverture, descend le premier. Balde le suit, et soustient les coups qu'on eust donné par derriere à Cingar, rendant à son amy le plaisir qu'il avoit receu.

Tout le peuple lançoit pierres, bricques; et de loing estoit jetée sur eux une infinité de cailloux; et, qui est le pis, du haut de la couverture ils jettoient en bas de l'eau bouillante, et estoient si maladvisez, qu'ils ne prenoient pas garde s'ils jettoient sur leurs amis ou ennemis, tellement que ces gros beuffles baillerent la pelade à plus de cent, comme la maladie dite Mal de Naple [1] a fait quitter

---

[1] Tout le monde sait quel est le mal ainsi désigné; il serait fort superflu de rechercher l'étymologie de ce nom; nous signalerons seulement ici à cet égard un opuscule curieux, les *Sept Marchands de Naples*. C'est un dialogue en vers imprimé vers 1525 et qui est extrêmement rare, quoiqu'il en existe plusieurs éditions. Il a été réimprimé en 1858 dans une *Collection de poésies, romans*, etc., publiée en lettres gothiques par M. Silvestre, et il est compris dans le t. II, p. 99-111, des *Anciennes poésies françaises*, éditées par M. A. de Montaiglon pour la Bibliothèque elzévirienne de M. Jannet.

Les Italiens, à l'époque où Folengo écrivait, plaisantaient volontiers sur la nouvelle et terrible maladie qui était venue fraple poil à plus de mille putaciers renommez, et comme la teigne chasse les poux. Tu ne fus pas exempt de cette eau chaude, Cingar, car plusieurs de tes cheveux en tomberent, et chacun t'appelloit depuis : « O le pelé, ô le pelé. » Autres jettoient du brasier tout ardent, et autres, des laz, des cordes à neud coulant, des chaisnes, pensant prendre et arrester avec icelles Balde, comme ils avoient fait une autrefois; mais la souri, une fois eschappée, ne se reprend plus à la mesme souriciere.

Cingar estoit jà descendu du degré jusques à bas, et Balde ne le perdoit de veuë, et le suivoit pas à pas. Il y avoit en ceste hostelerie une petite court, à travers laquelle on alloit à l'escuyrie, en laquelle Cingar avoit accommodé les chevaux tous prests à monter dessus. Iceluy, d'un coup de pied, enfonce la porte, et la jette par bas. Pendant qu'il monteroit à cheval, il fait arrester Balde au devant de la porte, et là se tenir ferme comme un pillier, pour en empescher l'entrée, laquelle lors ny Mandigar, ny Sacripant,[1] ny Rodomont[2] n'eusse peu forcer. La meslée fut là si horrible, que des morts tombans les uns sur les autres, il s'en feit une montagne. Et comme on void penser à sa conscience un Suysse ou un Lansquenet, quand ils s'efforcent de gagner la bresche faite à une ville

per le genre humain. Nous ne citerons qu'un seul exemple de ces joyeusetés : l'auteur d'un livret très-rare, imprimé à Mantoue en 1545 (*Cicalamenti del Grappa*), discutait la question de savoir si la belle Laure n'avait pas donné à Pétrarque *il mal francese*. Il annonçait dès le titre de sa composition qu'il faisait l'éloge de ce mal (*cosa tanto buona, tanto utile, tanto salubre e a i desiderosi della virtu tanto necessaria*), et il dédiait son œuvre à la signora Antea, parce qu'elle avait répandu partout cette maladie et qu'on lui devait une augmentation dans le prix du bois d'Inde, c'est-à-dire du gaïac.

[1] Géants qui jouent un rôle dans les anciens poëmes italiens consacrés au récit des exploits des chevaliers errants.

[2] Rodomont tient une grande place dans l'*Orlando innamorato* de Boiardo; c'est le plus redoutable de tous les Sarrasins, mais il trouve en Roger un vainqueur.

qui seroit abandonnée au sac, ayant le bruit d'estre fort riche; mais, pour entrer dedans et gagner le haut de la muraille et des tours, c'est là où est la peine et le travail, et bien souvent les chausses sont abreuvées d'une puante matiere, quand ils voyent un gros canon braqué au devant d'eux et jà prest à vomir une grosse bale : ainsi ce peuple se retient, et prend pour le mieux de reculer le pas, voyant ce diable de Balde foudroyer tout avec son espée, et rompre et briser tout ce qui paroissoit devant luy, ainsi que feroit une coulevrine.

Cingar, comme est l'usance de la guerre, avoit bien équippé les chevaux, leur ayant mis les chanffrains au front, les bardes sur les flancs, et la maille sur la poitrine. Il monte sur Rochefort, et prend une masse, et en l'autre bras un rondache de fin acier. Il sort d'un saut hors la porte de l'escurie, comme un foudre, et advertit Balde d'aller monter à cheval, lequel entre dedans, ce pendant que Cingar soustient tout l'effort. Balde monte d'un saut sur le Frison, qu'on nommoit Brisechaisne. Ces deux Cavaliers, comme fait un torrent à travers les bleds, quand Jupiter se courrouce, poussent leurs chevaux là où ils voyent la plus grand'presse. Iceux, des pieds, renversent celuy-là : courrans, heurtent cestui-cy : et, avec les dents, en prennent aucuns par-dessus le col, les brisant entierement, et ensanglantans leurs mords, et noyans leurs yeux en sang, et s'eslevans debout sur les pieds de derriere, et soudain retombans sur ceux de devant, en donnant du derriere de grands coups de pieds : vous eussiez veu voler en l'air des corps tombans tout roides morts. Bayard [1] n'estoit à comparer à tels chevaux, combien qu'il portast sur son dos sept diables. Rien ne peut

---

[1] Ce cheval, qui portait les quatre fils Aimon, est fameux dans les romans de chevalerie; Boileau en a fait mention (satire v) :

    Mais la postérité d'Alfane et de Bayard,
    Quand ce n'est qu'une rosse, est vendue au hasard.

demeurer entier contre la force de leurs pieds : ils mettent tout en poudre, et brisent tout aussi menu que chair à pasté. Balde est fort aise d'avoir un tel cheval, un tel frison entre les jambes : la force d'un cheval redouble le courage d'un guerrier.

Ces assaillans s'augmentoient en nombre de toutes parts, et tant plus on en tuoit, plus sembloit en renaistre, tellement que les monceaux des morts croissoient si haut, qu'ils bouchoient quasi les entrées. Desjà Cingar se lassoit, et Balde avoit receu cinq playes, bien qu'elles ne fussent mortelles. Cingar lors dit : « Balde, joüons maintenant des esperons, et gagnons le haut, pendant que ces chevaux nous en donnent la commodité. » Balde, trouvante et advis bon, suit Cingar ; et, escarmouchans à toutes mains, ouvrent tout ce gros esquadron, et sortent hors de ceste hostelerie, et galloppent à coups d'esperon vers la porte de la ville, et les chevaux couroient si legierement, que vous les eussiez jugez voler. Et le peuple, courant après, crioit tant qu'il pouvoit : « Prenez les larrons! A, a, a, prenez, arrestez! Leonard, qui les void venir vers luy, accourans à bride abbatuë avec l'estoc en la main, tire soudain son espée du fourreau, et en donne si grand coup sur le col de celuy qui commandoit à la porte, qu'il luy oste la teste de dessus les espaules. Lors ceux qui estoient en garde, voyans leur Capitaine mort, mettent promptement la main aux armes, et environnent Leonard, le pressant de si près, qu'incontinent il receut quelques estoccades; mais, poussant son bon cheval, d'un saut il se delivra de telle presse, et ce cheval le porta hors des lances, picques, hallebardes, et javelines, qu'on tendoit contre luy. Tous les gens de Leonard manient aussi les mains, voyans leur Capitaine en telle destresse. Ils ne s'amusent à regarder voler en l'air les corbeaux, ou les corneilles après le Milan, avec leur *cro, cro, cro*, mais, s'estans unis et ralliez ensemble, secourent leur Seigneur. Ils n'estoient que quarante, qui combattoient contre trois mille. Vous eussiez veu icy une infinité d'espées rompre et casser des boucliers, des bras, des jambes, et froisser des espaules. Icy oyoit-on les voix miserables de ceux qui en grand nombre rendoient les abbois. Et ne s'en falloit point esmerveiller; car la race Romaine, encor'qu'elle fut petite, est celle qui chasse les Arlots, et la gent de Marcere. C'est elle, à qui cent Turcs, autant de Sophiens, et mille Soldans, ont autrefois fleschi le genouil. C'est elle qui, avec peu de nombre, en a chassé et fait fuir trois fois autant, leur faisant monstrer le derriere tout souillé de fange. C'est elle qui, en sçavoir, a surmonté les Grecs; qui, en armes, a excellé les Mores, et qui, en conseil, a suppedité les uns et les autres. C'est elle qui a eu ce pouvoir de renverser autrefois par terre les hauts couplets des montagnes, et d'embellir, et enrichir ses maisons et Palais de grandes colomnes et gros pillastres, faisant toucher leurs couvertures jusques au ciel, et enfumer les estoilles avec la fumée sortant de leurs cheminées C'est elle qui, suivant Leonard Romain, et estant en petit nombre, fait autant et plus que ne feroient des Suysses, et autre mille canaille. En cet estour, l'un crie : « Sainct Pierre! » l'autre : « Sainte Marie! » un autre : « Ha, mon Dieu! » un autre crache son ame dehors; un autre, tombé par terre, est foulé soubs les pieds des chevaux; l'un fuit, tenant entre ses mains ses trippes sortant de son ventre; l'un frappe; l'autre pare; l'un fuit; l'autre le suit.

Mais Cingar avec Balde approchant, voicy Zambelle, toute la gloire du monde, lequel de loing se presente, et avec ses menaces et parolles pense estonner et faire trembler le fleuve d'Acheron : « Demeurez, meschans! crie-il tant qu'il peut; demeurez, larrons! Je suis maintenant bourreau par le commandement de Monsieur. Il m'a donné charge de vous pendre, et non sans occasion. Et combien que je ne sois fort habile à un tel mestier, la volonté que j'ay de me venger m'y fera maistre. » Puis, il se met au-devant, presentant une fourche fiere, voulant avec icelle donner dedans le flanc d'un cheval. Balde, en passant, le prend par le collet, et, avec la mesme soupplesse que le Milan et la Cresserelle enlevent de terre un mulot qu'ils auront apperceu voletant par l'air, luy fait perdre terre, et le met à travers l'arçon de sa selle, et de la main droite luy serrant les jambes, et de la gauche luy saisissant le col, comme fait une chambriere quand elle veut tuer une poulle, estrangle ce pauvre miserable, et l'envoye chercher sa Chiarine. Toute la compagnie de Leonard estoit jà morte, ayant eu affaire chacun d'eux contre deux cens. Et là Leonard eust aussi trouvé sa sepulture, si l'invincible puissance de Balde ne fust promptement arrivée; lequel, voyant ce jeune homme ne se soucier de la mort pour soy et pour son honneur entre tant de personnes armées, commence à tirer du profond de son estomach une horrible voix, et, se fourrant au plus espais, donne de cholere un si grand coup de son espée, qu'il avalle en une seule fois sept testes de dessus les espaules des premiers qu'il rencontra. Puis, il apperçoit à une hauste fenestre du Palais le Preteur Gaioffe, qui brailloit tant qu'il pouvoit : « Or sus, disoit-il, mes vieux soldats, prenez-moi ces larrons ! Ruinez et perdez ceux qui sont nostre ruine ! Ostez de ce monde telle puanteur. Que tardez-vous tant? Comment, vous qui estes mille, ne pouvez en prendre trois? Y a-il si grande coüardise parmy nos guerriers ? On ne sçauroit trouver au monde une telle villacquerie et lascheté. » Ces parolles font ressouvenir soudain à Balde les vieilles offenses qu'il avoit receues : il donne dedans le Palais à travers mille espées, et, au pied de la montée, descend de dessus Brisechaisne. Brisechaisne s'arreste, et ne se laisse prendre. Si quelqu'un s'approche de luy, il chauvit des oreilles, et donne le reste à celuy qui pense toucher à sa selle. Telle sagesse a esté souventefois esprouvée ès chevaux. Balde estoit jà monté au haut du degré, avec l'espée au poing toute barbouillée de sang et de cervelle. Et combien que naturellement il fust fort et puissant, toutesfois la haine luy augmentoit grandement la force. L'envie qu'il avoit de massacrer Gaioffe n'estoit point tant pour se venger de ce qu'il avoit esté arresté prisonnier par sa fraude, que parce qu'il estoit un mauvais tonneau pour les bons citoyens et pour les gens de bien.

Il y avoit dix familles de la ville qui n'estoient point contraires à Balde, lesquelles souloyent aller à la guerre soubs la charge de Sordelle. Iceux estoient les Aguels, les Abbateens, les Caprians, les Gornes, les Alebrands, les Tosabezzes, les Coppins, les Connegrans, les Cappes et les Folengues. Ces nobles gens icy avoient, par leurs prouesses, eslevé la ville de Mantouë en grand renom, dès les premiers fondemens d'icelle.

Or, Balde allant pour defaire un monstre si brutal, on luy jette de toutes parts, avec grands cris, des pierres, des bois, de la cendre chaude et du boüillon du pot. Toutesfois il s'eschappe, et ne reçoit aucune blesseure, tant petite soit elle. Arrivant au lieu où Gaioffe n'avoit aucun moyen de s'evader, s'il ne veut sauter du haut de la fenestre, et se rompre mille testes, s'il en avoit autant, il luy tire de sa flambante espée un revers; mais il ne l'assena pas. Pourquoy? Je ne sçay; suffise que ce coup fut pour neant. Mais il n'en ira pas tousjours ainsi. Cette forte espée rencontra une grande colomne, laquelle de ce coup tomba en terre, se cassant en trois pieces. Et avec icelle tomba aussi une partie de la muraille, qui tua entre ses pierres un grand nombre de personnes. Pour cela, Balde ne laisse de courir après Gaioffe, lequel crie et appelle du secours. Il se tourne quelquefois vers Balde, et le supplie luy vouloir pardonner, et luy promet de luy donner son thresor, si son plaisir est de luy vouloir remettre la vie. Mais Balde le desdaigne tant, qu'il ne daigne luy faire aucune response. Tant plus Gaioffe le prie, plus fait-il l'oreille sourde. Quand il eut peu luy donner en present toute la banque de Gennes, et tous les ducats qui se passent par le trafic de Florence, la generosité de ce brave guerrier ne les eust voulu recevoir. Quiconque veut garder son honneur doit mespriser or et argent. Enfin il le tire d'un coing, et rien n'y peuvent faire les cris, les armes, les parolles outrageuses de tous qui estoient là presens. Il passe par le milieu de toutes leurs épées, et emporte soubs son bras ce miserable Gaioffe, et avec sa main droite ne laisse de mesurer les membres de ceux qui s'opposoient à luy. Il descend à bas, et approche de son cheval, sur lequel d'un saut il monte sans toucher du pied à l'estrier, tenant tousjours sa proye, enlevant ce Roy Arlotte par la force de son bras, comme j'ay veu un agneau estre emporté par le loup, ou une poulle par un renard, laquelle les mastins abbayans, et les paysans courans et crians, ne peuvent sauver.

Cependant Cingar donnoit repos à son espée, et le pont-levis estoit abbatu tellement, que le chemin estoit tout ouvert pour se retirer hors la ville. Ce que voyant Balde, il appelle Leonard, et eux trois prennent la fuite, car, de tous les soldats de Leonard, il n'en estoit demeuré un seul en vie. Eux trois, dis-je, galloppent, et ceste canaille, lassée au possible, n'eut plus le cœur de les poursuivre; mais se contentoient fort d'estre eschappez de la griffe de ces trois diables. Chacun d'entr'eux retourne en sa maison. Plusieurs sont portez sur des brancards morts ou blessez. L'un a perdu le bras, qui la jambe, qui l'espaule; l'un cloche, ayant le genouil offensé; l'autre a la hanche emportée; l'un cherche son nez et ne le peut trouver; un autre, n'ayant plus d'ongles ny de doigts, ne peut gratter sa teste qui luy demange. Ce fut lors que Scardasse, l'Herbolet, Aquare et ce Rigue, qui souvent bailloit des clisteres d'eau froide, amasserent de bon bien, et remplirent leurs escarcelles en pansant ces blessez, et en faisant mourir beaucoup d'eux avec leurs appareils. Et en memoire de ce, ces trois personnages que je viens de nommer, par leurs beaux livres, remplirent le monde des loüanges de Balde; car la consideration de gaigner donne occasion de chanter. La bouche de Virgile n'eust eslevé jusques aux estoilles la renommée d'Auguste, s'il n'eust tiré de sa bourse de bon argent.

Or, Balde, Cingar et le jeune Leonard parveinrent enfin en treize mil, au trot et au gallop, jusques en la plaine de Veronne, en laquelle autrefois par trois jours il pleut des pierres. Ils descendent de leurs chevaux, qui estoient bien las et harassez : et là lient Monsieur le Podestat, et avec des osiers l'estrillerent cruellement. Cingar en voulut prendre seul cette charge, pendant que Balde devisant avec Leonard s'allerent promener; car, encore que ce fut sans raison, ils eussent peu estre esmeus de pitié, voyans chastier devans leurs yeux un homme, bien qu'il fust meschant. Mais Cingar estoit composé d'autre humeur. Il lie ce pauvre miserable, lui couppe les coüillons, et le membre ribaut, lequel tant de fois avoit fait ouverture ès trous defendus, et les luy fait manger et avaller en guise de foye. Ce malheureux mange ses coüilles, comme faict le chat, quand en grondant il masche des choux cuits; puis, avec des ciseaux, il luy couppe le tour du nez; avec des tenailles il luy arrache les dents, les yeux, et luy couppe les oreilles. Et le laissant ainsi mal accoustré et maltraité, demeura enfin pour pasture aux taons et mouches, rendant ainsi, ce miserable, son ame et son esprit au diable.

Ils estoient remontez à cheval, et tiroyent par plusieurs et divers chemins, quand Cingar se ressouvint de la bourse de l'hoste, laquelle il tira de sa brayette, et la monstrant à ses compagnons : « Voilà, dit-il, les gentils petits mille ducats de nostre venerable hoste, qui a eu et receu bon prix de sa marchandise. O ! combien sont vrais les preceptes de Caton[1] ! Qui mal seme, mal re-

---

[1] Nous avons déjà eu l'occasion (livre IX, p. 164) de parler des distiques moraux de Caton.

cucille. Ce nouveau Gannelon [1], pour ne se rendre different des autres hosteliers, ayant ouy le cri publié pour nostre mort, et que pour icelle y avoit prix de mille ducats, il nous a descouverts, et pour son salaire a tiré ce malheureux or, fraudant le droit d'hospitalité, comme est l'usance de tels larrons. Entre tous les fols, celuy doit estre estimé très-fol, lequel se veut fier, ou bailler en garde son bien à des hosteliers. Ne verray-je pas plustost des asnes estre bons Geometriens, des chevaux estre Astrologues et mesurer le ciel, et nombrer les estoilles, que de penser pouvoir trouver par tout le monde un seul hoste qui soit homme de bien? Les hosteliers à leurs hostes ne gardent aucune loyauté; mais plustost monstrent mieux les enseignements comme il faut tuer et assommer, que ceux qui sont cachez et retirez aux forets, et volent les gens de bien. Comme quoy? Je vous bailleray pour exemple cecy. Un passager, soit de pied, soit de cheval, estant las et affamé, desire de loger. Il void une hostelerie devant luy : hors la fenestre sort une perche, laquelle on void de loing attachée avec un peu de corde; à icelle pend une escrevisse ou une espée de bois. Quand l'hoste oyt un bat de chevaux, et bruit sur les pierres ou pavé du chemin; ou, par le remuement des pieds des chevaux, quand il oyt la fange et limon gras de Lombardie rejaillir un tel patroüillage en faisant bruit, ou que le cheval sentant l'avoine hennisse de loing, incontinent Monsieur l'hoste, ceint d'une serviette en double, accourt avec une face joyeuse, et vous oste son bonnet ; et, combien que vous n'ayez volonté de arrester en ceste hoste-

[1] C'est le traître Mayençais qui amène par sa perfidie le désastre de Roncevaux où Roland trouve la mort. Il joue un grand rôle dans les épopées chevaleresques consacrées au récit des hauts faits de Charlemagne et de ses paladins. Du reste, il reçoit le juste châtiment de ses forfaits. Après avoir été exposé sur un chariot aux insultes et à la fureur du peuple et des soldats, il est tenaillé et écartelé.

lerie, toutesfois vous laissant aller à cent mille caresses qu'il vous faict, il vient promptement prendre vostre estrier, et vous prie de mettre pied à terre. Il fait prieres icy, prieres là. Il vous conjure par des poullets, des chappons, qu'il dit qu'il a, avec de bons hachis de veau, qu'il vient de faire tout presentement, pour la bonté et delicatesse desquels il vous asseure que les morts en ressusciteroient s'ils en avoyent mangé. Il dit n'avoir faute de tous bons morceaux et autres friandises de rosti, de boüilli ; qu'il vous presentera tout à l'heure trois sortes de gentil vin, que vous choisirez le meilleur pour vostre estomach, ou pour contenter vostre goust, s'il desire celuy qui est doux. Il vous donne premierement celuy qui est doux, pour tremper du pain dedans, et puis il vous baille du nouveau, lequel en le buvant rappe les boyaux. Ha ! qu'y a-il qu'iceluy ne vous promette ? Qu'y a-il qu'il ne die ? Il vous dit qu'il a des beaux draps blancs, et qu'en ses licts il n'y a aucunes puces, aucunes punaises ; que l'escuyrie pour les chevaux est bien chaude, et que dedans icelle y a bonne lictiere de paille fresche, et, ce qui est meilleur, que la bonne chere de l'hoste luy fera trouver le logis beau. Mais quand vous serez entré, vous trouverez tout le contraire. O ! pauvre homme ! tu penses entrer en une chappelle, ou en une sacristie, ou revestiaire, ou dedans quelque beau cimetiere, ou en la terre saincte, ou dedans les Catacombes, ou bien dedans l'antre et caverne de Calixte, tant il t'asseuroit par ses belles et fardées parolles ; mais, au lieu de ce, tu te voids en une tanniere, en une spelonque de larrons ; tu t'es mis en la garde d'un homme meurtrier, soubs la foy de Cacus, ou soubs la belle paix de Recolle. Que te donne-il ? Premierement il reschauffe ce qui estoit demeuré de reste du soir precedent, et jure, par tous les saincts qui sont vivans en Paradis, que tout presentement il vient de le mettre cuire. Tout ce qu'il te presentera sentira le lard jaune, ou le beurre chausi, ou la fumée, ou les charbons. Ha! que manges-tu? Que manies-tu, pauvre malotru? Si tu ne le sçais, l'hostesse sale et orde t'a preparé telles viandes; l'hostesse galleuse et rogneuse les a patinées et maniées; l'hostesse, après avoir essuyé de ses mains le cul de son enfant, les a lardées et accoustrées. Tu cries: « O hoste, ô l'hoste, vous n'oyez « goutte? Dictes l'hoste, quel vin est cecy? De quel vigno- « ble est-il? Est-il Corse? De Mangeguerre? De sainct Se- « verin? Est il Grec? Est-ce boitte du ciel? » Cet homme faict lors le sourd, et ne fait pas semblant d'entendre, ayant perdu l'ouye en si peu de temps; ou, s'il respond, il sçait trouver tant d'eschappatoires, qu'enfin il veut que que vous confessiez n'avoir raison. Ce que sera vraye lie, et bassiere moisie, il n'aura honte de dire que ce sera succre et miel. Si toutesfois votre impatience vous contraint de crier haut: « Messer l'hoste, » celuy vous respondra plus fierement que ne l'avez appelé haut, et avec parolles si aigres, que par telle ruse il vous sera force de manger vostre pain en patience. Mais gardez-vous bien de manger trop, car chaque morceau est au poids de la livre, et est nombré sur le doigt; prends garde à toy, et songe à ce que tu manges, et va doucement des dents. Je t'advertis que ta bourse en patira. Pendant que tu t'efforces à remplir ton ventre, ta bourse se vuide. En après il feint de te bailler des draps et linceuls blancs, lesquels il avoit nagueres repliez après les avoir tirez d'un lict, où un passant avoit couché la nuict precedente, afin que par ces plis il entretienne le bon bruit de son hostellerie. Si d'adventure tu as les veines opilées pour trop grande abondance de sang, asseure-toy que les punaises et les puces le tireront. Penses-tu que des ventouses, ou les baings de Lucques, te puissent mieux guarir, que sçauroient faire ces bestioles, qui habitent ordinairement dedans tels licts?

Mais, après que tu auras compté toutes les heures de la nuict, cependant que une bande de punaises te piquent par tout, tu te leveras au matin, ayant les yeux plus rouges que brezil [1] ou qu'une escrevisse cuicte. Tu vas en l'escuyrie voir ton cheval affamé, car on luy aura desrobbé dès le soir son avoine, et du rastelier on aura retiré le foin ou la paille ; enfin, avec jurement et blasphesmes, tu t'en vas, et, en t'en allant, tu trouves, miserable, que tu as esté desrobbé par un tel hoste. » Pendant que Cingar tenoit ce beau discours, qui est veritable, et pendant qu'il veut reprendre le fait d'autruy, il en fait de mesme.

O, Mafeline, apporte-moy ce chappon rosty? Il y a moyen en toutes choses, disoit le docteur Pizzanfare. En tirant trop la corde, l'arc se rompt. Il y a temps de feuïlleter les livres, et temps de manier l'espieu. Nous pouvons maintenant nous aider de l'un et de l'autre, s'il me souvient bien des enseignemens de l'escholier Scarpelle, lequel faisoit cuire ses saucisses avec les cartes de Paul le Venitien, au temps que l'estude florissoit à Cipade.

LIVRE DOUZIEME.

C'ESTOIT lors quand le Soleil eschauffe les cornes du Toreau, lequel porte sur son dos Europe parmy les senteurs odoriferantes du ciel, et quand la terre, empreinte de la rosée, reçoit tout autour de soy sa nouvelle cotte bordée de fleurs, les arbres recevans aussi un plaisant ombrage par leurs feuïlles nouvelles, faisans peu à peu les forests monter leurs brins et scions jusques au ciel. Le Rossignol, qui n'est jamais las de chanter à

---

[1] Bois de teinture importé du Brésil.

pleine gorge jour et nuict *sol la fa*, excite les personnes par son doux et plaisant chant à prendre repos, et s'endormir dessus l'herbe ou à l'ombre. Apollo l'escuyer dompte ses poullains pour les adextrer à son chariot; et Diane exprime durant la nuict sa rosée; les fontaines vomissent leurs pleins ruisseaux, et avec leurs petites ondes tremblantes abbreuvent les prairies, dont la Déesse printanniere se resjoüist, et s'embellist avec telle diversité de fleurs.

En ce temps, dis-je, Balde, Cingar, et le vaillant Leonard, descendirent de leurs chevaux, non gueres loing de Chioze, et reposent leurs corps sur la belle herbe à un certain ombrage. Là, y avoit un pin eslevant sa cime fort haut en l'air, le feüillage duquel empeschoit l'ardeur du soleil, et rendoit une ombre fort fresche. Ces trois cavaliers descrochent leurs heaumes et habillemens de teste; detachent et debouclent leurs cuirasses soubs ce bel arbre; et là se refrechissent avec un doux vent de Zephire, qui souffloit. Là, avec doux et plaisans discours, Leonard descouvre à Balde son amour, d'où nasquit par entr'eux une societé inséparable. Et pendant qu'eux deux tenoient tels propos qui leur estoyent fort agreable, Cingar deselle les chevaux, leur met en teste les licols, et les laisse coucher et tourner sur la paille; et, pendant qu'il les estable, il contrefait des pets de la bouche, *peit, peit, peit*, pour les faire pisser.

La mer Adriatique n'est pas loing de là, laquelle on nomme le golfe de Venise : vers icelle Cingar alloit pour guayer ses chevaux, et, y allant, chantoit tout joyeux son *tire-lire*. Aussi-tost qu'il fut arrivé au port de Chioze; ne faillit, comme estant bien accort et advisé, de tirer de sa fauconniere sa bourse, de peur qu'on la luy couppast; car c'est là des habitans du lieu un des plus beaux dons de nature, ou de vertu, qu'ils ayent. Il void en ce port une grande caraque, qui portoit six mille bottes. Icelle se preparoit pour aller en Turquie, après estre

chargée de plusieurs marchandises, quand elle auroit le
temps à gré pour desloger. Cingar appelle soudain le patron de ce vaisseau, et luy demande s'il voudroit, en
payant en bonne monnoye le passage, conduire en Turquie, et au pays des Maures, trois compagnons, et autant de chevaux. « Cela est difficile, respond le patron, et
ne sçay quel moyen je pourrois trouver pour vous satisfaire; car maintenant arriveront icy trente marchands
moutonniers du Tesin, marchands, dis-je, qui ont tousjours grande abondance de laines, et qui sont saouls ordinairement de pain de millet, et de grosse et espaisse
bouillie. Iceux doivent charger ceste caracque de moutons Tesinois. » Cingar luy replique : « Que fait cela ? Je
te prie, patron, mon amy, reçois ces bons compagnons;
je te payeray à double. Nous ne sommes que trois, il ne
nous faut pas grand'place. » Enfin le patron le luy accorde, et le prie de venir incontinent prendre leur place,
avant que les Tesinois arrivent. « Je le feray, respond
Cingar. » Et aussi-tost tourne ses chevaux, et s'en va à
ses compagnons, lesquels, ayant le cœur joyeux, se deliberent d'aller voir les pays estranges par mer et par
terre. Ils s'en vont, trottant à la façon Françoise, vers la
mer, et arrivent au bord, où estoit ce grand vaisseau,
lequel ne sembloit point un navire, mais un fort chasteau
dedans la mer.

Là se voyent plusieurs Marchands Turcs et Allemans,
travaillans à faire emplir Muran de leurs marchandises :
vous y voyez plus de mille facquins, portans sur leurs
dos pour un liard la charge d'un grand mulet, tant l'appetit de gaigner estrangle ces pauvres fols. La plus grand
part de ces facquins sont Bergamasques : je ne parle pas
des habitans de la Bergame, la prudence desquels est par
tout notoire; mais j'entends seulement parler de ceux,
qui, saouls de chastaignes et de panade, sortent de la
montagne de Cluson, et vont s'estendre par tout le
monde. Quand ils deslogent de chez eux, ils n'apportent

rien sur eux; mais, quand ils retournent, ha! combien ils portent sur leurs espaules de nippes, s'en revenant gaillardement ainsi bien chargez. Ils sont trappaux, refaits, gras, de large quarreure, l'estomach et la poitrine toute couverte de poil. Une autruche ne pourroit pas tant digerer de plomb, comme font ces facquins, de fer : chacun d'eux mange quatre-vingts onces de gras fromage sans estre assis, disans que la nourriture de fromage affermist l'eschine. Le fromage, dit Pizzanfare, engrossit le teint : toutesfois ceste regle est fausse en nos facquins. Sont-ils rudes à defendre leurs propres causes? Le Bergamasque, avec son dur langage, y satisfera mieux, que ne sçauroit faire un Florentin, avec cent comptes inutiles. Il n'y a pays, qui ne soit plein de facquins. Par tout vous voyez mouches : par tout y a moines gallochers; vous ne verrez partout pas moins de facquins. Pas une nation ne se ennuye du mestier de facquinerie : les facquins sont extraits de la race Bergamasque. Ils hantent les maisons des Nobles, et s'efforcent de complaire à Monsieur et à Madame. Ces facquins donc travailloient lors à charger ce navire, et portoient des fardeaux, qu'à grand'peine porteroit un chameau. Balde s'embarque et aussi ses deux compagnons, et logent leurs chevaux en un canton du vaisseau.

Voicy de loing arriver les Tesinois sublans souvent, ayans beaucoup de bergers conduisans leur bercail, qui estoit en si grand nombre, que la terre en sembloit couverte. Ils portoient sur leurs dos leurs foüillouzes, et avoient leur gros mastins attachez à leur ceinture, lesquels, quand il en est mestier, ils laschent pour se ruer sur les loups et les tuer. Il y avoit plus de trois mille moutons, et avoient tous la laine blanche, et estoient sans cornes. De la laine d'iceux se font les bureaux et autres draps de grosse estoffe. On tire la premiere par les oreilles dedans la navire : laquelle est incontinent suivie de toutes les autres, sans avoir aucune peur; car Nature a donné ceste faculté au bercail, de suivre tousjours la premiere, qui marche devant.

Mais, quand ceste canaille de Tesinois eut veu Balde et ses compagnons armez dedans le navire, et leurs chevaux occuper la meilleure place du vaisseau : « O, dirent-ils, patron, pourquoy rompez-vous les accors faits entre nous? Ne nous as-tu pas promis que tu n'en prendrois pas d'autres en ce navire? Gardes-tu ainsi tes promesses? Oh! barquerolliers, vostre foy est-elle ainsi entretenuë en son entier? O gens, à qui est propre de donner des bourdes aux autres, et qui ne se soucient gueres de commettre une fausseté! Tu es fol, et ne sçais, ô Chiozois, que tu fais, et tu ne cognois point telle marchandise, et quel est ce meschant gain. Reçois-tu des soldats et diables armez dans ton vaisseau? Jette ces François, jette nos ennemis! Un paysan ne s'accorde jamais avec un gendarme, et ne souffriroient manger leur viande ensemble. J'ay bonne envie de leur rendre autant de bastonnades que nous en avons receu d'eux. Nous en avons maintenant le moyen : il faut, dis-je, leur rendre le change, que ces larrons s'en aillent hors d'icy, à leur faciende; il y a des forests et des cavernes : en icelles font mieux leur demeure tels voleurs, que de se venir mettre dedans des navires, et de se mesler icy parmy des gens de bien. S'ils ne s'en vont, nous les jetterons en l'eau par force. » Ainsi le plus grand paysan, et le plus audacieux, parla. Le patron ne leur respondit rien, estouppe ses oreilles à une telle honte, laquelle aucun masque ne pouvoit couvrir.

Or, Balde, entendant les parolles audacieuses de ce vilain moutonnier, desgaine incontinent son espée, et met son bouclier au bras, et se delibere d'attaquer ces braves marauts. Cingar le retient, et, en le retenant, parle à luy en l'oreille, et le prie de luy laisser la charge de faire ceste vengeance. « Cela, dit-il, mon Balde, n'est point seant à vous, ny propre à vostre vertu naturelle; mais appartient plustost à la subtilité de Cingar. Arreste-toy, je te prie : tu verras maintenant merveilles; il ne faut point endurer l'orgueil d'un villain merdeux : les uns riront; autres, croy-moy, pleureront. » Balde luy obeist, et rengaine son espée.

Cependant le vent doucement s'enfle, et la mer commence à se cresper, et faire branler ses ondes. Le vaisseau se separe du bord, et peu à peu s'avance au milieu, et laisse le rivage, lequel, en fuyant ainsi, semble emporter avec soy les villes et pays. On ne void desjà plus les bois, on ne voit que la mer et le ciel; et les mariniers, en chantant, se reposent.

Cingar, cauteleux, voyant le temps proche, et propre pour mettre à effect ce qu'il avoit en pensée, finement s'approche de l'un de ces paysans, luy disant : « O, que voicy grande abondance de vivre! Veux-tu, mon compagnon, me vendre un gras mouton? » Le marchant luy respond : « Moy! trois, huict, quatorze, si un seul ne te suffit, moyennant que tu les veüilles payer, et que tu m'en donnes au moins huict carlins pour piece. » Alors Cingar, le marché arresté, et prenant son mouton, luy compte de sa bourse huict carlins de cuivre, lesquels il avoit nagueres forgez.

Les marchans estoient là presens; et toute la compagnie, riches et pauvres, Lays, Moines et Prebstres, s'attendoient de manger chacun un bon morceau de ce mouton; mais, Balde considerant la mocquerie, desjà se prepare fort bien, et chuchette en l'oreille de Leonard. « Il sortira, dit-il, tantost une belle farce : tais toy, je te prie, et t'appreste à rire. » Cingar prend par les oreilles ce mouton qu'il avoit acheté en presence de la compagnie, et le jette en la mer, du haut du navire. Chose merveilleuse, et paradvanture malaisée à croire à la compagnie! incontinent tout le troupeau à la file saute en la mer, et n'en demeura une seule piece, qui ne sautast, et ne se jettast en l'eau[1] Par ce moyen, la mer fut toute couverte

[1] Nous n'avons pas besoin de rappeler que Rabelais a repro-

de poissons portelaines, et ces moutons paissoient autre chose que de l'herbe. Les Tesinois s'efforçoient de les retenir le plus qu'ils pouvoient ; mais c'estoit pour neant ; car enfin tout ce bestail abandonna le vaisseau. Au temps du deluge, les poissons, montez au haut sommet des montagnes, contemploient les forests, et se promenoient joyeux par dessus les ormes et peupliers, regardans au-dessous d'eux les prez et les fleurs; et maintenant le bercail paist soubs les eaux l'algue, mange et boit ce qu'il ne veut, et se noye tout à fait. Neptune lors feit un grand butin, s'esmerveillant d'où estoient descendus tant de moutons : d'iceux il fait un festin aux Nymphes et Barons de sa court, lesquels s'en farcirent à bon escient le ventre, laissans soubs la table des ossemens pour les chats.

Balde creve de rire, Leonard en pette, et les autres en grongnent. Cingar ne rit point; mais feint estre marri, et rapporte à mal'heur ce qu'il avoit fait de guet à pend, et feignoit d'aller secourir ces bestes ; mais, au contraire, subtilement il les poussoit en la mer : et vous eussiez dit à le voir bien embesongné, que les moutons estoient à luy, tant il sçavoit bien accommoder sa mocquerie. Et parce que chaque mouton, sautant ainsi, chantoit en prononçant *bai, bai*, sa miserable mort, de là la prochaine ville fut nommée Bebba, et le peuple d'autour fut par nos anciens appelé Bebbens. Iceux ont autrefois dompté les

---

duit exactement ce trait (*Pantagruel*, liv. IV, ch. viii) : « Tous les aultres moutons, crians et bellans, commencèrent soy jetter et saulter en mer après à la file. La foule estoit à qui premier y saulteroit après leur compaignon. » Les commentateurs de maître François ne signalent pas ce passage de Folengo; le docteur Regis lui-même n'en parle point dans son volumineux commentaire sur Pantagruel. La Fontaine s'est souvenu de ce trait lorsqu'il a parlé « d'un mouton qui va dessus la foi d'autrui, » et chacun a lu dans le *Mariage de Figaro* (acte IV, sc. vi) : « La rage de sauter peut gagner ; voyez les moutons de Panurge. » Swift a de même parlé de cette manie d'imitation chez la gent bêlante.

vieux Poposses, et avoient sous leur domination les Malgariens.

Or, estant tout ce troupeau noyé et perdu, trente villains allerent aux pertuisanes, et commencerent à s'escrier. Cingar incontinent prend sa halebarde, appelle Balde et Leonard, lesquels aussi desgainent leurs espées, et prennent leurs boucliers : dont ces paysans estonnez retirerent le pied arriere, quand ils virent ces trois braves champions en armes, et Cingar leur dit : « Osez-vous, villains, ainsi braver? Vous vous en orgueillez, marauts? Dites-moy, poltrons maudits, dites-moy, larrons, par quel droit pouvez-vous defendre votre cause? Est-ce l'usance de vostre pays d'ainsi tuer les personnes? Ne puis-je pas dependre mon bien comme je veux? Ce mouton-là estoit mien, ma bourse l'avoit payé, et, vous, mangeurs de rabiolles, en avez tiré huict carlins. Ne puis-je pas disposer du mien selon ma fantaisie? Que ces gentils-hommes, ces mariniers, ces prebstres, ces beaux peres confesseurs, qui ne voudroient dire une menterie pour tous les saincts qui logent en paradis, en disent ce qu'il leur en semblera? Qu'ils disent vérité, et qu'ils n'ayent respect à personne? Le fort gaste le droit. Or sus, voilà les armes, qu'ils disent de quel costé est la verité, et que tout nostre differend depende de leur jugement? Si j'ay tort, esperez en avoir la raison. Je suis assez suffisant pour payer un monde de moutons : mettez aussi bas vos dagues roüillées; autrement, nous vous monstrerons par effect, sans parolles, que c'est que d'un soldat en armes. Ce nous est un sainct sacrifice, et agreable au ciel, et une œuvre de charité d'escorcher villains. L'orgueil sied mal tousjours aux nobles; mais c'est une meschanceté grande à des paysans d'estre superbes et audacieux. La race de paysans est certes mal née : quiconque favorisera et defendra les paysans soit pendu, et qu'aucun n'aye pitié de luy que le paysan mesme! Quant à moy, je croy que les lievres et les chiens, les loups et les brebis, les perdris et les cailles, avec l'espervier, demeureront ensemble, plustost qu'on puisse trouver un paysan, homme de bien. Veux-tu gagner un Citoyen? parle à luy avec bonnes parolles; mais, envers un paysan, use seulement de baston. Les grands Seigneurs sont vaincus par douces paroles, les filles par presens, les enfans par la verge, les paysans avec le baston. Pais les asnes de paille, les porceaux de gland, les chevaux et les bœufs de foin, et les villains d'un tribal. Un villain fera cent mille sermens pour une chose fausse; il tuera un homme pour un morceau de pain. Le villain ne garde les status de l'Eglise, et dit qu'une beste ne diffère en rien de sa femme; il ne se soucie de mere, de fille, ne de sœur qu'il aye. Il a si bon estomach, qu'il digere tout, et fait, comme l'on dit, sa charge de toutes sortes d'herbes. Les poltrons ont toujours la goutte, quand il faut travailler; mais, quand ils dansent soubs le chesne, ou soubs l'orme, ou soubs le peuplier verd, au son de la cornemuse, et qu'ils trepignent des pieds sur la terre, lors vous diriez que ce sont daims, chevres, et chevreulx, et blasphement le nom de Dieu, les saincts et la Vierge Marie. »

Cingar, pendant ce sien discours, regardoit de travers comme un chien, et tenoit son halebarde bas, toute preste à s'en servir, si ces villains eussent voulu luy faire ennuy; mais ces lourdauts craintifs ne voulurent assaillir le chat, n'ayans le temps lors propre pour eux, et le lieu ne leur sembloit estre propre pour ce faire : mais retiennent leur trahison pour un autre temps, et recelent leur cholere en leur cœur, demeurans ainsi peureux et paisibles pour la presence de Balde.

Cependant Æole, Roy des vents, prenant en main son sceptre, monte au haut de sa montaigne, et, de là estendant ses yeux par dessus la mer, il ne voit à l'entour de soy aucun navire; car celuy auquel estoit Balde estoit encore si loing, qu'il ne peut estre par luy apperceu sur la mer, estant desjà devenu vieil, et ayant besoing de lunettes. Certainement, s'il eut sçeu qu'un tel Baron eut esté sur mer, il eut retenu les vents courroucez en prison. Ceste montagne est creuse, et de son sommet touche le ciel, et le pied d'icelle est jusques au profond de la mer. Elle se monstre très-aspre pour les grandes pierres et roches, qui pendent autour d'elle. En icelle n'y a aucunes forests; on n'y void aucunes herbes verdoyer, là les prez n'engraissent le bercail. Au haut d'icelle, la porte est barrée de grosses chaisnes, et icelle porte est toute de fer, faite en la bouticque de Vulcan. Icelle ferme une grande caverne, comprise soubs et au-dedans de ceste grande roche, en laquelle sont enfermez les vents, comme en une prison : et là, estans cadenatez, crient et heurlent avec divers soufflemens, ainsi qu'on oyt des porcs gronder en leurs porcheries, quand on est trop long-temps à apporter en leur auge leur lavage et mangeaille. Là, dis-je, sont les vents de Note, d'Auster, de Siroch, lesquels ne font que guetter à la porte pour sortir dehors, et une heure leur dure mille ans, n'estant leur plaisir qu'à tourmenter la mer : comme le veneur tient au chenil ses bracques, levriers, et autres chiens, et ne leur donne beaucoup à manger, afin qu'estans plus affamez, ils soient plus dispos à courir les chevreulx, le jour et la nuict hurlent avec leurs voix importunes *bau, bau, bau,* et ne laissent les voisins dormir à repos; car il y a aussi peu de discretion en des chiens, qu'en ceux qui en veulent nourrir trois cens. Le Roy Æole tient ces vents en ceste obscure caverne, afin que ceux qui desirent avec voiles estendues passer les mers soient çà et là plus cruellement tourmentez. O! miserable navire! et encore plus miserable le patron, lequel est assailli à l'impourveu d'une bande de vents, lequel est importuné, et tourmenté par le cruel Oest avec ses compagnons! O! combien doit estre expérimenté en l'art de la marine, celuy qui combat contre la troupe enragée des vents!

Æole donc, voulant donner plaisir à ses vents, ouvre

les gros cadenats, et fait ouverture des portes de fer, et entre dedans ; les vents se resjoüissent, et commencent à faire feste et ne se peuvent retenir, qu'ils ne sautent de joye. Il les tance et les menace, et avec un baston estrille leurs eschines ; car ils font les fols, et taschent à rompre leurs chaisnes, murmurans et desirans renverser et brouiller la mer, la terre et le ciel. Entre iceux est Suest, le plus cruel de tous ; les autres sont Surœst, Nordœst, Oest, Sud, Nord ou Borrée, fils bastards de la Tramontane. Nord-Oest, celuy qui jette de la bouche une bave noire, et qui a les yeux bordez de rouge, comme si c'estoit chair salée : il ne souffle point, qu'il ne hume et attire en son ventre cent mille diables, renversant les estoilles et la mer ensemble. Mais, quand Surœst fantastique agite la mer, s'il ne rencontre un contraire, chemine tousjours avec pas mesurez. Le Nord ou la Tramontane, qui se tient aux Trions glacez, laquelle a engendré Borée, estant engrossie par le bouvier du ciel, qui meine sur son char Cynosure, par ses gelées nous fait porter des fourrures, et à son occasion la laine des moutons nous est de besoin. Borrée souffle vers nous, venant des Alpes d'Allemagne. Ha ! le miserable vaisseau, qui lors se trouve sur la mer, quand ce vent rencontre un ennemy, et quand il est irrité par les autres ! car lors il dissipe, il rompt, il deschire et emporte tout. Le Sud apporte avec soy tous les maux qui sont au monde, et, estant pestilentieux, infecte les privez, latrines et cloacques, rend les personnes malades. Surest, le pere de furie, et le parrain de cholere, lequel soufflant fait trembler le plancher du monde : sa coustume est de souffler seulement du cul, faisant par les nues des sons horribles, lesquels nous pensons estre les tonnerres du ciel. Croyez-moy, ce ne sont à la verité tonnerres du ciel ; mais son pet que Suest lasche à point. Nordest aime la division, cherchant tousjours à combattre, et de troubler avec grand travail la paix et repos ; il amasse sous la nue flamboyante certains grains, qu'on nomme tempeste et gresle. Ceste matiere ne tombe point en temps froid ; mais, lors qu'Apollon brusle par trop la terre, qui est quand la chose humide se lie et conjoinct avec le chaud, dont se fait une consolidation de glace, laquelle apporte au nez une odeur sentant le soulphre et la poudre à canon ; et lors ce vent Nordest, comme espicier estranger, l'ayant mise en un vaisseau, et la remuant souventefois sans dessus dessous, forme de telle matiere de la coriandre, et la jette en terre tout autour de soy, et lors fait que les paysans faitneants maudissent le ciel, pour raison que telle tempeste gaste et ruine en une heure tout le bled qu'on peut acquerir par un long temps. Il arrache les bourgeons des vignes, rompt et égraine les raisins, et autant en fait des fromens et seigles. Vous oirez ces meschants paysans blasphemer pour une telle perte, et, eslevans les mains, faire la figue au ciel[1]. Est-Suest vient du costé de l'Aurore avec une douce haleine ; il appaise et adoucit les chaleurs ardentes, quand Apollon passe. Les Novarois l'estiment et l'appellent galant et bon compagnon, ne soufflant point comme Nort-Oest, ou comme Sudoest, lesquels on accoustumé de se mocquer, et pipper les mariniers par un traistreux serain. Nort-Norœst-Oest ne fait pas aussi comme eux ; mais va en liberté avec un soufflement doux et gracieux, soit qu'il donne en pouppe, soit qu'il guide à orce ; mais, s'il se sent battu des autres, lors se courrouçant, il renverse la mer sans dessus dessous, et donne tousjours advertissement de sa cholere aux Nautonniers, afin qu'ils soient advisez et qu'ils se tiennent en cervelle. Il y a aussi Oest, qui n'a point son pareil en douceur, lequel ne sçauroit esmouvoir la mer la grosseur d'un petit poil. Ceux de Gennes

---

[1] Cette expression se retrouve dans Rabelais (liv. IV, ch. xliv) : « Un d'eux, voyant le portrait papal, lui feit la figue, qui est en icelluy pays signe de contentement et derision manifeste. »

l'appellent Maëstral. Iceluy refait les Mariniers las et rompus, et met l'air en toute serenité, et fait que le Soleil revient, lequel s'estoit retiré pour tempeste de Suroest.

Or Æole, ayant deschaisné tous ces vents, se tire à part, de peur qu'il s'envolast avec eux ; car peut-estre emporteroient-ils leur maistre par l'air. La nuict au milieu du jour avoit espandu ses tenebres, et les voiles s'embroüillans se remuoient en diverses façons. Le patron accort avoit recogneu plusieurs signes, par lesquels il prevoyoit un temps dangereux. « O, s'escria-il, moy miserable ! Tantost Apollo bravoit, et maintenant, comme mourant, il branle soubs une obscure nuage. Voyez comme les Dauphius sautent avec leur courte eschine ; regardez les Merges sublans et voletans par-dessus les ondes, et l'aigle en tournoyant a gagné le haut du ciel. » Et ce dit, il se prepare à resister aux vents. Il commande aux Nautonniers plusieurs choses, et à l'un et à l'autre il donne des charges. Les uns desnoüent des cordes, les autres les tirent ; autres les laschent, et vous oiriez cent sifflemens que ces cordes font en les tirant et retirant ; aussi le bruit se fait grand des uns et des autres, en parlant et commandant.

Le noble Leonard estoit en un certain lieu du vaisseau, joüant aux eschecs avec Balde, quand il s'esleva un grand bruit, non du ciel, mais par la trahison de ces paysans, laquelle fut lors descouverte ; car Cingar estoit seul couché en un coing, lequel, estant bien endormi, ronfloit comme un bœuf, n'entendant rien de cette tempeste, et dormant si profondement, que des bombardes n'eussent sceu rompre son sommeil. Ces paysans, à qui n'agueres Cingar avoit fait noyer tant de moutons, l'assaillent pendant qu'il dort, et, le prenant en travers du corps, le jettent en la mer, se vengeans enfin ainsi de leur perte, satisfaisant à leur envie. Iceluy, quasi se noyant par ceste cheute, rompit son sommeil, et ne s'en fallut gueres qu'il ne remplist d'eau ses chausses au fond de la mer ; mais, de bonne fortune pour luy, il avoit auparavant osté et depoüillé ses armes, en sorte qu'il avoit les mains, les bras et les jambes delivrées; aussi nageoit-il bien, et sembloit une grenoüille ou un loir.

Cependant Balde avoit ouy ce bruit, et oyant comme Cingar demande secours, en criant tant qu'il pouvoit, il luy jette des aiz en la mer, et avec Leonard se tourmente fort, voyant son amy se noyer, par le bon office duquel il avoit eschappé la mort; et, voyant que ces villains jettoient des bois pour empescher que ce pauvre miserable s'attachast et se print à quelque autre, il ne faut pas penser de quel diable il estoit poussé, et, se tournant soudain en furie, dégaine, et du premier coup fait sauter trois testes de ces villains en l'eau; et, pour ce coup, le reste de cette porchaillerie tourne le dos, et ne veulent essayer un tel tranchant. Balde les poursuit fuyans çà et là, et aucuns se jettent dans la mer plustost que d'attendre le coup. Cingar, les voyant trepiller dans la mer desjà rougie de leur sang, ne cesse en nageant de les suivre, et, les prenant d'une main par le col, les jettoit au fond. Leonard en avoit aussi fait trébucher plusieurs en mer, et, tendant une picque, tira Cingar hors de l'eau. Et aussi tost qu'il l'eut tiré bien trempé, et qu'il l'eust envoyé faire seicher ses habillemens, voicy soudain arriver un tourbillon de vents, la Tramontane soufflant la premiere, contre laquelle un vent du Sud pousse furieusement. Nord-Oest y vient, renverse maisons, cheminées, fait voler la poussiere et esleve au ciel les pailles et les buchettes, mais il est soustenu et repoussé rudement par la violence du vent Nord-Oest, lequel, avec son dos courbé, esleve des hautes montagnes d'eau. Sudest bruit et destache les esguillettes de son fessier, et contrefait les tonnerres, fait trembler le monde, et le ciel s'esbranle. Le Sud pestilent emplist la mer et l'air de tenebres, et s'eslevent autres grandes montaignes d'eau par telles esmotions de la mer, lesquelles baignent la supreme region de l'air, et void-on les moutons paissans les ondes de la mer. Desjà les cris et clameurs des hommes touchoient jusques aux abysmes du ciel; et oyt-on un grand bruit des cordes, et toute la mer ne monstre que signes de peur, faisant paroistre les couleurs de la mort. Les nues obscures volent, poussées par des diables noirs. Le ciel flamboye par esclairs, après lesquels Sudest retentist ses pets; puis agite plus fort les vagues, jettant plus rudement ses bales. La Tramontane destache et deslie ses froids cheveux, et, comme fole et lunatique, se fourre parmy les ondes. Les Nautonniers en vain se travaillent de destacher les voiles, car la grande violence des vents leur en donne empeschement. Maintenant le Sud cruel a le dessus; maintenant le Nort est victorieux. La mer mugle, et les astres sont lavez des vagues. La fortune menace d'horrible mort les mariniers, lesquels pour n'avoir aucune esperance se tourmentent à force de crier et se frappent la poitrine à coups de poing; mais Balde n'avoit pour lors aucune peur de la mort, va çà et là, exhortant tantost cestui-cy, tantost cestui-là; il donne secours au Comite, aux Nautonniers, au patron; il excite un chacun, tourne et dresse le timon; il ne s'espargne aucunement; il commande icy, il fait cela; il conforte avec une voix hardie les couards; il lasche et roidist les cordes, selon la volonté du patron: s'il ne les peut lascher, il les rompt. La tempeste, surmontant tout l'effort des Nautonniers, renverse tout. Toutesfois Balde, n'ayant en teste ny bonnet, ny chapeau, asseure les uns et les autres, et leur dit qu'il ne se soucie d'estre noyé, moyennant que tous eschappent. Jà le Nord victorieux, ayant mis ses compagnons sans dessus dessous, mugist, et luy seul offusque le monde de tenebres, et excite par ses efforts des montaignes du profond de la mer, jusques aux estoilles, descouvrant les maisons et palais de l'enfer. Le navire desesperé gemit et pleure, et se rend las à la tempeste son ennemie, demandant pardon. « Ostez, crioit le patron, ostez la voile? Elle est trop mouillée, elle pese trop : l'arbre s'en ira à l'orce, et se rompra à travers ! » Incontinent tous se diligentent pour obeir au commandement du patron ; mais ils ne peuvent desmesler les cordes, et chacun, tombant pour le grand vent, n'en pouvoit venir à bout. Balde habilement prend sa halebarde, et d'un coup trenche neuf cables, et les voiles tombent soudain à bas.

Cingar seul trembloit en un coing, et, pour la peur qu'il avoit de mourir, lascha son ordure en ses chausses : les limes sourdes, les crochets, les tenailles, ne luy servoient pour lors de rien, ny les subtilitez d'un singe, ny les finesses d'un renard. La Mort le presse partout; la Mort cruelle le menace de tous costez : il fait infinis vœux à tous les saincts ; il jure que le cancre lui vienne, s'il ne va tous deschaux par le monde, et vestu seulement d'un sac ; il dit qu'il ira trouver Sainct Danes en Agrignan, lequel vit encore soubs la voute d'une grande roche, et porte le cil de ses yeux pendant jusques sur les genoux ; il promet aller vers les sabots et galoches, lesquels Ascense avoit autrefois portez, et lesquels furent prins en l'Isle de Taprobane par les Portugais ; et que là il fera dire des Messes par dix Moines, et, en outre, qu'il leur offrira un cierge aussi grand et pesant, comme est grand et pesant l'arbre du navire, s'il peut eschapper de ce danger : il confesse avoir derobbé et volé plusieurs boutiques ; avoir crocheté des maisons, emmené des chevaux et poulains, et, s'en repentant, promet que, s'il peut à present sortir de ce peril en liberté, il se rendra un second sainct Macquaire, un autre Paul hermite, et, après avoir visité le sainct Sepulchre, qu'il menera une vie pitoyable.

Pendant que Cingar en son cœur tremblant pensoit à telles choses, une haute vague, surmontant la gabie, emporta avec soy plusieurs personnes du navire, se tenant Balde contre icelle ferme comme un chesne. Cingar pensoit estre lors depesché, et avoit à l'adventure embrassé une grosse piece de bois. Ce fortunal s'aigrist de plus en plus, et ne sçait-on plus quelle route tenir, ny en quel pays le vent emporte le vaisseau, lequel tantost est eslevé jusques aux pieds de la lune, tantost donne du fond contre les cornes des diables. Le patron, tout estonné, avoit perdu l'escrime de son timon, et, estant esperdu, crioit : « O! compagnons, nous nous noyons! Avant qu'il soit trois heures nous irons souper avec les morts! Toutesfois il semble qu'il y a encore un peu d'esperance, si nous voulons descharger le vaisseau de tant de bales de marchandises. Or sus donc, que regardez-vous? Preferez la vie aux biens? Qu'on donne aux poissons ce qui pese le plus! Or sus, ayez courage de Roland, jettez-moy ces males! » Lors chacun obeist au patron, et, comme sages et advisez, donnent ordre à leur salut, et jettent tout ce qui pesoit le plus, comme caisses de velours plein et de ras, de l'escarlate et autres draps, et de pieces de tapisserie. Ils jettent tout en la mer, estimans en temps de mort aussi peu ces choses que la neige en hiver. Les marchands estonnez sembloient estre des statuës : « Ha! disoient-ils, à qui avons-nous amassé ces richesses? Ha! en quelles miseres avons nous passé nostre vie? » Pleurans ainsi, et estans esprit de miserable peur, sont contraints de livrer à la mer leurs bales; car la vie leur plaist plus que cent mille thresors. Le patron leur dit de rechef : « Ce qui vous pese encore le plus, je vous dis que le jetticz au fond? » A ces mots, un certain personnage, qui n'avoit pas grand bien, et n'avoit au vaisseau aucune marchandise, et auprès duquel estoit assise sa femme, qui estoit laide au possible, et qui estoit une diablesse envers son mari, la prend et embrasse par le milieu du corps, et brusquement la lance dedans l'eau, s'escriant : « Va, merde de diable, va! car je n'ay point ici chargé plus pesante marchandise que toy. » Icelle s'en alla ainsi la teste renversée sur les ondes, dessoubs lesquelles en peu d'heure elle fut noyée. Ainsi s'en aillent toutes les laides, et qui ont mauvaise teste. Ho! qu'ai-je dit? Mafeline l'a entendu, et ne veut plus m'en conter; toutesfois nous l'apaiserons.

LIVRE TREIZIÈME.

Neptune estoit assis en un haut siege, lequel au fond de la mer gouverne son royaume, et au centre d'icelle a ses villes, chasteaux et palais. Il tient là une court ouverte à tous ses peuples. Les uns vont et viennent en ses palais, esquels logent les Nymphes et les Dieux humides, les fleuves et lacs, venans tous au commandement de ce Roy. Là, dis-je, estoit ce Dieu entre ces honorables Barons, ordonnant avec le conseil de plusieurs affaires, quand Triton, fils de Neptune et d'Amphitrite, monté sur un poisson, arrive en haste, donnant de l'esperon à sa monture. Chacun luy fait place; on ne sait la cause de son voyage : chacun s'approche pour sçavoir la nouvelle. Incontinent il descend de dessus le dos courbé de son Dauphin, et, prenant son chappeau, faict d'une dure coquille, se presente devant les pieds de Neptune, luy faisant du genouil grande reverence, et parla à luy ainsi : « O Roy du profond de la mer, d'où vient ce nouveau tumulte? D'où est venu ce grand orgueil? Une si grande presomption prend-elle telle audace soubs un cœur si vil? Veu donc que tu es frere de Jupiter, et gouverneur de ceste haute mer, et que tu as l'Empire sur tous les fleuves, endureras-tu que tes Royaumes soient gastez et perdus par un faitneant, souillon et bourreau poüilleux, et indigne, pour te dire vray, de lescher ton derriere? C'est cest Æole mesme, duquel je vous parle, lequel par ce qu'il a eu cet honneur d'espouser Deiopée, chambriere de Juno, du rang de celles qui ont le soing et la charge de laver les pots et chauderons, et de bailler l'augée aux pourceaux, leve la creste bien haut, et s'ingere souvent de plusieurs affaires, lesquelles vous ne voudriez pas vous-mesme entreprendre. C'est cest Æole, dis-je, qui se resjouist pour ce qu'il possede je ne sçay quels rochers polis, nullement garnis d'herbes, et sechez du soleil, et se paist de la fumée d'un rosti, et chastie ses vents en façon de pedant ou Magister, et comme un escuyer donne la bride et le mords pour dompter un poulain. Iceluy, o Roy très-puissant, a ouvert l'huis grandes cavernes de la montaigne des vents, sans ton commandement, et ceste prison ouverte, et ayant deschaisné les pieds et les mains de Nordœst, et de tous les autres vents, a lancé et jetté par l'air tant d'eaux, tant d'ondes, tant de vagues, que les Dieux d'en haut ont longtemps craint et craignent encore d'estre noyez, et ne s'en est gueres fallu que Jupiter ne se soit osté de son siege, croyant que les Geants voulussent encore lui enlever le royaume des Cieux, en mettant montaigne sur montaigne. Il veut aussi à present entrer en nos maisons, et ses vents ont ruinez et ruinent nos sales, nos jardins, nos estables, nos logis, nos palais; et, si vous n'y pourvoyez, Sire, je vous avertis pour le certain que vous et nous, avec tous les vostres, serons noyez. »

Neptune, oyant ce recit, s'emflambe tout de cholere, et par trois fois a touché en terre de son trident, et commande de faire venir à soy son trompette, lequel venu soudain il envoye à la montaigne Æolienne, et à ce rocher pelé; et luy encharge d'aller trouver ce Roy tel quel, lequel a receu cest office de Jupiter, d'estriller les vents et curer les estables, et luy commande de luy dire de sa part toutes les injures qu'appartiennent à gens de peu et faitneants, et qui conviennent à un gueux et à un lacquay piedau. Le trompette ne se fait faire ce commandement deux fois; il s'en va incontinent et galoppe en poste. Il porte sur son espaule en escharpe sa trompette, faite d'une dent de baleine percée, et chemine en diligence par le fond de la campagne marine; puis, dressant son chemin en haut, là part où les eaux se bouleversoient davantage, et baignoient par leur hauteur les pieds de la lune, et, cheminant ainsi sur ces vagues, dansoit par le branle des ondes, comme fait une oye ou un merge agitez sur l'eau, quand elle est esmeuë de quelques vents; et, sonnant de sa trompette, appelle de loing le Roy Æole, lequel, oyant ceste voix, descend incontinent de sa montaigne, du haut de laquelle il regardoit le jeu des ondes et des vents, qui s'estoient attaquez l'un l'autre. Il loüoit tantost le Nord, tantost le Sudest, tantost la puissance de la Tramontane, et la furie du Nordest.

Le trompette estant près de luy, tout enflambé de cholere, fait son ambassade pleine d'ire et de courroux. Æole, comme estant le plus petit des Dieux, et un bouchon seulement d'iceux, a peur du Roy, qui commande à la mer, et fait telle reponse au trompette : « Ne doubte point, dit-il, que ce que je fais est par le commandement de Juno : je ne faudray tout à present de renfermer mes vents en la prison de ceste montaigne. Va viste et sonne deux ou trois fois par la mer, de ta trompette; ce pendant je pourvoieray à tout. » Et, ayant dit cecy, remonte en haut de ce rocher, et, entrant dedans, il destache ce vent, lequel plusieurs appellent Oest, et plusieurs autres le nomment Maëstral, lequel peut oster et chasser de la mer ses autres freres et la remettre en sa premiere bonace. Ce Maëstral donc avec une face joyeuse se descouvre, ayant une guirlande ou chappeau de fleurs sur la teste : par une douce parole appaise ses freres; et leur grand debat cesse incontinent. Ils oyent aussi le son aigu de la trompette, par lequel advertissement iceux balient et nettoyent le pays.

Estant donc telle rage appaisée, voicy Balde, qui descouvre de loing un rocher pointu, lequel pour sa hauteur portoit le fardeau du ciel comme un second Atlas. Le patron tend à cet endroit, et tourne le timon de son navire, si navire se doit maintenant appeller, lequel sembloit plustost une tour ou bastion, contre lequel la furie des canons eust joüé. Sur ceste roche ne s'y void aucune verdure, ny aucun arbre; personne n'y paist brebis, ny bœufs : on n'y void que de grosses pierres pendantes, soubs lesquelles airent les faucons, esperviers, aigles, esmerillons, et laviers. En icelle neantmoins ce vaisseau quasi tout desarmé arrive, afin que les mariniers, et ceux qui estoient dedans, peussent faire secher leurs chemises aux rayons du soleil, et avec de la mousse et estoupes boucher les ruptures du navire, qui estoit par les flancs entr'ouvert. Cingar se jette le premier sur le bord, du haut de la proüe : il se resjouist de se voir en terre, et se monstre gay et gaillard, jettant derriere le dos tous les vœux, et promesses qu'il avoit faictes. Balde le suit; aussi faict Leonard : et celuy qui n'agueres avoit jetté sa laide femme en la mer, disant qu'il n'y avoit fagot ny fardeau à l'homme plus fascheux, ny plus pesant que d'avoir une femme attachée à son costé, laquelle eut un esprit d'oyson, et un visage de ramonneur de cheminée. Iceluy estoit de Bergame, descendu de la race des Marans, de laquelle nous avons honte de parler, et les femmes de la nommer. Son nom estoit Boccal, et n'y avoit aucun qui fut plus sçavant en l'art de bouffonnerie que luy. Tous les autres sortent aussi du vaisseau, et chascun cherche place à l'escart, pour se despouiller, et se revestir. Cingar, selon sa coustume, va cherchant partout, et vint en une obscure caverne, en laquelle il craint d'entrer; mais ouvre les oreilles pour escouter s'il oyroit là dedans quelque bruit. Comme par les boutiques des artisans il se fait un bruit, les uns frappans du marteau, autres joüans de la lime, autres soufflans les charbons avec les soufflets et les rendans plus rouges qu'une escrevisse cuite, ainsi qu'on oyt à Bresse ou à Milan : Cingar oyt resonner un pareil bruit : et, voyant qu'aucune lumiere ne luisoit en ceste caverne, fait signe à ses compagnons. Ils accourent : ils se deliberent d'entrer dedans : ils y vont tous. Ceste maison sembloit toute noire de suye autant qu'ils en pouvoient veoir par le moyen d'un tison que Boccal portoit. Tant plus ils entroient avant, tant plus ils oyoient le *tic toc* des marteaux, et le *bouf bouf* des soufflets.

Après avoir passé environ cent pas, ils trouvent une grande place quarrée, laquelle en chaque costé avoit trente pas de long. Il y avoit autour huict galeries soustenuës de colonnes formant en chasque costé un cloistre admirable, lequel tourne en rond comme la sphere, qui tourne autour des poles, ou comme on voit à Modene ou à Boulongne le rouët des filandieres tourner et pirouëter, devidans mille boubines de soye. Chacune de ces colonnes est double et est faite de bronze. Les arceaux sont d'argent, et les voutes basties à la Mosaïque, esquelles se voyent les beaux gestes des grands et vertueux personnages. Apelle, le plus grand peintre de tous les peintres, avoit peint en icelles tout ce que la Fée Manto luy avoit commandé. Ceste Manto estoit descenduë de Tyresias, femme de Folet. On y voit la guerre tousjours memorable faicte, quand Pompée feit sortir par force Barigasse hors du chasteau de Cipade, et quand il rompit Alexandre le Grand ayant envoyé contre luy à la haste plusieurs gens de guerre, et quand il meit en peine soubs le capitaine Grandovie, près la ville de Nine, la canaille de Xerxes [1]. Là voit-on le guerrier Roland furieux, pendant qu'il defait le fort Annibal, et jette par terre le soldat Achille, luy avalant la teste de dessus la selle du grand

---

[1] Pompée combattant contre Alexandre et mettant en déroute les bandes de Xerxès, Roland luttant contre Achille, César ayant Renaud pour compagnon, voilà de ces anachronismes dont s'amusaient les poëtes badins de l'Italie.

cheval Bucephale. D'un autre costé, on voit Cæsar, menant avec soy Renaud, rompre, et froisser aux Alpes près Foligny de Ferrare une armée navale composée d'un grand nombre de navires, galeres, fustes, et autres vaisseaux de mer, laquelle Darie, prince du monde et de la moitié de Milan, avoit envoyée en bon equipage pour destruire Cipade.

Telles et plusieurs autres choses avoit dépeint ce soustien des peintres, ceste lumiere, Lune et Soleil, du pinceau. Au milieu de ce cloistre est posé un grand coffre ou caisse sur huit piliers, au dessus duquel est une voute de plomb : icelny est long de dix brasses, et haut de trente, s'eslevant en pointe et en forme de pyramide. Il est tout taillé de sculpture en pur or, et s'y voyent plusieurs joyaux precieux engravez en marbre poli, reluisans comme font les estoilles au ciel. Chaque pilier est de cristal beau et luisant : et au dedans de chascun y a un beau et grand rubi, qui reluit là dedans comme une lumiere fait dans une lanterne. Les murailles sont enrichies de porphyre et d'albastre blanc, de Calcidoine, et de coral. Là on oyt plusieurs tours et contours de rouës, lesquelles sont guidées par contrepoids comme une horloge : et, pour ceste cause, toute ceste machine tourne tousjours en rond, comme fait un fuzeau quand une femme file. Le coffre seul demeure immobile, sur ces luisans pilastres, pendu comme la Terre est entre les sept ciels. Ces Seigneurs estoient fort estonnez de veoir tant de belles choses, par la splendeur et clarté que leur rendoient les pierres precieuses. Iceux aussi se rioient, se voyant tourner avec ceste machine : mais, quand ils venoient au centre, où le coffre se tenoit ferme, ils demeuroient arrestez, voyant devant eux toutes ces galeries et portiques tourner à l'entour d'eux. Ils s'esmerveilloient davantage, voyant les planchers tourner, comme fait toute la machine du monde, estant iceux poussez et agitez par diverses rouës dentelées. Ils ne voyent là aucun homme, ny aucune mouche, tant petite soit-elle, et n'oyent qu'un bruit qui se fait à cause du contournement de cet' œuvre si beau.

Balde veut aller vers le lieu d'où il entend venir le bruit des marteaux : et rencontrant une montée, qui tournoit en forme de limace, il monte par icelle, et neantmoins luy-mesme tourne, et se fait un double tour : car toute ceste machine tourne tousjours en rond, et tire la montée après soy, laquelle est suivie des degrez. Après avoir monté plusieurs marches, ils trouverent une demeure, laquelle par plusieurs et frequens tours environne ce coffre immobile. Il y a en icelle sept spheres composées de diverses sortes de metail, desquelles la derniere est plus petite que toutes les autres, et celle qui est la plus haute est la plus spacieuse. La derniere est faite d'argent, et de souffre de blanc fixe, meslé avec du mercure, s'accouplans ainsi par nature, et lequel peut convertir l'estaing en fin argent. Là ils veyent fumer plusieurs bouteilles pleines d'Athalac et de vinaigre, par laquelle vapeur la matiere d'argent perd sa blancheur, et se vest de couleur du ciel, pour se monstrer plus agreable à la veuë des personnes.

Ceste machine, composée de pur argent, va ainsi tournant, et en icelle est taillée la face cornuë de Diane. En après ils montent cinquante marches, et là trouverent la sphere gelée de Mercure. Alphatar couleroit instable et sans arrest, et n'opereroit rien, si avec iceluy n'estoit meslé du Dragant, et du sel de Bocchus, et le tout distillé par l'alambic. Et, par ce moyen, le serf fugitif se tourne en or, si la medecine, comme il faut proportionnée, retient bien ses vapeurs. Tu ne sçaurois muer les metaux sans Mercure : d'où vient que les Poëtes chantent qu'il est le Messager des Dieux, sans lequel ne se peut faire la guerre ou la paix. Ils montent derechef, et se trouvent au plancher de la rouge Venus. Là le cuivre est enfin changé en or blond. Mais il y faut despendre cent sacs de charbon, si on veut qu'iceluy acquiere la nature de l'argent, et de l'or : toutesfois jamais iceluy ne reçoit leur couleur, par le tesmoingnage de Gerber. Mais la despense sera moindre, et le proffit plus grand de laisser le cuivre pour cuivre et en faire des pots, ou chauderons, que de chercher de l'or en iceluy avec tant de travaux, et tant de malheurs, et ne le pouvoir trouver qu'après plus de trois mille folies. Du plancher de Venus, ils montent au cercle du Soleil, et de l'or. Ce cercle est d'or, et semblable à Phœbus, lequel après mille fatigues employées en vain, après beaucoup de temps perdu, et plusieurs heures escoulées, a trouvé malheureux le vray art d'icelles choses, et a trouvé la Pierre des Philosophes comprins en trois mots. Ceste Pierre de plusieurs couleurs est composée des quatre elemens, du feu, de l'air, de la terre, de l'eau; dont il est dit : Sec au dedans, et chaud au dehors, humide et gelé, et a en soy quatre natures. Ceste pierre est esprit, qui se change en un corps noble, brulant, et semblablement volatil. Il ne s'enfuit point du feu, mais coule comme de l'huille. Il multiplie, il affermit, et preserve par un long temps, et peut rendre les morts à leur premiere vie. Ce present consiste en trois mots, lequel est donné par Jupiter aux sages et bien heureux. Il s'engrossist soy-mesme, conçoit de soy-mesme, il engendre de mesme, et vit par soy-mesme, et se tuë en soy-mesme, il se ressuscite soy-mesme : car ainsi Dieu l'a disposé. Ceste pierre est une teinture rouge, et une blancheur vive concevant l'or, s'il est joint à la vapeur blanche. Est-ce la pierre dicte Eliothropie, le diamant, la calamite, la lipercole? Non : car icelle nage, soit qu'elle soit avec un corps, ou sans corps [1]. Le diray-je enfin plus apertement? C'est la vie par laquelle nous jouissons et acquerons le vray or. Ils viennent, puis après, à la sphere de Mars, laquelle est toute de fer, et est affinée en acier clair. Sans ceste matiere

---

[1] Le moyen âge attribua à des pierres précieuses souvent imaginaires une foule de propriétés merveilleuses.

nos peines seroient inutiles, et partant le fer est plus necessaire que l'estaing et le cuivre. Les marres sont de fer, les rateaux, les faucilles, les faux, les tranches, et tous autres tels instrumens avec lesquels on a pain et vin. Il n'y a rien plus commode que le fer, ny plus propre. Aucun ouvrage d'Artisans ne s'acheveroit sans le fer : les charpentiers travaillent après leurs bois avec le fer ; le bonnetier fait ses bonnets avec des aiguilles de fer ; les cordonniers font leurs souliers avec fer ; un maçon maçonne avec le fer ses murailles ; un barbier ne rase la barbe sans un rasoir ; et un enguilmineur n'arrache les dents sans tenailles ; un senneur ne chastre les porcs sans fer.

Après avoir contemplé ceste demeure de Mars, ils montent en la maison blanche de Jupiter : blanche, dis-je, d'estaing, lequel blanchit les corps noirs ; mais peche en boüillant. Car il brise tous corps, excepté celuy de Saturne, et du Soleil, et de la Lune, avec lesquels il s'affermist, et ne se retire plus d'avec eux. Laquelle faute (sçavoir quand il brise ainsi les corps) quiconque la sçait corriger est heureux. O trop heureux est celuy, qui pourroit incontinent changer en bel or ses traveteaux, ses pierres, ses briques, et tout ce qu'il a ! Mais, par ce que ceste recepte naist avec l'homme, et ne se peut aisement apprendre, heureux, heureux, qui sçait bien estamer ses poisles et ses pots, et qui est excellent en l'art de pinterie ! De ceste sphere d'estaing, ils vont au plomb fluide de Saturne, et là trouverent deux cens artisans. Là se presenta à eux, avec une face joyeuse, une belle, excellente, et grave femme.

Balde, courtois, pliant le genoüil la saluë honnestement, puis la prie de leur vouloir pardonner si avec telle hardiesse ils estoient entrez dedans la saincte maison des Deesses. Ceste femme se sourit, disant telles paroles : « Suis-je digne de voir un si grand guerrier, qui est reveré par le ciel, par la terre, par la mer, et par l'enfer?

Je suis ceste Manto, du nom de laquelle Mantouë a prins le sien, laquelle fut bastie en l'eau par Ocnus au temps que le malheureux Cheval ruina Troye, et ne vous estonnez aucunement si j'ay peu vivre jusques à ceste heure : car, estant devenuë Fée, j'ay ce don de vivre tousjours jusques à ce que le Juge supernel vienne briser le monde. Jusques à present Mantouë a pâti et enduré soubs un cruel tyran, lequel luy a fait perdre toutes ses honnestes meurs : mais maintenant est venuë l'illustre, royale, et grande famille des Gonzagues, laquelle chasse partout les Aigles noires. Ceste demeure, que vous voyez composée d'un si bel ouvrage, est toute dediée à François de Gonzague; nous luy donnerons ce beau sepulchre, après avoir acquis cent batailles, après avoir gagné mille trophées, après plusieurs loüanges de sa belle vie, et après les ans du vieil Nestor. Je preside et commande à ces richesses, et faits de maistres Orfevres, et apprens et enseigne à faire l'or formé par la vertu de trois mots, les noms desquels vous oyrez approchans vos oreilles. Et, en disant cecy, la mere de Thebes et la nourrice de Cipade, en leur chuchetant, leur dit plusieurs paroles en leurs oreilles, lesquelles ont ceste vertu de faire toucher de la main les premieres origines des choses, les vertus des herbes, les influences des estoilles, les divers effets des pierres, et, en somme, leur donne advis pour avoir tousjours la bourse pleine d'escuz : ce qui importe le plus, et qui acquiert un plus haut honneur, qu'en estudiant en plusieurs livres, et contemplant les astres perdre le jugement.

Cependant les nautonniers avoient bouché et racommodé plusieurs fentes du navire, et se preparent d'aller derechef tenter la malice des diables. Balde avec ses compagnons se retire de la caverne de tels orfevres, et se remet dedans le vaisseau, puis commande de mettre la voile au vent. Les Zephires leur soufflent en pouppe, et laissent derriere eux le sejour de la montaigne enchantée. Or, entre les passagers, y avoit soubs le tillac un certain

personnage ayant les yeux vifs, la face plaisante, fort
respectueux, tant separé des autres, que tout le long du
voyage il ne dist pas huict paroles, estant, de sa propre
habitude et de son naturel, craintif et honteux : et, pour
ceste raison, se tenoit seulet à part. Son nom estoit Gilbert, lequel avec sa voix et avec sa lyre estoit un second
Orphée dans les bois, et un second Arion entre les Dau-
phins. Il attiroit à soy l'ouye des rochers et des forests.
Balde l'envisageoit quelquesfois : mais iceluy ne pouvant
supporter la lumiere des yeux d'un si grand personnage,
la rougeur luy venoit au front et baissoit sa veuë. Balde,
espris de cet homme, fust mort alors, si aussi tost il n'eust
sceu qui il estoit, où il alloit, et d'où il venoit, ce qu'il
avoit envie de faire.

Ayant donc sceu qu'il estoit expert à jouer des instrumens de musique, il le prie de vouloir recreer la compagnie, et avec sa douce voix abreger la longueur du
chemin. Cestuy-cy se resout d'obeyr à un tel personnage, et d'autant plus qu'il se cognoissoit bon maistre
en tel art. Il tire d'un sac une viole, ou lyre pour dire
mieux, laquelle il manie avec l'archet, et par son chant
rend tous les escoutans estonnez, et comme esperdus
d'esprit, tirant avec l'archet de longues et droites ca-
dennes : enfin commença à prononcer cette chanson, l'ac-
cordant avec sa lyre :

> A l'imprudent souvent
> Plaist la mer infidelle,
> Qui, avecques cautelle,
> Luy presentant un vent,
>
> Souëf, et gracieux
> (Que nous nommons Zephire),
> Cependant luy attire
> L'Aquilon furieux :
>
> Lequel, pour cest effet,
> A tousjours auprès d'elle,

Pour se joüer, cruelle,
De nous, comme il luy plaist.

L'homme legierement
Sur elle se vient rendre,
Pour veoir et pour apprendre
Trop curieusement :

Pensant peut-estre veoir
S'y baigner les Deesses,
Et y peigner leurs tresses,
S'en servans de miroir :

Ou bien veoir le trident,
Et le char de Neptune,
Commandant à Fortune
Et à cet element.

Mais, quand bien loing de nous
Sont allez les rivages,
Et que mer et nuages
Seulement voyons-nous,

Et que la mer au ciel
De toutes parts s'assemble ;
Lors avoir il nous semble
Dedans le cœur un fiel.

Pour vuider cet amer,
L'estomac se degorge,
En rendant nostre gorge
Honteusement en mer :

Soüillant vilainement
Le sejour des Nereïdes,
Et leurs Palais humides,
Par tel vomissement.

Lors, sur un tel forfaict
Chaque vent en furie,
Pour venger son amie,
Se bande tout à fait :

Voyant un corps mortel
Estre si temeraire,

Et si hardy de faire
Aux Dieux esclandre tel.

Chacun se fourre en l'eau,
Pour nettoyer l'ordure,
Et, pour venger l'injure,
Se herisse la peau.

La barbe, leurs cheveux,
Se dressent, et leur face,
Malgré la froide glace,
S'enflambe toute en eux.

Et, se haussant du fond
De la mer courroucée,
De mainte onde eslancée,
Enforment un haut mont.

Sur son dos enlevant
Le mal-heureux Navire,
Lequel soudain se vire,
Aux Enfers s'abismant;

Par telle cruauté
Ils vengent les Phorcydes,
Avec les Nereïdes,
Esprins de leur beauté;

Fracassans le vaisseau
En pieces plus de mille,
Le donnans à la pille,
A tout poisson de l'eau.

O fols et insensez!
Le mal d'autruy n'enflamme
Le profond de vostre ame,
Et n'en estes poussez!

Avant que se mocquer
De Fortune legiere,
Et par audace fiere
Voulans sur mer voguer,

Sur vos predecesseurs
La tempeste eslancée

Devoit en la pensée
Vous rendre bien plus seurs,

Et non orcs, au fort
De pareille tempeste
Menaçant vostre teste,
Desirer estre au bord.

Gilbert, durant qu'il chantoit ceste chanson, et pendant qu'il joüoit ainsi de sa lyre, avoit tellement estourdi les oreilles d'un chascun, que, si Boccal n'y eust promptement pourveu, le Navire n'eust point porté des hommes, mais plustost des pots, des troncs, et des colonnes, et pierres. Ce Boccal, comme nous avons dit cy-devant, estoit Bergamasque. Iceluy, accourant incontinant, tire de sa sarcote quelques pieces recousuës, et plus sales que le devantail d'un cuisinier. D'entre ces drappeaux, il prend une gibeciere, laquelle soudain il met à sa ceinture pendante au costé droict : puis, ayant rangé deux treteaux, met une table dessus; et se tenant au devant d'elle, comme si un bancquier vouloit compter argent, il retrousse habilement la manche de son pourpoint et de la chemise, et les rebrasse jusques au coude, comme fait une lavandiere, quand elle veut laver la buée sur le bord de l'eau et montrer ses grosses jambes aux barqueroliers. Gilbert resserre sa lyre en son sac, s'assied près de Balde, prend garde à ce que vouloit faire Boccal : lequel avoit jà tiré de sa besace trois ou cinq gobelets de cuivre, et je ne sçay combien de petites pelottes plus grandes que pilules, que Mesué[1] a declarées quand il a escrit : *Recipe,*

---

[1] Mesué est le nom que les Occidentaux ont donné à un des plus célèbres médecins arabes, Iahia, fils de Musoniah; il écrivait dans le neuvième siècle, et il fut attaché à la personne du célèbre calife Haroun-Al-Raschid. Il laissa de nombreux ouvrages fort estimés dans l'Orient et qui, traduits en latin, firent longtemps autorité dans les écoles de l'Europe; ils furent plusieurs fois réimprimés pendant le quinzième et le seizième siècle.

pro capite, una tria scrupula, fiat. Il commence à joüer de son art de passepasse, et si habilement, que Saramelle ne joüa jamais mieux devant le Duc Borse [1]. C'estoit merveille comme il avoit la main subtile, remuant si bien dessus dessous ces petites bales, que de trois en paroissoient cinquante. Il met tantost un gobelet sur l'autre, tantost, les renversant, les divise et separe le cul contre-mont, et sur iceluy il met tantost trois, tantost cinq de ces petites pelotes, et une seule tantost paroist. Ayant achevé ce jeu et mis à part ces gobelets, il commence un plus beau mystere. Il se fait apporter une bouteille, non de forte malvoisie, mais d'une douce : disant qu'il ne pouvoit autrement faire ce qu'il avoit envie de leur montrer. Il la boit jusques au fond, il jette le bouchon en la mer : puis, il ouvre la bouche, et monstre qu'il n'y a rien dedans, et, grinçant les dents et les serrant, et les couvrant de ses levres, souffle. Et, en soufflant, fait rire la compagnie, leur estant advis qu'ils voyoient la nonne Bertuse, laquelle avoit une coiffe en teste, rechinoit des dents, et, avec une veuë esgarée, grondoit en courant parmy le peuple. Mais qui croira ce que je dis ? Pendant que cestuy-cy souffle, voicy une farine qui luy sort de son large gosier, laquelle souillant tous les assistans les contraint de reculer. O ! pensez quelle risée pouvoit estre entre les plus grossiers d'esprit, qui estoient là presens ! Toutesfois, cela n'esmeut point Balde à rire davantage, sinon qu'en ce mesme temps il veid pendu au col de Cingar le bouchon que Boccal avoit jetté en la mer, et luy mettant en la bouche un morceau de pain, et luy commandant incontinent de cracher, et le jetter hors de sa bouche, ô chose merveilleuse !

---

[1] Le duc Borse, seigneur de Ferrare, vers la fin du quatorzième siècle; fort amateur de la plaisanterie, il avait autour de lui nombre de bouffons à l'égard desquels la tradition en Italie a conservé le souvenir de maintes facéties, et on dit encore proverbialement à quelqu'un qui veut rire en un moment inopportun: *Non siamo più al tempo del Duca Borso.*

voicy ce n'est plus pain, mais crottes rondes de cheval. Cingar, selon sa coustume joyeuse, et courtoise, endure tout, de peur qu'en se courrouçant, l'ennuy suive le courroux. Que diray-je davantage? Devant les yeux d'un chascun, tira les esguillettes de Leonard sans les rompre, et commanda à Gilbert de les chercher au sein de Balde. De là, Gilbert tire l'un après l'autre (ô combien! ô quelles choses!) à sçavoir, une bouteille, un miroir, une escritoire, une sonnette, une semelle de soulier, une estrille, une pièce de verre, des cierges dont l'on use à l'Eglise. Balde s'estonne de tout cela, et ne peut penser à quelle heure il a esté à la foire de Lauzane, ou de Racanette, pour achetter telles choses, ne valans pas cinq sols. Puis, Boccal commande à Gilbert de souffler du nez : ce chantre ne refuse rien, il esternue deux, trois et quatre fois; soudain, avec un grand bruit, luy sort du nez un taon, lequel est suivi d'un grillon, et, après le grillon, trente poulx.

La fin de ces jeux advint, lors que Phebus estoit prest d'entrer en sa maison, appellant à haute voix ses domestiques. Voicy Ptoe, Horie, Pithie, Phos, Mitre, Mirine, qui se presentent pour descendre leur maistre de son chariot. Les uns font tomber la fange des rouës, et les nettoyent avec de l'eau; les autres meinent les chevaux à l'escuyrie, les desbrident, et leur frottent avec paille fraische le dos suant, puis les abbreuvent; et enfin leur baillent l'orge ordinaire.

LIVRE QUATORZIEME.

Mennon, expedié de par sa mere Aurore, chassoit avec son foüet devant soy le Chien, le Bouc et une infinité d'autres estoilles hors du chemin, par lequel devoit passer le chariot de son pere. Et la Nuict jà s'eschappoit, ayant apperceu la splendeur et lueur de l'Aube. Balde, voyant les chevaux du Soleil sortir hors l'horison et tirer son char enflambé, considerant cecy, dit lors à Cingar : « O ! Cingar, je m'esmerveille grandement de ce que je voy, et ne sçay comment ces choses-cy peuvent estre ! Ne voy-je pas le soleil, quand il naist, estre plus large et plus rond, que quand nous le voyons au plus haut du ciel ? Et aussi je luy vois à present un visage si rouge, qu'il semble avoir bien beu au baril. » Cingar luy respond : « Vous me demandez, ô Balde ! de grandes choses, pour lesquelles nous donner à entendre les Astrologues se travaillent fort, car icelles excedent les sens humains. Un Grec, grand personnage, qui se nomme Platon, si bien m'en souvient, et un autre Astrologue qu'on appelle Ptolomée, et Jonas le Prophete, Solon, Aristote, Melchisedech, Og et Magog en ont traicté amplement en leurs livres. » Quand Leonard eut entendu Cingar user de ces gros mots d'Og et Magog pour Philosophes, il se print si fort à rire, qu'estant couché à terre, il sembloit qu'il deust crever. Balde, qui sçavoit par experience les bonnes coustumes de Cingar, n'en feit que sourire, et luy dit : « Cingar, es-tu Astrologue ? Comptes-tu quelquefois les astres ? Si j'eusse sçeu que tu eusses estudié en telles choses, tu m'eusses rendu peut-estre grand maistre en icelles. » Cingar n'en rit point, mais se contenoit en telle gravité, qu'on eust dit que ç'eust esté un Pythagoras en chaire. « O! combien de fois, dit-il, ô Balde ! je t'ay trompé ! ô combien de fois je t'ay pippé ! Tu pensois que je me levasse la nuict pour dérobber, ou pour crocheter des huys, ou pour monter par des fenestres : mais (le cancre me vienne si je vous dis menterie!) je m'en allois monter sur les hautes tours ou clochers pour contempler le ciel de plus près. Je considerois la Lune blanche, tachée au front de grandes taches, chasser les tenebres de dessus la mer et la terre. Tantost elle a les cornes pointuës et ressemble à une escorce de melon, et, ayant les cornes remplies, elle prend la forme d'un demy trenchoir, et, quand les deux cornes se touchent, elle semble à un cul de chauderon. Icelle ne laisse les personnes qui sont legiers d'esprits se reposer long-temps et se tenir en cervelle. Valence, qui nourrist en Espagne plusieurs milliers de fols, la sent piccoter souvent le cerveau de ses Citoyens. Les paysans, encore qu'ils soyent de gros esprit, cognoissent et remarquent bien sa vertu, quand il faut abattre du bois; autrement, il y vient souvent des vers, qui se concreent soubs l'escorce. Les Medecins y ont aussi esgard, quand ils veulent bailler une medecine à un malade : autrement, elle feroit jetter hors trippes et boyaux. Pendant qu'elle luist, les sorciers et sorcieres se resjoüissent et dansent : à la lueur d'icelle, ils se dépoüillent tout nuds, et puis se frottent par tous les membres de certains onguens diaboliques, et soudain toute ceste nuict chevauchent sur le balay, sur des treteaux, escabelles, et chaires. La Lune met les larrons en desespoir ; car elle les fait descouvrir et recognoistre. Quand elle a le visage rouge, elle pronosticque aux mariniers la tempeste prochaine; et, quand elle l'a obscur et tenebreux, c'est signe de pluye. Elle gouverne la plus basse partie du ciel, et est enluminée la nuict par les chevaux de Phœbus. Quelques fois Pluton l'attire à soy en enfer, aïant esté autresfois deceuë et trompée avec des grains d'une pomme de grenade. Je te voy aussi, ô Mercure! quelques fois, toy, qui es voleur et larron, et le premier d'entre tous les larrons. Tu crains fort que, pendant que tu chemines par le ciel, la vistesse du chariot de Apollo t'attrape, et qu'il ne te face rompre le col. Tu as dressé ton logis au dessus de celuy de la Lune entre plus de six cens brebis beslant *bai bai,* et plus de mille chevres, autant de beufs et d'asnes sommiers, mille porcs et chameaux bossus. Tu aguetes le monde deçà delà et en tires de bon butin que tu amasses en ta caverne. Tu as sur ta teste tousjours un chapeau aislé; tu as aussi tes brodequins aislez, et en ta main as tousjours ta verge fée, quand tu vas faire les ambassades de ton pere en plusieurs lieux. Tu trafiques en marchandise allant et venant. Tu chantes les choses à venir. La musicque te plaist grandement. Tu mets la guerre, si tu veux, entre deux peuples associez. Tu mets la paix, s'il te plaist, entre deux peuples ennemis. O mon patron! je qui suis petit larronneau me recommande à toy, et je te prie qu'un las ne me retienne en un gibet de trois pieces. Mais il faut maintenant parler de Venus. Je la voïois suivre les pas de Phœbus, quand iceluy se va ranger au Royaume de Neptune. O quantesfois ell'a planté des cornes à son mari boiteux, et luy a mis au front des fuzeaux! Vulcan est mari de Venus; mais ell' est le mari du peuple. Cependant que Vulcan forgeoit son fer en sa caverne, Mars secrettement venoit becher en son jardin. O combien il y a de Vulcans! Combien de Mars! Combien de mules hennissantes à l'avoine d'autruy! Icelle a son sejour au troisiesme ciel, par lequel elle se promene accompagnée de plusieurs Nymphes cueillans des roses et violettes fresches, de la menthe, de la giroflée, du marrochenin, du basilic, et en font des ghirlandes, des chappeaux, des courronnes, des bouquets, et chantent ensemble des chansons et sonnets, joüent de divers instrumens, harpes, manicordions, espinettes, luths; sautent, balent, dansent, et se baignent toutes nuës dedans de belles fontaines. Là se voyent les plaisans feüillages des myrthes, qui avec leur ombrage entretiennent en froscheur les fleurs et la verdure des herbes, et donnent un grand contentement à la lassitude de ces Nymphes. Il y a aussi grand'abondance de Fouteaux, de Pins, de Cedres, de Citronniers, de Neffliers, estendans leurs ombres pour servir de pausade aux Nymphes. Elles vont quelques fois à la chasse, portans arcs et flesches, et renversans souvent des daims, cerfs, chevreulx. Il n'y a point faute de bois et beaux buissons pour la chasse, qui sont de Cedres et d'Orengiers, de Myrthes, de Lauriers, de Lentisques et de Genievres. En ce lieu, les païsans ne marrent la terre, et n'y void-on les vieilles filer. On n'y plante point de raves, de porreaux, ny ciboules, ny de l'ail ennemy de la teste, et qui neantmoins sert de theriaque aux païsans. Il n'y a point, soubs des orties, espines et ronces, des serpens, couleuvres et villains crapaux. Icy est tousjours le repos gratieux; icy est la paix; icy se void la volupté entiere. On n'y void que gentils esprits et cœurs gaillards. Et, pendant que la belle Venus se resjouit avec tel maintien, ell'attend que le soleil veüille s'acheminer par le monde, laquelle desirant preceder son chariot, commande aux plus belles de sa compagnie de la suyvre. Icelles portans en teste belles ghirlandes, et tenans en main de frais rameaux et des roses fraisches, accompagnent leur dame en dansant et chantant. Icelle va la premiere, recrée les poles, et, pleine de roses, s'en va veoir le Royaume de l'Ocean, de l'escume duquel elle est née, son chariot estant tiré par des blanches colombes; et, quand elle apperçoit Phœbus estre fort proche d'elle, soudain couvre sa face de l'eau tremblante de la mer, et oste son beau visage de la veuë des hommes, et chasse quant et quant toutes les autres estoilles du ciel, et engendre une petite ombre soubs une lueur mediocre. C'est assez parlé de Venus, venons au cercle du Soleil, lequel gouverne son Royaume au milieu des autres cercles, et a fondé et establi son Palais au quatriesme siege, tenant tousjours Cour ouverte, n'ayant aucune crainte d'y entrer. Là demeure un vieil barbasse, qu'on appelle le Temps, outre lequel ne se passe chose plus prompte, tant il se dérobbe viste en peu d'heure, lequel tousjours fait des actions diverses, et ne demeure jamais arresté en une pensée ; tantost veut cecy, tantost veut cela ; tantost fait une chose, tantost l'autre, comme un joüeur de tours de passe-passe, et est plus legier qu'une paille, ou une feüille poussée par le vent. Iceluy tient sa boutique à part, et fabrique des horloges de sable, et autres pleines de petites roües. Il a pour sa femme une belle dame appelée Nature, laquelle engendre plus de cent mille enfans, et ne tend à autre chose le plus qu'à exciter son homme au lict pour procreer et faire sortir de son ventre fecond des hommes, des moutons, des chevaux et autres choses. Entre autres elle a eu deux filz et deux filles du Soleil, en faisant des cornes à son mari, pensant toutesfois ce bon-homme tels enfans estre à luy, desquels les noms sont tels : Primevere, l'Esté, l'Automne et l'Hyver. La Primevere fut mariée au filz de Venus, lequel porte des aisles à ses espaules, et se tient nud, ne couvrant aucunement ses parties honteuses. Il porte tousjours un arc bandé et une trousse pleine de flesches, et si subtiles et deliées, que des vers à soye ne filent pas plus delié. Ses flesches sont diverses en effect, lesquelles ce pippeur lance sur nous, espandant divers ennuis, et rompt par chascun an plus de cent mille cordes, et le fer de ses flesches n'est tiré en vain. L'une d'icelles a la pointe de plomb, qui est sujette à reboucher, et ne peut percer le cœur, ny penetrer l'estomach, ne le voulant Cupidon : de là vient que ceux qui sont nais soubs un astre penible se pendent ou se tuent de quelque glaive. Car qui est l'homme, qui, desesperé, ne se pende ou se rompe le col en se precipitant du haut en bas, s'il est si miserable, si mal'heureux, que d'estre méprisé de celle, laquelle il desire, il louë, il honore, à laquelle il ne fait que penser, et pour laquelle il brule ? Ceste disgrace vient de la flesche, qui est ainsi garnie de plomb, estant, toy, pauvret, haï de celle mesme que tu aimes, d'où par necessité il te faut pendre toy-mesme. L'autre sorte de flesche reluist, pour estre garnie d'or, laquelle, estant descochée, entre dans les yeux, penetre les remparts de l'esprit, rompt et abbat les murailles de raison. Par le coup d'icelle, le courage d'une bonne volonté se laisse tomber ; par son coup, incontinent on lasche la bride à l'entendement : par son coup, on jette derriere le dos les bons conseils : par son coup, on refuit les bonnes compagnies : par son coup, Paris fut la ruine de son pays : par son coup, Scylla couppa le poil à son pere : par son coup, Hercules, laissant sa massuë, se meit à filer avec la quenoüille : par son coup, Europe chevaucha sur Jupiter cornu, et Io, vache feinte, devint vache tout à fait. De là viennent les courroux, les choleres, les indignations, les desdaings, et tous les maux du diable. La Primevere, estant une vraye bouillie feminine, ne regarde pas plus loing que le bout de son nez, et est bien aise d'avoir Cupidon pour mari, pour auquel plaire elle peigne tous les jours ses cheveux, et frise ceux de devant, et se met sur la teste un beau chappeau de roses, et de belles violettes avec lesquelles elle embellit ses tresses. Elle se vest d'une robbe changeante, et d'un cotillon de soye, sur lesquels sont attachées plusieurs fleurs et herbes odoriferantes. Elle porte tousjours sur soy du musc, de la civette, et autres parfums et odeurs, par lesquelles le bastard de Venus est alleché : et, en telles voluptez, ce paillard s'afoiblit moins. Et, par ce qu'elle est belle, et plus belle que toutes les autres, elle ne se soucie de tirer avec le fuzeau la fillace d'une quenoüille ny d'en devider le fil au roüet ; mais se delecte seulement soubs verdes ramées, ou se promene pour passer le temps parmi les champs fleuris, estant suivie tousjours par une infinité de plaisans oiseaux, lesquels ne font que chanter avec toute sorte de melodie. Le rossignol n'y manque aucunement, lequel joyeux, avec son chant, louë les meurs et la beauté de son amoureux, et gringuenotte cent façons de chants. Le chardonneret y est aussi, lequel fait son nid dedans l'arbre d'un bois, et est doux à l'ouye, mais plus doux et plaisant à la veuë, et lequel, retrouvant ses petits enfermez en cage, les nourrit. On y voit aussi des linottes, des gorges rouges, des aloüettes, des perrocquets, lesquels sublent merveilleusement haut, et s'efforcent d'imiter la voix humaine; là, les pies et les geais y chantent. La Primevere est fort contente, se voyant ainsi joyeusement accompagnée, et nourrit ce poltron, ce faitneant et ce personnage de peu, nommé Soulas, et le paist de panade, de chappons escorchez, de viandes delicates, et s'en fait enfin un gros et gras plaisanteur.

« L'autre fille de Nature, qui est certes bonne femme, est l'Esté. Icelle aime à suer soubs le travail. Elle ne porte aucune robbe, mais est toute nuë en chemise, de peur de bruler par la trop grande chaleur du Lion. Icelle, en travaillant, remplit les greniers de fruit, et sans icelle les hommes n'auroient du pain. Elle fait suer à bon escient les villains poltrons, et toutesfois ce travail est agreable à tels marrouffles; car, combien que l'eschine d'un asne se plaigne pour la charge ordinaire des poches, et que la peau du larron vienne à s'estendre, toutesfois ils endurent tout, se ressouvenans qu'au temps froid la neige ne donne point de pain, et la glace ne leur apporte aucune foüace. Icelle travaille à la chaleur d'Apollon, devenant toute haslée et noire, et appaise souvent sa soif avec la bouteille, pendant que le soleil la brule, pendant qu'elle abat les bleds avec la faucille, pendant qu'avec le fleau elle bat les gerbes pleines de bled, et pendant que les cigales ne cessent de chanter, estans perchées sur les verges des vignes. Lors le vent est tousjours debile, et ne voit-on aucune feüille esbranlée par aucun vent, tant petit soit-il;

et les herbes ne se peuvent tenir droictes, n'ayans aucune humeur qui les substente et abreuve. Nous avons assez dit du temps de la grand'chaleur : faut à present parler du troisiesme filz de Nature.

« Les anciens souloient appeler l'Automne Silence, la teste duquel ils disent avoir esté par les taons picquée. Iceluy a la superintendance des maisons et de toute la famille de Bacchus, lequel autrement nous appelons Receveur, et plusieurs le nomment Procureur et Facteur. Et, par ce que le Soleil boit volontiers du vin doux, le voyant au matin estre chargé de vin rouge, il aime Bacchus et son receveur. Ce Silence a une certaine Nymphe pour sa femme, laquelle a la teste grande comme un tonneau, et la panse grosse comme une cuve : tousjours sent le vin, dont a esté dite Vendange. Tous deux sont si gras et si pleins, qu'un pourceau mis à l'auge ne sçauroit devenir plus gras, et semblent devoir crever, tant ils paroissent estre enflez de vents. Ils ont tousjours à l'entour d'eux, devant, derriere et à costé, mille flascons, bouteilles et barils sonnans, avec lesquels, marchans, sautans, dansans et chantans, ils se recréent et emplissent leurs testes de plusieurs fumées. Ils s'accoustument aussi à chanter souvent plusieurs sonnets, et, à chaque sonnet achevé, ils avalent une gorgée de vin; après avoir beu, ils dansent; après la danse, ils vuident les pots, et continuans en ceste façon, et renouvellans souvent ceste practique, ils s'enyvrent à bride abbatuë, et lors ils volent environ les montagnes, sont transportez en plusieurs maisons et païs; non pas qu'ils aillent ainsi tournans, mais il leur est advis qu'icelles choses tournent et courent si fort, qu'elles lasseroient des chevaux barbes. Ils ne cessent de boire et trinquer, et ce jusques à ce qu'ils ayent mis toutes les bouteilles renversées contre terre. Le sommeil enfin se presente, lequel s'il ne lioit leurs membres, iceux, plus cuits que cruds, moiennant qu'ils peussent s'aider des jambes, prendroient une partie du ciel. Sur iceux nuds, mille enfans nuds font la garde, pendant qu'ils reposent ronflans comme pourceaux. Ces jeunes enfans chantent, dansent, font plusieurs moresques, estans grassets, propres et habiles à pastisser. Chascun d'eux porte la teste droicte, la couronnent de pampre; chascun tient en sa main des grappes de raisins; chascun a pendu à son costé un petit flascon. Ils se delicatent, ils rient, ils celebrent en l'honneur de leur pere la feste du vin, puis eux-mesmes s'enyvrent soubs les treilles chargées de raisins. La mere est yvre, le pere est yvre, aussi sont les enfans, et estans ainsi tous yvres, chascun ronfle à bouche ouverte. Or Bacchus a un grand Palais à part, auquel y a cent tonneaux, pippes, cuves, et autres vaisseaux arrangez soubs terre comme chevaux en une escuyrie. Là vous voyez tousjours relier plusieurs grands tonneaux, et resserrer de grandes cuves; et là se vuident, de vaisseaux en vaisseaux, des vins dignes de la table des Dieux; car icy se viennent charger les mulets d'iceux. Les formis ne vont et reviennent si souvent, quand ils ont rencontré un monceau de mil, s'esmouvans fort et ferme à porter de gros fardeaux pour remplir leurs greniers. Ainsi fait-on en ce Palais de ce Roy porte-vin, y venans souvent plusieurs lacquais et garçons avec pots vuides, s'en retournans chargez les uns sur le dos avec hottes, autres sur leurs espaules avec barils pendus devant et derriere, remplis de bons vins muscats, grecs et autres. Icy aucuns mettent bas les charges, autres en remplissent les cuves, autres foulent la vendange avec les pieds, et entonnent le vin pissant par la canelle fort loing; puis, on pressure le marc sous la pesanteur du fust du pressoir, pour en tirer le plus gros vin, lequel communement on vend aux pauvres. L'Automne y est present, lequel, vestu de sa camisolle souillée et marquée de taches de vin, commande à tout cet ouvrage, et tasche à contenter les Dieux par le commandement du patron. Les Allemans disent iceux estre leurs patrons, et les Lansquenets ne recognoissent point d'autres Dieux. Si tu ne le veux croire, l'effect t'en monstrera la preuve. Regarde, quand ils s'emploient à la table garnie de vivres, comme ils vuident le verre à chaque morceau qu'ils mangent : lors tu verras comme Mangeguerre se rue par les bouteilles et gobelets, et comme il se fait un grand fracassement des vaisseaux pleins de bon vin. L'eau ne s'apporte point à telles tables; laquelle, en estant bannie, ne sert qu'à laver les pieds des saules, et est par entre eux un vieil proverbe : Meschanceté est d'estrangler le vin. Après qu'ils ont vuidé le baril, ils donnent furieusement sur iceluy coups de pieds et coups de poing, et le mettent en tel estat, qu'il n'y a moyen de le racoustrer. Ils se choquent l'un à l'autre le front du cul du verre, jettant de leurs gorges des rots puans, et parlans sans cesse et plus qu'ils ne faisoient avant boire : mais leur devis n'est que de vin; car l'Allemand ne songe qu'après le vin, et ne parle que d'iceluy, engage sa picque, son espée, ses chausses, pour du vin, les vend, et soy-mesme aussi : et si, de toutes ses armes il veut garder quelque chose, ce sera son morion pour s'en servir de tasse à boire, pendant qu'ils font *trincq*. Se levant de table pour s'en aller, ils ne peuvent, leur ayant esté mis par le vin des fers aux piedz. Vous ne les verrez gueres abandonner les murailles : ils se montrent semblables au soleil, quand il se leve le matin, tournant les yeux flambans en la teste, et ont cent mille pensées au cerveau. Et, combien qu'ils soient debout, ils ne peuvent remüer les jambes : ils ne sont conduits par aucune raison, et vont tastonnans, comme nous faisons, marchans de nuict; et, encore qu'il n'y ait en leur chemin aucune pierre ny aucun bois, ils ne laissent neantmoins de trebucher, et enfin se prennent des mains à la muraille, ou à un banc, ou à un bois, ou à quelque pilier, jusques à ce qu'ils se soient couchez sur de la paille, ou contre terre, ou dedans de la fange, se veautrans comme pourceaux.

« Or maintenant voicy l'Hyver, le dernier fils de Nature,

et, pendant que je discourray d'iceluy, donne-moy, Boccal, ma robbe fourrée, car sans doute la glace me galeroit à bon escient, moy qui suis maigre. L'hyver est maigre, et le Caresme n'est plus maigre que luy : il n'a aucune humeur en ses veines, et a un rasteau attaché à l'eschine; a les jouës creuses et le col delié, et, depuis les pieds jusques à la tête, on luy compteroit les os, comme Gonnelle faisoit à sa cavalle. Il a tousjours les yeux humides cachez dans le front. Il est pasle et comme mort, estropiat, et si melancholique, qu'il semble tousjours pleurer. La glace luy pend de son menton gelé, et les glaçons souvent pendent à ses cheveux : sa chair maigre se herisse par le trop grand froid, et luy sert peu d'avoir deux fourrures. Si l'Esté et l'Automne ne luy donnoient, l'un à manger, et l'autre à boire, le miserable mourroit de maigre faim. Il est tousjours auprès du feu, estendant ses cuisses, et n'a l'esprit de tirer après soy sa chaire : il attize le feu, et fait boüillir le pot; il va en paresseux, et bien ceint de sa ceinture. Quand il se met à l'air, lors se tient si serré, qu'il pourroit passer par le trou d'une aiguille. Sa maison est tousjours couverte de frimas blancs, et du bas de la couverture pendent des chandelles de glace. Il ne prend gueres de plaisir, sinon quand paresseux il gratte sa gale avec ses ongles pointus. Toute la bande des oyseaux qui ont accoustumé de chanter melodieusement le refuit, comme aussi fait tout ce qui depend de la Primevere. Il est seulement accompagné des corneilles chantans *qua, qua*, et des corbeaux avec leur *cro, cro*, et aussi des choucas. En ce temps, le prevoïant formi ne sort de sa maison; le limace s'enferme en sa coque et muraille son entrée; les abeilles ne bougent de leurs ruches; vous n'y verrez promener les petites lezardes; les bergers gardent leurs troupeaux reclus en leurs bergeries; seulement, se voyent les gueux en ce temps froid, contrefaisans les tremblans, n'estans couverts d'aucun habillement. Les heures toutesfois de l'Hyver sont agreables aux escholiers, ayant par le moyen d'icelles plus grand repos durant si longues nuicts.

« La famille du Soleil s'exerce par ces quatre maisons, esquelles se fait tous les ans grande despence pour tant de bouches qu'il faut contenter.

« Mais, ô Leonard! je voy, par tes yeux, que le sommeil te veut venir : tu as mal dormy ces trois nuicts; et toy, Balde, il semble que tu ayes une teste de plomb? Reposons donc ; je voy Boccal desjà ronfler. »

LIVRE QUINZIEME.

Chascun avoit jà donné repos à son corps, lequel commençoit à estre plus affamé qu'endormi, quand Boccal, par le commandement de Balde, accoustroit la cuisine et preparoit un grand poisson, y faisant une sausse d'Alleman : et lors Gilbert tire du sac sa viole, et accorde les cordes d'icelle en tons propres. Car ce gentil personnage ne taschoit qu'à complaire à ses compagnons, à fin qu'on luy donnast siege pour ouyr les leçons de maistre Cingar preschant en chaire, et, après avoir revisité toutes sortes d'Almanachs, devenir expert à dire les choses passées. Davantage le naturel du plaisant Gilbert n'estoit point comme aucuns chantres de ce temps, lesquels, estans bien musquez, peignez et jolis, ne veulent chanter s'ils ne sont près d'un Roy ou grand Seigneur. Nostre Gilbert, nostre nouveau Apollo, ne faisoit pas ainsi; car, si une petite femmelette luy eust dit: « Chante ! » il eust incontinent chanté, et ne l'eust aucunement refusée. Ayant donc tendu ses cordes en tierces, quintes, et octaves, commença en ceste sorte :

    Ha! par combien de monstres effroyables
        En ce gouffre mondain
    Sommes poussez çà et là miserables
        Sans un secours humain !
          Ceste mer nostre
          Est par un autre
          Mal'heur suivie :
          La langue hardie
    L'esmeut par vents à tous impitoïables.

    D'autre costé les vagues vagabondes
        Des cynicques propos
    S'enflans sur elle, ainsi que rudes ondes,
        Ne luy donnent repos.
          Raconteray-je,
          Ou bien tairay-je
          Les mers jazeuses
          Les mers causeuses,
    A mal parler du nom d'autruy fecondes?

    Diray-je aussi les escueils de l'envie
        Dessoubs la mer mussez?
    Les chiens de Scylle, et Charybde alouvie
        De cent vaisseaux froissez ?
          Qui a puissance
          Et la science
          De bien conduire
          Le sien navire
    Entre tels bancz, meine une heureuse vie.

    Le long travail et la vertu maistresse,
        La patience aussi,
    Qui est tousjours des monstres dompteresse,
        Vous a rendu ainsi
          Aptes à fendre,
          Sans perte prendre,
          Les rudes ondes
          Tant soyent profondes,
    Hausser, baisser la voile chasseresse.

A grand'peine avoit-il achevé ceste chanson, que Boccal

avoit dressé la table, et chascun, après avoir lavé les mains, commençoit à disner. Quatre s'assient à table, qui estoit quarrée, Balde, Leonard, Cingar, et Boccal le maistre d'hostel : Gilbert, pour lors, n'avoit point encor appetit. Balde, avec un semblant courtois, comme est la coustume gentille, prie tous ceux qui estoient là de vouloir venir manger avec eux. Chascun le remercie, fut par faute de civilité, ou fut à cause que le vomissement les avoit desgoutez. On met au milieu de la table, en un plat, un grand turbot, et eux quatre estoient autour d'iceluy. Cingar, ayant un cousteau propre à bien trencher, divise ce poisson en trois parts seulement à la guelfe, ne faisant que trois portions de tout : la première vers la teste, la seconde estoit du corps, et la troisiesme estoit de la queuë, quatre estoient assis où il n'en falloit que trois. Cingar, donnant un clin de l'œil, fait signe à ses compagnons, qu'ils le secondent au gentil traict qu'il vouloit faire. Iceux, bien advisez, connoissent soudain l'intention de Cingar, qui estoit de tromper Boccal, à fin que le pauvre miserable ne mangeast point du tout de ce poisson, combien qu'il eust servi de cuisinier, combien qu'il en eust fait la sausse avec succre, orange et espice. Cingar commence le premier, et tire sur son trenchoir la teste de ce turbot, disant à ses compagnons : « L'Escriture « dit : En la teste du livre, les prophetes ont escrit de « moy ; ainsi ceste teste sera l'accomplissement de la saincte Loy. » Balde, voyant cela, tourne son esprit vers les livres, et ne fut long temps à prendre advis ; il prend habillement, comme le chat, la seconde portion, qui estoit le ventre du poisson, allegant le vers de Lucain : « Les bienheureux ont choisi le milieu. » La queuë demeure seule en tout le plat ; le jeune Leonard ne perd temps, et la tire hors de la sausse, et la met sur son assiette, y ayant desjà Boccal donné une œillade, allegant Leonard Ovide : « La fin confirme l'action. Boccal pourra nager, si bon luy semble, dedans les eaux, puis qu'il ne luy reste plus qu'une mer de sausse et brouët. » Boccal, estonné, regarde çà et là. Que fait-il, voyant qu'il n'y avoit rien pour luy, s'il ne vouloit, comme un pourceau, se veautrer en telles sausses? Incontinent il prend le plat, et, regardant au ciel, dit ces mots : « *Asperges me, Domine, et mundabor hyssopo;* » et, en ce disant, il tourne, et en asperge le pain, et tous les plus proches, souillant Balde, et ses compagnons, de ceste eau grasse, et leur en barbouille leur barbe. Qui n'eust ri? et qui n'eust crevé de rire? Balde voit couler sa barbe, comme si elle eust esté moüillée d'eau de pluye. Cingar essuye sa face avec sa serviette; Gilbert en eust sa part, et aussi Leonard; chascun torche son visage, son estomach, et son sein. Ils se levent tous de table : le ris leur empesche le manger. Balde, en riant, ne laisse d'approuver ce faict; car il dit : « La sausse a eu raison de suivre le poisson : sans eau n'est jamais le poisson, n'y l'eau sans poisson.—Nous mangerons donc, dit Cingar, le poisson, puisque iceluy doit estre où l'eau abonde. Boccal n'aura point du turbot; qu'il s'aille gratter le cul ! » En ce disant, il retourne à table, et fait moudre son moulin : autant en font les autres : chacun mange son avoine.

Balde, toutesfois, en mangeant, disoit à Boccal : « Je m'esmerveille que, pendant que nous nous esclattions de rire, ayant laissé là nostre poisson, tu ne t'en saisissois, afin qu'au lieu de pain, il ne nous fust resté que de la foüace. » Boccal luy respond : « Entre ses gentils compagnons, il ne faut point faire une gaillardise et plaisanterie sans grace : vous avez bien mocqué Boccal en partageant le poisson, passe; et ceste mocquerie ne doit estre rompuë par aucune rumeur : aussi, moy je vous ay bien baillé de l'aspergez, passe aussi cela, et qu'on le mette aux chroniques. Toutes choses ont passé fort doucement, et celuy qui est le moins saoul, fera l'oreille sourde. » Cingar luy dit: « Tu pourras t'opposer à un tel danger; il est permis aux affamez de manger leur cousteau avec leur pain. — J'en feray ainsi, respondit-il, pourveu que je puisse attraper de bon pain, comme la mule de frere Stopin[1] fait envers des chardons, quand elle en trouve. » Un certain pauvre homme, qui estoit en ce Navire, esmeu de pitié, apporta je ne sçay quels petits poissons enveloppez en du papier, et les donna à Boccal, lequel ne refusa aucunement ce present, mais dit :

> Un pauvre amy, quand un peu te presente,
>   Damet' commente,
> Que lentement Ulysse ores t'envoye.

En ce disant, il les desveloppe, et les regarde de travers, comme fait le chat le rosti : puis, il prend un de ces petits poissons par la queuë, lequel il ne met en sa bouche, mais le fourre en son oreille : il en met un autre de mesme en l'autre oreille; enfin, les prenant tous par la queuë, il les attache à ses oreilles. Balde, voyant cela, dit à Cingar : « A ce que je voy, un grand poisson se mange par la bouche, et le petit par l'oreille, si je puis comprendre les enseignemens de Boccal. — Et que sert cela? respond Cingar : qu'y a-il de commun entre les oreilles et les poissons? Ce pauvre affamé se bouche les oreilles, et, estant d'esprit subtil, il s'est fait des pendans d'oreilles avec des poissons, pour les guarir de quelque surdité. Je n'y entends point autre raison; toutesfois, s'il a quelque

---

[1] Ce nom fut adopté par un autre poëte macaronique, César Orsini, de Ponzana, secrétaire du cardinal Bevilacqua, qui publia à Padoue, en 1636, les *Cappricia macaronica magistri Stopini*; ce recueil fut si bien accueilli du public, que des éditions augmentées se succédèrent; le *Manuel du Libraire* en indique douze, dont la dernière est datée de Florence, 1818, et à cette liste nous pouvons en ajouter quelques autres que nous avons rencontrées (Venise, 1651, 1716 et 1788; Milan, 1671).

Nous avons déjà dit qu'on trouvait des détails sur cet ouvrage dans le curieux volume dû à M. Delapierre, *Macaroneana*, 1852; ajoutons que quelques extraits de Stopinus ont été insérés dans l'*Erotopægnion*, publié par Noël en 1798.

autre occasion de ce faire, en la forge de la boutique de son entendement, qu'il la die, et qu'il mette ses amis hors de doute? » Boccal leur dit : « Je vous esteray de ce doute. Il y a aujourd'huy quatre sepmaines que j'envoyay en la mer ma femme, pour apprendre à nager; maintenant j'ay une grande envie de sçavoir nouvelles de son estat : et, pour ceste cause, j'esleve mes petits poissons à mes oreilles, pour sçavoir d'eux si elle est du tout morte, ou si elle s'esbat là bas avec ceux qui y sont; mais ils me respondent qu'ils sont nais n'agueres, tellement qu'ils n'ont point de cognoissance dans ce faict : mais ce turbot plus vieil, avec lequel ces trois compagnons discourent avec la dent secretement, m'en pourroit mieux parler : et partant je voudrois bien qu'il me fust permis d'en deviser un peu avec luy. »

Chascun commença lors soudain à rire, et dire qu'il avoit raison, et que sa demande n'estoit point inciville. Il faut à bon droit luy donner ceste permission. La teste du poisson est celle qui seule peut parler, le ventre ne peut dire mot, la queuë est muette; mais la teste en pourroit discourir, la langue luy formant les parolles. Ainsi chascun disoit, et tel estoit l'advis de Balde : et aussi-tost dit, aussi-tost fait. On met la teste de ce turbot devant Boccal, laquelle Cingar avoit prinse pour soy, et en estoit marri, et en rioit du bout des dents, et disoit ces mots, en murmurant : « Et bien, on m'a osté la bouche de ce turbot, la langue duquel peut accomplir le desir de Boccal? Soit, que la bouche face l'office de parler. Mais pourquoy a-t-il des yeux, pourquoy un front? pourquoy un derriere en la teste? On me fait un grand tort : j'en appelle à Gilbert.—J'en suis content, dit Boccal. O mon cher Gilbert! je prie, par ceste teste, que tu vueilles mettre fin à ce différend. » Gilbert, avec une face joyeuse, entreprend cet affaire, et s'assied; et, tous les autres escoutans, dit ainsi : « Du temps que la grenoüille et la souris plaidoyent ensemble, le Milan appaisa ce procez, comme j'appaiseray cestuy-cy. » Et, en disant ces mots, soudain gruppe sur la table, et enleve ceste teste : toute la compagnie loüe ce faict, en disant que c'estoit bien jugé selon les loix civiles.

Ils avoient mis fin à leurs propos, et diferends joyeux, quand, après que les tables et treteaux furent levez, Cingar, par le commandement, retourna à ses discours d'Astrologues, auxquels Leonard prestoit l'oreille attentivement. « Mars, dit Cingar, le tout puissant en armes, demeure au cinquiesme ciel. Iceluy monstre tousjours un visage courroucé et plein de menaces. Il regarde avec des yeux enflambez; de ses levres tombe une bave sanglante. Il porte en teste un heaume accresté, et la visiere fermée : il paroist tout couvert d'armes d'acier, ayant à droicte une grande targe, et à gauche une espée, et a une masse penduë à l'arçon, laquelle pese cent livres, et rien moins. Ce fort et vaillant soustien des galans et vertueux jeunes hommes, Loüis de Gonzague [1] en portoit une pareille, lequel aucuns maladvisez ont nommé Rodomont, et l'eust-on mieux à propos surnommé Rogier, ou plustost Roland, s'il faut accomparer la gaillardise du corps avec la vertu de l'esprit, et du courage. Mars se fourre au milieu d'une presse, avec son gros cheval gallopant, et apprend aux siens à dresser un camp, bastir des tours, des casemattes et eslever des remparts. Autour de luy, on ne sçauroit desirer aucune sorte d'armes : là sont rondaches, halebardes, pertuisanes, boucliers, morions, lances, picques, espées, dagues, corselets, heaumes,

---

[1] Louis de Gonzague, troisième fils de Frédéric II, cinquième marquis et premier duc de Mantoue; il forma la branche des ducs de Nevers. Folengo renouvellera plus loin (liv. XIX) l'éloge qu'il fait des vertus guerrières de ce prince. Cieco d'Ascoli, l'auteur de l'épopée romanesque de *Mambriano*, invoque également les Gonzague. Au début de son troisième chant, il dit que, l'astre des Gonzague (*il Gonzagheno sole*) se levant plus brillant que jamais, il faut produire des fleurs et des roses poétiques sous l'influence de ses rayons.

chemises de maille, cuisseaux, gantelets, estendards, enseignes, guidons, tabourins sonnans tousjours *pon, pon,* et les trompettes avec leur *tara-tantare.* Là aussi ne manquent cornets à bouquin, fitres, et haut-bois, et, en somme, tout ce qu'on a besoing en temps de guerre. En telles choses Mars employe ordinairement tous ses pensemens : il ne se delecte qu'à voir des lambeaux de chair. Sa sœur est l'Homicide, sa femme est la Contention, l'Ire est sa mere, l'Envie est son pere, la Rage et la Cholere sont ses filles. Icy on n'oyt que cris et clameurs d'hommes, et hannissemens de chevaux. On y voit toutes sortes de canons, bombardes, passe-volans, sacres, basilics, coulevrines. Vous y voyez des pavillons, des tentes, et cabannes. Les chevaux, avec leurs pieds, eslevent en l'air de grosses nues de poudre. Les tronçons des lances rompuës troublent le ciel : non pas qu'ils le troublent, mais semblent le troubler. Vous voyez de gros esquadrons armez se choquer les uns les autres sans aucun ordre, et, se poussans rudement, se donnent de grands coups, brisans leurs jacques de maille avec masses, estocs, piques et pertuisannes. Mars se resjouist de voir plusieurs morts renversez et foulez soubs les pieds des chevaux.

« Le Roy de toutes les estoilles, Jupiter, fait sa residence plus haut, et a choisi le sixiesme ciel. Là, au milieu d'une campagne est une grande et spaticuse ville, laquelle est environnée de murailles, dont les pierres ont esté forgées et taillées sur l'enclume par les marteaux de Sterops et Brontus avec un merveilleux artifice tiré de pyrotechnie. Elle n'est point bastie de chaux et de pierre, comme Gennes, Naples, Florence, Rome, et Milan : mais est faite de plusieurs et fins metaux, ainsi qu'en Bresse on voit fondre des cloches. Les creneaux des murailles sont de jaspe dur : et en chascun d'iceux s'y voit un beau rubi. Il y a cent tours fort hautes, toutes de porphyre. Les fondemens sont de bronze. Les frises et cordons sont tout autour de cristal ; et tout le haut qui est en accouldoir, de pur or, au-dessus duquel on voit continuellement voleter des enseignes, esquelles sont brodées des Aigles grifounes. Là, vous verrez des colomnes d'argent soustenir des arceaux eslevez bien haut en l'air. Là se voient de beaux baings, et de grands Palais, et de grandes et merveilleuses cuves. On y void des places à courir et manier chevaux, plusieurs marchez, de grands Theatres, lieux propres à representer batailles navales, des conduits d'eau, des colosses, des arcs, des pyramides, mille temples encrustez de marbre; là, sont les maisons des Dieux, au dessus desquelles on voit trois cents mille cheminées tousjours fumantes à force de myrrhe et d'encens, ayant leurs cuisines nettes, et parfumées de souëfves odeurs. Tous les Dieux ont basti en ceste ville leur Palais, et au milieu d'iceux est celuy de Jupiter. Icy Dedale, le premier Maçon, le premier Charpentier, et le premier Architecte, a monstré parfaitement sa maistrise. Vous y verrez cent fenestres çà et là tousjours ouvertes, par lesquelles ils voyent tout ce qui vient de loing. Il y a une galerie qui tourne tout autour du Palais, soutenuë de six cents piliers de bronze. En icelle on void tousjours mille Dieux, autant de Deesses, et de braves Nymphes se promenant en rond. La porte est superbe, laquelle ne se void jamais fermée : et au devant d'elle est un large et spatieux porche, lequel est fait et quarré sur huit pilastres. A l'entrée d'iceluy l'arceau est de porphyre, et au milieu se voyent les trois foudres, qui sont fort à craindre, lesquels servent d'armes propres seulement au grand Jupiter. Le seüil et l'entrée sont jà cavez, et mangez pour les allées et venuës des Dieux, combien qu'elles soit d'albastre fort dur. Les cadenats des portes, les serrures, les cloux, les verroux sont d'argent doré.

Après avoir passé le porche, vous entrez dedans cent cloistres, lesquels sont, de chasque costé, embellis de piliers faicts de diamants : et chacun d'iceux est composé d'un art très-excellent, lesquels Vulcan a endurcis de

son propre sang, les ayant premierement amollis avec
sang de bouc. La Sale du consistoire est très-ample,
toute environnée de sieges d'or, en laquelle les Dieux
traictent de toutes affaires, des fatalitez des hommes,
des destinées, du brief temps, et de mille autres negoces.
Au haut bout de la sale est la chaire de Jupiter, plus
eslevée que les autres : laquelle le Dieu de l'argent, le
Dieu de l'or, et l'inventeur et rechercheur de toutes richesses, a fabriqué et y a employé tout ce qu'on peut
estimer riche et precieux abondamment, autant et plus
qu'on ne jette tous les ans d'ordures et immondices au
canal de Venise. Pensez donc combien telle chaire doit
estre belle. Tous les Dieux et Deesses viennent là recevoir les ordonnances de Jupiter, lequel leur pese le
destin et leur mesure la fatalité, et fait chevaucher la
Fortune sur un cheval tout folastre et fougueux. Les autres ne reçoivent aucune deité, ny aucune puissance, si
les briefs et les bulles (desquelles despend la vraye et
certaine raison pour disposer des affaires) ne sont signées
du consentement de Jupiter. Car iceluy est le superieur
de tous les Dieux, auquel les Empereurs s'enclinent pour
luy baiser les pieds, estant autour de luy un troupeau de
cent testes rouges. Il est courtisé tous les jours par les
Dieux, et les reçoit tous joyeusement, et ne sort de luy
jamais qu'une bonne chere, tant envers les pauvres,
qu'envers les riches. Quelquefois (et pourquoy non?) un
Dieu est offensé par un autre. Vulcan se plaint de Mars,
et dit que Venus est une Ribaude. Juno regarde de travers Ganimede. Cerès pleure sa fille ravie par Pluton, et
chaque Deesse accuse Priape de ce qu'il s'esbat avec les
Nymphes tout nud. Jupiter les escoute tous de l'une et
l'autre oreille, et comme juge oit l'une et l'autre cloche
sonnant, entre lesquelles il prononce enfin un jugement
equitable. Si toutesfois il se trouve importuné de ces
Dieux, il commande d'apporter son foudre, et commande
aux tonnerres de bombarder, estonnant par ce moyen

grandement les hommes, lesquels estiment lors le ciel tomber. Mais, quand Ganimede se presente, et luy baise le visage et le regarde d'yeux mignards, et qu'il luy presente sa couppe d'or pleine de doux Nectar, incontinent sa cholere se passe, le desdain s'enfuit de son cœur, il descharge le ciel de nues, le Soleil paroist tout nouveau, et la fleur penchée par la pluye se redresse à la clarté du Soleil. Ainsi quelquefois les grands personnages, les grands maistres et Roys sont quelquefois plus esmeuz par la beauté d'une jeunesse, que par le docte avis d'un sçavant Caton.

Il y a des degrez grands et magnifiques, montans jusques au haut, faits de coral, et de marbre, et de jaspe. Chascun d'iceux a nonante marches, par lesquelles montent et descendent, vont et reviennent les Dieux et Deesses, passant par des chambres d'or et sales d'or : le plancher desquelles n'est point fait de bois; mais les soliveaux et carreaux sont d'or et d'argent, et y void-on reluire plusieurs Saphyrs. Çà et là les serviteurs des Dieux et servantes des Deesses sement et couvrent de diverses fleurs les licts bien accommodez, les garnissans de beaux linceux blancs, et de riches couvertures tissuës, bordées et enrichies par les Nymphes avec un merveilleux artifice. Car Minerve, née du cerveau de Jupiter, tient là des escholieres pour apprendre le mestier de l'aiguille et de la quenouille.

Il reste maintenant à parler de Saturne, qui est situé en la plus loingtaine region. Iceluy a une femme, laquelle a eu trois enfans ensemble, et tels, qu'il se plaignoit de les avoir engendrez. Car ils coupperent à leur propre pere ses parties genitales, et luy enleverent par force le sceptre de son Royaume. Iceluy est de corpulence fort maigre, vieil, et bave tousjours, et a la roupie penduë au nez. O! qui est plus maladif que luy? Qui est plus pourry que luy? Ses machoires n'ont pas une seule dent, et avec sa mauvaise et puante haleine il infecte un chascun. Sa barbe grise mal peignée est vilaine et pleine de poux. Sa teste, avec le poil herissé, est chargée de lendes. Il marche tout vouté, s'appuyant sur un baston, comptant ses pas, et de pas en pas ne fait que toussir et cracher de gros flegmes. Il a les yeux tous chassieux, et l'ordure n'en bouge. Il se couvre le corps jusques aux talons d'une grande robbe fourrée, et en tout temps est tousjours tremblant. Sa maison basse pleure sans cesse d'une humidité facheuse : les murailles y pleurent, les planchers y pleurent, tout ce qui est de luy pleure, et n'y a rien plus Saturnien que luy. Toutes ses viandes sont moisies; car en icelle Apollo n'envoye jamais ses beaux rayons. La nuict y apporte tousjours ses noires tenebres. En icelle resident les choüettes, les chat-huans, les chauves-souris, qui n'aiment que la nuict, durant laquelle on y oit aussi les matoux chanter *gnao, gnao*. La tristesse demeure avec luy, la maigreur, toute espece de maladie, le mal de costé, la squinancie, la fiebvre quarte, l'epidemie, l'apostume, le charbon, la male-peste, le flegme, l'apoplexie, l'hydropisie, les vers, la colique, la pierre, le chancre, les glandes, les pustules, la grosse verole, la cague-sangue, la petite verole, la foiblesse de cerveau, la rage frenetique, la rage de chien, les cloux, la douleur des dents, les escroüelles, les fistules, l'hernie enflée du coüillon pendant, la teigne, la ladrerie, l'asthme, la goutte, les fiebvres phthisiques. Je ne sçaurois nommer toutes les maladies, lesquelles sont ordinairement avec Saturne, et lesquelles l'accompagnent et luy font service, mais avec peu de fidélité, car elles vuident tous les jours sa bourse, et c'est ce que les medecins aiment. Saturne donc commande au plus haut ciel, duquel tombant il se puisse rompre le col. Nous avons descrit les sept cieux, lesquels ont esté mal déchifrez par les anciens, et plus mal par les modernes, soit Aristote, soit Higine, soit Macrobe. Il reste que nous venions au huictiesme Cercle.

« Mais qu'est-ce que je voy ? Vous ne voyez pas ? Voyez là ! » Comme Cingar disoit ce mot, on crie du haut de la gabie : « Fustes ! » Ce sont fustes. Aussi-tost on court aux armes : l'Astrologue Cingar dit : « Il faut autrement astrologuer à present, et ne s'amuser à contempler de nuict le Chariot. » Et toy, Mafeline, tu as assez chanté, avec ton alouëtte aux Astrologues, les estoilles à eux longtemps cachées. Icelles maintenant pourront mieux tromper la compagnie.

LIVRE SEIZIEME.

Pendant que Togne, chef du monde, et la lumiere de Cipade, veut chanter combien maintenant elle est grande, et quelle elle a esté, et quelle elle sera à l'advenir, comme on peut voir par la perte et ruine qu'elle a fait de ses crespes et beignets, et pendant qu'elle se prepare à sonner les horribles batailles, la voicy venir en furie, la voicy venir, et boira tout à l'Allemande. Gardez-vous, bouteilles? Escampez, barils, flascons? Estans en cholere, elle vous brisera, et mettra en pieces. Or oyez donc, Messieurs, laissant là le discours que je pourrois faire des premieres et secondes causes.

Voicy Cingar, qui void de loing trois fustes voguer bien roides, et les monstroit du doigt à ses compagnons. Quand un chien a fait partir une oye sauvage, le Faucon ne se jette point dessus si roide (tombant à plomb) sur sa proye, que ces fustes sembloient voler contre le vaisseau de Balde, n'ayans leurs petits vaisseaux que des rameurs volontaires. En iceux estoient des pirates corsaires et voleurs, lesquels, ne croyans en Jesus-Christ, ou l'ayant renié, crioient de loing : « Ho, ho ! tost baissez les voiles ! Vous estes nos prisonniers, descendez du navire : il est nostre. » A grand'peine avoient-ils achevé ces mots, que l'une de ces fustes, qui estoit une galere bastarde, et une autre, viennent après le navire pour l'affronter. En icelles y commandoit un grand Capitaine, et sollicitoit fort les rameurs autant que faisoit la presence de Turne. Il n'y avoit point au monde chose plus cruelle que ce Capitaine. Ce voleur-cy entre les voleurs estoit nommé Lyron. Son regard estoit de fer, sa barbe estoit tousjours soüillée de quelque nouveau massacre, et se repaissoit de chair humaine comme d'autre beste.

Ces trois fustes viennent donc avec une grande hardiesse pour mettre à fond le navire, et, à force de ramer, laissoient après eux de grosses vagues. Balde prend promptement les armes, degaine son espée, et met au bras son rondache, baisse la visiere de son heaume. Leonard se serre auprès de Balde avec son bouclier et son estoc. Le patron s'asseure, voyant ces seigneurs bien deliberez, et, ne craignant rien, tourne son timon contre ces fustes, et se prepare à un combat plus dangereux que pas un autre. Les Chiozois et Sclavons, qui sont gens duits à la marine, prennent les armes et encouragent tous les autres : ils chargent leurs harquebuses, et bandent leurs arbalestes. Aucuns montent en la gabie, autres demeurent à bas. La force à tous redouble par la presence de Balde, sur lequel les marchands mettent toute leur esperance.

Desjà l'une de ces fustes commençoit à tourner autour du navire, quand le patron, bien experimenté, tourne son timon et le manie comme une bride. J'ay veu François Marie de Feltre souvent (au corps duquel, encore qu'il fut bien petit, on voyoit de grands dons du ciel) manier legerement un jeune cheval d'Espagne, tirant tantost avec une grande adresse la bride, tantost la laschant, et peu à peu le rendant obeissant à son vouloir, tellement qu'il le faisoit manier en rond, et tourner si court et si habilement, qu'à grand'peine pouvoit-on discerner la teste de la crouppe. Ce patron manioit de mesme ce grand navire, opposant tousjours la proüe au-devant de l'ennemy : et aussi-tost on destacha d'une part et d'autre plus de trois cens volées d'harquebuses, et lascherent plus de mille garrots et ciseaux, personne n'en eut sceu compter le nombre : et les voix d'une part et d'autre estoient si grandes du premier assaut, qu'elles retentissoient jusques au ciel. On jette pierres, traveteaux et grosses perches enflambées avec un feu artificiel, qui brusle hommes et armes. Alors le courageux Balde, ressemblant un sanglier, saute du haut de la proüe dedans la fuste au milieu des ennemis, ensanglantant du premier coup son espée. Cingar le suit, estant couvert d'une grande targe, et avec son cimeterre abbat de toutes parts. Leonard se jette aussi comme eux, tombant droit sur un de ces corsaires, lequel il fait tomber en l'eau, et en blesse un autre de son estoc. Balde, comme un hardi Capitaine, s'adresse du premier au patron de la fuste, et, luy fourrant son espée comme une tariere, luy tire les trippes hors du ventre. Ces corsaires, avec grands cris et hurlements, environnent Balde tout autour, et ce Baron, entrant en sa furie accoustumée, tant plus que la presse estoit grande, plus ne laissoit à frapper sur eux courageusement, et mettoit en pieces les plastrons et armes des ennemis, lesquels, voyans un tel eschec, estonnez, luy feirent belle place. A l'un il arrache le morion, à l'autre le bouclier, à l'autre le heaume, à un autre la maille; à l'un il rompt les espaules, et le jette par bas; aux autres il découppe la chair bien menu, et n'y a cuirasse, ny habillement de teste, qui puissent demeurer entiers aux coups qu'il donnoit aussi rudement qu'eut sceu faire Roland. Il donne aux poissons belle pasture de testes et de corps; et comme la flambe court à travers les roseaux, quand la Tramontane souffle : Balde faisoit pareille ruine sur l'ennemy avec son espée. Aucun ne se pouvoit eschapper de luy; car, ou il mouroit de coup d'espée, ou estoit contrainct se precipiter et noyer en la mer. La furie poussoit si violemment l'enflambé Balde, qu'il n'eut en aucun respect à sainct François. Cingar le suit de mesme courage, comme aussi fait Leonard, et eux deux donnent de merveilleux coups. Ces trois compagnons monstrent qu'ils sçavoient bien que c'estoit de frapper, et comme il falloit donner à droit, de revers, d'estoc et de taille; ils ensanglantent tout le tillac, et font peur aux diables.

Lyron, d'autre costé, estant sur la galere bastarde, avec une halebarde en la main, estoit plus grand que tous les autres; il ne representoit pas seulement un homme, mais sembloit un gros pilastre. Iceluy commande de tourner sa galere vers la pouppe du navire, pendant qu'icelle se defendoit contre les deux autres. Assaillant ainsi par derriere ce navire avec sa halebarde, donne un si grand coup de toute sa force, qu'il trencha en deux le timon et gouvernail, dont le patron se pensa estre depesché, n'ayant plus son cheval aucune bride, ny aucun mords. Lyron, avec main, se prend au navire, pour monter en iceluy, et n'est point trompé en son courage; car combien que les Chiozois luy jettent pierres, traveteaux, torches sulphurées, et perches de pin allumées, il ne laisse pour cela, estant suivi de ses compagnons, de monter en la pouppe, et se jetter parmy ses ennemis, ausquels avec son cimeterre il abbat bras et jambes, ne se souciant d'harquebuses, arbalestes et dards; d'un coup il met bas la teste au patron. Imaginez-vous, lecteur, un qui entreroit en une boutique, pleine de pots, bouteilles, et escuelles de terre, et avec un gros baston frapperoit dessus tout autour : ô! combien cestui-cy feroit de pieces et de morceaux! Ainsi faisoit Lyron, taillant, tuant, étrippant, escartellant, et assommant tout ce qui se trouvoit devant luy.

Boccal, qui d'adventure estoit caché en un coing, et lequel, ayant grand peur, tenoit son derriere bien bouché, ne sçavoit, et n'avoit pas grand envie de sçavoir

quel estoit ce combat : il estoit-là quoy, attendant ce que
la Fortune envoyeroit, ou si le navire seroit victorieux,
ou la fuste. Et qu'esperoit-il de là? Il esperoit gaigner la
grace du victorieux, par son art de bouffonnerie ; mais
quand il veit ce grand geant dedans le navire, et faire
un tel abbatis de testes, incontinent il devint à demy
mort, et, tout estourdi, fantasioit en son cerveau ce qu'il
devoit faire. Il advise d'adventure l'esquif près de luy,
avec lequel les mariniers vont et viennent ordinairement
pour chercher vivres : il le jette dedans la mer, avec
l'ayde que luy feit Gilbert, et eux deux se separerent de
la flotte.

Balde n'avoit pas prins effect au malheur qui estoit arrivé
pour la perte du navire, lequel estoit en la possession de
Lyron ; mais, continuant ses coups, estoit aussi enragé à
frapper, comme seroit un Lyon, qui se seroit deschainé ;
et fait tant, qu'il les laisse tous morts ou blessez : et
ceux qui craignoient son furieux regard, se jettoient en
l'eau, comme font les poissons qui sautent hors la poisle :
il taille, il couppe, il pousse deçà delà, estant tout soüillé
de sang. Je ne sçaurois raconter d'autre part la force et
le pouvoir de Lyron, lequel ne frappoit en lieu que les
marques n'y demeurassent, déchiquetant ses ennemis
avec son halebarde sanglante, et tous s'enfuyent de devant luy, tombans de leurs corps leurs poulmons, leur
ratte, leurs boyaux, leur foye, et leurs trippes. On n'oit
que des cris, et plaintes des mourans ; les uns appelloient
Jesus-Christ ; les autres, sainct Nicolas[1] ; autres, le cornu
Mahomet ; et autres, le diable. Depuis que les oreilles
furent faites, on n'ouit jamais un tel cry, un tel grincement, un tel chamaillis. D'autre costé, Balde, comme un

---

[1] Rabelais s'est souvenu de ce passage lorsqu'il a montré les
assaillants de l'abbaye de Seuillé mis en déroute par le frère Jean
des Entommeures, et tombant sous les coups de ce *beau despecheur
d'heures :* « Les uns crioyent saincte Barbe, les autres sainct
George, les autres saincte Nitouche.... »

torrent enragé, qui descend des hautes montaignes se précipitant en la mer, fend l'eau marine, luy entr'ouvrant l'eschine; ainsi Balde se fourre parmi les ennemis de l'Évangile, jusques à ce qu'avec Cingar et Leonard, il eut tué tous ceux, qui estoient en la fuste, la rendant plus nette d'eux, que n'est le bassin d'un barbier. Desjà aussi Lyron s'estoit fait maistre de tout le navire. O! combien il estoit aise d'avoir fait un tel gain, et, s'eslevant soudain un vent de midy, il commande à tous ces pirates de monter dedans le navire; et y accommodant un autre timon, commence à singler, ayant le vent favorable, et les deux autres fustes en chantant le suivent, pensant que toutes les trois deussent tenir le mesme chemin; car la joye souventefois aveugle nostre entendement.

Ils volent donc de plein vent, et chacun hennist après le butin ; mais Balde n'a aucun suject de penser à aucun gain qu'il peut avoir fait. « Ha ! dit Cingar, comment nous laissons-nous mocquer ainsi sans y penser? L'envie de gaigner souvent nous trompe. Tu ne vois pas, Balde? Nostre navire s'en va, on l'emmeine! » Balde, voyant cela, fait le signe de la croix sur son visage renfrongné, et s'arreste sans parler, ne pouvant dire un seul mot. Leonard se donnoit des coups de poings : « Ha ! disoit-il, meschante Fortune, tu nous es trop contraire : on emmeine mes chevaux si beaux et si bons, que jamais ne s'en est veu de de pareils, lesquels si je ne trouve par eau, ou mesme aux abîmes, je jure tous les Dieux, que je me feray mourir moy-mesme, et ne porteray jamais ceste cuirasse sur le dos, jusques à ce que j'aye trouvé ces larrons, et ce chef des voleurs, lequel je tueray, ou il me tuera. » Balde estoit enragé, et brusloit de cholere; car il voyoit qu'il ne pouvoit suivre ces corsaires. Il n'y avoit en ce vaisseau, où il estoit, aucuns qui pussent manier la rame. Cingar luy dit: « Resjoüis-toy; j'espere recouvrer les chevaux! » mais Cingar disoit cela pour reconforter Leonard. Cependant il songeoit à autre chose, comment, et par quel moyen ils pourroient sortir de ceste fuste, ou s'en aider, ne trouvans que manger, ni que boire. Ils ne voyent aucuns rivages, ni aucune terre; leurs yeux n'avoient aucun object que de la mer, et du ciel : et est miserable qui n'a de quoy donner à digerer à ses boyaux. La faim les prend, et la voudroient bien chasser; mais le soing de Cingar n'y peut donner ordre.

Balde et Leonard ont un grand creve-cœur : toutesfois ils mettent à part toute crainte, et esperent de regaigner autres chevaux, et qu'il se pourroit trouver en ceste fuste quelque chose à manger. Ils ne furent point desceuz: car Cingar, remuant partout en ceste fuste, trouve au fond d'icelle plusieurs choses, qui premierement resjouirent leur esprit, et puis consolerent leurs boyaux. Et pendant que Balde se vouloit ressouvenir de ses compagnons, lesquels il estimoit perdus, il voit venir vers eux le jeune Gilbert avec le bouffon Boccal, lesquels avec l'aviron ramoient le plus qu'ils pouvoient; et la fuste voguant plus viste, iceux s'escrierent : « Ho, ho, attendeznous, mes freres ! » Balde et ses compagnons les attendent de bon cœur; car, n'ayans aucuns rameurs et des rames en abondance, que pensoient-ils faire seuls? Ayant donc attiré ces deux avec leur esquif en leur fuste, Gilbert leur conte avec quelle industrie ils sont eschappez; et pendant qu'ils discourent des dangers passez, Cingar, furetant tousjours par tous les coings et recoings du vaisseau, trouve enfin un jeune Jouvenceau, beau en visage, qui dès le col jusques aux talons estoit lié et enchainé, et, pleurant, prioit qu'on le detachast d'une si longue prison. Cingar, l'oyant ainsi se plaindre, accourt à luy, et en pitié le regarde, et se ressouvient avoir veu autrefois cet homme. Mais en quel bois, en quelle forest, en quelle vallée, ni en quelle montaigne il ne sçait : et sur un tel doute il recherche en son esprit ce qu'il en pourroit apprendre: « Dis-moy, luy dit-il, qui tu es? De quel pays tu es? Et pourquoy tu es ainsi enchainé? » Il luy respond:

« Nous avons esté trois compagnons, Falcquet, le grand Fracasse, et moy qu'on nomme Moscquin, qui, avec six grandes caracques chargées de Mores, venions avec bon vent en Italie; mais la tempeste s'esleva si horriblement, que toute nostre armée en a esté dissipée et fracassée, et une partie jettée à travers : par tel malheur, trois bons amis ont esté divisez; et après que le soleil nous eut rendu la mer bonasse, ces vaisseaux de voleurs se sont presentez devant nous, et, en combattant, non sans leur perte, se sont faict maistres de mon vaisseau, et moy qui en estois capitaine, m'ont ainsi lié, esperant avoir une grande rançon de moy; les autres ont esté noyez, et mis à fonds avec le navire. Je ne sçay où sont allez les autres Capitaines, ny quelle route ils ont prins; mais je suis extremement marry de ce que nous n'avons peu avoir la raison telle que nous l'esperions, pour venger ce brave et illustre baron qu'on nomme Balde. »

Cingar, oyant cecy, se rejoüist, et se fasche : toutesfois il le dissimule pour l'heure, et soudain tire de sa gibbeciere, laquelle luy estoit fidelle compagne, des limes et tenailles, avec lesquelles il détache incontinent ce prisonnier; puis il appelle Balde, lequel venu avec Leonard ne sçavoient qu'on leur vouloit. Cingar leur presente Moscquin, et, eslevant ses yeux vers le ciel, parle à eux ainsi : « O la louange! ô la gloire du monde! ô l'homme paladin, qui en ce temps resplendist par dessus tous les autres! Ha! Balde, combien ta noblesse t'acquiert de compagnons? quels personnages? quels Barons? lesquels, par mer, par terre, çà et là te cherchent, t'estimans le miroir de courtoisie, la force d'honneur, et lesquels n'ont craint les ondes de la mer, ny Scylle, ny Charybde, ny les fustes des pirates, pour tascher à te tirer hors de prison, ou bien mourir pour toy, qui es tant magnanime et du tout Royal. Sans fraude aucune, je te dis, et te le replique, deux, trois, quatre, voire huit fois, que trois compagnons te cherchent, non point parmy les richesses de Crœsus, non parmy les delices du pourceau Sardanapale, non colloqué en un haut siege; mais ces vrais compagnons ne prennent ceste peine, que pour te delivrer d'une prison obscure, ou de permettre au diable de leur faire perdre la vie. Ils s'employent, par monts, par vaux, par mer, par terre, de toutes parts. Penses-tu qu'ils se promeinent ainsi pour acquerir du bien, ou pour obtenir de grandes faveurs des Papes et des Roys? Non, non; mais c'est pour t'enlever de prison, ou emporter en l'air les seps et la tour : et les voicy, pauvres miserables, enchainez, et mourans de faim! Qui pourroit trouver tels amis? Si tu en trouvois de tels, tu les pourrois compter avec le nez. On cognoit les vrais amis, quand on est tombé en disgrace. Qu'y a-t-il plus heureux que l'amitié? Qui est plus agreable au monde et au ciel, qu'elle? J'incague toutes choses, hormis les amis, qui sont joyaux, et un thresor, qui peuvent achepter un cher compagnon, et amy secret et fidele. Celuy-là est un faitneant, et non homme, mais plustost beste, lequel a plus de soing de remplir son ventre, que de chercher un homme, auquel il puisse dire ses pensées. Voicy, ô Balde, ton Moscquin : doutez-vous à le recognoistre? Ha, Dieu! le temps obscurcist le temps : la distance d'iceluy fait qu'on oublie les traicts du visage. « Cingar, en disant cecy, pleuroit à bon escient, et faisoit pleurer ses compagnons, et Balde embrasse Moscquin, luy disant : « Mon Moscquin, est-ce toy? Est-ce toy, qui estois le repos et le doux secours de tous mes ennuis? » Et, ne pouvant parler davantage, l'embrasse estroitement, et baise ce jeune homme, auquel à grand' peine la barbe sortoit.

Enfin, après tant de larmes, Moscquin leur fait ample recit de la perte de ses compagnons. Balde dit : « Je me delibere de retrouver mes freres; mais qui nous ostera hors de ce vaisseau? Il n'y a ici personne qui puisse lever les voiles. » Moscquin estoit expert en tel art, pour avoir plus de mille fois vogué sur la mer de Pietole, et avoir passé le destroit de sainct George, à Ceres [1], et leur dit : « Je fais peu de compte de ceste mer, moy qui ay navigué le grand Ocean de Bugne, et le golfe de Cipade, tant de fois : ne doutez ! Pendant que le vent d'Est-Suest nous souffle de devers l'Orient à souhait, nous irons a orce par trente heures : partant, desployons les voiles : toy, Cingar, tire ceste corde ; Leonard, aide, et toy, hola, qui es icy, ô mon bon compagnon, aides-moy à estendre ceste voile ? » Auquel Boccal respond : « Moy ? Me voilà prest, soit fait ! » Moscquin dit derechef : « Toy, Balde, demeures icy au timon ? Cingar, tire, tire, tire, Cingar, tire ainsi ? Leonard, ainsi donne secours ? Gilbert, c'est assez accourci l'orce ! Pese, Balde, sur le timon ! Ho, compagnon, assistoy, tu es mal entendu à ce mestier. Or sus, au nom de Dieu, Cingar, lasche un peu ceste corde ? Ha ! compagnons, le vent nous dit bien. Et toy, Balde, assis-toy aussi, laisse-moy estre au timon ? J'ay les levres bien seiches ! Où est ce Boccal ? » Boccal dit : « Me demandes-tu ? » Les compagnons se prindrent fort à rire ; et par-là Moscquin apprint que ce bon compagnon avoit nom Boccal. Puis, il regarde le ciel : « O ! combien, dit-il, l'Est-Suest donne gaillardement dedans nostre voile ! O sainct Nicolas, veuille nous estre favorable, qui as tousjours soing des Nautonniers : et combien que ceste fuste soit venuë des corsaires, toutesfois ne nous faillez au besoin ; mais nous delivrez de tout danger, et adressez nostre chemin ! » Cingar là-dessus luy dit : « Pourquoy appelles-tu tant sainct Nicolas ? Pour te donner bon vent ? Pries-le plustost qu'il te donne du pain ; car les boyaux me crient au ventre pour la faim, et la face de Boccal semble une maigre lanterne. » Boccal luy respond soudain : « Je ne voy point que la graisse coule sur la tienne ? » Cingar,

---

[1] Pour comprendre ceci, il faut connaître la topographie de Mantoue, entourée de divers lacs que séparent des digues : Saint-Georges et Ceres sont des villages à l'extrémité de quelques-unes de ces digues.

selon sa coustume, cherchant partout, trouve en un coing quelque biscuit caché, à demy moisi, et fait du temps des grands-peres, ayant grande barbe moisie, et tout mangé de teignes. Il trouve aussi un cacque d'eau douce, et un saloir plein de lard tout jaune : tout cela neantmoins luy sembloit du laict, du succre et miel, et juroient tous n'avoir jamais tasté de si bons morceaux. Ils mangent tout, et ne demeure rien. Qui a faim, et a de quoy manger, s'il parle, il perd temps.

Après avoir consommé si bonnes viandes, Cingar, advisé, monte à la gabie, rongeant un brin de fenoüil, jette sa veue sur la mer, et l'estend le plus loing qu'il peut, en reserrant le cil de l'œil, pour mieux voir si en quelque endroit il pourroit descouvrir terre; mais il ne void que de grandes plaines d'eau. Le vent estoit fort bon, et ceste fuste tiroit grand pays. Moscquin ne songeoit qu'à gouverner son timon, commandant souvent, tantost de roidir ceste corde, tantost de lascher l'autre, à quoy Balde et Leonard s'employent dextrement. Cingar chantoit des vilanesques, les fredonnant melodieusement de la langue, et en chantant il advise de loin je ne sçay qui, tirant droit à leur fuste, nageant par le milieu de l'eau. Au commencement, il pense que ce soit quelque bois, puis un cheval; un autre dit que c'estoit un coffre, et non autre chose ; un autre estime que ce soit un bœuf. Enfin, voyant de plus près, ils trouvent que ce n'est ny l'un ny l'autre ; mais un homme vif, et nageant sur l'eau.

Cestui-cy, en nageant, ne gardoit point la commune usance de nager, à sçavoir mener les jambes et les bras; il ne s'aidoit point des bras; il ne souffloit l'eau; et, au contraire, tout le moule du pourpoint paroissoit au-dessus de l'eau, et les ondes ne moüilloient point sa barbe, ni ses cheveux. Il manie seulement les jambes, et des pieds seuls nage, tenant en sa droite un dard, et un bouclier en la gauche, ayant tout le reste de son corps en l'eau, laquelle il fendoit en deux, comme fait une oye traversant le Pau, ou comme un canart se joüant au marez de Conacque. Cet homme venoit contre la fuste, et, en approchant, menaçoit; car il pensoit que ce fut un vaisseau d'aucuns pirates, qui lui avoient n'agueres enlevé un gros butin. Balde s'estonna fort de ce qu'un homme nageoit si aisement, sans s'aider aucunement des bras, estant mesme chargé d'armes. Mais, après que Mosequin l'a envisagé, il s'escrie, joyeux : « C'est Falcquet! Et, ô Falcquet, viens! Balde, je dis, Balde et ton amy Cingar sont icy. Hastes-toy, chemine. » Or pensez quand il entendit ainsi nommer ses compagnons, desquels il pensoit aucuns estre morts, et autres encore prisonniers, quelle nouvelle ce luy fut? Il quitte incontinent son bouclier et son dard, et se met à nager de ses quatre jambes et de ses deux bras si roidement, qu'il sembloit voler, estant moitié chien, moitié homme. Quand aussi Cingar veid Falcquet en la mer, lequel pardessus tous les autres, excepté Balde, il avoit tousjours aimé, aussi-tost il met la cuirasse bas, et sa chemise; et, se bouchant le nez avec la main, se jette en l'eau, du mast, la teste la premiere, descendant six brasses dedans l'eau, et puis soudain se represente au-dessus, secouant les oreilles pleines d'eau, et repoussant ceste eau salée en soufflant, et, battant avec la main et les pieds, il fend l'eau, se portant sur sa poitrine. Ces deux enfin se joignent. Cingar, le mieux qu'il peut, embrasse Falcquet, et viennent nageans et devisans ensemble, et estans contre le vaisseau, Leonard, leur baillant la main, les tire à soy. Ils se font mille caresses sans nombre. Ils recitent les uns aux autres les fortunes et les perils passez, et les miseres endurées haut et bas. Devisant ainsi, et se raillant, ils descouvrent de loing la superficie d'une terre, y remarquant des forests et hautes montaignes. Icelle estoit une Isle, laquelle verdoyoit de pins, fouteaux et ormes. L'ayant tous apperceu, Cingar s'escria le premier : « Terre, terre, ne la voyez-vous pas? La voilà! » Balde promptement commande de tourner le timon vers ce quartier, et faire surgir leur fuste au port.

On jette incontinent l'ancre en l'eau, et tous sautent en terre, de la fuste, avec les armes : chascun est aise de se voir sur terre, et maudissent la mer. Ils entrent en ces bois et cherchent de quoy manger, se contentans avoir mangé du biscuit par trois jours, et d'avoir graissé leur gorge de lard jaune. Ils apperçoivent deux chevres sauvages, suivies de deux chevreaux blancs, courants legierement, et, en faisans leurs sauts, monstrer leur cul blanc. Falcquet se met à la course comme un levrier, fait voler le sable avec les pieds à force de courir, et soudain attrape les deux chevreaux, lesquels il estrangle et laisse à terre : cependant il poursuit une de ces chevres, laquelle il prend, l'autre s'eschappant et se sauvant. Il apporte, joyeux, la mere et les deux enfans, et les escorche tous trois.

Boccal ne manque à luy ayder. Il fait cecy, il fait cela, il met le nez partout, bouffonnant tousjours à sa mode accoustumée. Balde coupe une branche d'un fresne, laquelle il cure des feüilles, l'aiguise par le bout. Boccal la prend, et embroche en icelle, par quartiers, ces chevreaux, pour les faire rostir. Leonard avoit apporté du vaisseau un fuzil, avec lequel, frappant du carreau d'acier plusieurs coups, il fait tomber quelques estincelles de feu, lesquelles se prennent à l'emorche, et puis, avec un peu de souphre ou allumette, il fait de la flambe avec laquelle il allume le feu, ayant Moscquin dressé et ajancé du bois sec. Cingar cependant apporte plusieurs instrumens de cuisine. Il met les trippes et fressures, lavées trois et quatre fois, en un pot, lequel il avoit eschaudé avec eau chaude, et les fait cuire avec sel et huille, pour en faire une bonne mangeaille. Boccal tourne la broche : le rosti commence à fumer. Balde le flambe avec du lard. Cependant Gilbert prepare une belle feüillée, sous laquelle ils peussent manger plus joyeusement, et plus à leur aise, leur disner.

La Cigale commençoit à chanter, estant le mois de Juin lors venu avec une grande chaleur : en somme, tous commencent à se refaire avec ce rosti. Cingar fait le premier moudre son moulin. Boccal avoit jà devoré la moitié de la chevre. Balde ne disoit mot (Qui parle perd temps): il donne à Leonard et à Gilbert du meilleur endroit de la beste, lequel Boccal souvent grippe. Moscquin rompt la viande, laissant son assiette nette, laquelle il avoit fait du fond d'une boëtte. Chascun remplist bien ses boyaux, et ne voyent Falcquet avec eux.

La faim souvent nous contraint tellement, que nous oublions quelquefois nos amis. Balde toutesfois ne se laissoit transporter à un tel vice. Mais tousjours songeoit à ses amis, et lors ainsi dit : « O compagnons, Falcquet n'est point icy : où est-il allé? Certainement, c'est une honte à nous : il a prins la chevre et les chevreaux, la plus grande et meilleure part luy en est due, et nous mangeons le tout, iceluy n'y estant point ! Leve-toy, Cingar; Moscquin, prends une picque, vas par ces bois, cherche nostre compagnon, chemine ! » Cingar se leve, jette son trenchoir, prend une picque et va en la forest. « Hola, crioit-il, ho, Falcquet ! » Mais « ho, Falcquet ! » luy respondoit l'escho. Cependant le jeune Leonard laisse aussi soudainement le disner, et, se ceingnant son espée et prenant son bouclier, suit Cingar dans ce bois espais. Il s'estoit fait un chappeau de feüilles, à cause de la chaleur. Cingar marchoit fort loing de luy : ha ! le miserable Leonard ne sçavoit suivre ! On peut bien dire miserable, à qui, en sa jeunesse paisible, pure, et semblable à un rubi, on prepare une cruelle mort. Et qui a esté la cause de sa mort ? Une femme. Et eut esté merveille, si aucun autre monstre qu'une femme eut peu rompre un entendement si sainct, si chaste et si plaisant à Dieu. Ha ! Dieu ! combien la Terre est engraissée de tels fumiers ! et combien pleure-t-elle, estant oppressée de si grand nombre de Louves ! Or sus, Togne, qui es la puissance de mon flascon, dis, et nous recite les pieges des rufiennes, et leurs rets araigneux, et le putanisme de nostre chiarde Venus? Que cela ne te fasche de nous en dire ce qui en est, encore que tu sois femme.

Car il faut te mettre à part, et celles qui te ressemblent. Pardonnez-moy, Messieurs? La force de la cholere me transporte, et me contraint de lascher quelques sales paroles. Ha! c'est une chose de trop grande importance, en laissant perdre une si belle fleur. Ne croyez pas moins à Togne, pour ce qu'elle se prepare de dire, que si elle, respondant au prebstre, proferoit ce mot: *Amen*. La merde ne fasche point tant le nez, ou une puante charongne, que fait une femme, qui se veut embellir par une beauté fardée, et veut qu'on l'appelle Courtisanne et aussi Signore. O! meschanceté sale, et vilaine, et qui ne peut estre jamais blanchie par aucuns lavemens, ny par mille savons! Hé, que font ces Louves et ces Truyes? O jeunes gens, je vous prie, escoutez Togne, laquelle, poussée par l'ardeur de sa bouteille, devine ce qui est vray, et prophetize une chose assez cogneuë.

Il y a, à Rome, à Naples, à Florence, à Venise, à Milan, à Gennes, à Bresse, et à Boulogne, de si grands troupeaux de telles vaches, que toute la mer, les fleuves, les estangs, les lacs, et toutes les bourses sont espuisées par elles, et lesquelles par les sots sont appelées et nommées en leurs escrits: Deesses, Dames, Maistresses, et Signores; et leurs baillent telles appellations, les invitans par les fenestres, par leurs madrigales, ou plustost merdigales. Ils chantent leur beauté, avec leur voix, en joüant du Luth, et toutesfois icelles les mesprisent, et se mocquent de leurs flatteries, estimans peu leurs sonnets, leurs chansons, par lesquelles neantmoins aucunes obstinées, comme mules, sont enfin domptées. Mais l'amour des simples jouvençaux, et leur face gentille et sincere, ressemblant à des purs aigneaux, et à des blanches colombelles, fait enrager de grande concupiscence et luxure ces chiennes. Ha! qui est celuy, qui, escoutant leurs menées et pratiques, ne bouche son nez et ses oreilles? Estant donc ainsi icelles touchées au vif, pour joüir de leurs amours, elles mettent la main à l'œuvre, et cherchent çà et là, plusieurs et divers chemins, pour parvenir à leurs desseins : tantost se servent de presens, tantost de sonnets, et telles autres escrits. Enfin, ne pouvant fleschir ce à quoy elles pretendent, et ne pouvant esbranler des tours si bien fondées, pour saouler leurs abymes devorant tout; elles vont à conseil ò des vieilles pourries, lesquelles ont accoustumé de donner des instructions de pipperie et de sorcelerie. Icelles sont des beghines, lesquelles se vantent estre bigames, et sont sœurs du troisiesme ordre, et se nomment sainctes, dignes d'estre citées et honorées, sur leurs sepultures, de cinq fuzeaus : ne faisans telles vieilles que lecher et gouster les bonnes viandes. Je les voy courir, deçà, delà, par les Eglises, tenans des chandelles allumées en leurs mains, pour estre mieux veues par le peuple, marmonnant entre leurs dents telles quelles patinostres, et baisent souvent la terre, et lechent les pierres : souvent frappent rudement de la main leur estomach, et font sonner leur poitrine *don, don*, comme un tabourin, et, à force de frotter, font rougir leurs yeux, et en tirent des larmes, lesquelles elles laissent seicher sur leurs joues, et estendent leurs bras en haut, faisant le crucifix. Elles remuent leur dentier barbu, comme font les chevres, quand elles sont après des chardons et grattes-culs. Maintenant, elles entrent és Eglises en public, se monstrans à un chascun, ne voulans faire leurs prieres en quelque lieu obscur au commencement, afin que la chandelle donne clarté au chandelier : puis, se vont retirer en quelques trous, tanieres, et coings obscurs et reculez, ou derriere quelque pillier ou sepulture. Estans-là, ces tigresses et vieilles mules se tiennent quoies, pendant qu'on celebre la Messe. Et que font-elles là, ces poltronnes? Que chuchent elles? A quoi pensent ces vieilles moizies et pourries? Par leurs nivelleries et menteries, elles cherchent à soüiller une belle fille, qui est encore saine et entiere, ou de corrompre un jeune garçon. « Ha, disent-elles, mon fils, ou ma fille mal-née, ne puis-je pas songer pour vous, comme je fais souvent, vous voyant en tel estat, que vous n'avez (suivant le bonne coustume), aucune amoureuse, ou que vous, fille, n'avez aucun amoureux? Vous tenant ainsi comme sennée, vous vous allongez au lict la nuit pour neant. Pensez que les hommes ont grand soing de vous, si vous faictes ce que vous vous repentirez, puis après, n'avoir fait : vous semblerez, avec le temps, plusieurs fois n'avoir esté qu'une folle beste. Que vous sert ceste belle face? Quel contentement vous revient de ce beau front de Calcedon? Que vous vient-il de la beauté de vos yeux, lesquels tirent à eux les cœurs des personnages, comme fait le gresset le moucheron en sa bouche? Que vous amenent ces dents plus blanches que perles, et aussi ces petites levres coralines, lesquelles il semble que Nature vous ayt donné en vain, et ensemble vos jouës plus blanches, que neige entremeslée de rouge, tellement que vostre face semble estre laict et vin vermeil, meslez ensemble? Pourquoy te voyons-nous si beau, si galand en vain, et pour neant, sans en tirer aucun profit? car, à ce que je voy, tu ne veux aimer les filles. Tu es beau, pour plaire, pour aimer, pour estre aimé, pour enflamber, et aussi pour estre bruslé, non pas dans les fournaises du mont d'Etna; mais plustost sur une douce, emmielée, sucrée, et pleine de Nectar, poitrine d'une belle et tendre Nymphe. Veux-tu en ta jeunesse perdre ta fleur, sans en recevoir aucun fruict? Veux-tu te laisser tomber en une melancholie fascheuse, sans joye? Mesprises-tu à aimer, mon fils? Sois certain que tu aimeras, estant devenu vieil. Mesprises-tu, ma fille, à aimer? Tu deviendras la mule du diable. Veux-tu te rendre moine *Frater*, ou du nombre de ceux qui ne sont que gros bufles, et gens de peu, lesquels, ou par desespoir, ou pour ne recevoir aucune pitié, se laissent ainsi rendre moines et hermites? Tu te lasseras, pauvret, d'estre ainsi enfermé entre de grosses murailles, et eslevées fort haut, pourrissant sur la paille comme une neffle. Il n'y a personne de sainct au monde? Les saincts sont en paradis. Nature nous a fait chair, afin que joüyssions de la chair, et que remplissions nostre ventre de voluptez charnelles. Dieu et Nature ensemble n'ont rien créé pour neant. Les oiseaux, les poissons, les bestes sauvages ont esté faictes, afin qu'il y eut des chasseurs et pescheurs, et afin de repaistre nostre appetit de diverses viandes. On a planté des bois et forests, il y a des roches de marbre et autres pierres, et c'est pour faire navires, batteaux, maisons, et couvertures. La laine a esté baillée aux brebis, la plume aux poulles et aux oyes, afin que nous eussions des licts plus mols, et des vestemens plus chauds. Ainsi, aussi, ils ont fait de belles et delicates filles, lesquelles vous autres jeunes garçons vous devez aimer. » Voilà les enchantemens que font ces gouges mal-heureuses, par les coings secrets, et autres lieux à elles commodes pour gaigner, et afin de prendre à la pipée ces jeunes garçons et fillettes, leur faisans par ce moyen tomber souvent leur blanche rose avec leur haleine puante. Et si elles ne peuvent abbattre leur jugement ferme et solide, et qu'elles rencontrent estre fer, ce qu'elles pensoient estre plomb; elles se retirent lors vers les arts magiques, et invoquent les diables. Elles apprennent de Satan et de Bellial mille façons et mille voyes, pour parvenir à leur but, ou pour gaster ces miserables par leurs ensorcelemens, courant çà et là, cherchant secretement de la cervelle d'un chat, le cœur d'une taupe, la fiante d'un renard, de la terre de la sepulture d'un mort, deux jambes de grenoüille, de la toilette d'un enfant naissant. Mais je laisse pour briefveté plusieurs autres telles fadeseries, ayant autres perles à en-

filer : seulement reste cecy à dire, qu'elles ont si grand'
envie de nuire, qu'elles cherchent du laict de poulles, de
la semence de champignon, du son de cloche [1], du hannissement d'un asne, du talon d'une tanche, des costes
d'un moucheron, de l'urine d'oye, de l'oreille d'une
gruë, du miel de taon.

Or, ma Togne, il faut que tu retournes à la maison,

---

[1] Des plaisanteries semblables se lisent dans d'autres auteurs
italiens. Dans les *Lettere facete* de Cesar Rao (Venise, 1619, p. 48)
on rencontre une recette contre la stérilité : *Recipere in prima del
polmone de pulci et delle code di ranocchi, il suon della campana
d'un convento, latte di cappone*, etc. Un auteur facétieux, dans un
recueil d'écrits plus piquants et plus singuliers qu'édifiants, Vincenzo Belando (*Lettere facete e chiribizzose*, Paris, 1588), indique
(feuillet 78) un remède analogue contre le même mal : *Recipe
quattro uove de Finisse, quattro piè d'una anguilla, un brazzo de
silentio de donne*, etc. Bruscambille a imité ces passages dans ses
Fantaisies (édit. de Lyon, 1634, p 418) : « Prenez à jeun la quintessence d'un poumon de puce, demi-aune de queue de grenouille,
le son d'une cloche de couvent, broyez le tout dans une pantoufle. »
Le *Nouveau Panurge*, attribué à Reboul, 1616, p. 284, indique de
son côté une recette pour faire un hérétique : « Prenez les os
d'un ciron, la cervelle d'une enclume, les plumes d'une chauvesouris, une douzaine de langues de limaçons, les pieds de l'oiseau
dit manusque et le poil d'un œuf. » Avant l'impression du poëme
de Folengo, on trouve des exemples de facéties de ce genre ; une
pièce de vers, intitulée *Médecine pour les dents*, publiée au commencement du seizième siècle à la suite du *Débat de l'homme et
de la femme*, s'exprime ainsi :

> Prenez....
> Le cinquiesme pied dung mouton
> Avec de lhuylle de coton,
> Le cry d'une corneille,
> Puis me prenez dung caillou bis
> Le sang, et le seing d'un vieulx huys,
> Et les mettez ensemble
> Detremper en un seul pertuis
> Où le soleil raye de nuict,

Odde de Triors, dans ses *Joyeuses recherches de la langue toulousaine* (Toulouse, 1578), a dit de son côté :

« Le mot hestre se peut prendre pour le cerveau d'une mouche, pour les dents d'une puce, pour le laict d'une pucelle, pour
la virginité d'une nourrice. »

et que reprennes le chemin que tu as laissé ; nous avons assez et trop parlé de ces vaches. La chambriere m'a desjà appellé de mon estude : « O maistre, laisses soudain ta plume, ton escritoire, et ton papier ; le soupper est prest, la souppe se refroidist ; les compagnons ont jà mangé la salade. « Ce livre-cy prendra fin avec vous, Messieurs, et le soupper commencera pour moy.

LIVRE DIX-SEPTIÈME.

Leonard, qui estoit le vray rayon de toute honnesteté, cheminoit par le sejour et demeure des bestes sauvages, où la mort violente le portoit. Iceluy, estant entré dans le plus espais de la forest, avoit, mal-heureux, perdu les marques de son droit chemin. Il appelle souvent ses compagnons, et double, et redouble *ho, ho*, laquelle voix la ribaude Fortune espandoit par l'air ; et, tracassant ainsi, il arrive en un pré couvert de belles et diverses fleurs, lesquelles estoient esbranlées par un doux et petit vent. Au milieu d'iceluy y avoit une fontaine, sortant d'une petite roche, laquelle abreuvoit par ses ondelettes l'herbe du pré. Autour d'icelle sont lauriers et myrthes verds, des limoniers et orangiers. Les oyseaux se voyent volettans par les arbres, et chantans melodieusement, invitans tous les passans, par la douceur de leurs chants, à arrester leurs pas, ou pour boire de ceste eau claire et fresche, ou pour jouir en dormant de la frescheur de si beaux ombrages, lesquels agrent merveilleusement aux passans, n'estant jamais outre-percez des rayons du Soleil.

Estant donc Leonard, d'avanture, arrivé en ce beau lieu, il se tourne droict vers ce ruisseau cristalin, et se couche sur l'herbe verte et se met là en proye au sommeil, son corps estant tout estendu. Cependant voicy venir une jeune femme, laquelle void ce beau jeune homme dormir ainsi seul. Icelle eut envie d'assouvir sa double soif; elle estoit venuë pour boire, mais une autre soif la saisit. Cette femme estoit putain, et pleine de cent piperies, et sçavante à conjurer les diables par ses mots magiques. Les rufiens l'appelloient Pandraque. Elle n'avoit pas bien jugé quelle estoit la beauté de ce Baron, ni sa belle face, ni son corps bien composé, ni ses levres, imitans le beau coral. Incontinent, elle donna son cœur à ce sale amour, et luy permit de le démembrer : mais elle ne sçait ce qu'elle doit faire; la crainte la retient d'un costé, et l'amour la pousse de l'autre. La crainte l'admoneste de ne le reveiller : ce qui la rend glacée et gelée ; l'amour la provoque de ne perdre tel plaisir dont elle brusle. Elle parle souvent à soy, et dit : « Je suis, à la verité, bien folle : le temps ne revient point, lequel se passe avec sourdes oreilles. » Puis, reprenant ce courage, s'approche de la bouche de ce jeune homme, et n'ose toutesfois le toucher, mais cependant brusle comme une chenevotte : elle s'arreste à la seule veuë : elle voudroit bien luy donner un baiser ; et pendant qu'elle s'approche pour luy baiser sa petite bouche, elle se retire derechef, craignant de luy rompre son sommeil. S'enhardissant davantage, elle commence à luy mettre la main sur le front. Iceluy n'en sent rien, estant fort accablé de sommeil, à l'occasion de sa lassitude. Cependant ceste Louve cueille des fleurs, qui estoient auprès d'icelle, et les met dedans le sein de Leonard estant deboutonné. Ainsi, peu à peu s'estant renduë plus courageuse, ne veut plus perdre temps, ny que l'heure se passe si legierement : elle s'assied près de luy, pour contempler mieux cet angelique jouvenceau, et ceste perle si precieuse, voulant soüiller de bourbe une si belle rose, et jetter du fumier en une fontaine si claire. Leonard aussi-tost sentit ces attouchemens non accoustumez. Son

16.

ame tres-chaste resveille du dormir ses sens naturels, et s'esmeut d'entre ces fleurs, comme le serpent esleve sa teste, de terre, en sifflant, s'estant couché et caché soubs l'herbe pendant la chaleur du Soleil, lors qu'il se sent pressé du pied d'un passant.

Ce Baron advisant ceste jeune femme estre sur luy, comme l'aigneau fuit le loup, et le lievre devant le levrier, ainsi ce jeune homme fuit de devant ceste sorciere, ainsi un Ange fuit de devant une Diablesse. Pandrague, furieuse, davantage est piquée par le freslon de luxure, ainsi qu'une vache est espoinçonnée par le taon. « Ha! disoit-elle, jeune fol, me refuses-tu? O tendron, me fuis-tu? Demeure, arreste-toy: regarde quelle est ma charneure, uses-en librement, pendant qu'aucun ne te le peut empescher, pendant que la belle fortune t'est favorable. » Leonard ne l'escoute aucunement, mais recule tousjours au loing; une femme luy plaisant moins que trente diables, et pense le genre humain est miserable de ce qu'il faut qu'il sorte du ventre d'une femme. Il s'enfuit donc, et s'eschappe d'un feu, par lequel mille Troies bruslent, et seront tousjours brulées: et pendant qu'il fuit ainsi, parloit en soy-mesme, et disoit:

> Les brefs plaisirs, et delices mondaines
> Que recevons en ce monde lascif,
> Pendant qu'encor avons nostre corps vif,
> Font oublier les voluptez certaines.
>
> Font oublier les beautez souveraines,
> Avec le lieu d'où l'esprit est natif,
> En se rendant d'iceluy fugitif,
> Pour trop cherir les blandices humaines.
>
> O Pere, ô Roy, soubz qui tremblent les lieux,
> Qui sont là bas, et aussi les hauts cieux,
> Fais-moy ce don, par ta bonté isnelle,
>
> Qu'en moy un cœur se voye ferme et fort,
> Pour amollir de tels plaisirs l'effort:
> En un beau corps la chasteté excelle.

Mais Pandrague crie après luy, disant : « Attens moy, qui ne suis qu'une fille! Je ne suis point tigre; je ne suis point une lionne, ni une ourse : je ne suis point un Dragon, mon beau Narcisse : ha! que fuis-tu? Voicy je te suis, et me romps mes tendres pieds en te suivant : et tu endures, par un desdaing, qu'une fille delicate se blesse? Tu es par trop impitoyable : veüilles au moins me regarder? Jette tes yeux sur celle que tu fuis, et juge si je suis à fuir, ou si mon visage te puisse faire peur? Ha! retiens ta fuite; ha! regarde quelle est ma face, quel est mon aage pueril, et quelle est mon ardeur? » Leonard, à telle poursuite, a le cœur plus dur qu'un diamant. Tant plus qu'elle l'appelle, plus sont ses oreilles sourdes. Alors Venus la débauchée et le bardache Cupidon s'enflent, et tous deux ensemble esmeuvent une grande flambe dedans la poitrine de Pandrague : et là forgent une cruelle hayne excitée avec les serpents de Megere. Pandrague fait un quarré diabolique, et, tournant à elle, fait venir des Ours, et leur commande de desmembrer ce miserable jeune homme. Iceluy, les voyant, ne fuit plus; mais s'arreste, met son escu au bras, et tient son espée nuë au poing, et fait teste à ces bestes. La premiere, furieuse au possible, fait un saut, bugle, et se herisse le poil de son dos. Pandrague, voyant le combat commencé, toute irritée, s'en va de là.

Or Cingar cherche cependant tousjours Falcquet, et l'appelle souvent : il subìe, il jure, il blaspheme, il se met en cholere. Balde, d'autre costé, voyant que personne ne revenoit, entre aussi en la forest, ayant sa grande targe au bras, commandant à Moscquin de garder leur fuste contre les voleurs. Avec luy demeure Gilbert, et le bouffon Boccal, lesquels trois, vaincus du sommeil, se mettent à ronfler. Ces sept compagnons, au temps qu'il estoit mestier de demeurer plustost ensemble, et ne se separer aucunement les uns des autres, ces miserables, par un malheureux destin, s'escartent.

Phœbus peu à peu descendoit en autre region, et alloit esclairer aux Antipodes. La Lune nous faisoit paroistre hors de la mer ses cornes, et nous apportait la lumiere qu'elle avoit empruntée de son frere : c'estoit lors que Falcquet sentoit en son ventre ses boyaux estre vuides, et eust à telle heure engoulé un veau tout entier avec la peau, estans ses compagnons repeus seuls de la prinse qu'il avoit faite. Il n'avoit point envie de chanter, pendant que son estomac crioit : un loup affamé ne chante point. Alongeant donc ses jambes, comme un mastin quand la cherté contraint le païsan, il voit de loin durant la nuit une petite lumiere, et tire droit celle part. Il arrive en la maison où estoit ceste lumiere : icelle n'estoit qu'une chaulmine faite de pierres seiches. Sans frapper à la porte, ny sans dire qui est là, il entre, tenant son espée et son bouclier. Il trouve là un homme se joüant avec une femme, laquelle neantmoins mesprisoit les caresses de ce villain et laid vieillard. Ce vieillard estoit veritablement fort laid, et n'y avoit bourreau si villain que luy. Il avoit l'eschine de Daulphin, et la couleur de son visage estoit jaulne comme safran, et en ses machoires n'y avoit aucune dent, et son nez tousjours couloit, distillant comme un alambic. Neantmoins, quelquefois ceste rusée supportoit ce vieillard jaloux, et enduroit ses baisers baveux, et ceste louve entretenoit par parolles emmiellées ce vieillard cornu, lequel elle tiroit comme un buffle par le nez. C'est ceste mesme Pandrague, malheureuse et meschante par sur toutes, laquelle te plante des cornes au front mieux qu'il n'y en a és testes des vaches.

Quand donc icelle eut apperceu Falcquet, incontinent le reçoit avec une embrassade, ainsi qu'une femme a accoustumé de caresser son mary. Falcquet fut tout estonné d'une telle reception : le pauvre homme ne sçait pas encore quelles sont les viandes de cette truye. « Donnez-moy, dit-il, Madame, je vous prie, à repaistre, ayant grand faim; il y a trois jours que je porte le ventre vuide :

je vous prie, s'il y a aucune compassion ès belles dames, donnez-moy un peu de pain, j'en demeureray vostre esclave. » Le vieillard luy respond : « Tu as assez de raison pour faire telle demande. O Pandrague, apporte-luy à manger : il faut secourir ce pauvre homme. » Icelle, vestuë proprement d'une cotte blanche, se meut avec gestes, ris, et contenances de putain; et, aprestant dequoy manger, se travaille çà et là, et, n'ayant encore couvert la table des viandes qu'elle y vouloit mettre, Falcquet, estant encor' debout, prend un pain : soudain il l'avale comme une pillule, et après cestuy-cy deux autres, et puis trois, et ne fait aucune pausade jusques à ce qu'il en eut avalé sept : et toutesfois l'envie de boire ne le prenoit point encor'; mais donna l'assaut à un plat avec une dent prompte, auquel il trouve plus de mille ossemens, autant qu'il en sçauroit avoir en la valée de Josaphat : c'estoit des cols, cuisses, et ailes de chappon, et autres telles viandes legieres. Falcquet, ne parlant point, devore tout : puis, ayant ainsi son ventre bien rempli de bons morceaux, prend à deux mains une grande bouteille de vin, en laquelle, nonobstant qu'il eut un verre, il beut son saoul. Mais le miserable, avalant une telle opiathe, incontinent tombe par terre, assommé de sommeil, demeurant ainsi estendu comme s'il estoit mort, et se formant en sa teste plusieurs et diverses resveries. Le vieillard, nommé Beltrasse, s'en rit, et en riant descouvre en sa bouche ses machoires edentées : car ce meschant vieillard de saincte Suzanne fait feste et se resjouit, quand il void les passans estre prins, et pipez par l'art et subtilité de ceste putain. Iceluy certes estoit plus fort que trente poulains. Il estoit fils d'Envie, et plus jaloux qu'un coq, tant il estoit enragé et espris de l'amour de ceste vesse, et d'un seul regard sembloit l'engloutir. Si d'adventure il voyoit sur la jouë d'icelle ou sur son front une mouche, laquelle elle ne chassoit point, incontinent, s'imaginant un adultere, chassoit luy-mesme ceste mouche, et, en la chassant, disoit : « Garde diable ! ce n'est pas une mouche : est-ce une femme, meschante ribaude? Je me doute que tu me veux mettre des cornes au haut de la teste. » Et en disant ces mots, soudain il taschoit à prendre la mouche ou la pulce, et cherchoit entre leurs jambes s'il y congnoistroit la marque du masle. Luy-mesme donc lie avec des chaines les membres de Falcquet, et ne veut que la dame face tel office, de peur qu'elle commette adultere avec un endormi. Icelle, ayant esprouvé dès long-temps les folies de son lourd mari, se rit, et par un tel ris donne à entendre à ce vieil fol que la lune et la planette Diane nagent au puis. Beltrasse y guigne, y guignant aussi sa femme. Quiconque aime trop, quand son amoureuse rit, il rit aussi, et quand elle pleure, il pleure semblablement, tant il est miserable. On leve une grande pierre, soubs laquelle est cachée une caverne ; en icelle, avec une longue corde, ils descendent Falcquet, et, remettans la pierre, l'entrée de ceste prison se referme, et jamais aucun n'est retiré de là, et ne doit penser estre deslié ni voir le jour.

Or, cependant que ces choses se passent ainsi, à sçavoir que Falcquet est vif enterré, et que Leonard est mort, sans estre encor' inhumé, par la fraude et malice de ceste femme, reprenons ce que nous disions de luy, mettons au devant des Ours une brebis. Ceste Ourse, sortie de la rage de la diabolicque Megere, tourmentoit fort Leonard, estant aidée par le masle. Ce Leonard, vray defenseur de pudicité, ne craignoit d'exposer pour elle mille vies, si tant il en avoit. Avec son bras gauche il presente à ceste beste son rondache, et de la droite il luy donne plusieurs estocades, tantost se baissant, tantost se haussant, tantost remuant les jambes legierement. L'Ourse cruelle, et plus maligne pour avoir laissé ses petits en son repaire, non encor' formez, s'avance contre luy, et Leonard luy voulant donner de la pointe dedans le ventre, icelle, faisant un saut à costé, évite le coup, et puis se leve droite sur les jambes de derriere, ouvrant ses pattes et sa gueule :

mais le Baron, luy donnant un revers sur le meufle, l'atteignit rudement, et luy feit tomber une de ses machoires. Le masle s'enflambe, voyant sa compagne blessée, du sang de laquelle l'herbe et les fleurs rougissoient ; et s'efforçant davantage contre Leonard, et, eslevant ses ongles, les fourre en l'aine de Leonard. Toutesfois, ce personnage courageux ne s'estonne pour telle playe, et donne derechef sur l'Ourse ; mais icelle, plus legiere qu'un chat, fait un saut à costé, et le coup ne portant point sur elle, l'espée entra dans le sablon jusques aux gardes. L'Ours, prenant ce temps, soudain avec les ongles prend le bord du heaume, et le tire fort, et eut depesché ce jeune homme, s'il n'y eut soudain remedié ; car ce vaillant champion, se retirant un peu, et baissant son estoc, le luy fourra en la panse ; demeurant toutesfois la teste nuë de son heaume. Ha ! dieux ! quand l'Ourse void son mari rendre les abbois, ne se soucie plus de vivre, se jette à gauche, à droit, tantost s'approche, tantost se recule, rouant les yeux en la teste, sautant si legierement et si furieusement, qu'à peine la peut-on voir. Il est verité qu'elle n'a aucune esperance en ses dents, ne pouvans icelle mordre à faute d'une machoire. Tout son espoir n'est qu'en ses ongles : elle s'efforce avec ses ongles, se montre enragée par ses ongles. Cependant Leonard jettoit du sang par trois playes, et neantmoins tout l'enclos du Monde n'avoit point un courage si ferme et si asseuré ; il se void mort, et toutesfois son cœur nompareil ne diminuë en rien ; ni son entendement, ni sa conscience droite et entiere ne luy peut empescher d'exposer sa belle vie. Ceste fiere beste avoit toujours ses yeux fichez sur la teste nuë de Leonard. Sur icelle elle lance ses griffes, dresse ses ongles : Leonard s'en défend avec son bouclier et son espée. Enfin, ne voulant plus souffrir que ce combat durast plus longuement, jette là son bouclier, et, prenant son espée avec les deux mains, tourmente ceste beste avec horribles coups. Icelle se lance deçà, delà, et, se remuant habilement, evite la pesanteur de tels coups, et pendant que le sang coule des veines de ce pauvre guerrier, tant plus sa vertu courageuse s'augmente en luy. Son espée, n'ayant accoustumé de se voir en tel eschec, ha! faut à ce coup, et fait un mauvais tour à son maistre : elle se rompt dans la poignée, tombant la lame en terre, et cet infortuné jeune homme se void la main sans armes. Ces deux combatans courent l'un contre l'autre, et s'embrassent d'une grande ardeur et violence; l'un presse, et l'autre serre estroitement, et plus que ne sçauroient des tenailles, et par ce moyen s'estouffent l'un l'autre, et, tombans ensemblement, ainsi embrassez, finirent leurs vies par une mesme mort : toutesfois le sort dernier de l'un et l'autre ne fut pareil, demeurant l'une un corps sans ame estendu sur la terre, et l'esprit de l'autre volant au Ciel.

> Tu vois, Seigneur, combien ce jouvenceau,
> En pureté ressemblant à l'aigneau,
> Pour t'obeir, perd librement sa vie,
> Par un forfaict, par une injure impie!
> Tu vois, ô Dieu, ce jeune homme innocent,
> En te servant bien et fidellement,
> Souffrir pour toy une mort très-cruelle!
> N'estoit-il pas, de la chasteté belle,
> Le vray soustien, et le fort expulseur
> Des fols attraits de ce diable abuseur,
> Dit Cupidon, chassant Venus arriere,
> Pour conserver le corps, et l'ame entiere?
> Tu l'as creé, pour servir parmy nous
> Du vray chemin que tenir doivent tous,
> Et de lumiere, à laquelle il faut tendre;
> Si nous voulons ceste couronne prendre,
> Que pour la vie vous nous avez promis.
> Ce beau present a-il esté transmis,
> De vostre Ciel, çà bas entre nous autres,
> Pour si peu estre au nombre et rang des nostres?
> Heureux le temps, et bien-heureux seroit
> Aussi la vie, en laquelle on verroit
> Un tel present descendre du haut temple,
> Pour luy servir de miroir et d'exemple!

Or, Cingar cependant avoit tracassé par la forest et appelloit son Falcquet avec une voix jà toute enrouëe, et se trouva lors près une maisonnette d'un sainct Hermite, et, frappant à sa petite porte, demande : « Ho, qui est logé icy ? » Une voix de dedans luy respond : « *Ave Maria.* » Cingar dit : « Icelle soit tousjours louëe de par nous. » Sur ceste response, on ouvre la porte de ceste petite cellule, et à icelle se presente un vieillard, tout blanc, la barbe lui pendant jusques au bas de l'estomach et sembloit une personne de bonnes et sainctes mœurs. Cingar luy dit : « O mon pere venerable, je vous prie, dites-moy, pourveu que ma demande ne vous soit ennuieuse, avez-vous point veu un homme moitié homme et moitié chien ? Je le cherche par ceste forest : l'avez-vous point d'aventure veu ? » L'Hermite, en souriant, luy respond : « O brave Cingar, encore que je ne vous voye point, ayant perdu la veuë, toutesfois je vous voy au dedans, et vous cognois apertement : je vous dis que vous travaillez pour neant à chercher Falcquet. — Ha ! moy miserable ! luy dit lors Cingar : que dites-vous, mon pere ? Est-il d'aventure mort ? Je mourrois s'il n'estoit plus en vie. — Non, dit le vieillard, il n'est pas mort ; mais Beltrasse le tient enchaisné en une obscure prison, non mort, mais fort desireux de mourir, luy ayant la paillarde Pandrague donné un breuvage pour dormir. Il est là enchaisné, et bien garrotté au milieu de la prison : d'où vous ne le tirerez que premierement n'ayez lié d'une corde ceste truye, moyennant que ne soyez attrapé par les blandices de ceste putain. Icelle, avec un doux parler, crache une telle puanteur, quelle debilite, aussi soudainement que feroit une peste, ceux qui ne s'en donnent garde. — Je vous prie, mon pere, monstrez-moy le chemin par lequel je puisse aller vers ceste bonne piece : si elle me trompe, elle pourra dire avoir trompé un diable. Mais, je vous prie, mon pere, par vostre barbe et par vostre teste, et s'il y a aucune charité à porter le panier, veuillez-moy dire vostre nom; car c'est une chose merveilleuse, et à moy un grand estonnement de ce que vous me cognoissez, mon compagnon, et toutes autres choses. Estes-vous Balaam? ou si bonne mule de Balaam vit encore, et repose en vostre estable? » Le vieillard respond : « Si voulez avoir cognoissance de mon nom, lequel dort en ces pierres, amenez-moy icy premierement Balde; et puis, à vous et à Balde, je diray mon nom. » Cingar s'esmerveille grandement de tout ce que luy disoit ce bon homme, en luy nommant Balde, Falcquet et son nom. Il croit que ce soit quelque grand Prophete, et se delibere de luy amener Balde. Et puis se met au chemin que luy avoit enseigné cette saincte ame; et enfin parvint au lieu où demeuroit ceste putain.

L'Aurore peu à peu faisoit esvanoüir la luisante splendeur de la Lune, et Eoé amenoit jà avec soy le clair jour. Pandrague ayant descouvert l'arrivée de Cingar, incontinent sort hors de sa case, et le vient recevoir avec un visage riant, et salutations courtoises, courant au devant de luy avec les bras estendus. Cingar, recoignoissant les yeux amoureux et putaciers de ceste femme, feit soudain trois fois le signe de la croix, comme s'il eut veu devant soy un Diable, et ne s'en fallut gueres, et fort peu et si petit que rien plus, qu'il ne fut attrapé en la chargeoire, comme un vieil renard : mais, ayant tousjours en memoire l'amitié grande qu'il portoit à Falcquet, en baissant la veuë, il se retire en arriere soudainement, et luy baille une rude moustache, et, redoublant, luy donne un si fort revers, qu'il luy fait tomber deux dents de la bouche, et la jette par terre, et luy arrache les cheveux. Icelle, comme une enragée, crie tant qu'elle peut, et en fait fendre les pierres des roches voisines. A ce bruit, voicy ce crevé de Beltrasse qui accourt, si courir peut une tortuë, ou une limace, qui porte sur soy sa maison. De pas en pas, il tousse, il lasche le ventre en ses chausses, il barbote, et avec un bruit s'escrie, ainsi qu'il pouvoit : « Ha Satan ! » Et, voyant son amie couchée soubs Cingar, lequel, avec poings et pieds, prenoit sa mesure, et la chargeoit comme un asne de melons, ce vieillard s'avance au-devant de son ennemy, trotinant comme un pourceau, et grinçant les dents, dont il n'en avoit plus gueres, eut bien voulu avaler Cingar en trois morceaux. Mais Cingar, le poussant rudement en l'estomach, le jette par terre à la renverse, luy faisant rompre ses hemorrhoïdes, et sortir par sa brayette les hernies, qui le tourmentoient, et ce pauvre vieillard fait la combreselle. Cependant ceste femme, comme une chienne enragée, se leve, et, comme un chat, à beaux ongles se jette sur le visage de Cingar, et, le mordant à belles dents, luy arrachoit du poil de la barbe ; mais Cingar la print par les cheveux, et la tire par les fanges et sur les cailloux, comme on voit un larron trainé à la queuë d'un cheval. Beltrasse le poursuit : « Bourreau, disoit-il, ha larron, veux-tu ainsi desmembrer ma fille ! Que mille caguesangues se puissent engendrer en ton ventre ! O ma Pandrague ! ô ma beauté ! Ha, comme les pierres cassent ta tendre teste ! Je ne puis t'en empescher, je ne puis te defendre ! Ha ! quel deuil et ennuy me presse maintenant ! Les ronces et espines deschiquettent tes blanches joües ; les cailloux pochent tes beaux yeux. Demeure, larron cornu, demeure, pendard. Ha ! misérable que je suis ! Ha ! je suis mort ; je suis perdu, et je me voy sans secours : je suis las ; ce voleur s'efforce de plus en plus : ce Diable ne cesse. Ha ! cruelles espines ! ha ! cruelles pierres, rougissez-vous ainsi du sang d'une si belle femme ? » Pendant qu'il jette ainsi sa cholere, il est contraint de s'arrester, ne pouvant aller plus avant ; car son âge decrepit luy avoit accourci le pas, et les gouttes luy avoient retiré les pieds.

Voicy, sur tel fait, se presenter la personne d'un geant estrange, lequel à l'improviste sortoit de l'obscur ombrage de la forest. Iceluy, oyant les miserables cris de Pandrague, ne sçavoit encor' ce que c'estoit. En tout le monde, il n'y avoit beste plus mordante, et plus rapace, ny mieux ressemblant à un asne. Il ne cachoit aucunement ses parties honteuses, et estoient toutes descouvertes : cheminant il faisoit mourir et assechoit les belles fleurs avec sa semence noire. Les anciens ont appelé ce monstre Molocque, lequel est composé de la puanteur des rufiens, et des louves villaines, desquels ensemble se fait une corruption parmi l'air grossier d'où ce difforme animal naist. Il est semblable à un homme autant qu'il se tient avec la face en haut, et chemine droict : mais tout le reste tient de la beste brute. Il a les dents comme un pourceau, il est velu comme un chien, et vomist par sa bouche du venin, ainsi que le serpent ; et, par le fondement, lasche des vesses enflambées. Beltrasse, voyant de loin ce geant, se dresse à peine, se pensant plus legier qu'un bœuf, et crie : « Ha, ha ! mon cher Molocque, secourez-moy ; je vous recommande, mon cher Molocque, vostre maistresse ! Voyez comme ce pendard la traite, comme il la tourmente, comme il l'estrangle, comme il la coigne ? » Molocque, entendant ce cry, accourt, et ouvrant la bouche, jette dehors une haleine veneneuse, et, pousse du derriere une matiere enflambée. Cingar, affoibli par une si grande puanteur, laisse ceste putain ; et, tirant son espée, marche au devant de ce monstre, à la teste duquel il n'eust sçeu toucher sans eschelle ; mais, comme on abbat un arbre par le pied, ainsi s'adresse-il aux jambes, et, chamaillant sur icelles, l'autre fait tomber de sa bouche si grande quantité de salive envenimée, que, pour l'odeur d'icelle, Cingar tombe tout lourd en terre, et, comme mort, s'estend de son long sur l'herbe. Ce mastin soudain l'enleve entre ses bras, et le met legierement sur son espaule. Il s'en va, emmenant ceste proye, pour la devorer et en lecher ses doigts. Cependant Beltrasse embrasse son amie, et la pleure comme estant quasi morte, et, en la plorant, la cherit : il luy baise la bouche, le front, et son blanc sein, et, comme un enfant de cent ans, essaye ce qu'un vieillard de trente ans auroit honte de faire.

Cingar, estant ainsi emporté sur l'espaule de ce geant, comme est une poule par un renard, n'en sçeut rien, à cause de la force du venin. Ce miserable avoit perdu pour lors tout sentiment, et Molocque s'estoit retenu en bon appetit, se deliberant bien de manger en trois coups sa proye, ainsi qu'il avoit accoustumé d'avaler tous ceux qui tomboyent en la fosse de Pandrague, laquelle les luy gardoit, et bien souvent en remplissoit son ventre, si bien qu'il s'en saouloit, et en demeuroit encor' de reste pour assouvir mille loups, mille chiens, et mille corbeaux. Mais Molocque ne pouvoit aucunement la saouler de sa propre chair, laquelle estoit presentée jour et nuict devant cette louve, qui s'en lassoit bien, mais ne s'en saouloit jamais. Cingar estoit donc, pour lors, depesché, soit qu'il eust servi de disner ou de souper à ce geant, si aussi-tost, et au mesme instant, le Centaure ne l'eust secouru. Ce Centaure est moitié homme, et moitié cheval, ainsi qu'estoit Ignare, et le fort Tarrasse, qui furent vaincus par la Paladine Ancroye, suivant ce qu'en a escrit Berose [1]. Iceluy porte en main deux dards, et une targe couverte d'acier, et garnie d'une peau de Dragon ; à son costé gauche, luy pend une massuë de fer, d'où on le nommoit Virmasse. Quand iceluy veit Molocque, lequel

---

[1] Folengo veut désigner l'ouvrage intitulé *Antiquitates variæ*, publié en 1498 sous le nom de Berose, par Annius de Viterbe, et souvent réimprimé au commencement du seizième siècle ; c'est une supposition qui aujourd'hui ne fait plus l'objet du moindre doute. Ginguené a donné de longs détails à cet égard dans la *Biographie universelle*, tom. II, et Eusèbe Salverte (*Essai sur les noms propres*, t. II, p. 365) a défendu la bonne foi d'Annius.

Deux écrivains de l'antiquité ont porté le nom de Berose ; l'un fut un historien chaldéen qui paraît avoir vécu du temps d'Alexandre ; l'autre un astronome, prêtre de Bélus et mentionné par Vitruve.

On comprend d'ailleurs que c'est par raillerie que notre poëte invoque l'autorité de Berose au sujet de l'histoire de la paladine Ancroia, contemporaine de Charlemagne selon les romans de chevalerie.

il cognoissoit, passé long temps, et avoit combattu contre luy plusieurs fois : « Lasche cet Aigneau, ô loup, s'escrie-il, lasche ce poulet, vieil Renard! Ce n'est pas une viande pour ton estomach, meschant renegat! Hola? à qui est-ce que je parle, poltron? Ce soupper te sera vendu cher. » Et, en disant ces mots, il luy lança un de ses dards, lequel donna droit de la pointe dedans le flanc velu. Molocque feit un grand cri pour une telle playe, et, mettant Cingar à terre, s'enflambe de cholere, et s'evertue contre le Centaure avec ses armes accoustumées. Il jette du derriere une vilaine matiere enflambée; il ne se soucie point de cracher sa puante salive, parce qu'il sçavoit qu'icelle n'avoit pas grand' vertu contre le Centaure, lequel contre un si meschant venin se munissoit le nez, le pouls, les temples, le cœur, d'un certain oignement, dont il avoit souvent esprouvé la vertu, et lequel luy avoit esté donné par Seraphe, tres-sçavant en la medecine, lequel travaille tousjours à mettre par escrit les gestes des Chevaliers Paladins. Le Centaure lance rudement son second dard, et le pousse d'une telle violence, qu'en volant on diroit que ce seroit la foudre et le tonnerre du Ciel. Le coup fut entre les deux espaules. Ce geant tombe mourant, comme quand un païsan, entendu au labourage, contemple en son champ un vieil poirier sec ne portant plus que dommage à ses bledz. Avec la hache, il assault cet arbre, et, en l'abbattant, fait voler en l'air les copeaux. Iceluy enfin tombe par terre, et ne porte plus aucune nuisance aux semences. Ainsi est-il de nostre beste conceuë d'un vilain fumier : elle tombe morte à bas, et, en mourant, jette par le derriere toute sa meschanceté, comme il advient quand on a pris un clistere : et de ceste vilaine ordure, une goutte donna jusques à la barbe du Centaure.

Cingar n'estoit point encor' resveillé de son profond sommeil. Ce bon Centaure le print et le meit sur son eschine de cheval, ayant premierement ramassé ses dards;

et puis s'en va chercher çà et là quelque fontaine, pour, après s'estre lavé en icelle, s'en retourner chez soy. Il arrive à un petit ruisseau, le long duquel y avoit une belle plaine verdoyante, en laquelle gisoit l'infortuné Leonard et les Ours. Le Centaure, tournant les yeux celle part, regarde et releve ses sourcils contremont, comme font ceux qui s'estonnent de quelque chose, et se ridde le front. Il contemple ce beau jeune homme ayant le gosier tout deschiré et ouvert, lequel tenoit encore embrassée l'Ourse morte. Il met à bas Cingar sur de l'herbe près le bord de la fontaine, et s'amuse à considerer la forme de ce beau garçon, et son âge : et s'estant grandement estonné de ce qu'il voyoit, ne se peut tenir de pleurer. Il l'embrasse, et le leve, desirant luy bailler sepulture, se resouvenant avoir veu un ancien tombeau, et, le cherchant, va en plusieurs endroits de la forest. Cependant le cœur revient peu à peu à Cingar, et jà estoit comme celuy qui, esveillé de somme, ne se leve pas du premier coup ; et, à demy esveillé, se leve sur les pieds, et pense Molocque estre encor' devant luy, et pensant aussi tenir en la main son espée, escrime çà et là, ne frappant que du vent et semble un fol. Puis, revenant à soy-mesme, regarde autour de soy, et ne void rien de Molocque, ny de Pendrague, ny de Beltrasse, et ne peut deviner pourquoy : s'en allant à la fontaine, il trouve l'espée de Leonard, et void auprès d'icelle deux Ours morts. Soudain se pasme, quasi pense que c'est l'espée de Leonard à la verité, et tantost pense que ce ne l'est pas, et, cherchant partout, advise ces vers escripts au haut de la fontaine :

> Cestuy est mort cruellement,
> Pour ne vouloir villainement
> Souiller son corps, souiller son ame :
> O combien peut la chasteté,
> En mesprisant la femme infame,
> Pour se tenir en pureté !

Les Nymphes ont dit Seraphe avoir esté autheur de

ces vers : lequel se monstre avoir esté nourrisson de Phœbus et de Zoroastes, et lequel embellist la renommée des anciens Barons. Je l'ay cy devant nommé, et le nommeray souvent, comme estant grand vaticinateur de plusieurs choses à venir, et ministre du Demon. Cingar ne doute plus et conguoist desjà apertement la mort de Leonard, en donne toute la coulpe à ceste putain, sçachant bien les mœurs et les arts de telles mal-heureuses. « Ha! Dieu, s'escrie-il, Leonard est-il mort! La meschante Fortune l'a-t-elle ainsi emporté? Ha! Balde mourra d'ennui et de cholere, pour l'amour de luy? Ha! moy, miserable, que feray-je? Où me retireray-je? O! malheureux compagnons, qui avons esté agitez par tant de malheurs, Leonard est-il mort? A-t-il d'adventure servi de pasture aux bestes cruelles? Ne le pouvons-nous voir au moins mort? Falcquet est-il detenu en obscure prison? Je ne voy point Balde; Moscquin est loing. Les astres donnent-ils si grand' force à ces meschantes? Les destins sont-ils si propices et favorables à ces chiennes? Je ne te pardonne point, villaine, non, non; je suis deliberé de m'exposer à tous perils; je n'estime la mort un rave. »

Après telles plaintes, Cingar prend ceste espée, se met en la forest la plus espaisse, et où estoit le repaire des lievres et autres bestes. De pas en pas, il resve, ne faisant que songer à Leonard, et, le cherchant par tout, il entr'oit de loing un terrible bruit au dedans de ceste forest : la terre en tremble. Cingar, n'ayant plus aucune peur en soy, et desirant mourir, tire droit la part d'où il oyoit ce bruit, et espere trouver là ceste ribaude. Mais il apperçoit approchant de là que c'estoient deux Barons qui combattoient l'un contre l'autre à outrance. L'un estoit Balde enragé de cholere, lequel, ayant rencontré le Centaure, qui emportoit Leonard, pensoit qu'iceluy en estoit le meurtrier, et pour cela manioit son espée avec une merveilleuse force, ayant resolu de tuer le Centaure, et puis se faire mourir soy-mesme sur le corps de Leonard;

car, se voyant privé de la presence d'un tel compagnon, il n'estimoit rien cent morts. Le Centaure donnoit bien de la peine à Balde; toutesfois il avoit dardé contre luy envain ses dards, et sans aucun effect s'aydoit de sa masse; neantmoins il soustenoit d'un grand courage l'effort de Balde. Le corps de Leonard estoit là posé en terre, Balde le voyant avec un œil pleurant, tant de fois qu'il jettoit sa veuë sur luy; puis s'efforçoit contre le Centaure, et sans cesse luy tiroit de cruelles estocades. Cingar là-dessus arrive. Balde, le voyant, jette du fond de la poitrine de grands soupirs, et, la douceur du cœur le surmontant, il ne s'arreste pas; mais, comme la passion presse nos sens, il se laisse tomber en terre comme demy mort, ne sentant plus rien. Le Centaure, pour un tel accident estrange, se contient et s'arreste, n'estimant, comme il estoit genereux, estre un bel œuvre de blesser son ennemy cheu en terre. Cingar dresse ses yeux pleins de larmes au Ciel, et dit : « O! Dieux de là haut, qui semblez n'avoir aucune pitié, qu'il vous suffise de nous avoir ravi nostre cœur, et la perle de toute vertu, et le tresor de toutes bonnes et honnestes mœurs! Voulez-vous aussi perdre ce vaillant Balde? Estes-vous si cruels? Aimez-vous tant la cruauté? Or sus, qu'attendez-vous? Que musez-vous tant? Ostez-moy de ce monde, et Falcquet aussi! Qui vous retient? Que votre rage s'assouvisse! » Puis, se tournant tout troublé vers le Centaure, luy dit : « Quelle reputation, ô Centaure! Quelle gloire te fera d'avoir tué un aigneau, qui n'avoit son pareil en douceur? » Le Centaure luy respond : « Moy! tu te trompes, mon amy : la coulpe n'est point mienne; mais la faut rejetter sur ceste ribaude Pandrague, comme tu pourras sçavoir cela estre vray, à la fontaine, à laquelle t'ayant porté pour te baigner en icelle, afin de laver le venin qui t'avoit empoisonné, j'ay trouvé ce jeune homme mort, massacré cruellement, lequel pendant que je m'apprestois à le mettre en un tombeau, ce nouveau Roland, ce nouveau Hector (si par telles forces

humaines je puis nommer sa puissance), s'est icy rencon-
stré. » Cingar, resvant, s'arreste un peu, et puis parle :
« O Centaure ! quelle adventure m'a fait tomber entre vos
mains ? » Alors Virmasse lui compta tout par ordre.
Cingar, avec une affection fraternelle, l'alla embrasser
et luy donna plus de cent baisers en la poitrine. « Ha !
dit-il, par toy la vie m'est donnée, combien qu'icelle me
soit fort ennuyeuse, ne desirant autre chose que d'estre
separée de ces miens ossemens, puisque nous sommes
privez d'un tel amy. Ce vaillant personnage, que l'ennuy a
jetté par terre, est Balde. Je sçay que tu as esprouvé sa
proüesse, laquelle est cogneue par les Poles, par toute la
terre et par la mer profonde. Il n'est possible d'en trouver un semblable par tout le monde, je dis, semblable en
courage et en sage gouvernement, et lequel je te rendray
amy, frere, et compagnon fidelle. Mais cependant, je te
prie, pour lien de nostre nouvelle amitié, de me faire un
plaisir, et ne m'estime point, pour cela, villain. » Le Centaure luy fait response : « Je feray tout ce que tu me commanderas : mande, commande, dis-moy ce que tu voudras ? estime que ce que tu auras dit sera aussi-tost fait. »
Cingar le prie de vouloir trouver incontinent le logis de
Pandrague, et faire en sorte qu'elle n'eschappe nos mains :
« Je te prie de la retenir, pendant que je viendray et seray
incontinent à toy. — Je le feray ainsi ! » respond le Centaure. Et aussi-tost s'en va à travers la forest, et Cingar
va vers Balde, lequel, avec une voix basse, gemissoit ; et
ayant iceluy apperçeu Cingar, haussa sa voix avec plus de
pleurs, disant : « O, jeune Leonard ! que me sert de vivre
plus sans toy ! ô jeune Leonard ! pourquoy la mort te retient sans moy ! ô Leonard, je suis seul cause de ta perte !
ô Leonard, ta mort est cause de mon ennuy ! ô Leonard,
ô Leonard ! les destins iniques et meschans t'ont bien bou-
leversé ! ô Leonard, la vie est par trop odieuse à moy,
malheureux et miserable ! La main cruelle qui t'a envoyé
à la mort, icelle non moins cruelle en mon endroit me

face mourir! » Se levant soudainement sur ses pieds, et prenant son espée à deux mains, pensant le Centaure estre encore-là present, tiroit de grands coups ; car la force et violence de sa douleur luy faisoit perdre tout jugement, et manioit ainsi son espée, comme feroit un paysan, qui avec sa coignée abattroit un vieil chesne, lequel par un long temps auroit resisté aux efforts du vent Borrée.

Cingar, le voyant ainsi transporté, croit qu'il aye l'esprit perdu, et luy dit pour le consoler : « O Balde! mon amy, Leonard estoit vassal de la mort ; aussi sommes-nous, aussi est cestuy-cy, et cestuy-là, un tiers, un quart, Martin. Philippes. Si les larmes luy peuvent rendre la vie, jettons des larmes abondamment, or sus, et ne nous-y espargnons. Toutesfois tu n'ignores point que tout ce qui naist au monde ne demeure vif, non plus que le bruit et murmur de ceste eau, qui tombe en temps de pluye. Icelle incontinent se void, incontinent en tombant fait *buf, baf,* et ce qui estoit d'elle en moins de rien ne se voit plus. La poudre à canon allumée ne s'esvanoüist pas plus tost, que toutes choses creées courent à la mort. La mort ne pardonne à personne ; icelle n'excepte personne ; elle est si hardie, qu'elle n'a respect à aucunes personnes. Elle condamne un chascun, indifferemment tuë, prend, emporte Papes, Empereurs, Roys, grands Seigneurs, faitneans, soüillons de cuisines, sergens et autres telles canailles. La mort meine tout au marché, et fait sa charge de toutes sortes d'herbes, ne se repose point, n'estant jamais lasse. Ne pleures point les morts, mon amy Balde, car, tesmoing Cocone, ce sont des pleurs jettez en vain. Nous ne sçaurions éviter ce passage. Nous sommes obligez à la mort, et tout ce qui nous appartient. La mort frappe d'un mesme pied les chasteaux des grands et les petites boutiques des pauvres. Nos ans en ce monde ne sont perpetuels : nostre pays est estably là haut au ciel. Les larmes, qui maintenant sortent de tes yeux, ne peuvent estre agreables à Leonard. Ces souspirs, poussez d'une poitrine gemissante, ne peuvent plaire à un cœur joyeux. Pleurer est chose feminine : il faut que l'homme se monstre viril, fort et robuste. La mort est la vie de Leonard, laquelle ne mourra jamais : lequel, pour n'obscurcir la clarté de son vierge soleil, a receu la vie céleste et a tué la mort. Qu'il vous suffise maintenant de ces raisons ! Le Centaure, Balde, mon amy, n'a point tué ce jeune homme comme vous pensez, et avez tort pour ceste opinion. » A ces mots, Cingar adjousta tout du long comme tout ce faict s'estoit passé, luy declarant comme Pandrague n'estoit qu'une meschante ribaude et le Centaure homme de bien et bon amy.

Balde tenoit ses yeux fichez en terre, comme s'il eust esté une statuë de cuivre ou de marbre, qui est et seroit mille ans sur un autel ou sur un pilier. Le beau parler de Cingar penetra les oreilles de Balde et ne perdit pas une once de ses parolles ; et Balde par icelles s'appaisa un peu : mais toutesfois, les pleurs revenans soudainement, il ne peut dissimuler sa douleur ; car qui est le visage franc et loyal, auquel on ne voye les pensées du cœur imprimées ? Et la voix, qui de honte estoit auparavant retenuë, sortit enfin dehors, et ainsi Balde commença à dire : « O cœur, qui es fait la seule et entiere veine de mes cruels ennuis, et aussi de ces miennes larmes, jusques à ce que tout ce mien corps s'en aille en pleurs ! ô cœur perdu, pleure, pleure, et que jamais ne puisses cesser de te plaindre ! Ne cherchons plus les confins de la mer, les dernieres colonnes de la terre : vivons-nous donc ? vivons-nous, ayans receu en vain la playe de la mort ? Mon esperance, ma lumiere, ma gloire, m'ont esté ravies : pleure, pleure, ô cœur, et que l'interieur de toy ne cesse de pleurer ! O malheureux compagnons, que sert de vivre, puisque la mort meschante a emporté le soulagement de nostre vie ? O Leonard, qui estois mon honneur et repos, ne me responds-tu point ? Je suis Balde ; je suis ce tien ; je suis ce pauvre miserable coffre de toutes douleurs, le Phlegethon des peines, le fleuve et la mer de pleurs! Ha, Dieux! quel personnage vous avez voulu perdre! Ha, quel, ô Destin, vous avez tué! Ha, douleur! ha, douleur! ha, quel ennuy! » Et là-dessus Balde, ce faisant, avoit mis contre son estomac la pointe de son espée. Mais Cingar, le prenant par les deux espaules, luy arrache soudain l'espée d'entre les mains, et cependant iceluy tombe par terre, luy venant au visage une soudaine couleur pasle, ressemblant à la mort : mais, s'endormant, son esprit print quelque repos.

LIVRE DIX-HUITIÈME.

L'esprit de Balde, abbreuvé de la douce liqueur endormante, s'estoit retiré là à part, où son bel astre clair et radieux l'avoit tiré, s'estant joinct au beau Juppiter et à la benigne Venus, et l'avoit posé au jardin secret de la Destinée. En ce lieu il apprint, entre autres choses, combien estoit un travail inutile de s'attacher et appuyer à une colonne branlante, qui est à dire, de fonder son espérance sur choses caducques et transitoires. Pendant qu'il estoit ainsi endormi, il avoit sa teste au giron de Cingar soubs un chesne, l'un veillant, l'autre dormant. Cependant le Centaure, ayant bonne volonté d'exposer sa vie à tous les perils pour l'amour de Cingar, chemine doucement et le plus quoyement qu'il peut, pas à pas, vers la demeure de Pandrague, de peur qu'elle entende sa venuë, et qu'elle s'enfuie pour éviter la mort qu'on luy preparoit à cause du decez de Leonard. Comme nous voyons quelquefois un chat alonger tout le corps, et se trainer baissé le long d'un buisson ou d'une muraille, pour attrapper un petit oyseau, qu'il auroit long temps aguetté, se joüant et voltigeant sur des basses branches ; ainsi le Centaure s'advance peu à peu par ceste forest, et trouve (ô la grande adventure !) ceste ribaude dormant, dormant, dis-je, auprès de son jaloux Beltrasse. Il l'empongne soudainement et l'emporte avec une mesme soudaineté, que feroit un loup quand il n'est chargé que d'une oye. Mais, parce qu'icelle portoit tousjours un livre ensorcelé entre ses mammelles et enveloppé de quelques linges de Molocque, le Centaure, qui sçavoit bien cela, le cherche sur elle, remuant sans dessus dessous tous ses habillemens. Enfin il le trouve caché entre ses cuisses, et, luy ostant de là, icelle se prend à crier et enrage de plus belle. Virmasse, avec un bouchon d'herbe, luy bouche le gosier, afin qu'elle ne peult plus crier, craignant qu'elle appelast tous les diables à son ayde. Elle s'estime desjà perdue ; elle n'attend plus que le feu. Beltrasse la suit : il se desespere, il laisse tomber ses brayes, il s'esgratigne le visage, il s'arrache la barbe. Cingar oit ce bruit, et peu à peu il pose la teste de Balde sur l'herbe, l'ostant de son giron. Il se leve, tire son espée et regarde autour de soy. Il attend, pour voir l'occasion de tant de bruit. Voicy le Centaure qui arrive vers luy, apportant sur son dos Pandrague, comme feroit un espervier une caille entre ses ongles, ou comme un renard emporte une poulle. Cingar va doucement au-devant de luy, et luy fait signe d'approcher sans faire bruit, de peur d'esveiller Balde. Mais Pandrague s'escrie, et se tourmente au possible. Cingar, luy faisant par force ouvrir la bouche, la balongne avec un gros baston bien lié, ensorte qu'elle ne pouvoit plus crier. Ils la despoüillent aussi nuë que quand elle nasquit, et la veulent foüetter et bien revestir avec un balay, comme on accoustre ordinairement telles putains. Pour faire cet office, il n'y avoit pour lors aucun bourreau, si d'adventure ne se fut là trouvé Boccal.

« Voicy Boccal, dit Cingar, qui en fera gaillardement l'office. O Centaure! si je ne vous suis envieux, je vous prie de retourner vers le corps de Leonard et le portez à la maison de Pandrague ; et là, je vous prie de chercher partout, dessus, dessous, afin de trouver une prison qui est dessous une grande pierre. Ouvrez-la avec la clef, et, si ne pouvez en trouver la clef, faudra en rompre la porte et hors d'icelle tirez un grand et vaillant personnage attaché aux seps, lequel on nomme Falcquet : la figure duquel ressemble à la vostre, sinon que le derriere est faict en forme de levrier, et non en semblance de cheval, comme est le vostre : et en la mesme prison mettez Leonard, de peur que les loups se repaissent d'un si noble corps. » Virmasse reçoit cette charge de bonne affection, et s'en va où estoit Leonard, lequel il enleve entre ses bras, et ne se peut tenir de l'arrouser de ses pitoyables larmes.

Or Boccal, après que le Centaure s'en fut allé, faict un fouet d'osiers et d'espines, et, se rebrassant le bras, commence, en cholere, à donner de son foüet sur l'eschine de ceste bonne piece, afin de purger le vieil peché par une nouvelle penitence. Ainsi qu'un paysan, après avoir beu en son baril, crache en ses deux mains pour mieux tenir son fleau, et frapper plus fort sur ses gerbes estenduës en la place; Boccal de mesme picque rudement avec sa poignée de verdes espines la cavalle de Satan, et de toute sa force luy imprime sur la peau de belles marques. Icelle, pour estre balongnée, ne peut faire sortir hors le gosier ses cris : dont elle sent une plus grande douleur. Beltrasse enfin y arrive aussi avec une grande peine. Cingar, le voyant de loing, se leve et commence à courir vers ce vieillard : « O, dit-il, *Domine Pater*, comment vostre jeunesse a-elle peu vous apporter si promptement jusques ici? Attendez, j'ay beaucoup de choses à vous apprendre, et nous pourrons nous rendre compte l'un à l'autre. » Cingar, en disant ces mots, le poursuivoit, et l'autre taschoit à évader. Vous eussiez dit que c'estoit un cerf qui couroit après un beuf. Cingar le prend en trois sauts par le col. Iceluy luy demande pardon. Cingar luy fait l'oreille sourde et l'emmeine avec soy, et dit : « O Boccal, je te recommande ce beau joyau ! Il n'y a rien mieux appartenant à l'office d'un bourreau, que de bien foüetter les espaules des putains et les fesses des vieillards. Un vieillard aimant les Dames d'un cœur trop amoureux ne merite autre chastiement que de la verge; car une vieille personne amoureuse et semblablement jalouse est un enfant de cent ans, et qui ne demande qu'à estre monté sur un cheval et avoir le foüet sur ses fesses nues. Voicy, ô Boccal ! un nouveau escolier qui entre en ta nouvelle escole; il est tendre, il apprendra incontinent toutes choses. Apprens luy les reigles du passif. Il n'y a point si grande discordance, que cet enfant n'accorde au son de la verge. » Boccal prend ceste charge, et est fait Pedant, Reformateur, Pedagogue et Magister. Il se prepare d'endoctriner ce vieil barbasse et ce lourdaut rajeuni, s'il y a aucune doctrine au foüet, et si une mere peut apprendre quelque chose à son enfant, en luy donnant des verges sur le cul.

Cependant le Centaure avoit osté de la bouche et entrée de la caverne une grande pierre, et avoit tiré hors d'icelle avec une corde Falcquet. Iceluy, voyant le corps mort de Leonard, se print à pleurer, et, ayant entendu l'occasion de sa mort, se mordoit le doigt, estant tout en cholere : « Que Pandrague, dit-il, prenne garde à soy ! il faudra qu'elle rende compte. » Or, ayans mis en ce lieu le corps de Leonard, jusques à ce qu'on peult dresser un tombeau digne d'un si grand personnage, ils s'en vont ensemble, et viennent trouver leurs compagnons. Phœbus descendoit peu à peu du ciel, et à grand' peine restoient trois heures du jour, lequel s'en alloit finir, quand ils arrivent au lieu où estoit Boccal, s'employant fort et ferme après ceste louve, la battant et rebattant à bon escient. Cingar, advisant Falcquet, court au-devant de luy : ils s'embrassent l'un l'autre. Il se serrent estroitement, et pleurent Leonard. En après, Falcquet, pendant que Boccal foüettoit, dit : « O! combien vous deviez l'escorcher, et luy arracher le poil un à un! » Pandrague, engendrée de Satan, appelloit la mort, mais le Diable ne daigne l'emporter.

Balde estoit encore endormi, fantasiant beaucoup de resveries : voicy un homme sauvage, qui soudain se presente devant eux, lequel saulte par le bois : sa barbe estoit de diable, de laquelle découloit du sang, et avoit d'iceluy le mufle tout barboüillé, et portoit par les pieds Gilbert, comme un chevreau, ou comme une vieille, qui porte au marché son oye liée par les pieds. « Voilà, dit le Centaure, Farabosque : iceluy est frere de Molocque. Ha dieux! quelle puanteur! » Virmasse n'avoit plustost achevé ces mots, et prins ses armes, qu'il void Moscquin, qui le suivoit de près, et décochoit de son arc turquois des fleches après luy, disant : « Hola, renegat, lasche cet agneau! Ce n'est pas viande pour tes dents, meschant loup! » Et s'escriant ainsi, il tiroit tousjours ses fleches : la neufviesme donna, et passa à travers les deux oreilles de cet homme sauvage, lequel tombant mort par terre, Gilbert saulta promptement sur ses pieds, et remercia Dieu d'estre eschappé d'un tel hasard. Balde, en cet instant, s'esveilla, et se leva. Cingar, Falcquet, et tous les autres s'en viendrent vers luy, et se meirent autour de luy en rond, parlant à eux en ceste sorte : « O mes amis! combien Dieu est à loüer, lequel congnoissant que les douleurs que je portois pour la mort de Leonard estoient plus que humaines, il m'envoya, durant ce dormir, du haut du ciel, Leonard. O qu'il estoit bien autre en forme, en gestes et en parolles! « Que pleures-tu, ô Balde, « me dit-il, pourquoy pleures-tu? Es-tu marri, et t'ennuie-« t-il de ce que maintenant je suis en un lieu celeste? Ha! « reserre ces larmes humides, lesquelles tu respands inu-

« tilement! Il n'est point seant de pleurer ce qui nous
« doibt resjoüir. La plus belle palme qu'on peut acquerir
« en combattant, est de se surmonter soy-mesme. Ceste
« putain s'est estudiée de violer ma pudicité, et eust fait
« sa volonté de moy, nonobstant mon contredict, si la grace
« de Dieu ne m'eust esté soudain envoyée, moyennant la-
« quelle elle eust plustost applani les hautes montagnes,
« que de me soüiller, tant peu que c'eust esté, par son
« lubrique attouchement. Il n'y a rien plus villain que de
« se mesler parmy les putains. » Ayant ainsi parlé à moy,
il m'est advis qu'il m'a prins par la main, et qu'il m'a
emporté par tout le ciel, et par tous les cabinets d'iceluy, et m'a fait veoir des choses, lesquelles je pourrois
reciter si j'avois cent langues et une voix d'acier. Les
dernieres parolles, lesquelles enfin il m'a dites, ont esté
telles : « Cherche ton pere ! il ne demeure pas loing
« d'icy : lequel tu enterreras avec moy en un mesme tom-
« beau. » Soyons donc, mes freres, et avec une bonne concorde, servons ensemble d'une tour contre les efforts de
Fortune, lesquels ceste bande d'amis pourra souffrir.
Par terre, par mer, et par les abysmes, nous irons visiter les cavernes des diables noirs. Mais, avant, il faut
que nous allions prendre les sages advis de celuy qui
m'a mis en ce monde. Il fault chercher mon pere. Cher-
chons-le donc, combien qu'il ne nous apparoisse d'aucun
signal pour le pouvoir trouver. » Cingar, avec une face
joyeuse, respond soudain à cela : « Je pense, Balde, mon
amy, avoir trouvé ton pere : suivez-moy! » Il s'achemine, marchant devant tous les autres, et çà et là passe
à travers les buissons de la forest, et parviennent enfin
à la petite loge, en laquelle estoit seul ce sainct Hermite, vers lequel Cingar vouloit amener Balde, et lequel
il conjecturoit estre cet homme, et le pere que Leonard
avoit conseillé à Balde de chercher. Ils entrent dedans.
Aussi-tost se leve de son siege ceste grande barbe, lequel ressembloit à sainct Paul, l'hermite, où à sainct An-

toine, ou bien à sainct Macaire. Il embrasse fort tendrement Balde, et les larmes coulent abondamment de ses yeux. Il fut un long temps sans pouvoir parler ; Cingar, Falcquet, et tous les autres ne se peuvent tenir de pleurer, voyans devant eux un acte si pitoyable. On ne doute plus que ce ne soit là le pere, et icy le fils. Ces deux, se tenans ainsi embrassez, eussent attendri les pierres, et non pas seulement les cœurs bien affectionnez d'aucuns hommes. Le pere, enfin, s'efforçant de parler, s'assied, et fait asseoir Balde, et tous les autres, et puis leur dit : « O! que les ames sont contrefaites en ce monde! ô combien les hommes sont de peu de valeur! Ha, comme notre face humaine est soüillée par nous! Ne sommes-nous pas vrais chiens, à cause de l'envie qui nous maistrise ? Ne ressemblons-nous pas aux pourceaux, par la graisse que l'oisiveté nous fournist? La tromperie ne nous fait-elle pas ressembler les renards? Mordans autrui, n'imitons-nous pas la cholere des ours? Ne sommes-nous pas loups pour la gloutonnerie, et rage de manger, qui nous accompagne? Quelle difference y a-t-il entre nous et les lions superbes et orgueilleux? La luxure nous fait semblables aux cinges et aux chats. Il n'y a personne qui cherche les vestiges du chemin droit : chascun suit à plein ventre sa seule volonté. O! que ceux ont bon nez en ce monde, qui sçavent fuir les choses vaines et perissables, et qui conduisent bien leur entendement, delivrez de la glus de ce monde! Je sçay, quant à moy, ce que le ciel nous rayonne, ce que la terre nous verdoye, ce que la mer nous ameine, ce que l'enfer nous cache. Vous ne voyez point ces cheveux gris, ni ces longs poils de barbe blanche estre en moy sans cause. J'ay essayé le froid et le chaud : le martel que m'a donné en teste mon destin, m'a rendu plus sage et advisé. J'ay esté autrefois ce Guy, la grand' gloire des François, Guy, sorti de la race de Renaut de Montauban. La France me servira de tesmoin, l'Allemagne, la Suisse, l'Espagne, l'Hongrie, en quelles batailles, en quels tournois j'ay esté reclamé, par tout le monde, victorieux, et le premier de tous. Les Italiens ont congneu, comme aussi ont faict les fortunez Grecs, les asnes de Mores, les chiens de Turcs, quelle prudence de Capitaine a esté autrefois en moy, quelle force j'ay fait paroistre par mes armes, et quels ont esté les stratagesmes et ruses dont j'ay usé en guerre. Que diray-je davantage? En somme, il y a eu tant de graces en moy, que la fille du Roy de France, aussi-tost qu'elle m'a veu, aussi soudain s'est esprise de moy, et m'a prins pour mary. Mais il vaut mieux laisser le reste soubs silence. Il suffit d'alleguer ce peu, pour en donner à cognoistre le surplus. Cette fureur de rage, laquelle communement on appelle Amour, qui reduit en pierres les sages et advisez, et dispose haut et bas à son desir de toutes choses, traite, manie et remue le monde, comme il luy plaist, nous a de magnificques rabaissé à estre pitaux, estre du nombre de paysans, et servir de pasture aux poux : et ainsi nostre gloire et orgueil nous a rendu poltrons et faitneants. Par là, on peut sçavoir ce que c'est de l'homme; c'est une giroüette; c'est un joüet exposé au plus petit vent. L'homme est l'estouppe près d'un feu, est une neige au soleil, et une bruine et gelée à la chaleur, et non pas, comme il se vante, un Cesar, un Roy, un Pape, ou l'un de ceux qui en Rome portent un surplis ou rochet sur leur robbe. J'ay toutesfois ainsi passé ma miserable vie gaillardement. Au commencement, je ne voulus pas mener avec moy ma femme grosse, et lasse du chemin ; aussi, n'eusse-je peu. Berthe, homme plein de belles et vertueuses caresses, la receut en son logis, comme en un port seur; et estant deliberé de conquerir par force ou par amour quelque ville, ou pays, ou bien perdre la vie, je fus incontinent adverty par l'excellent Seraphe, vray prophete, qu'il m'estoit nay un bel enfant, avec tout bon augure. On ne sçauroit imaginer quelle joye m'apporta ceste nouvelle, si on n'a esté au-

trefois enflambé d'amour paternel. Mais la fermeté des
biens de ce monde est inconstante et fragile; après la
malvoisie, bien souvent on boit de l'arsenic. Voicy Seraphe, qui d'une voix fascheuse m'annonce ma femme
estre morte. Ha! quelles injures et reproches ne fey-je
lors au ciel! O mort! disois-je, ô mort, couratiere du
Diable, et postillon de Satan, plus viste qu'aucune autre
chose, et qui maintenant me semble estre plus longue
qu'un Caresme! que tardes-tu! Qu'avec ta faulx ne me
tires-tu un revers, ou que ne me donnes-tu une corde,
avec laquelle tout desesperé je m'estrangle? Ayant donc
ainsi perdu ma femme, je m'en allois çà et là, comme un
gueux et orphelin, passant ma vie à travers mille travaux et perils. Mais la bonté divine, ayant pitié de la douleur que je portois pour toy, Balde, orphelin, et pour
ma femme, feit que mon desir se changea en mieux. Je
remarquay que ce monde n'estoit qu'une cage de plusieurs fols; et que la plus grande vertu estoit de sçavoir
bien mourir; et puis me retiray en ce lieu, où vous m'avez trouvé seul, mon fils, fuyant toutes compagnies des
hommes : je me nourris de racines, d'herbes, et de pure
eau. Le vieil aage, les pleurs, les veilles, m'ont fait perdre
la veuë : la veuë, dis je, du corps, mais non les yeux de
l'esprit. Tant moins on veoit les choses terriennes, plus
nostre entendement penetre les astres. Seraphe m'a enseigné les secrets de prophetiser, lesquels on n'apprend
que par jeusnes, par longues prieres et par veilles, et
lors Dieu met et descouvre tout ce qui est du monde
devant les yeux de tels personnages. Ayant receu de
Dieu un tel don, j'ay tousjours eu devant mes yeux tous
tes faicts, et ay congneu, mon fils, tous tes ennuis. La
ville de Mantouë t'a retenu en sa prison un long temps.
Par la violence des vents, tu as pasti sur la mer de grandes tempestes, après lesquelles les corsaires t'ont fait la
guerre, et enfin, tu es venu aborder au sejour de ton
pere. Ne vous estonnez point de veoir icy de mocqueries

de sorcieres. Croyez que ce sont, à la verité, mocqueries ; ce sont des bourdes et enseignes de sorcieres. Ce n'est pas icy une Isle, laquelle neantmoins vous semble Isle. Ce n'est point montagne, ni rocher ; mais une longue eschine de balaine, laquelle la sorciere Pandrague a ainsi affermie et arrestée par ses enchantemens magicques ; et dessus ses espaules et dos ample et spacieux, a fait venir un terroir par art diabolicque, des montagnes, des campagnes, des bois, des animaux, des fontaines. Quand j'estois seul en une caverne des montagnes d'Armenie, je me sentois porté en l'air avec ma grotte, avec la forest, et la montagne, le tout eslevé ensemble, et puis, estre posé icy peu à peu aussi doucement qu'on mettroit bas un panier plein d'œufs, ou plein de verres. Il y a trois pestes, par lesquelles l'air, la mer, et tout le monde est infecté : trois sorcieres, trois diablesses. Cette Pandrague en est une ; Smirande l'autre ; et la troisiesme est Gelfore, qui est la pire lie de toutes les sorcieres. Icelles se vantent estre Fées pour un temps perpetuel, Demogorgon leur donnant un breuvage, par le moyen duquel ceste vie mortelle se peut passer exempte de la mort ; et disent Falerine et Medée, estre ainsi éternelles, et autant de Dragontine, de Circé, et d'Alcine, seur de Morgane. En ce nombre, elles mettent Sylvaine, qu'on dit avoir esté femme de Folet, et autres telles mille sorcieres, qui ont merité le feu, lesquelles Seraphe combat tousjours avec la vertu et puissance des Paladins, estans aussi combattues par iceux, comme par Thesée, Roland, Jason, Tristan, et cet Hector, qui portoit pour enseigne l'aigle noire ; et Roger, qui portoit l'aigle blanche, lesquels tous sont du nombre des Chevaliers de la Table Ronde. Seraphe a prins plaisir à la peine qu'ont prins tous ceux-cy après telles sorcieres. Seraphe est un sainct Demon, grand persecuteur de ceste magie trompeuse, mais un vray rempart, et bastion de la vraye. C'est ce Seraphe, auquel l'entendement souverain a donné le pou-

voir de vivre long-temps, auquel ont esté infuz d'en haut
les secrets de la prophetie, et divination approuvée, auquel a esté commis le soin de la renommée des Paladins,
estant aussi iceux prests à combattre pour luy, comme
c'est raison de rompre la lance, pour ce qui est de droict
et d'équité. Roland est mort, Ajax, Tristan et autres,
lesquels j'ay cy-dessus dit avoir esté vrais Chevaliers.
Ainsi, aussi, maintenant je seray couvert d'un habillement et pourpoint de bois, et m'en iray soubs terre,
laissant et abandonnant ce monde. Et parce que j'estois
le guerrier Baron, et champion de Seraphe, ceste œuvre
demeurera à Balde. Qu'il te soit permis, ô Balde, de defricher le pays de telles ribaudes sorcieres! Il n'y a
qu'une seule Manto, qui est l'entiere et vraye Sibille de
Seraphe, lequel ne se pourra monstrer à toy, jusques à
ce que je m'en sois allé de ce monde au ciel : icy tu le
verras, icy tu seras fait, entre les corps et simulachres
des Barons, le champion de raison, de justice, de foy, de
la patrie, et de la Table Ronde : tu descouvriras avec ton
espée les Royaumes des sorcieres, mieux que six mille
inquisiteurs et maistres du Palais avec leurs cent massues. Sus donc, prens courage, et ne crains point d'exposer ta teste à tous perils : fourres-toy par feu, par
eau, et à travers les armes, pour l'amour de la vertu.
Voilà tout ce que je puis te dire, pour l'heure presente,
sentant les forces de ce foible corps me defaillir, et, en
mourant, je m'en vois au ciel : adieu, mon fils ! » Achevant
ces mots, et se levant les mains jointes, il demeura debout comme une statuë, et son ame s'envola en l'air.

Il estoit nuict pour lors, et neantmoins une si grande
lumiere fut veuë autour de ce corps, aucun d'entr'eux
dit que c'estoit une nuict sans nuict. Tous furent bien
estonnez, et regardoient Balde en visage, lequel, revenant un peu à soy, profera ce peu de parolles : « O Pere
très-sainct ! qu'au moins j'eusse peu vous dire pendant
vostre vie ces dernieres parolles ! » Et, ayant ce dit, se

courbant sur le corps de son pere, le baisa par tous ses membres, le lavant avec ses larmes. Et de quel embrassement serra-t-il pour lors son pere? Alors Gilbert chanta avec un chant lugubre ces vers :

>   Nous naissons, et nous mourons,
>   Aussi-tost que nez nous sommes :
>   Un temps prefix est aux hommes.
>   Contre iceluy que ferons?
>   Cil meurt miserablement,
>   Et a fortune ennemie,
>   De qui la corps et la vie,
>   Se perd soubs un monument.

A peine eut-il achevé de chanter piteusement ces vers par quatre fois, comme les manes et infernaux se delectent d'un nombre pair, qu'aussi-tost tout le lieu se met à trembler par l'espace de demie heure, et toutesfois l'endroit où se tenoit Balde ne trembla point, tenant iceluy un regard asseuré. Tous les autres, ne pouvant imaginer la raison de ce tremblement, se regardoient les uns les autres sans dire mot, se monstrant fort estonnez. Il oyent tous un petit guichet, en un coing de la chambrette, où ils estoient, faire un bruit en s'ouvrant, ne voyant aucune personne sortir par iceluy. Balde, voulant descouvrir ce qui en estoit, entre par ceste porte tout seul, et soudain le tremblement de terre cessa, et Balde se trouva enfermé, l'huis se refermant de soy-mesme, demeurant tous ses compagnons avec le corps de l'Hermite. Balde ne s'estonne point; mais se tient ferme sur ses pieds, et avec une grande asseurance attend pour sçavoir si ce sont oracles, ou songes, ou responces de Phœbus, regardant tout autour de soy. Ce lieu, où il estoit ainsi enclos, estoit quarré, fait en forme d'une petite sale, au milieu de laquelle pendoit une lampe ardente, par la clarté de laquelle on pouvoit remarquer les sieges, qui estoient autour : et y en avoit trente, desquels un paroissoit plus haut eslevé. En iceluy il voit Guy, ou plustost son simulachre, tout armé, lequel, après s'estre assis, feit asseoir tous les autres Barons chacun en son siege. Guy estoit au milieu, et tous ces guerriers à ses environs ; ils estoient aussi tous vestus de cuirasses, et devisoient ensemblement de plusieurs affaires. Balde se tient de bout, et ne bouge aucunement le pied : s'il estoit estonné, vous le pouvez penser, voyant son pere vivant et armé, lequel il venoit de laisser mort entre ses compagnons, soubs un habit de Hermite. Il contemple tout autour les corps des très-vaillans Capitaines et Chevaliers, qui estoient la fleur de toute vaillantise et de fidelité, lesquels ornoient leurs armes blanches de la seule vertu, et faisoient reluire leurs semblances pour servir de miroüer à Balde : celuy d'entr'eux qui est encore plein de vie est fait leur Roy, non pas en effect, mais par imagination de la chose. Comme quand Hector, ou Thesée, ou Ferrand de Gonzague, vivoient encore en chair humaine, ils guerroyoient veritablement avec leur corps vif, et n'advençoient aucunes entreprises sans raison, et cependant leur image ou representation estoit assise, comme Prince, et superieure, entre les simulachres et images des Chevaliers illustres, lesquels combattent seulement pour l'équité et contre le tort. Jusques à present avoit ainsi regné la representation de Guy : maintenant qu'il a fini ses jours et accompli tous ses travaux, il faut qu'il descende de son haut siege et se mette au rang des autres ; et qu'un autre nouveau champion de droicture et équité luy succede, selon qu'il sera choisi par l'advis et chois des Paladins. Mais ce conte de ballotter dépend seulement de l'entendement de Seraphe, lequel leur en propose un, et iceluy obtient la principauté du consentement de toutes ces heureuses ames, et tout ce qu'il trouve bon est approuvé par elles.

Balde estoit entré en ce lieu, ne sçachant rien de toutes ces façons de faire, y estant conduit par Seraphe invisiblement. Il contemple attentivement cestui-cy, puis cestui-là, tantost l'un, tantost l'autre. Là estoit Hector, large d'espaules, et les flancs serrez, ayant une barbe forte et rouge. Il estoit assis le plus près de la haute chaire. Ænée estoit auprès de luy, lequel a esté, est, et sera tousjours joyeux, et content pour avoir merité la trompe de Virgile, qui n'a point encore trouvé sa pareille. Thesée, Jason, et le fort Ajax, estoient assis l'un après l'autre. Là se voyoit Torquat tenant en sa main une hache tranchante, par laquelle le renom de justice durera éternellement. Brute n'est pas loing de luy, triomphant avec une mesme loüange : lequel n'a point tant fait perir les enfans degenerans de leurs peres, comme il a donné exemple pour chasser les tirans, lesquels ne songent qu'à saouler leur panse et contenter leurs paillardises en volant et pillant autrui. Là aussi estoient Fabrice et Cincinnat, se resjouissans tous deux en leur pauvreté, et ayant l'argent à contre-cœur, et lesquels se contentent plus de porter un meschant manteau deschiré, et des guestres rapetassées, et manger une rave cuite entre les cendres, que se vestir de velours et manger à leur table des viandes exquises venans de loing. Camille, gaillard et bon compagnon, estoit là aussi, lequel portoit les aigles noires avec S. P. Q. R. Iceluy monstra aux Gaulois qu'il leur estoit meilleur ne bouger delà les monts, que de passer deçà avec leur perte et dommage. Les deux Catons le suivoient avec leur trongne renfrongnée et austere, lesquels ne parloient jamais s'il n'en estoit besoing. Corneille Scipion s'y voyoit aussi, haussant son enseigne d'Espagne, devisant avec son frere tous bas. Fabic le Grand estoit là, qui avec un visage ridé pesoit et contrepesoit toutes choses, et sous sa targe couvroit Rome, Dame du Monde. Marcelle estoit à costé de luy, tenant en main son espée nuë. Æmile le suivoit, mespriseur de la vie. On y voyoit le premier de tous les Capitaines, ce jeune homme Scipion, qui, poussant à grand' peine ses premiers poils du menton, avoit despoüillé toute l'Afrique, qui se vantoit avoir mis en blanc Rome Dame de toutes choses mondaines. Après cestui-cy, Pompée tient son siege, lequel a cy-devant allegué, et alleguera tousjours pour son excuse, que les Romains n'ont tourné la pointe de leurs armes contre eux-mesmes pour son occasion particuliere; mais pour la seule ambition de Cesar. Aussi, Cassie et Brute s'y veoyent, accusans de mesme la meschante volonté de Cesar, qui renversa le Senat, et lesquels en recompense luy donnerent vingt-trois coups de poignard. Là Tristan reluist, Lancelot flambe, lesquels se plaignent de leur sort pour avoir eu faute en leur temps de quelques escrivants habiles, qui, comme ils manioient vaillamment leurs lances et espées, iceux eussent peu manier leurs plumes en composant de beaux livres de leurs vaillantises et actes genereux, espuisans, en ce faisans, souvent leurs escritoires d'encre. O que nous lirions de belles choses, si Renaut et Rolant eussent rencontré, du temps de Charlemagne, un Plutarche, un Tite-Live, un Saluste! Iceux toutesfois ne laissent à se monstrer icy avec une contenance haulte, ayans les espaules et les reins couverts de longs pennaches d'autruche. Auprès d'eux est Ferrand de Gonzague, et Roger d'Est, tous deux braves et vaillans Chevaliers, lesquels l'Afrique redoutera tousjours soubs la bonne conduite de Charles. Là aussi estoit assis Sordelle, le plus notable personnage de la famille des Godiens, les admirables prouesses duquel sont cogneues partout.

Or, estant ainsi present en ce lieu Balde, le vieil, le venerable Seraphe entre en iceluy : il prend Balde, et l'assied au plus haut siege, et Guy se met au-dessous de Sordelle. Balde, se voyant ainsi assis entre ces honorables Seigneurs, combien qu'il cogneut que ce n'estoient point personnages vifs, mais seulement des ombres, il se print neantmoins à parler à eux, et harangua devant eux presque une heure, s'accusant de n'estre digne d'un tel honneur. Aussi-tost qu'il eut mis fin à sa harangue, ce lieu commença à trembler derechef, et ces ombres, et ces sieges s'en vont soudain en fumée, emportans avec eux Balde, pour leur Roy esleu, et creé, mais en image seulement; car le vray Balde demeure entier au corps de Balde, n'estant qu'un Balde feint, qui s'envole soubs l'image de Balde, lequel s'en revint à ses compagnons, et leur feit recit de tout ce qu'il avoit veu, et se vantoit avoir veu les faces luisantes de tant de braves Seigneurs et Chevaliers, et avoir porté par entr'eux le sceptre.

LIVRE DIX-NEUVIEME.

Pendant que moy couronné de laurier en Bergame, et en la bonne ville de Cipade, je me prepare pour chanter au son du gril, les Diables, les proüesses de Fracasse et les horribles faicts de la Baleine, donnez secours, ô Muses, à votre Coccaye. Je ne veux point pescher en ces eaux froides de Parnasse, comme ce badaut de Maro, qui n'eust jamais en badauderie son pareil, pendant qu'il fourre en son corps ces eaux gelées de Helicon, avec lesquelles il refroidist et glace son estomach en refusant l'usage du vin: dont une douleur le prend en la teste, et se rompt les veines de la poitrine. Et pour quoy? pour quatre sols seulement, pendant qu'en l'ombre il chante: *Dis-moy, Damete*, et sa brague tomboit. Que de la malvoisie vienne m'abreuver! il n'y a point meilleure manne, ny meilleure Ambrosie, ny autre plus plaisant Nectar.

Apollo avoit esveillé ses chevaux, et amenoit avec soy un jour si beau et si luisant, que de long-temps il n'en avoit presenté au monde de tel. De peur donc qu'un jour si gratieux se passast avec quelques affaires melancoliques, Boccal ameine devant les compagnons Beltrasse comme un escolier, lequel trembloit et chyoit des estoupes devant son magister. Car ce grossier d'entendement ne pouvoit jamais accorder le cas avec le nombre. Boccal le tance premierement, et puis le fait monter à cheval. Cingar estoit le cheval, et Beltrasse le chevaucheur. Mais, afin que les coups de foüet qu'il luy donnoit ne fussent donnez en vain, il luy avoit retroussé tout le derriere, et, le presentant en ceste sorte devant la compagnie, ce ne fut pas sans rire à bon escient. Boccal, puis luy disoit : « O galant Beltrasse, *Poëta quæ pars?* » Beltrasse respond : « *Amen.* — Ha! dit Boccal, si je chantois la Messe, tu me respondrois bien. » En ce disant, il donne de l'esguillon : « Ce n'est pas *Amen*, dit-il, mais *Arri l'asne*[1], pru, prout, chemine, vieille rosse. » Ce pauvre malotru, tremblant, disoit : « Pardonnez-moy, Magister; je ne sçay pas la Grammaire. » Boccal redouble. Balde se print à rire; aussi feirent tous les autres, et se couchent tous sur l'herbe, cependant que Boccal continuoit ses coups, et en donna plus de cent sur le quadran nud de ce pauvre miserable; et estant ainsi bien escorché, on le lascha par le commandement de Balde, et s'enfuist par la forest, sans qu'on ouist plus nouvelles de luy.

Or, quant à Pandrague, estant sa meschante vie assez notoire, et verifiée, on ne la detache pas ainsi; mais est reservée plus estroitement. Falcquet, avec ses armes en la main, en avoit la garde, pendant que les autres compa-

---

[1] Une pièce de vers, composée par un ardent calviniste et imprimée en 1562, est intitulée *Chanson nouvelle contenant la forme et manière de dire la messe sur le chant de Hari, Hari l'asne, Hari bourriquet*; elle a été insérée par M. Leroux de Lincy dans son *Recueil de Chants historiques français*, deuxième série, p. 266, et par M. de Montaiglon, dans les *Anciennes poésies françaises*, Paris, Jannet, t. VII, p. 46.

gnons se preparoyent pour aller inhumer les deux corps de Guy et de Leonard, pour là eux deux demeurer jusques à ce que la trompette du Jugement sonnast. Gilbert et Cingar marchoient avec torches en la main ; Balde demeure derriere, seul, et range en la biere les ossemens de son Pere, y respandant dessus des violettes et des lis, et tout autour; et sur sa teste, luy met une couronne de laurier, et en sa main une branche de Palme, luy appartenant droitement telles marques pour les victoires qu'il avoit obtenues en plusieurs batailles et combats.

Le Centaure avoit retrouvé le tombeau de marbre plus blanc que le laict, lequel estoit construit en une grande et spatieuse caverne. Entre toutes les montagnes que la trouppe noire des Diables noirs, conjurée par les parolles de Pandrague avoit, icy apportées, Metrapas est l'une des plus hautes, soustenant sur sa cime la lune. Icelle, pour chapeau, est tousjours couverte d'une nuë. Au fond d'icelle est une obscure tombe; à l'entrée y a une grande pierre, en laquelle on void un tel Epigramme gravé :

> Dedans ceste grande sepulture
> Molcaël subtil magicien,
> Et Bariel astrologien,
> Ont eu leurs corps sans pourriture.

Le Centaure, après avoir leu cet escrit, dit : « Voicy bonne rencontre ! Que serviroit cecy, si en l'urne il n'y a plus n'y l'un n'y l'autre ? Molcaël estoit disciple de Zoroastes au temps de Nine ; depuis un si long temps, ses os ne sont-ils pas pourris et devenus à neant ? J'ay envie d'en faire l'espreuve. » Et soudain prend les boucles de l'urne pour en hausser le couvercle. Moscquin, qui avoit esté envoyé par Balde, luy ayde, et font tant, que le couvercle, qui estoit grand et pesant, tombe à costé. Il n'estoit pas à grand peine cheut, qu'aussitost voicy un Diable noir qui sort et saute sur la crouppe du Centaure, et luy donne de grands coups de poing sans aucune relasche. Moscquin le prend par les cornes ; mais ce Diable, remuant et secouant sa teste, s'eschappe d'entre ses mains, et se retire legierement en l'air; puis, retournant, vient encor' tourmenter le Centaure, et luy commande de lascher le livre qu'il avoit osté à Pandrague, s'il veut qu'il le laisse en repos. Le Centaure, n'aimant point un combat contre les Diables, jette ce livre par terre, et demande paix avec ce Diable, lequel se saisist soudain de ce livre, et en fait grand feste, comme estant bien joyeux d'avoir en sa possession ce qui l'avoit autrefois dompté, et pour l'amour duquel il avoit receu tant de bastonnades. Les autres s'estonnent fort de le veoir ainsi se resjoüir, et, s'arrestans avec un ferme courage, se resolvent de veoir la fin de telles choses estranges.

Ce Diable se plante sur une grand' et haute pierre, avec ses legieres ailes, lesquelles resemblent à celles de la chauve-souris. Il porte en teste quatre grandes cornes, dont deux, faites et contournées comme celles d'un Belier, couvrent ses oreilles : les deux autres se dressent comme celles d'un toreau. Il a le mufle comme un chien : sortans de sa gueule deux longues dens, l'un d'un costé, et l'autre de l'autre, le rendant fort laid à veoir : un griphon n'a point le nez, ny une harpie le bec si dur et si ferme que le sien, propre à percer cuirasses ; sa barbe de Bouc, tousjours grasse de sang, luy souille la poitrine, rendant bave puante au possible. Il a les oreilles plus longues que celles d'un asne, et de ses yeux enfoncez sortent deux charbons ardens, lesquels avec leur regard obscurcissent le soleil, tant ils sont enflambez. Sa teste eshontée resemble à celle d'un serpent trainant une queuë derriere soy ; ses jambes deliées sont soustenues par ses pieds faits comme les pattes d'une oye, et jette par son fessier maigre une odeur sulphurée.

Virmasse dit lors à l'oreille de Moscquin, et le prie d'aller advertir leurs compagnons de ceste nouveauté.

Moscquin s'y en va ; il trouve Balde et luy racompte tout. Cingar estoit de retour alors, revenant de parer Leonard. Gilbert aussi estoit revenu avec Cingar. On appelle Falcquet. Ils s'en vont tous ensemble, bien resolus de veoir les diables, pour sçavoir s'ils sont si laids comme communement on les peint. Ils entrent, sans faire grand bruit, en ceste ample sepulture, ne trouvant l'entrée bouchée de sa pierre. Le Centaure estoit là caché en un coing. Il se leve, et, venant au-devant d'eux avec un pied legier, parla à eux fort bas, leur disant : « Regardez, mes freres, regardez à main gauche ; voylà ce Diable noir. » Avec le doigt il leur monstre ; et combien que ce soit un esprit rusé et subtil, si ne pensoit-il point avoir esté apperceu de Balde. Il fait gambades, il regarde, tourne sans dessus dessous ce livre sacré de Pandrague, et le feuilletant bien, à grand' peine peut-il croire que ce soit là ce livre tant redouté, par la vertu duquel le Roy Lucifer et tout le peuple infernal soit lié, fait force tourdions et contrefait une moresque. Les compagnons rient, maulgré qu'ils en ayent, et se serrent les levres pour empescher le bruit de leurs ris. Balde avoit bien de la peine pour leur imposer silence. Boccal ne rit gueres icy, et a tousjours les yeux fichez sur Balde, retenant son vent le plus qu'il pouvoit, et avoit le trou de son cul bien bouché.

Après tant de signes de resjouissance faits par ce Diable, en voicy venir un autre, criant comme une corneille qui vient de se repaistre de la chair d'un pendu ; et parlant ainsi avec une voix raucque : « Que fais-tu, dit-il, Rubican ? Quelle entreprinse te retient icy ? Esperes-tu d'icy quelque chose à griffer ! » Il luy repond : « Tu dis vray ; viens, gentil Libicocque : nous emporterons avec nous une ame, telle que nostre chien n'en porta jamais de pareille. Voicy, vois-tu ? C'est le livre sacré, tant estimé des Nigromantiens, lequel cy-devant nous a donné tant de peine. Tu ne sçais pas comment il en va ; escoutte de grace, un peu. Cinq vaillants chevaliers errans, qu'on dit

de la Table Ronde, sont arrivez en ces pays, et ont eu la puissance de rompre les ruses et fraudes de nostre Pandrague. Icelle est maintenant fresche et a receu trois mille poinçonades et coups de foüet toute nuë, en avancement de paye; et la malheureuse aimeroit mieux estre bruslée, que d'estre ainsi escorchée et dechiquetée par tout le corps. Elle a perdu ce livre, et, pour ceste perte, elle se pense bien estre dépeschée : car nous l'emporterons. »
Alors Libicocque luy dit : « O Rubican, romps ce livre, deschire-le, de peur que quelqu'autre Magicien le trouve, qui nous feroit pâtir et endurer des travaux pires que les precedens. — Il ne faut pas, dit Rubican, deschirer encor ce livre; mais il faut qu'avant le rompre nous façions quelque galanterie. Je veux premierement conjurer tous les diables d'enfer, ou, si nous ne les voulons tous avoir, qu'au moins nous en ayons trente des principaux. O combien voicy de peintures! Vois-tu combien d'images? Je t'en prie, regarde un peu, Libicocque, en voicy plus de cent, plus de mille. Vois-tu, en ce premier feüillet, le Pentagone de Salomon[1]? Vois-tu combien de petites lignes passées dedans les autres? Combien de quarrez, de poincts, de nombres? Voilà Zoroastes Persien, depeint au premier cayer, lequel premier enchevestra l'enfer. Tu le sçais, je le sçay aussi, fait Pluton, et les diables, lesquels tantost il a rangez soubs la baguette, et mis à la cadene, tantost les a bastonnez, et rendus miserables. Voilà le magicien Thebite, destructeur de nostre Royaume. Voicy la table grande de maistre Piccatrix[2], par le moyen de laquelle avec certains nombres chascun est contraint d'aimer. Tien, voilà l'ouvrage de Michelasse l'Escossois[3], lequel, avec six

---

[1] Salomon passe encore chez les Musulmans pour avoir possédé des connaissances très-étendues en sorcellerie.

[2] Rabelais, liv. III, ch. xxiii, fait mention du « reverend père en dyable Picatris, recteur de la faculté dyabolologique. »

[3] Il s'agit de Michel Scott, théologien et astronome du treizième siècle, soupçonné par ses contemporains et accusé dans les siècles

faces de cire et une de plomb, se fait soubs l'influence de
Saturne et de Mars, et avec lequel on fait de si grands
miracles. Voicy le mesme Escossois, qui, estant à l'ombre
d'un arbre, feit, en un petit cercle, mille caracteres, appellant avec une haute voix quatre grands diables : l'un
vient de devers le Couchant ; l'autre, de la part du Levant ; un autre, de Midy, et le quart, de Septentrion. Il
leur fait consacrer un mords, avec lequel il bride un cheval noir, invisible à tous autres, sur lequel montant, puis
après il vole çà et là plus viste que n'est poussée en l'air
une flesche Turquoise. Voicy, d'autre part, ce mesme
magicien, qui compose un navire de telle sorte, qu'estant
eslevé en l'air, le porte voguant par iceluy avec huict
rames, et en trois heures tourne tout le monde. Il fait
un parfum de la moüelle de l'espine de l'homme, et
avec mots magiques il consacre une cappe, et pendant
ceste consecration, ceste vapeur penetrant jusques à nous,

suivants d'être en relations avec les esprits infernaux. Dante le
nomme dans le XXe chant de l'*Inferno* :

> Michele Scote fu che veramente
> Delle magiche frode seppe il giuoco.

Boccace, dans son *Décameron* (journée VIII, nov. ix); Pic de la
Mirandole, dans son *Traité contre les Astrologues*, le représen-
tèrent sous le même aspect.

En revanche, Scott a trouvé des défenseurs. Il est un des *grands
hommes accusés de magie* dont Naudé a composé l'*Apologie*. Quelques observations de Bayle tendent au même but sans dissimuler
le penchant qui entraînait le docteur écossais, comme tant d'autres de ses contemporains, à assigner à tous les effets réels ou
chimériques des causes surnaturelles. En 1739, un Allemand,
J. G. Schmutzer, regarda comme nécessaire de disculper sérieu-
sement Michel Scott de sortilèges et de maléfices, et il écrivit à cet
égard une dissertation spéciale : *De Michaele Scoto venefic i injuste
damnato*. Presque tous les anciens auteurs qui ont parlé de Scott
disent que ses livres de magie furent enterrés avec lui, circon-
stance à laquelle un poëte célèbre, qui s'est représenté comme un
petit-neveu de l'illustre enchanteur, a fait allusion dans le *Lai du
dernier menestrel*. Consulter d'ailleurs sur Michel Scott l'*Histoire
littéraire de la France*, t. XX, p. 43 et suiv.

on oit en l'air un grand murmure des Esprits. Car lors, nous sommes forcez, et nous tire à luy avec une grande violence que nous sentons. Quiconque, soit masle ou femelle, porte cette cappe, manteau, ou gabon, sur soy, quelque part où il aille, n'est aucunement visible. Voilà le cousteau d'Artault, qui arreste les fleuves, deseche les prez et pastoureaux, fait tomber la gresle sur les fruicts, et tous les oiseaux; il faict perdre la vertu à la calamite, ou aimant, de se joindre au fer, et nouë en amour les personnes. Vois-tu Apollone Thianée? Vois-tu, après, le Sarazin de Granate, grand enchanteur, et puis Magondat, comme, ayant appelé à soy les diables, il a ce qu'il demande? Voicy le Padoüan: le vois-tu? Voilà Pierre Aban [1], sçavant en la Physicque, mais plus sçavant en la Magie. Cestui-cy, pour son manger, et pour toutes autres choses, dont il a besoing, ne craint de bailler force escus et ducats : car, estant de retour à la maison, il fait revenir en sa bourse tout ce qui en est sorti, et le vendeur ne trouve pas en la sienne un seul denier ; et s'il pense tenir son argent en sa main bien close et serrëe, en l'ouvrant, il n'y trouve que du charbon, ou des buchettes, ou des mousches. Vois-tu tout cela depeint avec de belles figures ? Mais que muse-je davantage? Je voys commencer ma conjuration. »

Il marque un cercle à la façon des magiciens, au milieu duquel il commande à Libicocque de se mettre. Puis, ouvre son livre, lit et relit en iceluy, et après fait plus de trois mille figures, et avec une hardiesse, il invocque Semiphore : *Agla, ya, ya* : et fait toutes les prieres accoustumees aux magiciens. Voicy un grand, et merveil-

---

[1] Pierre de Abano, médecin et alchimiste italien, né en 1246, mort vers 1320 dans les prisons de l'Inquisition, où il avait été jeté comme sorcier. Son trépas le préserva du supplice du feu. Ses nombreux ouvrages sur la physique et les sciences naturelles, fort en réputation à l'époque où écrivait Folengo, sont aujourd'hui complétement oubliés.

leux bruit qui se fait par les bois, et par la forest, rompant et fracassant tout, la terre tremblant tout autour.

Barbarisse se presente lors le premier, avec Cagnasse, clabaudant : « Que veux-tu ? crient-ils. Que veux-tu maintenant, ô Pandrague ? » Mais, se voyans mocquez par Rubican, laschent soudain de villains vents de leur cul : ce ne fut qu'une belle risée par entr' eux. Rubican poursuit à feüilleter son livre. Voicy venir trois autres diables, avec un terrible bruit. Calcabrin estoit le premier, lequel estoit suivy par Gambator, et l'autre estoit Malatasque, qui jettoit du feu par les naseaux. « Que nous veux-tu commander, Pandrague ? disoyent-ils ; que demandes-tu de nous ? » Uriel, et Futiel, avec de grands cris, y accourent. « Pourquoy nous appelles-tu, Pandrague ? Pourquoy faire, nous demandes-tu ? » Voicy venir Farfarel, et Draganisse, lesquels se voyans mocquez ne s'en feirent que rire. Aussi-tost furent suivis par Malacod, dit la Ruine, et par le furieux Marmot, et par Satan avec ses trois cornes. « Que demandes-tu, Pandrague ? Pourquoy nous tourmentes-tu, Pandrague ? » Mais ne voyant point Pandrague, ains seulement Rubican, faisant le maistre de Magie, or pensez s'ils se rient, et se mocquent les uns des autres. Astarot y accourt à grand haste, et aussi Belzebut, apportant en main un fourgon. Malebosse le suivoit, et Graphican, tenant une fourche à trois dents. « Que veux-tu sçavoir, Pandrague ? A qui en veux-tu, Pandrague ? » Voicy Asmodée, Alchin, Molccau, Zaphe, Tarata, et Siriel. Tous ceux-cy brailloyent ensemble : « Qui a-il de nouveau, Pandrague ? Pourquoy nous appelles-tu ? » Stissafer, Melloniel, et Acheron, y viennent, et sont suivis par Malabranc accompagné de Ciriat. Chascun, par l'air tenebreux, s'escrie : « Que te faut-il, Pandrague ? Qui te fasche, Pandrague ? » Zaccar, Scarmile, Paimon, Bombarde, Minos, achevent la feste, et chantent de mesme : « Qu'as-tu à nous commander, Pandrague ? Que veux-tu de nous ? » Ayans puis après cogneu la tromperie de Rubican, ils se prinrent tous à faire telles risées, qu'il sembloit que la terre tremblast, et que le tonnerre fust en l'air, et que le Ciel deust tomber.

Balde, oyant un tel tintamarre, se leve soudain, et avec un grand courage, tenant l'espée nue au poing, se jette au milieu de ces diables. Belzebut, comme Prince des autres, abboye en l'air comme un chien, et ramasse les siens en un villain esquadron. Le bossu Garapel leur servoit pour lors de tambour, et, au son d'iceluy, chascun crie : « Arme, arme! » Belzebut, avec un seul son de son cornet, tire des tombes six cent milles diables armez. Lucifer, ignorant la cause, cherche partout, et veut sçavoir pourquoy on fait un si grand amas. On luy fait response qu'il n'y a point autre occasion plus grande que celle-cy, qui puisse faire amasser tant de diables ensemble, et faire un si grand tumulte. « C'est ce brave et ce vaillant Balde, redouté de si longtemps çà bas, et dont la memoire est assez cogneü par ces païs tenebreux. Iceluy, comme la Parque nous en menace par les livres de Seraphe, doit par force abbattre les murs d'enfers. Il faut maintenant par force le repousser de tout l'enfer, et empescher qu'il ne descende çà bas, s'il trouve d'aventure des eschelles pour descendre icy, où il nous ruineroit tous. »

Cependant Balde, avec son espée, hardi, et courageux, renversoit çà et là ces diables et sergens d'enfer, crians, hurlans, braillans, et tonnans. Iceux, avec fourches, fourgons, tenailles, crochets, grifes, ongles, et cornes enflambées, donnent sur Balde. Incontinent le Centaure se donne à soy-mesme un coup de foüet (car par le derriere il estoit cheval, et par le devant un brave et vaillant Paladin), et s'advance pour donner vistement secours à Balde, tenant en main un grand soliveau pour baston. Falcquet y court, Cingar, et Moscquin; mais Gilbert se haste d'aller autre part faire la garde à Pandrague, ayant ses cheveux en teste tous dressez de peur. Boccal, despourveu de courage pour donner secours à autruy, par une trop grande frayeur, avoit remply ses chausses de musc; çà et là il cherche à se cacher, et ne peut trouver lieu assez commode pour ce faire, et combien qu'il en trouvast, il luy estoit advis qu'il estoit tousjours descouvert : de pas en pas, il faisoit sur soy signes de la Croix; il eut bien voulu avoir de l'eau beniste, laquelle chassast de loing ces diables : il barbotoit mille Patinostres, et autant d'*Ave Maria*, et des *Salve Regina*; mais il ne sçavoit dire le *Credo*.

Or, est-il besoin que je descrive quelques coups de Balde, avec lesquels il feit voler en haut plusieurs cornes des diables. Ce grand esquadron d'iceux combattoit autour de luy : les uns frappent sur luy de costé, autres devant, autres derriere. Mais il ne craint leurs ongles, leurs dents, ny leurs grandes grifes, ny leurs fourches à trois cornes, ny tous leurs engins, avec lesquels ils jettent leurs glifoirées sulphurères, et leurs pots pleins d'une puante charongne, qui sont forgez par Malebosse. La force de Balde s'augmente de plus en plus, et, avec son espée donnant de taille, et de revers, et de toutes sortes de traits accoustumez en guerre, et principalement de coups d'estoc, perçant les bras et jambes de ces soldats infernaux, leur fait voler les testes cornues en l'air, lesquelles, à ceux qui les voyent de loing, semblent non testes, ny bras, ny jambes, mais corneillaux et noirs corbeaux. Cagnasse, abboyant de sa grosse teste de Chien, voulant avec les dens attrapper par derriere la ceinture de Balde; iceluy luy bailla, en se tournant, un si grand revers, qu'il luy feit tomber avec le devant du front deux cornes; et Malatasque, se rencontrant à ce coup, receut en la teste une playe fort grande. Ces deux s'enfuient remplissans l'air de cris. Barbarisse se presente devant Balde avec un grand fourgon, lequel il luy lascha de loin; mais Balde le prend soudain de la main gausche, et, le serrant bien estroit, le rompt en pieces, luy donnant quant et quant un revers de son espée, et le faisant saigner grande abondance de sang. Uriel et Futiel voulans escamper, Balde les 'attrappe, leur taillant les jambes. Farfarel, les voulant venger, jette son crochet sur la creste du heaulme de Balde, pensant le terrasser, ou au moins mettre sa teste à nud. Balde luy donne un estoccade à travers le ventre, laquelle, passant outre la vessie, alla respondre jusques au boiau culier.

Mais que fait Cingar? Que font Falcquet, Virmasse, et Moscquin? Iceux n'avoyent si forte partie. Car Lucifer n'en vouloit par ses gens qu'à celuy-là, lequel, s'il eschappoit, luy devoit bien donner de grandes affaires. Cingar se collete avec Rubican : luitent longtemps ensemble, se donnans l'un à l'autre le croc en jambe, et à force de reins, taschans à mettre son compagnon dessous. Tous deux sont rusez, et de fine laine, laquelle ne s'escarde (comme on dit) qu'avec pierres. Falcquet paist Libicocque de bons oiseaux de bois, lequel, s'en sentant assez saoul, veut faire retraite. Mais Falcquet ne luy en donne pas grande commodité, le tenant de la gauche, et le sassant fort et ferme de la droite, et avec un gros baston, luy faisant tomber la farine. Satan luy veut donner secours; mais, voyant qu'on luy faisoit sortir la poudre hors le poil, autant qu'il peut il se tient loing des coups. Zaphe attacque le Centaure à beaux ongles; mais Virmasse n'estime pas une prune si deux diables ne l'assaillent. Calcabin le prend par derriere en trahison, et se saisist de sa queuë, laquelle il tient ferme, et non sans raison; car pendant qu'on tire la queuë à un cheval, il ne peut ruer. Comme cestui-cy tenoit ainsi le Centaure, Zaphe l'assailloit par devant. Gamberot y vint encor faire le tiers, ayant aux mains des tenailles, avec lesquelles il tenailloit et pinçoit de tous endroits Virmasse. Iceluy, pour se delivrer de telles mouches, pousse du derriere une matiere assez puante, qui, prenant Calcabin par le nez bien asprement, luy feit lascher prinse, et retirant sa queuë, et se tournant court, luy donna un bon coup de baston, et prenant Zaphe par la corne, le jetta fort rudement contre terre, restant seul celuy qui jouoit des tenailles.

Non loing de là, Moscquin combattoit contre Draganisse, avec grands efforts d'une part et d'autre. Cependant Balde tuë Malatasque; lequel, estant mort, court cy, court là, fuïant sans sa fressure, et portant en main sa teste que Balde luy avoit avallée de dessus les espaules. Puis, prend Malacod par la queuë, et le tournoit autour de soy comme un plumail, et puis ouvrant la main, le laisse escamper à travers l'air, et à huict mil de là, s'en alla tomber à bas; et, pour une telle cheute, Marmot s'enfuit; aussi feit Astarot et Belzebut, qui le premier des trois s'enfuit belle erre. Voicy Malebosse se presenter devant Balde, estant chargé d'une bissachée de grosses balles de fer, luy lançant cruellement telles noisettes de son bissac. Toutefois, ce bourreau n'ose se tenir en place devant Balde, et se contente de le frapper, ou de le tuer de loing : comme aujourd'huy on porte à la guerre des arquebuses et mosquets, un coquin, un gueux, un pouilleux, un avaleur de miches, estant caché derriere une muraille, et aguignant comme un chat, mirant de loing, et serrant sa malheureuse main, et faisant un bruit, *tuf, tof*, en l'air, percera luy seul le cœur[1], et fera mourir ou toy, Jehannet de Medicis, le plus fort et robuste qu'on puisse trouver à present au monde; ou toy, Bourbon, la gloire premiere des François, par le conseil et par les ar-

---

[1] Un poëte français du dix-septième siècle avait dit : « Un peu de plomb peut casser la plus belle tête du monde, » pensée que Voltaire a exprimée de son côté :

> Et un plomb dans un tube entassé par un sot
> Peut casser d'un seul coup la tête d'un héros.

Cervantes met dans la bouche de Sancho Panza une idée analogue à celle qu'exprime ici notre poëte macaronique.

mes duquel nostre aage fleurist; ou toy, Louys de Gonzague, dont la magnanimité et la force leonine (d'icelle les preuves sont plus que suffisantes, et comparables par dessus tous les Rolands, et mesme par dessus tous ces Sansons, qui portent sur leurs espaules des montagnes et des rochers), est assez congneue par Charles et par ses Lieutenans, et mesme par le diable, auquel souvent en esprit tu as envoyé le Cartel. Ainsi Malebosse, volant tantost haut, tantost bas, lançoit d'un bras fort et roide ses bales de fer contre Balde, aussi rudement que feroient des bombardes bracquées devant un chasteau. Balde se voulant garantir d'un tel fol, et se preparant à en prendre la vengeance, et se depestrer d'une telle peine, ce bourreau escampe, et, en courant, monstre par mocquerie les joües de son cul; puis, soudain retournant, tire une bale de son bissac, la lance, et ne lasche jamais coup en vain; mais donne tousjours sur la teste de Balde, tellement qu'il ne luy donne loisir de dormir. Balde, pour eviter tels coups, tantost saute en avant, en arriere, à costé, tantost se baisse, et se repent bien de n'avoir apporté une rondache. Belzebut esperoit avoir la victoire par ceste façon de combattre, et en estre bien tenu à Malebosse. Balde advisé, voyant qu'il ne pourroit long-temps resister à telles canonnades sans se remparer de quelque chose, se jette habilement sur Belzebut, et avec la main gauche, le prend et retient de toute sa force par le poil long de son petit ventre, et, l'eslevant en l'air, s'en servoit d'un bon bouclier, et s'en paroit contre les balles de Malebosse. Par ce moyen, Belzebut, le Prince de tous les capitaines de Lucifer, et l'Archidiable, recevoit en l'eschine ou en la panse, malgré qu'il en eust, tous les coups que laschoit Malebosse, les sentant plus durs que pommes d'oranges. Soudain on commande à cet arquebuzier de prendre garde à la personne d'un tel prince; mais Malebosse ne pense à ce commandement, et, en continuant ses coups, prend la pomme avec laquelle il avoit autrefois terrassé Adam, et la jette, non en la façon que la jeunesse de Naples jette les uns contre les autres des oranges, mais comme fait une coulevrine de Milan. Ceste pomme bruit en l'air, et porte avec elle un grand feu. Belzebut reçoit ceste cerise, s'estant mis au devant du coup, et le pauvre malheureux en eut deux costes rompues. Ceste temerité en un simple capitaine sembla à tous les soldats ne devoir estre endurée, tellement que tous se bandent, et tournent leurs armes contre Malebosse, et l'eussent desjà mis en cent mille morceaux si Balde, prenant son party, ne luy eust donné secours. Balde, se voyant à repos de Malebosse, remet son espée au fourreau, et prend Belzebut avec les deux mains par les deux jambes pour s'en servir de massuë. Tous donc (ô la belle feste et le plaisant jeu!) s'efforcent de mettre bas ce capitaine des diables avec leurs cornes, leurs fourgons, leurs crochets, et le dechirer à belles dents; mais Alchin, Siriel, Malebranc et Minos, braves et vaillans capitaines, prennent les armes, et font armer leurs soldats pour secourir Malebosse leur cousin : car il estoit cousin germain à ces quatre. Plus de trente mille s'assemblent, crians : « Arme, arme! » et en moins de rien, chascun se met en ordre, en sorte que toute ceste armée diabolicque se divise en deux. Chascun se range soubs son enseigne; chascun suit son caporal; chascun tient le party de son capitaine. La renommée de telle esmotion court viste aux Enfers, et, estant fort adeulee, se pleint aux oreilles de Lucifer, criant que ses gens s'estoyent bandez les uns contre les autres, estans mesme les chefs divisez.

Lucifer monte promptement sur sa mule vieille de Nul-Temps, et eut tost fait que dit, s'il s'acchemine ; il oit de loing le son des tambours, des trompettes et des cornets, troublant en haut l'air et en bas le fleuve de Phlegeton. Cependant Asmodée, resemblant un sanglier, Melloniel à un Ours, avec six mille loups Stygiens, et autant de cruels sangliers, s'en viennent au combat d'une grande roideur, et commencent à joüer des mains. Acheron, Paymon et leurs compagnons, les reçoivent courageusement avec leurs becz de corbin, leurs faux et leurs groins dentelez, avec lesquels ils rompent et brisent une infinité d'ossemens. Taratat, avec ses hautes cornes, s'esleve plus que les autres, et s'advance demandant hardiment à ses ennemis s'ils avoient envie de se venir gratter. Stislafer ouvre bien cinq empans de sa bouche, et, en colere, vomist une bave meslée d'un villain et infect sang. Molcan ne tarde gueres, ni Zaccar, ny Graphican, et font haster leurs enseignes, estans suivies de huit mille diables. Malabranc les assaut le premier, et est secondé par Ciriat. Enfin vient Bombarde, faisant un terrible eschec. Il s'estoit desjà fait une terrible meslée. On oit le *tron tron* des cornets, le grognement des pourceaux, le hennissement des chevaux, l'abboy des mastins, le muglement des toreaux, le hurlement des loups, le sifflement des tygres, le grincement des lyons, le sifflement des dragons : tous tels bruits s'oioient entre ces Diables.

Balde s'estoit retiré un peu à part, aucun ne luy donnant empeschement, ny par fourches ny par bales ; car toute ceste querelle s'estoit divisée en deux autres parts. Il ne tenoit plus rien en main : son espée se reposoit, et ne vouloit sortir de sa gaine, et, s'estant servi une heure de Belzebut au lieu d'une massuë, il l'avoit mis en cent septante mille morceaux, ne luy estant resté en la main que le pied d'oye seulement, et tous ses membres estoyent demeurez en partie pendus à des arbres, comme la ratte, le cœur, les boyaux ; partie avoient esté rompus et brisez par la force de Balde, aspergeant la face noire de chasque diable de la sanie et sang d'iceux, d'où le miserable alloit çà et là cherchant les morceaux de ses membres. Certainement il avoit assez d'occasion de pleurer sa perte ; mais quels membres a-t-il pour faire telles plaintes ? Il n'a point d'yeux qui puissent baigner sa face de larmes pitoyables ; il n'a point de langue, qui avec grands cris puisse proferer *haâ*; il n'a point de mains, avec lesquelles il puisse, en gemissant, frapper sa poitrine. Cingar, avec ses compagnons, se retirent près Balde, et se tiennent tous ensemble serrez, contemplans cette obscure bataille.

Comme quand, pour apprester le souper à des païsans affamez, on emplist un chaudron de favottes de Cremone, ou quand on emplist un grand bassin de febves le jour des Mors, et que le feu est allumé dessoubs, lors se veoit un grand broüillement de ces favottes et de ces febves, tournans, virans sans dessus dessous, les unes sur les autres. Ainsi, l'enfer estant ouvert, durant ce combat diabolicque, on veoit une semblable meslée; comme si estoient ensemble pesle mesle des renards sans queuë, des ours avec des cornes, des mastins à trois pieds, des pourceaux et truies à deux cornes, des toreaux à quatre cornes, des loups ayant leurs gueules fichées derriere les espaules, des moutons et chevres maigres, des guenons, des tartarins, des sagouins, des lions à demi griphons, des aigles à demi dragons, des civetes, des barbazanes, des chathuans avec bras de grenouilles, et des asnes ayant des cornes de bouc soubs les oreilles[1]. Tous ces monstres de diables estoient embrouillez par semblable meslange, et font par entre eux un tel son et retentissement, que peut estre ne s'en est ouï de pareil par le passé, à present, et ne s'en verra à l'advenir; et de six mille voix ne s'en fait qu'une; et, si le Roy d'enfer et ce grand monarque infernal n'y venoit bien-tost, pour, par sa presence, par sa majesté et par sa splendeur imperiale, amortir ce feu, ce seroit fait de luy et des siens; sa Cour prendroit fin et son empire, et la chose publique s'en iroit en ruine. Voicy donc venir ce grand, ce haut de quarante mille pieds,

---

[1] Ne dirait-on pas que Callot avait lu la description de ces monstres lorsqu'il a retracé ceux qui figurent dans sa célèbre *Tentation de saint Antoine?*

cet horrible, ce sale et rude Lucifer, qui fait courir la
poste à sa mule, et huit des principaux seigneurs de sa
Cour gallopent après luy. Groindefer est un des premiers,
lequel avoit espousé la fille du Roy. Les autres sont
Moscque, Cutifer, Dragamas, Ursasse, et ces trois secre-
taires Calacrasse, Cesmelie et Pophe. Ils entendoient bien
l'horrible chamallis des combattans, et, en s'y acheminant,
ils se rencontrent où d'aventure estoit Boccal, non gueres
loing de la maisonnette de Guy, estant caché soubs un gros
fagot d'espines, tremblant fort et ferme au mois de Juin.
Et oyant un bruit nouveau derriere soy, comme il regardoit à travers ses espines, il avise un grand diable, touchant de ses cornes jusques aux estoiles, courir la poste
sur une grande mule. Or, pensez où en estoit ce pauvre
Boccal, voyant un si grand monstre, si horrible, si hideux,
si diforme, sur une telle vieille mule si grande, si laide
et si epouvantable, laquelle en passant son amble advançoit si fort les pieds, qu'il sembloit qu'elle les jettast sur
son dos, et que de son ventre elle essuyast la terre.
Comme soudain se leve un levraut de sa forme, quand il
sent le bracque avec son *bau bau* approcher près soy, et
tout estonné cherche à se perdre à travers les buissons,
ainsi se leve soudainement Boccal d'entre son fagot d'espines, et de malheur tiroit après soy ces espines attachées
à son manteau en fuïant, et ne pensoit pas avoir loisir de
se despatroüiller d'un tel embarassement, et faisoit comme
une fois il m'advint estant sur mon mulet, mal sanglé
par la lourderie de mon lacquais, et lequel avoit assez
bien repeu de son avoine, les serviteurs en sont coustumierement larges; quand je voulus sauter un fossé en luy
donnant de l'esperon, ceste meschante beste se leva contre mont, et la selle se tourna soubs le ventre, et, tombant
contre terre, ma teste se meit en forme dedans la fange ;
mais cependant le mulet, ayant son bas dessous soy, couroit tant plus viste qu'il se sentoit estre ainsi embroüillé,
et, alongeant le col, et tenant les oreilles droites, cou-

19.

roit de toute sa force. Ainsi Boccal, tirant après soy telle empestroire, s'embroüilloit de plus en plus, la peur luy servant d'esperon, et cherche quelque lieu de retraite au privé, ne craignant de s'y fourrer ; il ne se soucie de se mettre dedans de la civete intestinale, ou soubs de l'ambre de chien, moyennant qu'il puisse descharger ses espaules d'une telle peur. Groindefer l'apercevant, donne de l'esperon à son cheval, qui estoit sans teste et maigre comme un haran soret, les flancs duquel se pouvoient coudre ensemble. Boccal s'enferme dedans la chambrette, où estoit estendu mort le corps de Guy, et ce fagot d'espines demeura dehors, ne pouvant passer par la porte. Groindefer ne laisse d'entrer dedans. Boccal, se voyant surprins, prend vistement le crucifix, qui estoit, selon la coustume, posé au pied de la biere ; non pas pour s'en vouloir defendre, mais je ne sçay quelle bonne fortune donne sans y penser à un bon homme souvent quelque bon secours. O Dieu ! quelle plus grande merveille se peut presenter ? Quelle chose plus digne pour estre mise parmy les histoires ? Quelle œuvre plus noble se peut proposer aux graveurs, aux peintres et aux Poëtes ? Groindefer, aussi-tost qu'il eut veu la saincte representation qui estoit en ceste croix du grand Dieu tout-puissant, qui perpetuellement le chastie, et ses compagnons, en un feu eternel, tourne son cheval, et donne de l'esperon tant qu'il peut, braillant avec une forte voix, et demandant secours. Boccal, à qui la fortune se presentant à propos, avoit bien reussi, tenant en main ce signe de la vraye croix, court après ce Diable. Il rencontre Lucifer, lequel aussi tourne bride, et s'enfuit avec une grande furie. Boccal le poursuit, et en criant le menace, et chasse enfin le Roy d'enfer par le moyen de l'enseigne et estendart de Dieu. Ursasse picquant sa Giraphe cornuë, Moscque le suit tout tremblant, donnant coups de baston à son herisson, sur lequel il estoit monté. Cutifer talonne aussi le plus qu'il peut sa Chimere, et Minotore emporte Calacrasse ; Briarée, Esmilié, et Gerion porte Pophe ; le dernier est Dragamas, lequel foüette à bon escient son crocodile qu'il chevauchoit. Ainsi tous s'enfuient à grand haste ; et ces pauvres malheureux aimeroyent plutost endurer tous les tourmens, que de veoir Jesus-Christ. Boccal, les voyant ainsi bien fuir, ne cesse de courir après, jusques à ce qu'ils arrivent au champ de bataille, auquel on voyoit desjà de grands ruisseaux couler de sang noir. Mais les diables, voyans de loing le Crucifix, aussi-tost et en un moment crians et hurlans, s'en vont en fumée à plus de mille mil de là, et après eux demeura une si grande puanteur, que rien ne servoit de boucher son nez. Tous s'en vont à la mal-heure, et ne fut plus veu là aucun malin esprit, par le bienfait de Boccal. Vive donc Boccal, vive la bouteille, et vive l'insigne maison de l'ancienne Folengue !

LIVRE VINGTIÈME.

Après que les Diables furent ainsi deschassez par le seul signe, et par la seule presentation qui leur fut faite du Crucifix, et que Balde eust proferé beaucoup de choses en la loüange de Boccal, et qu'il eut mis son Pere au tombeau que le Centaure avoit trouvé, et avec luy mis aussi le corps de Leonard, ils engraverent au devant ces vers :

Icy gist Guy, Pere de Balde grand :
Leur beau renom le reste vous aprend.

Cest Epitaphe fut brief : mais, après que les armes de Leonard furent posées sur le tombeau, et autour d'iceluy, en signe d'un trophée, Gilbert, à la priere de Balde, chanta ces vers, lesquels aussi-tost il grava en la pierre :

> Les armes que tu vois icy haut attachées,
> Je te prie, ô Passant, les vouloir admirer,
> D'un pitoyable pleur les vouloir honorer,
> Et qu'au fond de ton cœur tu les tiennes fichées.
> Leonard, le nompareil d'honneur, les a chargées;
> Elles luy ont donné dequoy son los parer :
> Ensemble on les a veu en vigueur s'asseurer;
> Ore ensemble en ce lieu à repos sont couchées.
> Que Rome martiale, à ses fils belliqueux
> Se rende gratieuse, et s'employe pour ceux
> Qui ornent d'un costé de grands tours sa richesse,
> Par colonnes d'ailleurs appuient sa hautesse.

Toutes telles ceremonies lugubres et funebres s'acheverent par ces barons au mieux qu'il leur fut pour lors possible. Autrement, je vous prie, quelle convenance y a-il entre des tarantatare de trompettes et des sons de cloches? Et des *Kyrie eleisons* entre le maniement de picques? ou la brave assiette de beaux bataillons, avec *Requiem eternam*, *Miserere*, et *De profundis?* Vous suffise qu'au moins faisant en grande devotion leurs prieres, chascun dit à genoux son chapelet.

Or Pandrague restoit à estre payée de ses bien-faits, laquelle estoit encor attachée à un arbre. Ils feirent un petit taudis de bois sec couvert de coppeaux et autres buchetes pour brusler en iceluy ceste sorciere comme en une cage. Toutesfois Balde, qui avoit le cœur genereux, se recula loing d'un tel office, ne voulant veoir un spectacle si miserable. Ce fut là la fin de ceste putain. Ainsi puissent finir toutes les courratieres, et villaines louves, qui sont parmi le monde.

Ceste meschante ne fut pas plutost descenduë aux enfers, qu'incontinent ceste isle commença à flotter sur l'eau, estonnant les esprits des plus asseurez. Ils remettent en memoire ce que Guy avoit recité à Balde et aux autres, leur comptant que ceste isle n'estoit point isle, mais une baleine [1], laquelle, après que ceste putain seroit allée en l'autre monde, ne seroit plus estimée isle. Icelle donc flottoit sur les ondes de la mer si legierement, qu'elle faisoit plus de chemin que ne feroit une bale sortant de la bouche d'une grosse bombarde, et avoit en un clin d'œil fait trente mil de chemin. Cingar, tout desesperé, s'escrie : « Que trente diables est cecy ? » Le Centaure s'estonne, ce qui ne luy estoit point encor arrivé. Falcquet encourage tous les autres de n'avoir peur, leur disant que c'estoit chose plus loüable de veoir et apprendre tousjours quelque nouveauté, aller par le monde, endurer plusieurs travaux, que de gratter tousjours son ventre en son pays, et ne vouloir abandonner son pain. Mais Balde, ne disant mot, masche en soy-mesme une telle nouveauté ; et enfin commande à tous de se tenir sur le bord. Le bouffon Boccal leur dit « : Il est besoing de se resjoüir, compagnons, et cecy nous admoneste par un certain mystere que nous nous devons tenir joyeux. Car la terre ne defaudra point à nos pieds. Quelle tempeste marine nous pourroit donner de l'ennuy, puisque, passant la mer, nous sommes sur terre ? » Tous se regaillardirent sur ces paroles de Boccal. Ils voyent les ours, les onces, les leopards, et les lions se lancer hors des forests, lesquels, estonnez d'un tel remuement de terre non accoustumé, se jettoient en la mer. Puis Virmasse leur monstre comme derriere eux demeuroit le sepulchre de Guy ferme

---

[1] On trouve dans des écrits d'un genre fort différent de celui du poëme de Folengo des exemples de baleines prises pour des îles. La légende de saint Brandan, moine irlandais du neuvième siècle, auquel on prête de longues pérégrinations à la recherche d'une île imaginaire, contient un récit de cette espèce. Des auteurs scandinaves assurent qu'un évêque officia sur le dos d'un *kraken*; enfin, un volume peu commun, imprimé en 1621, contient, entre autres gravures, une qui représente un missionnaire disant la messe sur le dos d'un poisson. (*Nova typis transacta navigatio. Authore Honorio Philipono.*)

et stable sur un rocher au milieu de la mer, et aussi leur fuste demeuroit à l'ancre seule en la campagne marine. Ils apperçoivent de loing une autre plus grande merveille, qui estoit d'un haut geant, lequel paroissoit sur une grosse navire, et se tenoit droit comme le mas d'un vaisseau, et estendoit les bras au lieu de voiles. Car l'arbre par l'impetuosité de la mer, et par les vents, estoit tombé en l'eau. Je dis que ses bras servoient au lieu d'antenne, et son corps servoit de mas plus ferme qu'une grosse tour. Que les vents soufflent tant qu'ils pourront souffler, qu'ils facent gambader les ondes et sauter et danser les escumes de la mer resemblans de loing un trouppeau de bergeail blanc, ils esmouveront neantmoins ce grand et puissant geant, autant qu'un coup de pied d'une mousche sçauroit esbranler la forteresse et les murs de Trevise ! « Ho ! Diable, dit Cingar, qu'est-ce là que je veoy ? Ne voyez-vous, compagnons, ce grand geant ? Ne voyez-vous pas comme tenant la voile il demeure ferme ? » A quoy respond Boccal : « *Amen.* O malheureuse taverne, en laquelle un tel ventre se va loger ! A grand' peine un bœuf entier pourroit remplir un de ses boyaux ! »

D'autre costé, ce geant, approchant, s'estonnoit grandement de ce que ceste isle flottoit ainsi sur mer comme un navire. Iceux s'esmerveillent de veoir cet homme haut comme un mas ; et luy, d'autre part, admire ceste terre n'agueres ferme courir à present sur l'eau. Enfin, se joignans les uns les autres au milieu de la mer, comme il advient quand les vaisseaux, allans et revenans de Padouë sur le fleuve Brente, se saluent l'un l'autre ; ils commencent à s'envisager. Falcquet incontinent avec une joyeuse parole dit : « O Dieu, resves-je ? Est-ce là le phantosme de Fracasse ? Voicy, c'est Fracasse ; c'est luy qui tient ceste voile tenduë. » Moscquin confirme ce que dit Falcquet, et que c'est luy à la verité, disant : « Voilà sa propre personne : ô Dieu ! en quelle sorte se retrouvent les amis ! Nous pourrons bien maintenant aller tous en enfer, puisqu'avec nous est ceste montagne de geant. » Cingar, joyeux au possible, l'appelle et le suble. Mais Fracasse, s'entendant nommer par son nom, laschant sa voile, soudain saute du haut de son navire sur ce terroir courant, et pour la pesanteur de son saut, ceste isle de la Baleine cuida estre abismée sous les ondes, et pour telle agitation elle redoubla sa course ; car ses costes furent froissées par un tel saut. Aussi, ceste grosse navire Genevoise, de laquelle il avoit sauté, recula en arriere bien cinq mil ; car naturellement un batteau refuit derriere soy, quand aucun de dessus son bord se jette en terre.

Aussi-tost Balde et Cingar l'embrassent, mais par les jambes, et à grand peine par les genoux. Falcquet, Moscquin, et les autres en font autant, et se font tous force caresses.

Boccal, estonné du tremblement de ceste terre advenu par le saut de Fracasse, s'estoit allé cacher plus loing. Puis, il revient apportant avec soy une longue eschelle. Les autres le voyans en rient, et ne sçavent ce qu'il en vouloit faire. Estant venu devant eux, il va droit à Fracasse, voulant dresser son echelle contre ses espaules, n'y pouvant monter sans eschelle. « Que veux-tu faire, dit Balde, ô gentil Boccal ? Veux-tu avec ceste eschelle escheller un chasteau ? — Non, dit Boccal, mais je luy veux dire un mot en l'oreille, et rien autre chose. » Le bon Fracasse prend tout en patience, comme est la coustume entre compagnons paisibles. Cependant, se ridant le front, s'estonne d'une chose si merveilleuse, et y resve profondement en son esprit, et à grand'peine peut-il croire ce qu'il veoit de ses propres yeux. Il desire de veoir la cause d'une telle merveille, et veut mettre en effet son desir. Il se despouille tout nud, retenant seulement sa chemise, afin qu'il peust nager plus librement s'il en estoit besoing. Ils sont tous en esmoy pour sçavoir ce que veut faire Fracasse. Il les prie de se vouloir aussi tous despouiller. Ce qu'un chascun volontiers fait, craignans aussi bien d'estre noyez. Or Fracasse, grand et fort, et ne s'estimant pas moins qu'Hercules, arrache de dessus le bord un vieil chesne, puis tire de sa gaine un cousteau, duquel il avoit accoustumé coupper son pain, lequel estoit long de cinq brasses. Avec iceluy il cure ce chèsne de ses branches et rameaux, et le rend comme est un osier, duquel on lie les treilles, puis esguise le plus gros bout et le fiche contre le bord, ainsi que l'oiseleur picque en terre ses estançons, quand il veut faire la pipée, ou pour prendre perdrix, ou pour prendre cailles. « Ha! dit Boccal, il est besoing de manger des porreaux. » Balde, avec les autres, s'en rit : et Gilbert s'estonne fort de la force de ce geant.

La baleine s'efforce encor de singler plus fort, sentant ce pau entrer par entre ses costes. Après cela, Fracasse couppe les rameaux à un sapin, et puis l'arrache aussi aisement qu'on feroit une eschalote d'un jardin. Il l'accoustre en forme d'un grand aviron, et s'en veut servir d'iceluy au lieu d'une rame, l'appuiant sur le chesne qui luy devoit servir de fourchette. Or, affermant et asseurant bien ses pieds, et estendant l'eschine, commence à ramer au contraire où voguoit la baleine, et ne se repose la valeur d'une petite once, et s'efforce plus en plus, remuant ses bras avec la fermeté de ses reins, en sorte qu'on oyoit ses os cracquer le long de son corps nerveux, et de son visage tomboit une grosse pluye de sa sueur : il confesse n'avoir jamais tant travaillé. Balde, le voyant en telle peine, vouloit avec les autres luy aider ; mais Fracasse s'escrie : « Laisse, Balde, je te prie : ma fantasie est à present d'ainsi conduire le monde : je te prie, Balde mon ami, recule-toy. » Balde se retient à la priere de Fracasse, lequel employe toute sa force, et de bras, et de jambes, et de reins, suant abondamment, et avec une merveilleuse respiration reprend haleine.

Par l'espace de trois heures, il ne peut alentir le cours de la baleine, ny la destourner de son chemin, car, estant tourmentée, elle s'enforce davantage en l'eau, et, se sentant forcée, plus tasche à s'advancer, et ne peut estre retenuë. Ce que voyant, ce geant s'irrita fort, il donna trois si grandes secousses de son aviron l'une après l'autre, qu'il meit le nez en terre, tant il se baissoit et alongeoit. Enfin il parvint à son attente, et selon son desir, tellement que la baleine s'arreste et vogue à reculons. Chascun admira ceste grand force de Fracasse, ayant esté assez puissant pour faire changer le chemin à un si grand poisson, qui portoit sur soy un Royaume.

Ceste escrevisse allant ainsi en arriere, l'isle sembloit retourner d'où elle venoit. Pour cela, Fracasse ne laisse tousjours de ramer, et en dépit de nature veut demeurer victorieux : et, maniant son aviron, bouleversoit la mer, faisant eslever de grandes et hautes ondes ; mais la baleine, impatiente pour se veoir contrainte de lascher son chemin, et de ce que sa pouppe marchoit devant elle, fait sortir soudain sur l'eau sa longue queuë, et commence à la manier en battant l'eau avec des coups si grands, si cruels et retentissans si haut, que ceste bataille diabolicque n'avoit point fait un si grand bruit, et si la force du geant n'y eust donné remede, nos barons n'eussent sçeu s'en sauver. Ceste queuë (comme recitent nos Annales de Cipade) estoit longue de quatre cents brasses, et ne s'en falloit pas une. Elle la remuë de costé et d'autre, de droit et de travers, et la contourne en plusieurs nœuds, comme quand un paysan prend un baston pointu, et assaut en trahison un serpent endormi, luy pressant sur sa teste et avec son baston luy perce la cervelle comme un œuf ; et pendant qu'il tient ainsi son baston fiché, ceste beste, ne pouvant retirer sa teste, demeine le reste du corps, s'entortillant autour d'iceluy comme fait le lierre : ainsi ceste baleine battoit l'eau, et avec sa queuë tiroit des revers terribles, abbattant des ormes et brisant des vieils ciprez, et le bruit s'en oit à plus de octante mil de là.

D'autre costé, elle leve sa grosse teste du profond de l'eau et ouvre une grande et enorme gueulle : Ho! que ses yeux estoient grands et ses nazeaux larges! Sa teste sembloit une montagne, son front une campagne, et ses dents sembloient en longueur à des hauts pins. Fracasse ne donne cependant aucun repos à ses bras et se roidissoit davantage. Cingar l'encourage, luy disant : « O gentil Fracasse, tu monstres bien que tu es venu de la race de Morgant; sois ferme, ô vaillant Paladin! » Pendant que Cingar l'encourageoit ainsi, ceste baleine vomit une grande quantité d'eau, comme si c'eust esté un fleuve, et la lance d'une telle roideur, qu'elle brise plus de trente Ciprez aussi facilement que des brins de paille, et les tronçons verds en voloient en l'air. Ce mesme coup donna sur les espaules de Fracasse qui luy feit chanceler l'ame en son grand corps, et, quittant là son aviron, prend incontinent ceste queuë, la serrant bien estroit avec les mains, et la retient, luy donnant telles secoüades, qu'il la contraint de bugler et de jetter de grands vomissemens. « Retiens, dit Balde, tiens ferme ceste queuë, je te feray veoir un beau coup. » En ce disant, donne dessus une grande taillade de son espée, pensant la coupper net; mais il n'y feit aucun dommage, l'espée rejalit en arriere, car icelle estoit couverte partout de dures escailles. Soudain elle tourne sa teste et ouvre sa gueule creuse au possible, et efforce d'attraper le geant; mais iceluy luy baille un si grand coup de pied qu'il luy fait tomber trois dents de ses machoires. Icelle, buglant estrangement, fait des cris si horribles, que l'Echo en retentissoit jusques au ciel, et vomissant en haut des eaux en si grande abondance que c'estoit chose merveillable, elle salit toutes les filles de Juno. Derechef, sentant qu'on luy tenoit encor' sa queuë, elle tourne sa grosse teste pour engouler Fracasse; mais Virmasse, ayant le bras levé et le dard au poing, soudain le luy lance, et le fiche en l'un de ses yeux, et la pointe penetra jusques au fond de la cervelle. Cingar, Falcquet et Moscquin amassent de toutes parts des festus, des pierres, des tuilles, des fagots d'espines, des mottes de terre, se rians ensemble d'une telle sorte d'armes et d'une telle guerre. J'ay veu autrefois les païsans assaillir un loup, quand, poussé de faim, il cherche quelqu'agneau pour se repaistre ; il va trainant la queuë le long des sillons ou le long d'une haie jusques à ce qu'il aye prins ce qu'il demande : lors il fuit emportant sa proye, et ne craignant plus à se monstrer. Les païsans, selon leur coutume, espars çà et là, font de grandes huées, remplissent l'air de leurs cris effroyables, et avec leurs fourches-fieres l'arrestent sur cul. Quel tintamarre ils font, et courant et criant ! Tel ces barons en font contre ce monstre marin, s'esclattans de crier.

Balde avoit bonne envie de coupper en deux ceste queuë ; mais tant plus qu'il y touche et moins en vient-il à bout. Il jette de colere par dépit son espée et se prepare pour quand ceste beste monstreroit sa teste. Elle ne faillit de l'eslever derechef, pensant avaler tout d'un coup ce geant. Mais Balde, qui estoit pour lors encor' tout nud. saute soudain en l'eau et luy prend un de ses oreillons avec les deux mains. Falcquet saute aussi de l'autre costé, et se saisist de l'autre oreillon, estant secouru et aidé par Moscquin. Icelle hurle tant qu'elle peut, et de son cri estourdist le ciel et s'efforce de se retirer en l'eau ; mais elle ne peut à cause que Fracasse la retenoit par la queuë, et sa teste n'avoit plus telle liberté qu'elle souloit. Elle tire en haut, elle tire à bas iceux resistans entierement à ses efforts. Cecy vous sembleroit ne se pouvoir faire ; toutesfois les anciens registres contiennent cela estre ainsi arrivé.

Comme Balde et ses compagnons estoient en ces entrefaites, voicy le Pirate Lyron qui se presente. Iceluy, aussitost qu'il eut congneu avoir perdu sa demie galere, laquelle Balde et ses compagnons luy avoyent enlevée, il se meit à les chercher, jurant qu'il leur mangeroit le cœur. Il avoit jà bien fait six cens lieuës de chemin par mer et passé le destroit de Giblattar, s'enhardissant de voguer sur le grand Occan, malgré les vents de midi, et tournant la prouë vers l'Afrique à main gauche, il s'en vint sur ceste mer qui n'avoit jamais esté couruë par aucun, à l'opposite de laquelle est une montagne seche et aduste, laquelle est surnommée de Lune, parce que sur elle est fondé le plancher d'icelle : elle est toute creuse. Sur ceste mer, Lyron flotte, cherchant ses ennemis. Il maudit le ciel à l'occasion qu'il ne les peut trouver. Il avoit avec soy trente vaisseaux armez, dedans lesquels il avoit mis à la cadene mille Genevois qu'il avoit prins aux rives de Calicut, lesquels Philoforne, Prince de Mutine, y avoit conduits, et par la trahison d'iceux, leur chef avoit esté prins par ces pirates et avoit païé sa rançon pour mille ducats qui estoyent de la forge de Prejan. Lyron toutesfois se monstroit courtois envers luy et esventoit cruellement les autres avec un nerf de beuf. Il estoit accompagné de si grand nombre de vaisseaux à l'occasion de son entreprise, qui n'estoit pas de chercher seulement ses ennemis, mais aussi pour decouvrir plusieurs contrées çà et là. Plusieurs Roys, avec un grand nombre de deniers, taschoient à le prendre à la pippée en quelqu'endroit que ce fust, car c'estoit un Diable ne laissant vivre aucun. Commandant donc à ses galeriens de tourner les proues en ceste isle, il s'estonne voyant une queuë si estrange et une teste si pleine d'effroy, et le merveilleux corps et la force de Fracasse, lequel tenoit avec les mains ceste demesurée queuë. L'envie le prend de veoir de plus près ce que c'en est. Il descend le premier et commande aux autres de le suivre, et de luy amener son cheval Brisechaine. Ce cheval avoit esté autrefois à Leonard et l'avoit prins par combat naval à Balde. Il saute dedans la selle legerement, sans mettre le pied à l'estrié, et sans esperon manioit ce brave cheval à son plaisir. Cingar dit lors à Balde : « Il m'est advis que je veoy Brisechaine, le veois-tu, Balde ? Est-ce songe ou chose veritable ? Voilà certes ce voleur, ce pirate, qui avoit emmené nostre navire ; voilà ce bourreau de Diable ! » Balde, resolu contre tout peril et impatient, soudain s'advance et arreste ce cheval par la bride, encor' qu'il se veit nud. « Demeure, voleur! dit-il. Je ne te sçaurois nommer autrement ; tu es un voleur et digne d'un gibet : ce cheval cy n'est tien, il est à moy ! Mets pied à terre ! » Lyron, voyant la bride de son cheval ainsi saisie, s'estonne au commencement et pense un peu à soy, s'esmerveillant de ce qu'un homme tout nud entreprenoit une telle braverie ; enfin il donne lors de l'esperon à son cheval pour le faire sauter des quatre pieds sur ce Paladin. Mais Balde, dispos comme un chat, se tire à quartier en faisant un sault, et donne quant et quant un estoccade en la poitrine de Lyron si rudement, qu'il luy feit perdre l'haleine, ne la pouvant reprendre aisement. Là dessus plusieurs de ces pirates se viennent à la foule jetter sur Balde ; et devant eux marchoit un Capitaine nommé Hippolite, qui estoit frere de Lyron et se meslant d'un mesme mestier. Il estoit homme rusé, accort, et qui aimoit la guerre et à faire parler de soy. Quand le Centaure veit le combat eschauffé, s'arma incontinent de ses belles et luisantes armes, et s'en alla vers les vaisseaux de ces corsaires, lesquels estoient desgarnis de soldats qu'Hyppolite avoit amenez, exceptez cinquante. Fracasse, songeant de plus loing, n'ose abandonner la queuë de la Baleine, craignant que, comme l'oye, elle se meit entre deux eaux.

Balde s'estoit prins au fort Lyron, lequel il trouva rusé à combattre, et rude guerrier. Il tourne tout autour comme fait le Lion, et, encor' qu'il fust nud, si feit suer la chemise à l'autre, et bien que son corps ne fust aucunement vestu, si ne perdoit-il courage : sa dextre n'estoit nuë, mais estoit garnie de sa bonne espée, n'estimant rien le monde soubs le garentage d'un tel baston. Cingar craint que quelque mal'heur n'arrive par ce combat : il maudit la meschante fortune ; mais Falcquet le reprend, et luy remonstre que c'est un grand honneur de mourir en bataille : et tout soudain s'estant bien armé, va vers ces voleurs, ne les estimant pas mille oisillons, et se poussant ainsi de furie, crie : « Tue, assomme ! Retirez-vous maudits, qui n'estes que la merde du Diable : moy seul, je ne vous prise pas un poil. » Et, lançant son dard, en outreperce trois, puis il en jette un autre, et de ce coup en tue deux autres, qui avec le sang vomissent leur ame. En après, prenant la massue, avec laquelle il avoit accoustumé de combattre, il commença à rompre les os, mettre la cervelle au vent, briser les heaumes, enfoncer les cuirasses. Ils se fourre où il voit ses ennemis en plus grand nombre luy tendre leurs picques, lesquelles il met soudain en pieces. Personne n'ose attendre la cheute de sa massue. Aucun ne veut recevoir, ny se baigner en telle rosée; personne n'a envie de telles nefles. Cingar se joint avec luy, et font couler le sang sur la terre comme ruisseaux. Moscquin n'est pas loing, et donne de terribles revers, ensanglantant son espée jusques à la poignée.

Le Centaure, d'autre part, precipitoit en la mer ces miserables pirates, et avoit vuidé trente vaisseaux de tels voleurs : non pas que luy seul eust peu fournir à tel eschec; mais Philoforne, qui avoit esté prisonnier, considerant la fortune pouvoir succeder bien pour soy et pour les siens s'il donnoit aide à Balde et à ses compagnons, met l'espée au poing, et donne courageusement sur ces voleurs, se declarant, et de bouche et par effect, vray et fidelle compagnon du Centaure, etripant et crevant ces meschans. Puis destache les Genevois, et leur oste les fers des pieds. Iceux, se voyant en liberté, crient : « Arme, arme ! » et se saisissans des bastons des morts ou noyez, assomment ces larrons comme pourceaux. Car, se resouvenans des coups de latte et de nerfs de beuf qu'ils avoient receu d'eux, ils leur rendoient bien la pareille. Car Philoforne les avoit amenez en terre, et combattoient mille Genevois contre mille autres.

Cingar avoit en main le fer de sa pertuisanne, lequel n'estoit garni de sa hampe. Voyant ce secours venu à son party, s'encourage plus fort, et avec son fer ouvroit le ventre à tous ceux qu'il rencontroit, et le sang, rejalissant contre luy, l'avoit rendu tout rouge, et remet en memoire les beaux faits et vaillantises par luy commises en sa Cipade. Mais Boccal s'estoit caché en un creux, et, comme le lievre, s'estoit couché contre terre, ayant ceste opinion que cestuy-là estoit un pauvre malotru qui s'eschappoit de la mort, par quelque maniere que ce fut.

Hippolite avoit longuement consideré telle meslée, et s'esmerveilloit de veoir des guerriers si braves, et n'avoit voulu ce Capitaine desgainer son espée, ny mettre sa rondache au bras. Car, en son cœur, il prenoit grand plaisir, voyant Balde et ses compagnons combattre contre les siens de si grand courage, et avec telle adresse, qu'ils sembloyent tous estre des Rolands, ou des Renauds, tant ils avalloyent de testes, de bras, de mains, faisans de terribles monceaux de corps morts, et sembloit toute la campagne couverte d'iceux. Chascun fait preuve merveilleuse de sa vaillantise, purgeant le monde miserable de telle ordure de larrons. Si aucun eust veu tant de cuirasses, tant de heaulmes, morions, et telles armeures esparses çà et là, en pieces, certainement il eut dit qu'il n'y avoit rien au monde de plus horrible, non pas mesme les tremblemens de terre, ny les foudres, ny les tonnerres. Hippolite cependant voyoit qu'il tardoit trop : il pousse promptement son cheval Rochefort, et tenant en main son espée, et son escu au bras, il sembloit un torrent descendant de la montagne. Cingar le voyant venir : « Garde, Falcquet, s'escria-il; voicy un lourd jouëur! Tien ferme, je ne te faudray point. »

Comme le pilote advisé, voyant la vague avec un

grand bruit des vents venir vers luy, la reçoit en luy mettant au devant la proue de son vaisseau : ainsi Cingar, contre le furieux assaut d'Hippolite, se roidist pour l'attendre : mais il ne peut eviter le coup d'Hippolite, lequel luy donna sur la teste si rudement, qu'il oublia s'il estoit jour ou nuict. Falcquet, voyant son amy en tel hazard, s'enflambe de colere outre mesure, et de sa massue donne sur le heaulme d'Hippolite, et redouble derechef, donnant plus asprement qu'à la premiere fois, et luy fait tomber le pennache à bas, et à la tierce, luy donne en mesme endroit un tel coup, qu'il le contraint d'embrasser le col de son cheval. Le mont-Gibel ne paroist si en feu comme Hippolite brusloit de colere. Il bouffe de furie, et de despit, bruiant comme une tempeste, et, prenant son espée avec les deux mains, vouloit fendre Falcquet en deux ; mais iceluy feit un saut à costé, evitant ce coup. L'autre ne cesse de redoubler ses coups. Falcquet ne peut eviter ceste cerise, qui fut si brusque, et si gaillarde, qu'il ne se peut tenir de tomber, estant sa visiere emportée. Cingar, soudain tout furieux, s'advance, et donne un grand coup sur le bras droit d'Hippolite, pour luy faire sortir du poing son espée. Falcquet incontinent se releve, et, pendant qu'Hippolite estoit empesché avec Cingar, Falcquet d'un autre costé luy donne un coup de sa massue. Hippolite, laissant Cingar, et se revirant vers Falcquet pour le charger, Cingar le reprend, et luy fait tomber une partie de son harnois. Comme un lion se monstre terrible en combattant contre deux Ours, se jettant tantost sur l'un avec ses pattes, tantost sur l'autre avec la dent, n'ayant pas loisir de pouvoir reprendre haleine, recevant un coup de dent de l'un, pendant qu'il s'amuse à l'autre : ainsi se comportoit, entre ces deux, le vaillant Hippolite. Il estoit espris de si grand' rage, et d'une telle furie, que le feu, pour une telle colere, luy sortoit de la teste. Pendant que Cingar s'advançoit trop devant luy, il reçoit une telle taillade, non sur l'eschine, mais sur l'oreille, qu'il luy semble oüir cent mille tintouïns, et tombe tout estourdi à terre, alongeant les cuisses, et s'estandant tout à plat comme une grenoüille. Le sang luy couloit des narines, de la bouche, et des oreilles, abreuvant de sang la terre tout autour de soy. « Ha! voleur, dit Falcquet, meschant ribaut, as-tu tué un si vaillant homme? » Et, en ce disant, il prend à deux mains sa massue, fait un saut en l'air, comme feroit un Leopard, et donne sur le heaulme d'Hippolite avec telle puissance, qu'il met en pieces son escu, lequel il avoit jetté sur sa teste pour se garentir d'un tel coup, et neantmoins Hippolite ne peut si bien s'en sauver, qu'il ne donnast, à la renverse, de la teste sur la croppe de son cheval, lequel l'emportoit çà et là, estant demeuré en selle, et les bras étendus et pendans.

Cependant tout le fort des ennemis s'approche, et Cingar estoit desjà revenu à soy, et estoit sus bout. Un Lion rugissant, blecé par le veneur, ne s'acharne point plus sur les dogues et mastins de Molosse ou de Corse, deschirant les uns et les autres avec ses ongles, que faisoit lors Cingar sur ses ennemis, estant accompagné de Falcquet, qui, d'un costé et d'autre, donnoit des coups orbes avec sa massue. Ces deux, bien serrez ensemble, faisoient fuïr de devant eux plusieurs personnes, lesquels n'avoyent honte de leur montrer le dos.

Balde cependant donnoit bien des affaires à Lyron, et l'avoit mis en blanc de ses armes : et si Fracasse se fut mis de ceste meslée, sans doubte Lyron y eust fini la vie. Moscquin, le Centaure et Philoforne, se tenans ensemble, font rougir la terre de sang, et font voler les trippes en l'air à plusieurs. Personne pour lors n'estoit demeuré sur les galeres et navires ; tous, tant Mores que Genevois, combattoyent sur terre : et le Centaure, ayant fait sauter en l'eau ceux qui y estoient restez, estoit aussi venu donner secours aux siens. Gilbert, se pourmenant sur le bord tout seul, s'en va vers les navires, entre dedans, et n'y trouvant personne, se tient en l'une d'icelles, se contentant de veoir de loing une telle et si furieuse escarmouche, n'ayant aucune expertise de la guerre. Il a horreur de veoir tant de tronçons de picques, et autres tels bastons de guerre voler en l'air, et tant de voix lamentables retentir sur la mer, et tant de membres retrenchez et laissez çà et là, tant de ruisseaux de sang, et tant de monceaux de corps morts. Il luy sembloit que ce fust une boucherie, voyant tant de poulmons, d'entrailles, de trippes, de fressures, de panses, de rattes, pendre aux arbres et ensanglanter les herbes. O les cruels coups! ô playes dignes d'un Renauld, et d'estre chantées par cent doctes Virgiles! L'un frappe, l'autre pare; l'un taille, l'autre est fendu; vous eussiez veu les mailles, les cuirasses, les plastrons, les rondaches voler par pieces comme oiseaux. Les corneilles et corbeaux, voyans tant de sang, estoyent en terre criant, et s'amassoient ensemble. Les connils, lievres, quittoient d'effroy les bois. Les poissons estonnez sauteloient sur l'eau. Ces pirates commencent à monstrer les talons; les nostres les chassent vivement.

Cependant Fracasse ne lasche la queuë de la Baleine, et commande à ses compagnons de se saisir des navires, qui estoyent vuides; parce qu'il vouloit faire un beau trait, et digne d'une belle fin. Alors, tous pensans qu'il ne pouvoit plus tenir ceste queuë, laquelle estoit coulante comme est une anguille, se hastent, comme font des passagers, qui, voulans aller à Padouë par le fleuve de Brente, viennent à la foule se rendre à une barcque, de laquelle le barcquerolier crie: « Apave! » Balde, toutesfois, ne se souciant de l'advertissement de Fracasse, ne veut point quitter sa prinse, et, comme un hardi champion, et comme un conquerant d'honneur, s'estoit resolu d'avoir la victoire de Lyron. Le Geant tourne la queuë de ceste baleine avec si grande violence, que, de douleur qu'elle sentoit, elle esleve derechef la teste contre luy, pensant l'engloutir comme fait le levrier, le levraut. Il quitte la queuë, et soudain se saisist de la teste, laquelle il tort comme on fait le col d'une oye, et en quatre tours il l'arrache et la separe du corps. Aussi-tost, peu à peu, les bords tout autour commencent à s'escouler au fond de la mer, en sorte que ceste isle, qui estoit portée sur le dos de ceste beste, se perd, et chascun sent la terre defaillir sous ses pieds, et, de peur d'estre noyé en l'eau, desire avoir des aisles, se sentant avoir desjà l'eau jusques aux fesses.

Desjà la baleine estoit au fond de la mer, et avoit attiré avec soy plus de six mille journaux de bois, par dedans lesquels les poissons se promenoyent, se resjouissans d'une telle nouveauté : aucuns estoient perchez sur des arbres, et sur la sommité d'iceux mangeoient le gland, s'esmerveillant de veoir tant de chevreuls, lievres et cerfs noyez, et de rencontrer tant de corps et de membres humains, tant d'armes, tant de merrain, tant de tables, de cloches et mille autres choses. Auparavant, ces Barons avoyent gagné le dedans des vaisseaux de mer, et ce qui estoit resté des Genevois. Iceux avoyent occupé tous ces vaisseaux, ausquels comme ces miserables corsaires vouloyent à nage entrer, demandans pitoyablement qu'ils fussent receus, on les repoussoit cruellement, exceptez quelques-uns qu'on print pour fournir aux rames, et ausquels on meit les fers aux pieds, leur apprenant à manier des plumes mal taillées.

Fracasse, en nageant, remue les bras avec telle force, qu'il fait de grosses ondes, pliant les jambes, et de la plante des pieds poussant l'eau. Il ne faisoit tempester la mer moins que lorsque la Tramontane et le Nord-Est sont repoussez par Nord-Ouest ; et, comme il nageoit ainsi, il rencontre de bonne fortune Boccal, qui n'avoit rien mangé, mais beuvoit sans fin, et en avoit quasi pleine mesure. Il le prend et le met sur sa teste, sur laquelle Boccal alors ne se trouva moins asseuré que le Castelan de Musse ou de Salei. Hippolite estoit gaillardement porté par son cheval. La mer portoit le cheval, et le cheval portoit le maistre, qui n'avoit que les jambes en l'eau.

Cingar estoit au haut de la pouppe du plus grand vaisseau, et n'avoit les yeux tendus que pour veoir Balde. Ha! miserable que je suis! s'escrie-il. Balde, seroit-il d'aventure soubs l'eau pour servir de pasture aux poissons? Ha Dieux! qui guidez les destins, est-ce là vostre justice? La destinée des hommes est-elle conduite avec telle raison? J'incague les malheureuses estoiles : j'incague Mars, Phœbus et toute telle canaille. Il me fasche que je ne puis escrire vos meschancetez, j'en composerois un bien ample volume. Vous n'estes point Dieux, mais plutost la merde et lie des diables. Le peuple qui vous adore est fol et sans cervelle ; vous, qui n'estes que coquins, rabioleux, yvrongnes, homicides, rufiens et putaciers. Venus est-elle pas une vraye putain publique de tout le monde? Juno, la sœur de Juppiter, n'est-elle pas ennemie de Troye? et toutesfois Juppiter l'a prinse pour son espouse! De mille filles cinquante ne pouvoyent suffire à Juppiter, voire cent, voire trois cent. C'a esté une lourde beste, laquelle neantmoins à tort Homere a tant loüée, et ce lasche gode de Virgile et toute la bande des Poëtes. Je te fais la figue et t'embrene d'estrons. Que le cancre te mange, et qu'il n'en demeure rien, qui as rempli le monde de tant d'ordures! Dis-moy, ò Juppiter, merde puissante, pourquoy tout le peuple t'a-il estimé autheur du ciel, veu que tu es un adultere, un avaricieux, un violeur et bourreau des chastes filles? Tu as, voleur, couppé a ton Pere ses sonettes, afin qu'il ne feit point plus de trois fils. Tu as, puis après, bourreau, violé ta sœur : tu as forcé Alcmene pour forger un Geant, qui emportast la palme de toutes grandes entreprinses, et toutesfois une petite femmelette, par un simple regard, l'a renversé et l'a contraint de filer et tirer à la quenouille. Toutes celles qui plaisoyent à tes yeux, fussent tes parentes ou non, tu les corrompois en asne desbasté. Si tu es encor' en vie, que tu te puisses rompre le col, puisque tu nous envoye des morts si cruelles, puisque la lumiere de toute vertu, Balde, est esteinte! »

Pendant que Cingar mettoit au vent telles folles parolles, et renioit son baptesme, Fracasse, levant les yeux au Ciel, bravoit aussi de mesme : « Je jure, dit-il, par ce saint Baptesme que je porte sur ma teste, par ce ventre qui m'a mis au monde, je chercheray tant par monts et vallées, par les cavernes, par les bois et forests, par terre et par eau, par les manoirs obscurs de Diables, et, s'il est besoin, par les hautes demeures du Ciel, que je trouveray mort, vif ou malade, Balde, avec lequel je suis resolu de vivre au Ciel ou en enfer! Mais, avant cela, j'osteray à ce marroufle de Pluton son Royaume, et luy jetteray à bas sa foible couronne, et gouverneray sous mon sceptre toute ceste race de diables. » Puis dit : « O compagnons, laissez cet ennui, vengeons Balde! il ne nous reste plus que cela. Suivez-moy, je vous prie, et allons là bas à cet enfer? » Il appelle tous les capitaines en la plus grande galere, et commande à tous les autres de la suivre.

Enfin, ayant prins terre, Fracasse, avec son grand maz en la main, se met en chemin. Moscquin le suit, Falcquet et tous les autres. Cingar veut demeurer seul, pour prendre garde, si, entre les corps que la mer pourroit jetter à bord, il y verroit point celuy de Balde. Le Centaure demeure avec Cingar. Tous les autres vont après Fracasse, non sans pleurer ; chascun n'estimoit pas sa vie deux souppes. Là où le chemin sembloit plus rude, tous le prennent, ne se soucians ni d'espines, ni de ronces, ni de pierres, ni des tempestes, des pluyes, ni du froid, ni du chaud. Les tigres, les lions, les sangliers, les serpens, les voleurs ne leur font peur. Ils combattent tout ce qu'ils trouvent, ils mangent ce qu'ils peuvent trouver; s'ils ne trouvent rien : « Patience! » disent-ils. Enfin, ils arrivent au pied d'une montagne, au haut de laquelle à grand' peine des chevres pouvoient-elles monter. Ils n'y montent point, mais, sans aucune frayeur, entrent au commencement d'une caverne, et penetrent dedans le creux de ceste montagne. Falcquet va le premier, sondant le chemin, et apprend aux autres où il falloit qu'ils assisent leurs pieds. Fracasse n'y pouvoit cheminer que tout vouté, car autrement il se fut donné de bonnes lorgnes en la teste, contre le haut de la voute.

Cependant, Cingar, se promenant seul le long de la mer, et regardant à ses pieds, pleuroit amerement son amy, sans lequel il n'esperoit pas pouvoir vivre quatre heures. Il se fust souvent tué de son espée, s'il n'eust esté empesché par la presence de Virmasse. Mais enfin, voicy venir de loing un cheval, qui estoit le meilleur de tous : c'estoit Brisechaine, lequel (qui ne diroit cecy estre menterie) portoit sur son dos deux vaillans corps; à sçavoir, Balde en croppe, et Lyron en la selle; car, Balde, quand il sentit l'eau croistre, et Lyron eut tourné la bride de son cheval, ne l'un ne l'autre, ne se soucierent de mettre fin à leur combat, ne voulans se noyer. Balde sauta en trousse derriere Lyron, et l'embrassa, et Lyron luy bailla la main, usa envers luy de parolles gratieuses, et luy donna courage, et, d'ennemis, se rendent bons amis; car, un peril commun faict devenir freres ceux qui estoient ennemis. Brisechaine nage le mieux qu'il peut, ne monstrant sur l'eau que le nez, et au-dessus se voyoient seulement les testes de deux hommes, et quelquefois font le plongeon, comme fait le canard, ou l'oye. Balde avoit du pire, estant sur la croppe, et estoit contraint d'avaler souvent des gorgées d'eau salée. Toutefois il prend courage, esperant le secours divin. Cingar, appercevant de loing ce cheval, appelle son compagnon, et luy monstre ce qu'il voyoit sur l'eau, ne sçachant à la verité ce que c'estoit, parce que la veuë humaine ne peut penetrer si longue espace d'air. Le Centaure se jette soudain en l'eau, nageant fort bien, à cause qu'il

estoit en partie cheval, et, s'estant advancé bien avant en
la mer, arrive près de Brisechaine, qui commençoit à
perdre son haleine, ayant sur soy une trop grande charge.
Il prend incontinent Balde, et le met sur son eschine de
cheval, donnant, par ce moyen, grand allegement au cheval de Lyron.

Cingar, qui voyoit cela, sent une joye couler par toutes ses moüelles, comme une cire, qui font au feu ; car
il sent en soy une si grande douceur, qu'il n'eut pas
voulu avoir le derriere en des braisches de miel. Enfin,
ils parviennent tous à bord et prindrent terre. Là, se
feit soudain une nouvelle feste, force baisers, force caresses plus douces que succre. Balde, avec une façon si
courtoise et gratieuse, gagna tant Lyron, qu'iceluy se resolut de suivre Balde partout. Hippolyte estoit aussi arrivé à bon port sur son cheval Rochefort, qui l'avoit bien
sceu tirer du danger. Lyron le va trouver, l'embrasse,
le prie de ne vouloir plus apprehender aucun travail, et
d'estre content de se soumettre comme luy à ce brave
chevalier Balde. « J'en suis content, respond Hippolyte,
et je feray tout ce que tu me commanderas. » Aussi-tost,
les bras tendu, s'en accourt à Balde, lequel le reçoit en
grande alegresse, et avec un bon lien d'amitié, s'unis-
sent ensemble, comme vrais freres, reputans leur force,
ainsi unie, estre telle, qu'ils n'estimeroient pas tout le
monde une gousse d'ail. Hippolyte monte sur le cheval
Parde ; Balde, sur Rochefort, et Lyron, sur Brisechaine.
Philoforne, à la priere du Centaure, monte sur sa
croppe. Cingar, ne s'en souciant point, alloit à pied
comme un estaffier. Ils s'en alloient ainsi equippez,
quand il leur ressouvint des trente galeres et navires
qu'ils avoient laissées. Balde pria fort Lyron et son frere
Hippolyte, de n'abandonner point tant de vaisseaux, qui
leur pourroient servir, et aux leurs ; mais Lyron, ni Hippolyte, n'y voulurent aucunement entendre. Philoforne
en voulut aussi peu prendre la charge, tant la calamite,

et pierre aimantine, qui est tousjours en une bonne compagnie, les tiroit à elle. Ils s'en vont donc, et laissent leurs galeres et leurs gens, estimans que ce leur estoit une trop grande importance de ne suivre Balde.

Le seul Cingar tenoit l'estrier, et marchoit à pied comme un lacquais, jusques à ce qu'il veit un paysan, qui menoit deux asnes. Mais cest asnier, appercevant ces soldats, incontinent prend un autre chemin, et touche ses asnes dedans des buissons de la forest. Cingar crie après luy : « Ho, demeure, escoute, villain, escoute un mot : arreste, te dis-je, bon homme? » Iceluy respond : « Ba, ba, chiz, chiz, chiz, va là, hai. » En disant ces mots, faisoit doubler le pas à ses asnes. « Où diable vas-tu? dit lors Cingar : je te feray recognoistre maintenant ta folie. » Il court après luy, criant : « Villain tangar, si tu ne mets pieds à terre, tu t'en repentiras : descends, maroufle ! Nostre loy nous commande, que quiconque a deux casaquins ou manteaux, en doit donner l'un ou l'autre à celuy qui n'en a point; autant est-il de celuy qui a deux asnes : il en doibt bailler un à celuy qui va à pied. » Le Paysan s'escrie, et ne veut descendre, et, feignant n'entendre rien, dit à ses asnes: « Euz, peut, chiz, hai, ira-t-il. » Cingar, enfin, l'attrappe et le pousse si rudement, qu'il le jette avec son asne en un fossé, et saute sur l'autre, l'enjambant gaillardement, et le faisant marcher si doucement, qu'il n'eust pas voulu avoir une hacquenée françoise, ni une mule de Rome ; car cest asne embloit si legerement, qu'avec les pieds il deschicquettoit menu les feüilles qui estoient par le chemin; ticque ticque, ticque ticque, ticquetoc, resonnoient les pierres sous ses pieds : jamais ne bronchoit, et ne luy falloit donner aucun coup d'esperon; car lors, il ne failloit de ruer d'un pied et se fascher, car c'est un grand miracle, si un asne, en luy donnant de l'esperon, ne tire deux ou trois coups de pied. Ce ne fut pas un petit plaisir entre ces Messieurs, voyant ceste petite beste ne faillir, quand

Cingar le talonnoit et luy bailloit de l'esperon, de se reserrer le ventre, et mettre la teste entre les jambes en levant le derriere, en sorte que Cingar, en faisant rire la compagnie, estoit contraint mettre main à terre, et tomber plus rudement que s'il fut cheut de dessus un cheval.

Avec ce passe temps, tous ces compagnons arrivent au pied d'une haute montagne : montagne, dis-je, si extrememement haute, qu'elle sembloit servir d'une colonne au pole, estant sa cime en la plus haute region de l'air. Icelle est surnommée de la Lune; et au pied d'icelle, ils rencontrent une grande caverne, laquelle, par plusieurs destours, s'estend partout. Le Centaure y remarque les pas de Fracasse, dont un chascun se resjoüit, et tous se deliberent de suivre ce train. Balde met pied à terre : aussi, font Lyron et Hippolyte. Cingar, qui venoit après, dit : « Qui demeurera derriere, ferme la porte, comme dit le proverbe. »

LIVRE VINGT-UNIEME.

Nous venons enfin au port redoutable de Malamocque, lequel, au milieu de la mer, a en soy cent mille diables, et menace d'engloutir ma petite nacelle. C'est une grande folie de vouloir faire voguer sur mer son esquif, quand il y a du bruit entre les ondes. Que feray-je donc? Il vaut mieux abbattre la voile, et asseurer l'ancre avec plus fortes cordes. Nous n'avons pas le courage d'outrepasser ce pas : ce pas, dis-je, qui est si rude, si horrible, et si meschant, auquel souvent plusieurs barques, plusieurs vaisseaux se perdent. Je n'ay point le cœur si hardi, que je voulusse sonder un tel peril. Mon vaisseau est au fond sans poix, est percé de toutes parts, perd sa bourre, et est entr'ouvert. Que feray-je donc? M'en retourneray-je tout peureux? C'est tousjours une chose difficile d'escorcher la queuë; mais, parce que je ne recevrois pas une courte honte, ayant ja vogué plus de trois cent mille mil, et n'ayant eu cy-devant peur des abbois de ceste chienne Scylle, ni craint la rage enflée de Carybde, si maintenant je n'osois essayer quels sont ces diables de Malamocque. Donne-moy courage, ma sorciere Togne, et n'ayes aucunement frayeur. Certainement ce sera, comme je le confesse, un grand travail à ton eschine, puis qu'il faut alonger les bras contre des bestes. Il faut donc accompagner Balde soubs les maisons infernales, ô Muses, et assaillir les peuples des sorcieres, lesquelles Gelfore seul gouverne au fond de la mer.

Balde et ses compagnons cheminoient par l'obscurité de cette grande caverne, et n'estoit de merveille, si souvent ils se congnoient la teste contre les pierres, et choppoient des pieds contre les cailloux qu'ils rencontroient: dont ils se rioient, et s'encourageoient les uns les autres, prenant en gré et en patience tout ce qui leur arrivoit. Ceux qui alloient après Fracasse n'estoient pas à deux traicts d'arbalestre, que luy, qui avoit la teste quasi rompue de coups qu'il se donnoit çà et là, ouït le bat de quelques chevaux qui le suivoient. « Qu'est-là? dit-il, hola, demeurez un peu; escoutez: j'oy le bat de quelques chevaux: seroit-ce point le Centaure, qui a forme de cheval derriere soy? » Comme il achevoit ces mots, Cingar, approchant, crioit: « O, ô Falcquet! ô, ô, Fracasse, Boccal! » Gilbert, joyeux, dit: « Voilà la voix de Cingar: attendons-le. » Tous alors s'arrestent, et s'amassent ensemble, ne se pouvans congnoistre l'un l'autre. Fracasse voulant donner une accolade à Balde, il se feit une grosse beigne au front, contre une pierre de la voute.

Aussi, Boccal voulant toucher Balde, il luy cuida avec le doigt pocher un œil. Cingar dit : « Advancez-vous, voyons cest abisme, et que Falcquet nous serve de guide? » Puis ils se mettent quatre à chanter; car, comme quelquefois il arrive, ils se trouverent quatre bons musiciens. Gilbert prend le dessus avec sa voix douce et deliée; Philoforne prend la taille; Cingar, diminuant de sa gorge les notes, chante la haute-contre; Balde est pour la basse-contre. Ces quatre, marchans ensemble, gringuelotoyent divers motets, et, par tels plaisans chants, adoucissoient la peine et le travail du chemin. La gorge de Gilbert, imitant Phebus, triomphoit de chanter, et de ce *sol, fa, ut*, montoit melodieusement jusques à *la*, diminuant legierement les minimes crochues et demy-crochues, autant et aussi subtilement que sçauroit faire Trinsant, de la main, sur son espinette. Philoforne fait bien retentir les notes longues et brefves, et, relevant sa voix, soustient avec icelle tout le chant. Aucunefois il attend quatre pauses, huit, vingt, trente, comme est l'usage du Teneur; et pendant qu'il se tait, la musicque ne se fait que de trois. Cingar ne chante pas moins de la bouche, comme il est eloquent de la langue : tantost il va avec sa voix trouver le Ciel; tantost il descend aux Enfers avec l'eschelle d'Aré. La voix des autres n'est point si prompte, et n'y en a point qui crible si menu que luy les minimes noires. Balde, de son gosier tremblant, ameine de loing le bas, et vous diriez à l'ouïr que ce seroit un Flamand : car il forme son gosier, comme si c'estoit un gros tuyau d'orgue. Ce ne luy est rien de chercher *ut* en la game; mais descend plus bas jusques au fond de la cave. Le dessus contente le plus l'oreille des escoutans, et la taille est la conductrice des voix, et le guide des chantres. La haute-contre orne la chanson, et la rend plus melodieuse. La basse-contre nourrit les voix, les asseure, et les augmente. Ils chantoient des chansons en langue Flamande, Italienne et Allemande, passans ainsi le temps, qui autrement seroit inutile. Il y a toutesfois quelques sots et lourdauts, ne representans rien qu'une souche, et ne sentans que la fiente n'aguères mise en lumière, lesquels disent que cest art plein de doux accords n'est qu'une legereté et un temps perdu, et veulent plustost estre chevaux ou asnes. Et neantmoins, contrefaisans, avec leur front ridé, un Caton, et n'estimans rien que leur folie, avec leur ventre plein, et les passages de la gueule bien lardez, et ayant la face d'un bon biberon, veulent qu'on les estime de grands Prelats, ne sçachans au reste comme il faut parler ou chanter: ainsi qu'entre autres on voit un certain gros et gras beufle, nay tout contrefait, excommunié, qui dès son premier laict a tous les diables en sa bosse, un hypocrite, un flateur, et un vieil crevé. Cestuy-cy ne fait que criailler sans cesse de cest art de Musique. La Musique est la bouche des Dieux; la Musique, par une merveilleuse concorde, fait virer le Ciel sur ses poles; la Musique lie ensemble les membres humains, avec une belle concorde. Pourquoy les anciens Peres ont-ils ordonné ès Eglises des Hymnes, des Pseaumes, des Cantiques? Pourquoy, dis-je, les vieils Docteurs ont-ils orné et embelli leurs livres de Responds, de Vers, d'Hymnes, de *Kyrie eleison*, d'Introite, et d'*Alleluia?* Allez, race de pecore, ignares: allez, faitneants, qui, d'une dent cruelle et sauvage, voulez mordre les Muses! Ils cesserent leurs chansons; car l'asne de Cingar, avec une forte voix, commençoit sa chanson, voulant monstrer qu'il n'avoit la voix moins bonne, ni la grace, ni la langue, ni la gorge moins belle, qu'elle fut autrefois à Agricola et au grand Bidon. La voix d'un asne est agreable aux asnes, et n'en pensent point de plus douce, encore qu'elle fut de rossignol, gringuelottant à l'ombrage.

Cependant ils oyent un grand bruit. « Oyez! » dit Falcquet. Lors chascun, se taisant, ne bouge, et, ouvrant les oreilles, escoute. Cingar luy dit: « Suis où le chemin te conduira? Peut-estre trouveras-tu la cause de ce bruit.»

Falcquet obeit à ce qu'on luy dit, et va tastonnant avec les pieds; et, s'il choppe à quelque pierre, il en advertist ses compagnons. « Mais quel chemin, dit Cingar, faut-il prendre? » Car quelquefois il en trouve de faict comme un Y. Tant plus ils s'advancent, ils oyent de mieux en mieux le retentissement de ce bruit : et desjà à grand'peine l'un pouvoit-il entendre son compagnon, tant ce bruit estourdissoit leurs oreilles. Tous s'effroyent encore qu'ils eussent un courage franc, et pensent estre parvenus jusques aux ombres du noir Pluton. Il leur apparoist par une fente un feu clair, lequel avec peu de clarté leur monstroit le chemin. Balde commande à tous de s'arrester, et, eslevant ses yeux autant que ceste lumiere luy pouvoit eclairer, il advise une porte, laquelle estoit forgée de divers metaux. Tous accourent. L'envie les prend d'y entrer. Fracasse avec le pied heurte contre icelle par trois fois; mais on en n'oyoit rien dedans, pour le trop grand martelage qui s'y faisoit. Fracasse, mal patient, la pousse si rudement avec son eschine, que, rompant les courrois, il l'ouvre sans clef. Tous ceux qui manioient ces marteaux se teurent tout à coup, tellement qu'on n'oit plus *tic toc* rejaillir de l'enclume. Il y a là dedans cent compagnons forgerons, et autant de coquins qui portent sur leur dos des sacs pleins de charbon, et autres maroufles, qui, avec des soufflets, allument le charbon. Ces forgerons avec tenailles et marteaux accommodent le fer. Alors on voit debout un gros homme, monstrant en soy une lentitude de tortue, et qui, comme un vaisseau à succre, emplissoit bien sa panse. Il avoit soubs la gorge trois mentons, qui luy devaloyent jusques à la fourchette. On l'appeloit Baffel, et estoit le premier forgeron de la bouticque. Il estoit sorty boiteux de la race de Vulcan le boiteux.

Balde entre avec une grande braverie, et tous les autres le suivent, ainsi que font les soldats entrant dedans les maisons en temps de guerre. Baffel luy dit : « O compagnons, vous estes trop hardi : osez-vous ainsi entrer en ma forge? » Balde, le guignant, lui dit : « Hastez-vous, Maistre, et nous accommodez de bonnes armes? Nous les achepterons. » Baffel appelle ses gens. Iceux aussi-tost, estans tous nuds, commencent les uns à donner sur le fer avec leurs marteaux; autres font joüer les soufflets, et font voler les estincelles et bluettes; autres, avec le charbon bien enflambé, rendent le fer tout rouge. Aucuns polissent des beaulmes, autres s'employent sur des cuirasses; autres enlassent des mailles, et autres forgent des fers pour les pieds des chevaux. A un tel labeur, Baffel preside, et quelquefois leur donne bien estroict de son baston. Tous ces gens sont noirs, enfumez, mal peignez, nuds, pleins de poux. Baffel ne laisse chommer la bouteille; car tous forgerons ne frappent gueres du marteau sans icelle.

Pendant qu'ils sont ententifs à veoir faire cest ouvrage, et que d'amour, ou par force, comme ils disent l'un à l'autre, ils se garniront de ces plus fines armes, Balde oyt hennir son cheval, et Liron, le sien, lesquels ils avoyent attachez dehors. L'asne aussi par six fois avoit repeté son *hin hen*. On ne sçait que c'est; ils courent pour veoir qui en est la cause. Brisechaine hennit plus fort et gratte la terre; Rochefort fait aussi un beau bruit, et le Parde avec le pied fait retentir les pierres. Balde veut sortir dehors avant tous les autres; mais, aussi-tost qu'il eut mis le pied sur le seuil de l'huis, un grand vent le repoussa au-dedans, dont tous s'esmerveillerent grandement. Il veut derechef passer la porte, qui estoit ouverte; mais le vent, plus fort que devant, le rejette encore, et renverse tous ses compagnons. Par trois fois il feit cest essay, et par autant de fois il fut rebutté. Alors Baffel leur dit : « Vostre disgrace est bien grande, ô malheureux! Il faudra que vous mouriez! Avez-vous esté si temeraire d'entrer au sacré cabinet des Dieux? Et n'avez eu crainte de vous fourrer ainsi dans les manoirs des Déesses? Il n'est pas loisible que les humains apportent icy leurs pieds, si la Deesse Smiralde ne le vous permet. » Fracasse luy dit : « Quels Dieux ? Quelle merdole ? Quelle permission ? Dieu est au ciel, où la lumiere luist toujours sans tenebres. Vous estes plustost, vous autres, villains diables et salles sorciers, qui fuyez les rayons du jour, qui vivez tousjours en l'ombre et obscurité, comme les chats-huants, chauve-souris, et vous vous appellez Dieux et Déesses ! Je te jure que je ne partiray point d'icy, jusques à ce que j'aye trouvé le chemin, qui nous conduise en enfer. Je veux escorner Lucifer ton pere et les diables tes freres, et les laisser bien frottez. Dismoy, quel est ton nom ? » L'autre luy respond : « Es-tu Tiphée ? Es-tu Briarée ? Penses-tu me deposseder de la deité, dont je suis asseuré ? Je suis celuy qui forge les foudres au grand Dieu Jupiter, et je preside à ces cavernes-cy. Je jure les Dieux, je vous feray repentir de vos folies. Sors d'icy vistement ! Que tardez-vous ? Voulez-vous que je vous le die encore deux fois ? Sortez dehors ! autrement, je vous changeray en porcs ou en chevaux, comme les Dieux ont accoustumé de transformer les meschans en choses salles et villaines. » Fracasse luy replicque : « Tu as grande raison, je le confesse, moyennant que nous puissions trouver tout presentement ceux qui la font. Toustefois, trouve des Dieux ou des diables qui puissent te defendre, et ta cause ; nous n'avons point, quant à nous, autre droit ni autre divinité, qu'un cœur magnanime, une massue et une espée bien trenchante. Que muse-je donc ? Le grand parler descouvre les couards. Donne des armes à mes compagnons ? Pourquoy me regardes-tu de travers ? Donne vistement des armes ? » Et, en disant cecy, il lui donna un si grand coup de pied, qu'il le brisa comme un tendre raifort, et se conchia par tout. Puis, un autre, voulant braver et estonner ces Barons : « Sus, compagnons, dit-il, viste, prenez les armes et chassons ces fols icy hors de nostre forge ! Allez meschans aspics et malheureuses personnes ! » Et comme il achevoit de proferer telles parolles, il print un marteau, dont il donna un coup bien lourd sur la teste de Balde. Les forgerons voyans qu'on venoit aux mains, chascun prend en main quelque ferrement, des marteaux, des tenailles, de grosses limes, de grands clous, des pieces de fer toutes rouges de feu : avec de telles armes, ils prennent la hardiesse d'attaquer ceux qui estoyent maistres guerriers. Balde s'en rioit, et ne daignoit tirer son espée du fourreau, combien qu'il eust jà receu une nefle molle sur la teste. Boccal soudain les assauts et se monstre vaillant entre personnes nues. Mais en peu de temps tous ces forgerons perirent; car, estans nuds, on les tailloit comme beurre frais, et n'en demeura un seul en vie.

Cependant Brisechaine entre par la porte, qui estoit ouverte, et la longe de son licol rompu luy pendoit du col, et se tire à quartier avec le Parde. Rochefort estoit encore dehors, lequel on oyoit se remuer asprement sur les pierres, qui estoyent contre terre, souffloit et hennissoit, comme font les chevaux quand'ils se battent ensemble. Fracasse, ayant envie de sçavoir à qui il en vouloit, ce cheval, et le secourir si besoin estoit, veut sortir dehors. Mais un fort vent le vient assaillir, qui le contraint de reculer. Balde dit : « Certes, ce cheval là se gastera. » Cingar respond : « La Fortune nous est contraire ; que cherchons-nous davantage pour nous rompre la teste ? » En disant cela, la maison commence à tourner sans dessus dessous. Gilbert met des charbons au fourneau, souffle le feu avec les soufflets, et, avec des pieces de fer rouges, esclairoit çà et là. Lyron rencontre une grande pierre de marbre, laquelle il leve, pensant avoir trouvé soubs icelle un grand tresor. Voicy soudain un grand tremblement de terre qui se faict, et toute ceste caverne retentist de toutes parts, dont ces Barons s'estonnent merveilleusement. Lyron, embrassant ceste pierre, la jette hors de la forge, et alors voicy un Dragon (j'ay horreur en recitant cecy) qui estoit long à merveille, lequel entre, et tendoit à Lyron, comme pour le desmembrer, pour avoir esté trop hardi de descouvrir ceste grotte, où estoit caché le prix des grands personnages et la palme des Duchesses. Alors on congneut pourquoy cy-devant ces trois chevaux sautoient d'effroy, estans tourmentez par ce serpent, et, estans encore eschauffez, s'adressoient à luy, et des dents et des pieds l'assailloient courageusement. Le Dragon ne se deffendoit point contre eux, mais ne taschoit qu'à terrasser Lyron avec sa dent veneneuse, pendant qu'iceluy vouloit entrer en ceste grotte qu'il avoit descouverte. Balde et Hippolyte luy donnent secours, mais cependant tout le feu meurt, et s'esteint par la violence du vent, et la caverne devint toute tenebreuse et sans aucune lumiere, et les compagnons ne se pouvoient plus congnoistre en visage. Balde leur dit tout haut : « Sus, sus, ne craignez rien, compagnons ! Nostre vertu n'a aucune peur des arts magiques, mais je vous prie, puisque nous ne voyons goutte, qu'aucun ne manie son espée, afin que nous ne nous entreblessions point. Que le combat demeure seul aux chevaux contre ce Dragon ! » Et quant et quant encourage avec sa voix les chevaux, comme on a accoustumé d'agacer les chiens contre des pourceaux. Iceux, tantost mordant, tantost ruant, donnoient bien des affaires au Dragon, combien qu'ils ne le peuvent veoir. Ils le recherchent seulement en le flairant ; car autrement les chevaux, durant la nuit, ne peussent rien discerner. Le Parde à coups de pieds faict son devoir, ne laissant de reprendre haleine. Rochefort est au-devant de la porte, empeschant ce Dragon de sortir, et le retient dedans par force. Iceluy, jettant et vomissant son noir venin, siffle horriblement, et se tourne en plusieurs tours avec un ventre enflé. Chascun avoit l'oreille bien ententive à luy, et quelquefois le sentoient entre leurs jambes, et Fracasse d'un coup de pied le chassa bien loing. Tous sont contraints de boucher bien leur nez, et n'ont le loisir de pouvoir dire *pou pouf*. La puanteur les affaiblissoit tant, qu'enfin Brisechaine ne peut plus retenir ce serpent, et le laissa sortir. Les chevaux le suivent, l'un l'assaillant à ruades, l'autre à belles dentées, et le tourmentent tant, que, sentant son haleine s'engrossir, il se prend à voler avec ses ailes basses. Fracasse auroit bonne envie de joüer de son baston, mais il craint de faire tort à ses compagnons ou aux chevaux. Le Parde, ayant un courage furieux contre son ennemy, et tirant un coup de pied, en donna à Cingar, le faisant tomber par terre. Puis, leve le devant sur les espaules de Boccal, lequel soudain s'escria : « Secourez-moy! Ce dragon m'a jetté soubs luy! » et pense plustost que ce soit un diable. Cingar luy respond : « Patience! Contre verité, contre ma volonté, la patience m'est une chere compagne. Il m'a aussi tantost rompu le cropion. » Gilbert s'en rit. « Ris-tu, dit Cingar, de ceste meslée icy? Je n'ay pas, quant à moy, grand envie à present de ricaner. Je n'ay pas icy des ventoses et des ciroesnes pour remedier à mon eschine. » Sur telles goguenardies, le serpent s'en va hors de cette forge, siblant, lequel Rochefort ne peut empescher de sortir avec ses ruades, et s'en va ainsi siblant par les destours de ceste caverne, et, comme ces guerriers le vouloient suivre, les portes, qui estoient ouvertes, se referment.

Lors, Fracasse, courant à cloche-pied, comme les Gascons, renverse tout sans dessus dessous, et, avec une forte voix retentissant là-dedans comme un tonnerre, dit à tous ses compagnons : « Suivez-moy! Où est allée nostre force contre ces couards? Où diable est nostre prouesse? » Et, disant cecy, il se signe, et se jette hors de ceste forge, n'en ayant plus esté empesché par la violence du vent. Alors tous mettent leurs boucliers au bras, desgainent leurs espées, et se presentent tous bien armez. Les chevaux les suivent aussi avec l'oreille levée : ce serpent pestiferé, s'escoulant par les tenebres de la caverne, remplist de ses horribles sifflemens toutes les concavitez. Les compagnons vont tousjours vers luy, et le cherchent par tout, desirans le rendre mort, ou y perdre la vie. Lors il se leve un si grand bruit, et se fait un tel tintamarre, qu'on eust jugé y estre plus de cent mille diables. On oyt redonder de loing, et en lieux tenebreux, une voix confuse, laquelle peu à peu s'approchoit d'eux, et s'augmentoit. C'est une concion et meslange enragée de la voix de toutes sortes de bestes, comme proferant toutes leurs voix, particulierement et ensemblement. Le lion rugist horriblement ; le loup hurle ; le bœuf resonne *beu beu;* le mastin dit *bau bau;* le cheval hennist, souffle des naseaux, et bat du pied en terre; le chat miaulde, l'ours courroucé crie, la mule et le mulet ensemble brayent, l'asne dit, *hin han, hin han;* en somme, toute beste exerçoit la proprieté de sa voix.

Tous ces animaux se preparoient contre ces braves champions, sans qu'ils y pensassent, et avec les pieds et les dents les assailloient. Mais iceux n'osoient, sans grand danger, s'aider de leurs espées. Chascun sentoit de cruelles dentées sur soy, et, pendant une telle obscurité, ne sçavoient d'où icelles procedoient, oyans seulement, par les longs destours et concavitez de ceste caverne, un grand retentissement de leurs voix. Cingar avoit longtemp minuté en son esprit plusieurs moyens pour lever quelque lumiere, qui leur peut esclairer tant soit peu. Enfin, se grattant la teste, il s'advisa de prendre des cailloux en terre, et les battre sur son espée, qui estoit de fin acier : de laquelle estant une lame Espagnolle, il faisoit sortir des estincelles de feu, qui esclairoyent, et rendoyent une lueur par ce lieu obscur, pour le moins telles qu'ils pouvoient juger si leurs compagnons estoient devant ou derriere les diables ; car ces diables avoyent prins la forme et figure de bestes. Balde se met au milieu d'iceux, et avec son espée nue commence à les decouper. Fracasse, ayant laissé son baston, ne s'aidoit que de ses mains, avec lesquelles il les serre, les estouffe, et à beaux ongles, et avec les dents met en pieces ces ours enragez, et se barboüille entierement en sang. Virmasse et Philoforne commencerent une grande meslée contre deux taureaux. Cingar ne faisoit que battre son espée avec des cailloux, pour tousjours en tirer du feu. Le Dragon l'assaut par derriere, le voulant empescher de donner plus telle clarté à ses compagnons. Cingar crie à l'aide : Moscquin le vient secourir, et, laissant là son espée, il se met sur le dos de ce serpent, et le serrant avec les mains par le col, se tenoit dessus luy comme s'il eust esté à cheval. Ce Dragon l'emporte : Falcquet, l'appercevant, vient à luy pour le secourir, et crie : « ô Moscquin, où est ce diable? Ce diable de dragon t'emporte? Descens, miserable, car j'ay peur de toy : saute vistement à bas. » Moscquin ne l'entend point, et ne faisoit que congner ce serpent entre les deux oreilles à grands coups de poing. Falcquet, courant legierement, se joint à Moscquin, et l'admoneste derechef de sauter à bas. Moscquin, voyant son amy près de soy, doublant et quadruplant ses forces, serre si fort le ventre de cette beste, qu'icelle fut contrainte s'estendre contre terre à faute d'haleine, Falcquet la prend par une oreille, le tirant de costé et d'autre ; Moscquin ne bouge de dessus luy, et avec coups de pied, et à coups de poing le congne à bon escient. Mais ce serpent se retire en soy, et ne fait compte de s'advancer : comme une vache qu'un boucher traîne, plus recule en arriere, qu'on ne la sçauroit faire aller devant, voyant de loing ses compagnes escorcher, et leurs membres pendans à des crochets ensanglantez.

Cingar avoit fait à son espée plusieurs dents avec ses cailloux, tellement qu'elle ne sembloit plus une espée, mais une scie : si ne laissoit-il toutesfois de continuer ce fusil, et de donner un peu de clarté à ses compagnons. Le Dragon, se sentant desjà mort, se change en une autre forme ; et, chose merveilleuse, ce qui estoit n'agueres serpent se presente comme une belle jeune fille, et se nommoit Smiralde, de la race des louves. Moscquin se trouve par terre, n'ayant plus entre ses cuisses ceste longue eschine ; Falcquet s'estonne grandement. Tous admirent ceste femme vestuë de blanc depuis les pieds jusques à la teste, et portoit en ses mains un livre, et marmonnoit quelques parolles, et se cachoit, fuyant de peur d'estre prinse par ces Barons. Falcquet toutesfois la print hastivement par la cotte ; mais aussi-tost elle luy eschappa. Il la prend derechef par les cheveux, et quand et quant luy arrache du sein son livre. Cecy sembla à tous une chose merveilleuse ; car, aussi-tost que Falcquet l'eust ainsi arrestée, et luy eut prins ce livre, chasque animal se perdit dedans ces tenebres, et s'en vont tous à grand haste. Mais Smiralde crie, et se plaint amerement, et prie et supplie Falcquet, le flattant, et le gagnant par douces parolles : « Ha pitié ! Ne me souciant de la compagnie des hommes, je passe icy en ces grottes et cavernes ma vie en toute chasteté, gardant ma virginité. Aye pitié de ta reputation, Falcquet, et ne pense point que cette soit une belle loüange d'offencer une tendre fillette ! Que feras-tu de moy, qui ne suis qu'une petite femmelete ? de moy, qui suis une des Nymphes de Pallas ? Partant, je te prie que tu veuilles me rendre le livre que tu m'as osté, et me permets de m'en aller mon chemin ? » Ceste truie, abusant par telles caresses Falcquet, luy print avec les deux doigts la main, ainsi qu'est la coustume de prendre et pipper les simples et idiots. Balde estoit là present. Cingar, tous les autres s'estonnans de la beauté de ceste fille, l'un dit : « Ce seroit une grande meschanceté de tuer une si belle fille ! » Un autre dit : « Est-ce une meschanceté d'assommer une vilaine putain ? » Pendant toutesfois que Falcquet esmeu de pitié vouloit la laisser, et luy permettre d'aller où elle voudroit, et qu'il souhaittoit de la tenir auprès de soy en quelque autre lieu, voicy de loing une voix, qui tonne, et avec icelle apparoist une lumiere, jettant de loing ses rayons, laquelle s'escrie : « Prenez derechef, ô Barons, ceste orde et sale putain ; car tout le monde est ruiné par une telle peste. » Lyron la reprend soudain par le colet, et la tient plus ferme que n'avoit fait Falcquet : et lors arriva un barbasse de vieillard, qui en gravité ressembloit à Caton. Iceluy, avec un joyeux regard, saluë tous ces compagnons; puis leur commande de luy bailler ce livre magique. Icelle incontinent crie : « Ne donnez point mon livre, ô Falcquet ? Ce meschant vieillard a envie de vous tromper. » Ce bonhomme, se tournant vers elle, luy dit : « O meschante sorciere, desjà le temps s'approche, auquel tu doibs rendre compte de tant d'ames qui se sont perdues en enfer pour l'amour de toy, et pour tes semblables, issus de la race des sorcieres ! Dis-moy, putain de Satan, dis-moy, concubine de Chiapin, dis-moy maintenant, qui es-tu ? Tu dis que tu es une des Nymphes de Pallas ; veu que tu es ceste vilaine truye Comasne de Milan, pour laquelle tant de gens vont et reviennent si souvent. Ha ! la vengeance divine a trop patienté de toy, qui maintenant doibs estre punie, et qui devrois desjà estre au fond de l'enfer ! Jette le livre, ô Falcquet : jette maintenant ceste peste, et ceste charongne de tout le monde, et l'infection de l'air. » Falcquet regarde Balde, lequel luy fait signe d'obeir à ce vieillard. Falcquet jette à terre ce livre, et aussi-tost qu'il l'eust jetté, incontinent advint un grand bruit et tremblement de terre, accourans tous les diables, pour gripper et enlever ceste ribaude, laquelle miserable, en criant horriblement, fut entraînée en enfer, et, avec six mille autres putains, à chaque heure sert de viandes aux diables.

LIVRE VINGT-DEUX.

Il est besoin, ô ma mule, de charger maintenant tou
bast d'un lourd fardeau, lequel te fera suer et fienter,
et en le portant te fera perdre l'haleine et le poil. O Gru-
gne, monte avec moy, afin que nous chevauchions ensemble sur une mesme emble; car il faut que nous achevions
le voyage que nous avons encommencé. Encore que la
corne des pieds de devant de ma monture soit mal fer-
rée, si faut-il haster le pas pour attrapper un Poëte, ce
barbasse, ce vieillard, et ce gros et gras Poëte, que tu
nous as dit tantost s'estre presenté devant Balde et ses
compagnons. Mais, afin que d'un si excellent poëte, on
aye pleine et entiere cognoissance, nous repeterons son
histoire dès son commencement.

Il y a un lac en Italie, surnommé de la Garde, lequel
fut chanté et celebré par ma sœur Gose, au temps que
Gardon faisoit le degast sur le royaume de Monigue, et
que le Pape Stinale presidoit à Rivoltelle. Du milieu de ce
lac sourd un fleuve, lequel, vers la forteresse de Pesquiere, court viste par des pasturages et prez. Iceluy se
nomme Minze; et, abreuvant les murailles de Gode, vient
puis après enclore les murs de Mantouë, et ressemble
lors à l'Ocean, tant il se brave avec ses grosses ondes.
Passant ainsi autour et par le dedans de ceste ville, il
emmeine quant à soy les immondices et ordures de la
ville : puis, au-dessous, il se resserre, et de là s'encourt
pour rencontrer la grande forteresse de Governol. Avant
toutesfois que de mer il se reduise en forme de fleuve, il

trouve deux pays ennemis, s'escoulant par entr'eux deux, et les tient divisez et separez comme deux louves, qui voudroient se prendre l'une l'autre à belles dents. Ainsi Hostie est divisée de Revere par le fleuve du Pau. Ainsi Stellette est separée de Figarol par ce fleuve. Entre ces deux terroirs, Minze conduit ses eaux, empeschant par son cours, qu'iceux se ruinent entierement, et qu'une furie diabolique ne les excite, estans desjà assez mal disposez. L'un s'appelle Pietole, qui est à droicte en la vallée; l'autre est à gauche, situé en la montagne, et on la nomme Cipade. Le premier se monstre superbe et hautain, comme Rome contre les autres pays ; l'autre mesprise, comme Carthage, l'orgueil du premier. Mais, parce que Pietole avoit autrefois produit le Poëte Virgile, et avoit pour sa renommée receu un grand embellissement de son premier honneur; Cipade, qui, en toutes entreprinses, ne vouloit ceder au monde, se sentant rongée en l'ame par l'envie, et se courrouçant en soy-mesme pour ce seul faict, ne se voyant garnie d'aucuns Poëtes ; que fait-elle ? On eslit, par l'ordonnance du Senat, un Ambassadeur lettré, et de grand sçavoir, lequel, ayant acquis le degré de Doctorat, sçavoit tout le Messel. Iceluy, partant du port de Curtaton, vint au royaume des Grecs, prenant port en Negrepont. Incontinent le peuple accourut, et en grand triomphe receurent ce magnifique Ambassadeur de Cipade : puis, s'informent de luy du motif de son voyage. Il leur demande un guide pour aller vers le mont de Parnasse, et le conduire jusques au sommet d'iceluy, lequel penetre de sa hauteur l'espesseur de la Lune, ayant charge de parler à Phœbus, et à ses sœurs. En peu de temps, cest Ambassadeur fut conduit jusques aux ondes de Bellerophon, et avec honneste reception, et mille caresses, Phœbus receut l'Ambassade de Cipade, laquelle fut que, comme Pietole se resjouït, à cause du Poëte Virgile, ainsi la grande et fameuse Cipade eust un Poëte tel que, par la force de ses vers, il peust non seulement terrasser Virgile, mais aussi Homere, et qu'iceux ne fussent pas dignes de luy torcher le derriere. Phœbus, songeant bien meurement à ceste affaire, donna enfin ceste responce : « Il y a divers metaux que j'ay accoustumé de distribuer aux uns et aux autres Poëtes. A l'un je donne de l'argent ; à l'autre, de l'estain ; à un autre, de l'or ; à cestuy-cy, du plomb, et à un autre, de la merde de fer. Nostre magazin est rempli de telles matieres, hormis que la boëte de l'or a esté du tout espuisée par Homere et par Virgile, et n'en est pas demeuré une miette, ayans ces poltrons et calomniateurs devoré tout, n'en ayant rien laissé à ceux qui devoient venir après eux. Si vous me mettez en avant Pontan, Sannazare, Fraccastor, Vida, ou Marulle[1], croyez-moy, tout ce qu'ont escrit les nouveaux, ce n'est qu'Alchemie. Partant, ne mesprisez mon conseil, si vous voulez avoir honneur en vostre entreprinse. Allez-vous-en plustost aux soüillons de cuisine, et trouvez les beaux et luisans Royaumes des Crespes et Beignets, où on a accoustumé de mener ordinairement une vie heureuse, et où est le vray Paradis des Oisons. Comme je sonne icy de ma lire, et que les Muses dansent autour de moy à la cadance d'icelle ; ainsi là Tiphis joüe de la Cornemuse entre les seurs, lesquelles avec de la paste et farine se font des moresques en abondance. Allez-vous-en là promptement, et ne retardez aucunement vostre chemin : il n'y a encore aucun qui excelle en cest art nouveau. La premiere palme et le premier honneur des Beignets et Maccarons attend Cipade. »

L'Ambassadeur, ayant bien comprins ce conseil, et fourré en son cerveau, remercie Phœbus. Delà, outrepassant le destroit de Gibraltar, et fendant l'Ocean, cherche

[1] Il s'agit de Michel Tarchaniota, dit Marullus, poëte du quinzième siècle dont les *Hymni* et les *Epigrammata* furent souvent imprimés à cette époque. Quant aux autres écrivains nommés ensuite, Pontan, Sannazar, Fracastor, Vida, il sont trop connus pour que nous jugions utile de nous arrêter sur leur compte.

à gauche, à droict, requiert, demande de toutes parts ce qu'il avoit envie de trouver. Enfin, il arrive au pied de certaines montagnes, où les habitans lient les vignes avec des saucisses, et où les arbres partout portent pour leur fruict des tourtes et tartes. Il parle là au pere Tiphis, et à ses sœurs. Il luy fut donné fort bonne audience, et lors Cipade reçut une nouvelle recepte, par le moyen de laquelle elle peut acquerir quelque Poëte portetripe, auquel Virgile serviroit de lacquais, et Homere de pallefrenier pour estriller sa mule. On eslit un jeune enfant, de la race et famille illustre de Folengne, estans le peuple et le Senat amassez pour faire ceste nomination. On le met au milieu, et est ordonné que Cipade l'entretiendra aux despens du public, et qu'aucun ne sera exempt de ceste taxe, parce que ce doit estre un profit public, attendu que c'est un honneur commun à tous d'ainsi nourrir un Poëte qui doit un jour chanter les hauts faits de Cipade. Lors tout soudain fut veu à tout le monde un grand miracle, et tel qu'on dit estre autrefois advenu à Platon, lequel fut nourri par un essein de mouches à miel, estant encore au berceau : ainsi, aussi tous les jours, un merle noir passoit le fleuve du Pau, portant en son bec la pasture à cest enfant, dont le nom de Merlin luy fut donné, et le dire commun fut longtemps en usage : Le *Merle traverse le Pau* pour nourrir Coccaie.

On le baille puis après à un sage et sçavant Maistre, et, estant devenu docte à composer en vers et en prose, il s'en alla avec plusieurs de ses compagnons à Boulongne, pour estudier et veoir que c'estoit des menteries de Peret Philosophastre, sur lesquelles il commença aussi-tost à se tordre le nez : et cuisoit et faisoit rostir ses saucisses avec les cartes de Pierre d'Espagne, et s'adonna du tout aux arts Maccaronesques, ausquels il estoit voué dès son berceau, et dedié pour estre leur gras Poëte. Pendant donc que Pomponasse Peret faisoit ses leçons, et qu'il renversoit sans dessus dessous tous les gros livres d'Aristote,

Merlin en soy-mesme minutoit des vers Maccaronesques, et affermoit qu'il ne trovoit point autre amusement plus plaisant que cestuy-là.

Or cestuy-cy, practiquant ainsi seulet par ces cavernes, il se presenta à Balde, ainsi que nous avons dit, et commande aux diables d'emporter la magicienne Smiralde. Puis, carressant Balde et ses compagnons, les embrasse de grande affection, et les meine en la boutique des forgerons, là où, les faisant asseoir sur des chaires, commença à parler ainsi à eux : « Vous soyez maintenant les bien venus, mes amis ! Il y a cent ans, six mois, huit jours, et quatorze heures[1], que moy, Merlin, vous attens en ces

---

[1] Nous pourrions citer divers exemples de ces nombres burlesques répandus chez des auteurs facétieux qui, venant après Folengo, se sont amusés à renchérir sur lui. C'est ainsi que l'auteur du *Moyen de parvenir* a dit : « D'ici à deux cent trois ans, dix mois, sept jours, dix-neuf heures, quarante minutes et trois secondes justement. » Reboul, à qui l'on doit le *Nouveau Panurge*, écrivait de son côté : « Ce bon vieillard disoit avoir neuf cent nonante-neuf ans, onze mois, vingt-neuf jours et vingt-trois heures et demie. » On lit dans un pamphlet de 1614 (*Response d'un crocheteur de la Samaritaine à Jacques Bonhomme*) : « Je demeure sept demi-heures un quart et deux minutes pour percer l'intelligence de ceste parole. » Transcrivons aussi ces lignes que nous empruntons à une production du dix-septième siècle, la *Nouvelle Fabrique des excellents traits de vérité*, par Alcrippe : « Il répondit qu'il venoit d'une ville où il avoit esté trois ans, trois mois, trois semaines, trois jours et trois heures. »

Faut-il puiser dans des productions plus récentes? Dulaurens, dans son *Arétin moderne* (1777, t. II, p. 122), racontant à sa manière l'histoire de la chaste Suzanne, parle ainsi des deux vieillards dont la luxure fut justement punie : « L'aîné de ces robins se nommait Gautier; il était âgé de quatre-vingt-dix-neuf ans, neuf mois, vingt-huit jours, vingt-trois heures, quarante-neuf minutes et vingt-quatre secondes; le cadet, Garguille, n'avait tout au plus que quatre-vingt-dix-huit ans, vingt-trois mois, vingt-neuf jours, cinquante-neuf minutes et vingt-trois secondes. »

Un spirituel académicien, Charles Nodier, dans son *Histoire du roi de Bohême et de ses sept châteaux*, parle de vers tombés dans un oubli total au bout de deux jours, cinq heures et quelques minutes.

trous et grottes infernales. Le sort m'a esté fort gratieux pour m'avoir reservé à tels Barons, qui avec la conduite du grand Seraphe viennent destruire et mettre par terre les maisons Gelforées et escorner les diables. Il vous conviendra endurer de grands travaux, tant que vous vous desespererez de vostre vie ; mais la grace et faveur du Ciel, qui est tousjours avec vous, ne vous abandonnera point, et la puissance du diable ne sçauroit vous offenser, quand le Createur de toutes choses vous sera en aide. Or, suivant l'ancienne institution de l'Eglise, je vous advertis qu'il est besoin que vous vous confessiez à moy : car je suis Prestre sacré ; je suis legitimement esleu pour une telle chose, par le moyen de laquelle les pechez sont lavez : et n'ayez point de honte de vous confesser ; car la rougeur que la confession nous apporte au visage nous administre aussi un bon-merite. » Cingar, l'écoutant ainsi parler, se reserre tout le corps. O ! combien la confession est une chose dure à un meschant homme ! Mais Balde, qui avoit toujours une volonté sincere et entiere, avec une joye, dit à Merlin : « Vos propos me sont fort agreables : nous nous confeserons tous à vous, ô Pere Merlin. Il y a long-temps que nous connaissons la clemence de nostre Pere celeste, lequel ne mesure point les pechez que nous commettons contre luy; mais, encore que soyons meschans, il nous desire, il nous aime, il nous attire et nous sauve : mesme il nous a esleus et nous a appellez pour estre les soldats et les Barons de sa justice invaincue. Je luy promets et luy jure, par la vraye equité, qu'il nous aura tousjours pour ses clercs fideles. Or sus donc, compaignons, resjoüissez-vous en esprit : chascun maintenant de nous autres belute et sasse ses vieilles fautes, et despoüille son vieil manteau ! »

Alors chascun se range à part en quelque coing, se grattant la teste et remuant sa cervelle, et remettant en memoire les pechez qu'ils sçavoient ou pouvoient sçavoir. Le pauvre Cingar a occasion de souspirer du profond de son cœur plus que les autres : il ne sçait, entre tant de montagnes et parmy une si grande mer de maux et pechez qu'il avoit commis, en quel costé il doit tirer. Pendant qu'il en veut remettre en memoire quelque partie, aussi-tost se leve une confusion de meschancetez : et prenant cecy pour une faute, aussi-tost d'autre costé il se dement. Balde se vient presenter le premier, oste son espée avec la ceinture, et, la teste baissée, se met à genoux et commence avec un bel ordre à reciter ses pechez. Falcquet se presenta après, lequel confessa tout ce qu'il avoit fait de mal par sa partie de devant, comme en sentant, goustant et voyant; mais ce qu'il avoit fait par sa partie de derriere, qui estoit comme d'un chien, il s'en retint, et cela demeura caché en ses boyaux, estant Falcquet, homme pour le devant, et chien par le derriere. Quant à Fracasse, Merlin ne trouva pas grands pechez en luy; car certainement il avoit tousjours esté un bon poulet. Lyron se trouva assez chargé et aussi Hippolyte, parce que l'un avoit esté corsaire et l'autre voleur. Moscquin suit et le chantre Gilbert, et eux deux, par deffaut de pechez, dirent à leur confesseur des choses frivoles et petites peccatilles, que l'eau beniste et le cœur contrit peut effacer. La confession du Centaure ne fut pas longue; car, quant aux fautes qui s'étoient commises par la partie chevaline, il n'y en avoit aucun peché. Philoforne s'en expedia aussi comme il peut. Merlin fut contraint de faire relever soudain Boccal de devant soy, car il ne se pouvoit contenir de rire, quelque gravité qu'il eut. Tous les cas qu'il alleguoit, toutes les censures dont il se souvenoit, estoient plus longues que la Pisanelle, ny la somme Rosaire. Cingar estoit demeuré le dernier; enfin on l'appelle. Il va, ce luy est advis, comme au gibet : il porte une montagne sur le dos. En premier il ne sçavoit comme il falloit faire le signe de la croix : en après, confondant pesle mesle tout ce qui luy venoit à la bouche, il le crachoit, fermant les yeux. Balde advise cela, entend les soupirs de Cingar, et parlant bas à ses compagnons, il leur dit : « Hem, hem, le voilà fresque, le sac est plein. » Iceux ne se peuvent empescher de rire, voyans comme Cingar, en se confessant, se travailloit beaucoup, souspirant extremement et s'essuyant souvent le visage. Ils contemplent le pauvre homme bien en peine, remuant tantost un genoüil, tantost l'autre, tant ils luy faisoient mal. Enfin il fut confés et absous avec une grande penitence, comme on peut croire. Cingar promet tout ; mais sera une chose merveilleuse, si de ses promesses il en fait la moitié. Aussi-tost qu'il fut parti de devant son confesseur, il promet à Dieu que par cy après, tant qu'il vivra, il ne prendra plus tant de peine de se confesser, n'en estimant point une plus grande, ni une plus ennuyeuse.

Toutes ces confessions expediées, Merlin se leve et leur dit : « Or sus, Chevaliers, que musez-vous ? Il ne faut point tarder, quand le temps propre se presente. Vous voilà tous mondes, nets et bien escurez. Qui vous retient ? seulement vous souviennent de ne pecher plus. Si vous pechez derechef, une très-grande peine vous attend. » Cela dit, il met sur la table du biscuit sans sucre, du salé jaulne et quelque peu de noisettes, et les fait tous asseoir, s'excusant à eux pour si pauvre apprest. Après avoir repeu et beu quelque eau vinée, il les meine au dedans, et commande de lever une grande pierre de moulin. Fracasse avec sa forte eschine s'y emploie, et remue quasi une demie montagne, et apparoist lors une grande ouverture en laquelle il leur est permis d'entrer. Merlin leur dit : « Descendez par là, et n'ayez aucun doute. Vous trouverez là une grande adventure : allez ! »

Balde va le premier, et descend mille marches ; les autres le suivent : Coccaye demeura seul. Au bas de la montée, ils trouvent une porte close, laquelle Fracasse ouvrit incontinent, ayant rompu les gonds d'un coup de pied. Ils entrent en une grande, haute et large maison, en laquelle il y avoit une si belle lumiere et resplendissoit de telle lueur, que vous eussiez juré estre là le Palais du Soleil. Ceste lumiere procedoit d'une pierre precieuse qu'on nomme escarboucle, laquelle estoit plus grande qu'un œuf d'Austruche, et par sa splendeur commuoit la nuit sousterraine en un vray jour. Balde soudain tire, à la clairté de ce grand rubi, l'esclat merveilleux duquel luy troubloit la vuë. Tout autour de la salle estoient attachées contre la muraille des armes très-belles, et telles qu'il ne s'en voyoit de pareilles par le monde, dont tous s'esmerveillent grandement, et reverent fort ces habillemens de guerre des anciens et ont crainte de les toucher. Au haut de ceste salle voyoit-on le heaume de Nembroth avec un long pennache. Balde lors dit « Nembroth estoit de stature gigantale ; toy, Fracasse, es de mesme corpulence : estant donc geant, prens cet habillement de teste de geant? » Fracasse faict ce que Balde luy dit, et prend ce heaume, faisant un saut en l'air. Les armes d'Hector, marquées d'aigles noires, estoyent là semblablement attachées à la muraille. Icelles estoyent d'or, d'argent, et de fin acier composées, rendans une belle lueur. Rome à joüi d'icelles autant d'espace de temps qu'estant dame du monde elle a tenu en main le sceptre imperial; mais, après que par son orgueil elle s'est soy-mesme ruinée, ces armes retournerent soubs terre dedans l'antre et forge de Bronte : et pour le present Balde les vestit. Icy aussi se voyoient celles qui avoyent autrefois esté à Achille le Grec; comme aussi y estoient penduës celles du fort Ajax, de Thesée, de ce brave Pyrrhus, de Roland, de Regnaut, de Durastan, de Rodomont, de Gradasse, de Jehan et Nicolas Picivin, de Gatte Melade, de Barthelemi qu'on a surnommé Coione[1]. Aussi estoit penduë à un soliveau la cuirasse de Goliath, et la machoire du geant Sanson, et la masse de Morgant pesant plus de mille livres. Fracasse la print,

---

[1] Il y a là un mélange de paladins imaginaires et de braves capitaines italiens.

laissant son baston, esperant avec icelle rompre les cloches d'Enfer. « Il y a icy, dit Balde, abondance de toutes sortes d'armes : quelle pusilanimité vous tient à present, ou quelle reverence vous empestre, que ne preniez de ces bonnes armes ? » Alors tous les compagnons, se desarmans de leurs armes, vestent de ces belles armes, et mettent à dos ces cuirasses, qui estoyent enrichies d'or et de pierreries : puis, prennent et enlassent en leurs bras des escus, boucliers, targes et rondaches, et ne demandent plus qu'à se mesler vistement avec les diables. Boccal ne pouvoit trouver aucunes armes selon sa fantaisie : il remue tout, il cherche par tout et ne prend rien de ce qu'il trouve. Enfin il avise une chose qui luy pleut. C'estoit la Dague de Margut, autrefois chantée par Louys[1]. Elle estoit posée en un coin, sans fourreau, et paroissoit par l'or qu'on pouvoit remarquer par entre la roüille. Il la prend de bonne affection, la baise, et la met à sa ceinture. Il blasme tous ses compagnons, et les appelle porte-faix, n'ayans aucun esprit, ny aucune raison, ne pouvans cheminer ainsi chargez, ayans sur leur dos de grosses charges de fer, et voulans user leurs espaules comme facquins soubs tels fardeaux. Balde l'oyant : « O Boccal, dit-il, pourquoy ne te munis-tu d'armes ? Regarde combien en voilà encore ? » Il respond : « Nature ne m'a point creé fer ; je suis chair de chair, et ainsi demeureray en ma chair. — Pourquoy, luy dit Balde, portes-tu donc la Dague de Margut ? — Je croy, respond Boccal, que toute ceste compagnée s'employera à pescher de bonnes anguilles au fleuve de Phlegeton, et de grosses et grasses grenouilles : si tu as faute là, pauvre homme, de vivres, que mangeras-tu ? En quelle façon penserois-tu escorcher ces anguilles et ces grenouilles ? Et, pour ce, ceste dague nous servira, qui sçaura bien les despouiller de leur belle robbe. Il y a là des chaudrons pleins d'huille boüil-

---

[1] Il s'agit de Louis Pulci, dont nous avons déjà signalé le poëme sur Margute.

lante, ainsi que nous ont dit Barillete et frere Robert en leur predications. Qui nous empeschera de fricasser là nos genouilles et de faire rostir nos anguilles ? »

Cependant que ces compagnons se donnoient ainsi du plaisir, soudain Balde se lance en l'air, et, estant dispos et gaillard, desgaine son espée, commence à escrimer, et autour de soy combat les vents à grands coups, sans leur faire mal. Cingar à l'instant oste son espée de son costé, et, la tenant en main, se tient abbaissé et tout courbé soubs sa rondache qu'il portoit sur son bras gauche : « Que braves-tu ? dit-il. Tu t'en repentiras possible. J'estime peu les braveries d'un rufien. Garde, demeure. » Et, en ce disant, il donna trois coups d'un traict : il s'advance pour donner une taillade ; soudain tire une estocade, puis un revers. Balde pare l'un et l'autre, et ne s'esbranle aucunement : il rit, et tourne autour de Cingar, sans faire contenance de tirer aucun coup, et prend garde seulement si Cingar advance un pied : ce que s'il fait, il l'arrestera, comme il advint. Car Cingar advançant un pied, soudain Balde y met le sien dessus, et Cingar ne faut de tomber, et donner du cul en terre ; car, pensant retirer son pied de dessoubs celuy de Balde pour tirer un revers, il ne peut sitost, estant retenu plus ferme qu'il ne pensoit, et Balde levant son pied promptement, l'autre, tirant encore à soy pour ravoir son pied, tomba soudain à la renverse : dont tous se prinrent fort à rire. Cingar se releve, et, regardant ses compagnons, s'escrie à eux : « Or sus, freres, tost, que faites-vous là ? Arrestez ! mettez l'espée au poing, et tous ensemble chargeons sur Balde. » Alors tous, tirans incontinent leurs espées, assaillirent Balde. L'un le prent à costé, l'autre devant, un autre derriere. Mais le fuseau d'une femme quand elle file, ou une toupie, ou la meule d'un moulin, ne tourne point si viste que faisoit Balde, tantost çà, tantost là : il chassoit avec son espée ces mouches, et leur donna à tous une atteinte, sans qu'il en peut recevoir une ; remportant ainsi l'honneur de l'escrime. Alors Cingar detache de la muraille ceste belle pierre precieuse, laquelle luisoit comme le Soleil, et l'attache au haut du heaume de Balde : « Nous t'offrons, dit-il, cest honneur comme au victorieux, et avec une telle lumiere tu nous guideras par les manoirs d'Enfer. » Balde le consent, et leur commande de monter à mont. Ils s'en viennent ainsi armez, et se representent devant Merlin, lequel leur dit en peu de parolles : « O Balde, tu seras le conducteur et le Pere de ces compagnons ! Aucune superstition ne te pourra vaincre, encor que tu sois seul : ainsi l'a ordonné pour toy le sage Seraphe. Achevez vostre voyage, je vous laisse : adieu. » Et, fermant ceste caverne, demeura seul en icelle.

Cingar chemine, allegre et dispos, et ne fait que sauter, ayant deschargé ses espaules d'un lourd fardeau par sa confession. Il gausse, il plaisante, il chante de sa tirelire, il tire l'oreille à Falcquet, le nez à Boccal, lequel avoit derobbé à Merlin un demy jambon salé, encor qu'il vint lors de confesse. Et, combien que leurs chevaux fussent demeurez derriere, ausquels Merlin avoit promis donner du foin et de l'avoine de Demogorgon, ou de l'orge de Pinfer ; Boccal avoit bien voulu amener son asne chargé de ce qui estoit besoing. Balde le tanse de ce qu'il avoit desrobbé à ce bon hermite. Boccal lui respond : « Mange en paix ton pain ! Tu ne portes pas bien un moulin en ta bouche ? Penses-tu trouver un cabaret en enfer ? » Mais Balde luy dit : « C'est assez d'avoir la sacosse pleine de pain. — Ouy, respond Boccal ; mais ne sçais-tu pas bien que l'homme ne peut vivre au monde de seul pain ? La chair ne fait-elle pas de la chair, comme nous enseigne le Pedant doctrinal, quand tu declines les noms de la tierce declinaison ? J'ay eu le cul assez foüetté, pour apprendre : *Rectis, as es a* : Qui naist fol jamais n'en guerira, encor que Galien se mesle de le medeciner. » Avec telles gaudisseries les compagnons cheminoient joyeux par ces om-

bres : chascun se donnoit du plaisir de Cingar et de
Boccal ; car tous deux estoient en l'art de bouffonnerie
aussi grands maistres que Bufamalque, Nele et Symon.
Ils racomptoient les uns aux autres mille folies, lesquelles
leur faisoient trouver plus court le chemin qui estoit bien
long. Balde, portant au haut de son habillement de teste
cest escarboucle, chassoit par la lueur d'iceluy les obscures tenebres.

Ils avoient desjà cheminé par plusieurs mils, quand ils
entendirent derriere eux un nouveau bruict. Balde s'arreste : aussi font tous les autres et tiennent leurs oreilles
ententives à ce bruit. Ils entendent ces mots : « Demeure,
garde, va, retourne ! » ainsi que nous oyons, quand un
grand nombre de halebardiers et gentilshommes accompagnent le Roy, faisans arrester le peuple d'un costé et
d'autre, disans : « Place, place, serrez-vous ! » On oyoit pareilles voix approcher de Balde et de ses compagnons, non
pas venans au devant d'eux, mais les suivans. « Je m'estonne fort, dit Balde, d'où vient ce nouveau bruit ! Desgainez vos espées et tenez le rondache au bras ? » Puis,
les fait separer des deux costez du chemin. En ce faisant,
ils font place à ceste trouppe invisible, tenans la pointe
de leurs espées tenduë vers le chemin, prestes à la percer
s'ils vouloyent passer outre, comme quand il faut qu'un
miserable Suisse ou Lansquenet passe les picques. Voicy
enfin arriver une foule de personnes nullement rangez
soubs une enseigne, mais se poussant à la Françoise pesle
mesle. Ces gens, icy cheminans ainsi à la foule, ne sont
montez sur genestz, ni sur courtauts, ni sur roussins :
mais, le diray-je ? Qui le croira ? Pour leurs montures, ils
chevauchent des bancs, des escabelles, la naye du four,
des saz, et bluteaux, des pots, des coquilles, des toupies,
des chaires, des quaisses, des paniers, des corbeilles, des
barils, des seilles, des balais, et tels autres meubles. Ils
font par le chemin contre les pierres un merveilleux
bruit, tirant après eux des tables, des ais, des coffres, et

autres telles choses. Ils passent ainsi, sans parler, entre ces compagnons. Cingar le premier ne se peut plus tenir de rire; puis dit : « Quels gens sont cecy? Hola! hola, Où allez-vous? Qui vous haste ainsi? Parlez à nous? » Mais personne ne luy respond, et toujours passent. Tous les compagnons se prennent aussi à rire; ils prennent toutesfois bien garde à eux, se tenans prests à joüer des cousteaux, si d'avanture on vouloit faire quelque effort contre eux. Falcquet dit : « Voicy une longue suite : je croy que c'est la tiritanteine des sorciers. Il est aujourd'huy jeudi et font le triomphe de Juppiter; ils s'en vont veoir Demogorgon : toutesfois ce n'est pas asseurance; demande-leur, Boccal? — Non feray, respond Boccal. Demande-leur toy-mesme; souventes fois il arrive du mal à ceux qui veulent tenter la fortune : quand un mastin dort, ne le faut resveiller [1]. » Le dernier qui passoit de ceste trouppe, postoit tant qu'il pouvoit sur une maigre cavalle, à sçavoir sur le dos d'un grand et gros tonneau. Cestuy-cy, passant entre ces espées nues, toucha le nez de Cingar du bout du doigt : chose merveilleuse incontinent apparut; car le nez de Cingar commença à s'enfler comme quand on souffle dedans une vessie de pourceau, et descendoit desjà jusques sur le menton et sembloit le nez d'un Alembic, avec lequel les Apoticquaires distillent leurs eaux. Cingar est bien estonné, et ne sçait plus parler. Il pense que ce soit quelque chose qui luy fasse ombre; le voulant reculer avec la main, et y touchant, aussitost ce nez pend jusques à bas. « O miserable que je suis, s'ecrie-t-il, quelle queuë! Quel boyau est cecy? D'où m'est venu un si grand nez en si peu de temps? Voyez-vous, compagnons, d'où vient ceste longueur de nez? De quel pays m'est venu ce maistre-nez? Devien-

---

[1] C'est le proverbe italien. En français on substitue un chat au mâtin, et ceci rappelle un singulier adage du seizième siècle : « Il est esveillé comme un chat qu'on chastre. »

dray-je à la fin tout nez, croissant ainsi cestuy-cy à veuë d'œil ? Ha ! pour l'amour de Dieu, ha ! ne permettez point, mes freres, qu'il faille que je me trouve chargé d'un si pesant nez. » Balde ne se peut tenir de s'attrister de l'ennuy de son compagnon : « Ne crains point, dit-il, ne pleures point ? Nous l'osterons, et luy rendrons sa premiere forme. » Boccal luy dit : « Tu ne sçais, fol que tu es, la commodité qui t'en viendra ; je te porte envie d'un tel present de nez qu'on t'a faict : ne pourras-tu pas, estant tout debout, flairer les melons au cul, et tu n'auras plus que faire de te baisser contrebas ? » Cingar fut encor contraint de rire, et dit : « Patience, tu me tireras maintenant comme un beufle par le nez : mais, parce qu'il a desjà trente pieds de long, et qu'il m'empesche de cheminer se broüillant par entre mes jambes, je le veux entortiller à l'entour de mon col, et m'en faire trois tours comme une belle chaine d'or. » Il le met ainsi autour de son col : mais, parce que par la continuelle humeur il croissoit tousjours, il l'incommodoit fort pour la pesanteur, et ne le pouvoit plus porter sur ses espaules sans aide. Falcquet, ayant compassion de son amy, incontinent destourne ce nez d'autour le col de Cingar, et le charge sur son espaule, chascun des compagnons prenant ceste fatigue l'un après l'autre.

Cependant le pere Seraphe vient de loing amenant avec soy deux jeunes garçons. L'un estoit mulet engendré d'un pere Grec et d'une mere Calabroise : pensez, je vous prie, quelle meslange, quelle sausse et quelle salade ce pouvoit estre : il estoit trompeur, pippeur, larron, voleur, pendard, meschant. Quoy plus ? il estoit Albanois : puis-je dire pis ? Mais, parce que usance Albanoise est d'escarmoucher et esbourrer la meslée, et puis se retirer à quartier après avoir donné l'alarme, on l'appelloit Resveilleguerre. Seraphe se servoit d'une telle espece d'homme et meit à effet nouvelles entreprinses pour l'amour de luy. L'autre estoit jeune, et Narcisse ne fut jamais plus beau que luy, ny Josephe plus chaste. Cestuy-cy ne mange rien de tout : aussi, n'a-il besoin de descharger aucunement son ventre; mais est tousjours sustenté d'un heureux amour. Estant beau, il aime un beau et est aimé d'un bel amant, et n'est jamais dechiré par les dents de jalousie : car, par une bonne conjonction des estoilles, il est certain d'estre aimé, et telle complexion est fort agreable à Seraphe et en fait de belles espreuves selon le temps. Son nom estoit Rubin et son surnom Ubalde. Or, Seraphe tira un livre de son sein, et, le lisant, soudain comparurent trois grands cerfs. Ils estoyent bridez et sellez comme chevaux. Seraphe commande à ces deux de monter avec luy dessus ces bestes; et, les conduisans par les resnes et leur commandant de serrer les talons et fermer la bouche, se mettent au trot par ces lieux tenebreux, et le trot est si viste, qu'ils semblent voler estans ainsi portez sur le dos de diables, et vont droict selon qu'ils guident leurs montures, et en un clin d'œil viennent derriere Balde. Alors dit Seraphe : « Arrestez vos cerfs; le heaume de Balde m'esclaircit ces cavernes. » Ils mettent pied à terre, et Seraphe commande aux cerfs de s'en retourner. Puis, chascun met en sa bouche des pierres merveilleuses marquées d'une puppe, et soudain iceux ne se voyent plus et demeurent invisibles. Ils marchent ensemble, pouvans comprendre les autres, mais ne peuvent estre aperceus d'aucun. Ils entrent entre les compagnons de Balde, ne parlans, ne faisans bruit et n'estans veus d'aucun. Ils commencent de manier les mains et de jouer des poings. « Ha! crient-ils, quelle nouveauté est cecy? » Seraphe, en se riant, tire l'oreille à Boccal : « Ha! dit-il, qui est icy si mal advisé de me vouloir arracher les oreilles de la teste? » Et, voulant dire qu'il vienne, on le picque en une fesse : « Ha, meschant, dit-il, je ne sçaurois ainsi vivre. Le cancre te vienne, ô Balde! A quoy m'as-tu icy amené? » Ce Resveille-guerre passe entre les jambes de Lyron et le fait tomber

par terre, et luy fait rompre le genoüil. Hippolyte dit :
« Que nous sert d'avoir icy une lumiere, veu qu'il y a
autre chose qui nous oste la vertu de veoir? Je suis icy,
ô Balde, congné à coups de poing, et neantmoins je ne
voy rien du tout, mais je sens seulement les coups : je
croy que tu penses que je suis fol. » Entrant en colere,
pendant que Rubin le cognoit, il escrime des poings çà
et là, ne faisant que frapper le vent, et des pieds et des
dents se defendoit, ne sçachant contre qui. Fracasse manie ses jambes tantost haussant l'une, tantost haussant
l'autre, sentant qu'on les luy picquoit asprement ; et
sembloit un païsan, lequel, ayant les jambes nues en
esté, ne peut fournir à chasser les mousches de dessus
icelles et defendre sa peau. Seraphe avoit osté le nez de
Cingar de dessus les espaules de Falcquet et le menoit
comme un aveugle. Cingar crie : « On me meine par le
nez comme un beufle et ne sçay qui est celuy qui ainsi me
conduit, ny où il me meine. O quelle chose est cecy ? Bien
fols sont ceux qui telles choses cherchent! » Moscquin,
le voulant secourir, reçoit un grand coup au costé, et,
voulant s'en venger, estend la main comme pour bailler
un soufflet si rudement qu'il eust bien pensé avoir fait
tomber, avec iceluy, trois dents de la bouche de tels esprits invisibles, mais il fut payé de mesme et reçeut son
salaire ; car, de la colere et force qu'il y alloit, il donna
si asprement sur une pierre, qu'il fut contraint soudain,
pour la douleur, de souffler sur ses doigts, comme faict
celuy qui se haste de manger sa souppe encor' trop chaude.
Gilbert saute deçà, saute delà, ainsi qu'il se sent picqué
de costé et d'autre. Philoforne n'en reçoit pas moins, et,
pendant qu'il sent d'estranges coups, il se tourne de toutes
parts. Enfin, après qu'ils se furent donné tels passe-
temps, l'un et l'autre, par le commandement de Seraphe,
oste de sa bouche sa pierre, et aussi-tost furent veus d'un
chacun. Or, pensez s'ils rioyent et s'ils ne se resjoüis-
soient pas ensemblement? Ils recognoissent Seraphe, et

Balde luy fait la reverence et embrasse Resveilleguerre et le jeune Rubin. Puis, supplie Seraphe, s'il y a aucune vertu és livres magicques contre les enchantemens des sorcieres, de vouloir oster du visage du Cingar un si grand nez. Seraphique luy dit : « Si je considere bien la chose, Cingar a tort et ne regarde point à son proffit particulier, demandant qu'on luy oste son nez bien fourni : s'il sçait bien retenir en sa cervelle tout ce qu'il fait, qu'il face trois, quatre, ou huict nœuds à son nez. » Cingar luy dit : « O Pere Seraphe, je ne me soucie pas pour un liard, si je n'ay gueres de memoire et si je monstre que j'ay une cervelle de chat, moiennant qu'on me descharge de ce fardeau de nez; car qui est le Rinoceros qui ait le nez plus grand que cestuy-cy? Je vous prie pour l'amour de Dieu, faisons ceste paction ensemble : emportez avec vous ce nez et toute ma cervelle, et que seulement me demeurent en la bouche les dents que j'ay, afin que je puisse manger. Si je n'ay souvenance, et bien que m'en adviendra-il? » Alors Seraphe, ayant une grande gibbeciere, tire d'icelle, comme fait un chirurgien, une boëte pleine d'un onguent fort merveilleux, avec lequel il se frotte les deux mains, et puis avec icelles prend le nez de Cingar et le presse legerement tirant contrebas, comme on tire le pis d'une vache. Iceluy, peu à peu se perd, ainsi que fait une chandelle allumée; et ce nez s'escoulant en ceste sorte goutte à goutte et estant revenu à son poinct, Cingar joyeux et gaillard s'eschappe des mains de Seraphe, et n'y eut plus de moyen de toucher, puis après, à son nez, craignant de tomber en tel danger, duquel il estoit sorti par le bienfaict de Seraphe, auquel il rendit graces avec belles paroles. » Seraphe, prenant congé de la compagnie, s'en retourne en haut et Balde descendit à bas.

LIVRE VINGT-TROISIÈME.

Ils avoyent desjà cheminé en ces ombres obscures et tenebreuses, par l'espace de cinq journées, quand ils se veirent au bout et à l'extremité de la caverne, et ne peurent passer plus avant, obstant une pierre de demesurée grandeur et qui traversoit le chemin, tellement qu'ils furent contraints retourner sur leurs pas, et refaire le chemin qu'ils avoyent jà fait avec grand travail. Ils se trouvent, par ce moyen, aussi estonnez que sont les fourmis, quand, cheminans par leur route l'un après l'autre, avec une longue suitte, sur une muraille, ou contremont un vieil noyer, se baisans l'un l'autre, à la rencontre qu'ils font montant et descendant, ils trouvent une ligne noire qu'on aura faicte de charbon à travers leur chemin : car lors ils s'arrestent tout court et s'amassent en une trouppe reculans en arriere, et retournans sur leurs pas. Balde advise sous ses pieds une pierre, laquelle il fait lever par Fracasse. Iceluy, affermissant la plante de ses pieds contre terre et roidissant les reins, l'enleve et trouve dessous un puits profond. Ils prestent l'oreille pour sçavoir s'ils oiroyent quelque bruit venant du fond d'iceluy. Ils entendent un bruit d'une eau coulant entre des pierres. Mais ils n'y peuvent rien veoir. Cingar s'offre de descendre à bas, comme de faict il y descend se tenant des mains et des pieds aux pierres d'iceluy, et estant au bas, il trouve un lac ondoyant et entend un ruisseau s'escouler à travers les feintes et fentes de la montagne. Il appelle de là ses compagnons, tant qu'il peut crier, disant : « O compagnons, descendez par ceste eschelle d'enfer? » Tous detachent leurs ceintures, prennent le licol et les sangles de l'asne, et noüans tout ensemble en font une longue corde, de laquelle ils s'aident pour descendre à bas l'un après l'autre, et feirent devaler premierement l'asne et puis Boccal. Enfin, tous se trouverent à bas avec Cingar. Balde, par sa presence, rendit le lac notoire et aisé à veoir à un chascun ; car la pierre qui estoit en son heaume chassoit toutes tenebres. Ce lac s'estend en un fort grand bassin, duquel sort un gros fleuve, et ne s'en peut trouver un plus large, quand bien vous mesureriez tous les fleuves du monde. Les compagnons commencerent à cheminer le long du bord d'iceluy. Ils voyent au milieu de l'eau un vieillard, la longue barbe duquel luy couvroit toute la poitrine, et estoit assis sur le dos d'un long Crocodile, lequel estoit suivy de trois autres, sur lesquels estoyent aussi assises de belles Nymphes. Quand ce vieillard apperceut de loing une clarté, et ceste compagnie s'esgaiant le long de l'eau, portant espées, rondaches et autres armes : « Qu'est-ce que cela de nouveau ? dit-il : je veux sçavoir que c'est et d'où vient telle nouveauté. » Et commence à se stomacquer ainsi contre Balde : « Qui a conduit icy vos pieds, ô fol et mal habile ? Qui vous guide si hardiment le long des rivages du Nil ? Viste retournez arriere ! Quelle audace meine ces marroufles-cy ? » Balde luy respond : « Nous sommes descendus du Ciel et allons en enfer : enseigne-nous le chemin ? » Le vieillard luy dit : « Il est aisé de descendre à bas ; mais de retourner arriere, cela ne se peut faire, sans bien suer d'un grand ahan, et toutefois tu te repentiras d'estre icy venu en nos quartiers ; et si vous ne vous hastez de vous en retourner d'icy, mon esprit me dit qu'il vous en arrivera un grand malheur. Osez-vous, vous autres, qui n'estes que la fiente des hommes, ainsi salir ce sainct pays ? Retournez donc d'où vous venez, poltrons que vous estes, et qui ne meritez que des coups de baston ? A qui est-ce que je parle maintenant ?

Voulez-vous que je le vous die trois fois, asnes, pourceaux, gens pleins de poux? » Balde endure tout et prend plaisir à ce vieillard, l'estimant comme revenu en enfance. Mais Fracasse ne pouvoit plus retenir en l'estomach sa cholere, et secouant sa teste et parlant haut: « Es-tu point Dieu? dit-il : ou, si les dieux cornus font leur demeure en ces cavernes et lieux tenebreux, tu dois estre plustost Archidiable et la charongne d'Enfer? » Ce vieillard, parlant un peu plus doucement, dit lors : « La divine Gelfore m'a donné le Royaume de ce fleuve et a mis ceste eau soubs ma puissance pour tout jamais : on l'appelle Nil et se rend en la mer par sept bouches ou canaux, et sa source est incogneue à Aristote, à Platon et à tous les maistres és arts, combien qu'ils ayent rempli leurs gros livres d'infinies barboüilleries, pensans en donner la cognoissance : mais, vous autres, avec un esprit malin et mauvais cœur, avez trouvé son origine qui est incogneue à ceux de lassus, et avec vos pieds mortels avez souillé ces bords et rivages des dieux. Ceste belle compagnie de deesses me sert et Gelfore m'a fait le haut Dieu de ce fleuve, laquelle s'est establi au fond de la mer de grands Royaumes, et a distribué à ses barons et vassaux, des fleuves, des estangs, des lacs, des fontaines et des ruisseaux ; et, entre le nombre des dieux, je suis nommé Rousseau. Partant, comme Dieu et plein de la deïté des dieux, je commande, j'excommunie, je jure, sur peine d'encourjr mon indignation, ma disgrace, et sur peine de la hart, qu'on m'oste ces bouchers, ces chercutiers! Nettoyez-moy de ces villains icy! A qui est-ce que je le dis? Sus, viste, allez, meschans ! » Balde luy dit : « Tu es peut-estre Dieu de quelque latrine emmerdée. Si toutesfois, comme tu causes, tu te puis asseurer soubs ta deïté, garentis-toy, et tes putains, de ta ruine. » En ce disant et se baissant, soudain prend une pierre, avec laquelle il donne droit sur la teste du Crocodile et luy fait faire le plongeon en l'eau. Le Rousseau est contraint se mettre à nage, mais, en se nayant, il joue des jambes pour neant. Il ne luy paroissoit plus hors l'eau que le mufle, comme à une grenouille cachée en la bourbe. Les femelles commencent à battre de leurs mains et s'enfuyent avec leurs Crocodiles. Fracasse s'estoit fourré jusques au milieu du fleuve et tiroit le col au Rousseau, comme à un poulet. Balde va plus avant, servant de porte-flambeau aux autres, et devisent par entr'eux de la source du Nil incogneue au monde; et pendant qu'ils passoyent le temps en tels discours, ils rencontrent une obscure entrée de ceste montagne, laquelle engouloit tout ce fleuve. Contre cette entrée defaillent les rivages du fleuve, et ne se peut naviguer plus avant, passant l'eau à travers les montagnes. Les compagnons s'arresterent là, ne leur estant possible de cheminer plus outre, ne se presentant à eux aucun sentier, s'ils n'avoyent des plumes pour voler ou pour nager. Ils n'ont aucun batteau, ny aucun Dedale qui leur puisse attacher des aisles aux bras : aussi, n'y a-il pas moïen de nager, à l'occasion de la pesanteur de leurs armes qui les attireroit à fond. Fracasse se jette au milieu de l'eau, et, gambadant en icelle, la faisoit remonter contremont plus de trois cent brasses; et combien qu'il eust le corps d'un grand et haut hommasse, neantmoins il estoit mouillé jusques au culot et remuant en l'eau ses gros rongnons : « Ho ! dit-il, compagnons, il y a tousjours remede à toutes choses, moyennant que nous prenions advis : sautez tous sur mon dos, je suis assez fort pour vous porter tous par ceste eau. » Balde, en riant, luy dit : « Le pourras-tu, Fracasse ? L'oses-tu bien ? » Il respond : « Non pas vous seulement qui ne pesez gueres, mais, s'il estoit besoing, je porterois tout le peuple de Milan. On dit que ce geant d'Hercules porta la chaire de Juppiter, sur laquelle estoit assise toute la famille des Dieux : et, moy, qui ay un poulmon ferme et entier, ne supporterois pas le faix de huict enfans, comme je vous estime au prix de ma force ? »

Tous se jettent sur son dos et sur ses espaules, comme s'ils vouloyent escaler une forteresse. Lyron se range à droit, et Hippolyte avec les mains se tient auprès de luy. Balde prend le gauche, Gilbert le suit; et, pour faire le contrepoix, n'estoit besoing y adjouster une pierre comme on fait quelques fois aux sommiers et bestes de charge. Boccal se prend à une des esguillettes des chausses de Fracasse. Philiforne monte jusques à l'oreille, et Moscquin à l'autre, trouvant là de belles chambres à se mettre. Cingar grimpe jusques au haut de la teste, se mettant plus haut que les autres. Le Centaure ne veut tant charger le géant, comme aussi Falcquet : l'un se mettant à nager comme un chien et l'autre comme un cheval. L'asne demeuroit derriere qui ricquanne et prie qu'on ne le veuille laisser seul à la gueule aux loups. Il n'estoit propre pour bien nager et n'avoit pas grande envie en aucune façon de mouiller sa peau. Fracasse, en ayant pitié, le prend et le met soubs son aisselle, le serrant assez asprement et tellement, qu'il le contraignoit de petter comme une cornemuse, laquelle estant pleine de vent, pendant que le cornemuseur la presse avec le coulde, rend les tons de sa musique plus haut : ainsi cest asne triploit sa proportion. Fracasse, ainsi chargé, jure que ceste charge ne luy est rien. Il tenoit en sa main droite son grand baston, sur lequel il s'appuyoit, enjambant à grands pas dedans ceste eau, et avec son bourdon faisoit grand bruit contre les pierres, en rompant quelques-unes avec le bout d'iceluy. Or, après avoir ainsi cheminé quelque temps, ils voyent de loing le jour et la fin de la caverne; et lors ils commencent tous à chanter et à se resjouir : et Balde leur commande de dire des joyeuses chansons et entre autres celles-cy, qui ainsi se commencent : *Force l'Amant, de tous, d'un autre,* et *Mer petite.* Mais Cingar chanta un tel motet : « Puisque nous sommes hors de ceste obscure prison, chantons Turelure, sonnons la chevre morte : *Que fait Ramancine ? Que ne vient-elle à son mary?* Chantons tariraríran : chantons tantare, tantare. » En somme, ils arrivent à la clarté du jour, et là, tous descendent de dessus le dos de Fracasse. Ils ne peurent toutesfois si tost veoir la lumiere; mais ils feirent comme nous faisons, quand, ne voulans si tost sortir du lict au matin, nous faisons les paresseux, et combien que le Soleil aye desjà espandu sa lumiere bien avant; mais la chambriere venant ouvrir les fenestres, lors nous alongeons nos nerfs et cordes des jarrets, comme font les asnes; et lors ne pouvons, du premier coup, endurer en nos yeux la lueur du jour. Ainsi, ceuxcy sortis des tenebres, à grand peine, peuvent-ils hausser leurs yeux vers la lumiere, estans aveugles de la clarté et splendeur du Soleil; mais, estans incontinent asseurez, ils s'esmerveillent comment il peut se faire jour soubs la terre, ou dedans les entrailles d'icelle. Car, à la vérité, ils avoyent là trouvé un nouveau monde, un nouveau Soleil, un nouveau siecle et nouvelles habitations. Mais on dit toutes ces choses avoir esté faites soubs l'eau par arts magiques, car ils ont bien recogneu avoir esté jusques au fond de la mer, là où il y a une grande campagne sans aucuns arbres, et n'en a point de plus grande, soit en long ou en large, fust-ce la vieille campagne de Veronne, ou celle de laquelle ces pauvres Godiens se vantent. Au milieu d'icelle y a un grand Palais et haut eslevé quasi jusques au ciel, duquel ils voyoient de loing mille cheminées fumer. En iceluy, Gelfore avoit planté son siege et tenoit, ceste meschante magicienne, tousjours-là une cour ouverte, et avoit, par tout son Royaume, fait dresser des Theatres et de grands Colosses, comme nous en voyons à Veronne. Elle a maintenant et tient en tout temps des vaches et vilaines louves en ce lieu, afin que toute la ville soit tousjours renettie d'un tel fumier. Mais c'est une chose fort merveilleuse et grandement admirable, de ce que le fond de la mer se tient en haut comme une voute, et n'en distille à bas aucune eau, combien qu'elle soit tourmentée et agitée par les vents, à travers laquelle le Soleil lance ses rayons et penetre ceste humidité, comme on veoid une chandelle allumée à travers un verre : et par là ce nouveau monde paroist, et une nouvelle façon de vivre d'autres gens. Tous les compagnons s'esmerveillent de veoir cecy, et Fracasse s'escrie : « Ha! diable, auras-tu tant de puissance que tu puisses ainsi muer et changer les dispositions naturelles? Assiez-tu en ceste sorte le fond de la mer en haut, et par ta puissance les eaux se maintiennent-elles en haut sans pesanteur, comme si elles estoyent d'air? Non, non, que faisons-nous? Nous tardons trop! » Boccal respond : « Tu as raison, mon gros bedon; mais nostre asne ne porte plus que manger. — J'ay faim! » dit Cingar. Moscquin dit : « Comme un aveugle, je ne voy rien. » Le Centaure dit : « Ma pance gronde de faim là dedans. » « Mangeons l'asne! » respond Fracasse. Aussi-tost dit, aussi-tost fait. Il le prend par les pieds, et, luy tirant le col, l'estrangle, comme fait la chambriere une poule. Cingar commence à l'escorcher par les jambes. Boccal, avec sa dague de Margut, luy fend la poitrine et luy tire du ventre les trippes, les rongnons, le foie et toute la fressure. Balde, avec un caillou, fait sortir, de son espée d'acier, des bluettes et scintilles de feu, lesquelles Hippolyte reçoit sur de la paille menue, qu'il ajance : et Lyron, soufflant doucement, fait flamber ceste paille et allume le feu. Philoforne apporte de l'eau dedans leurs heaumes et casques, et aussi Gilbert, et lavent ensemble les pieces et quartiers de l'asne, lequel enfin ils mangent, partie rosty, partie boüilly. S'estant ainsi repeus, ils s'acheminent vers le palais. Ils n'avoient gueres cheminez, qu'ils rencontrerent un vieillard boiteux et une pelerine avec luy, ayant un visage joyeux. Eux deux tenoient chascun en main un bourdon et un chappeau en teste : et à leurs bourdons pendoient un petit escrit, contenant le malheur qui leur avoit causé de voüer leur voyage. Ils avoient sur leurs espaules des manteaux courts et le flasque à la ceinture. Ils faisoient apparence d'estre las du chemin, et, pour ceste cause, se meirent contre terre sur leurs manteaux estendus en une vallée ombrageuse, pour se reposer. Les compagnons s'en viennent à eux et eurent pitié d'eux; car ils sembloient bien avoir cent ans et qu'ils avoient besoing de se reposer, plustost que de faire un long chemin. Alors, ceste pelerine se range à l'ombrage, de peur de l'ardeur du Soleil. Elle tient tousjours ses deux yeux contrebas, lesquels neantmoins quelquesfois elle releve tout à propos et en darde des rayons fort penetrans. Hippolyte, s'advançant, outre ses compagnons, l'œillade le premier, et comme il y estoit sujet, il se laisse engluer. Balde, avec un courtois semblant, salue ce vieillard et luy demande : « D'où venez-vous? Où allez-vous? Comme vous appelez-vous? » Il respond : « Je viens de devers Paradis et je vais en Enfer : on me nomme Pasquin [1]. » Balde luy dit : « Qui vous contraint de laisser Paradis? N'aviez-vous pas là un bon et un brave temps? C'est un mauvais change de laisser les bien-heureux pour aller aux damnez : je m'estonne quelle occasion vous meut à ce faire. — Je suis, respond ce malin vieillard, la vraye pratique du monde, et ceste barbe n'est point grisonnée, ni devenue si grande, pour neant. Croyez-moy, qui en ay fait l'essay, vous

---

[1] Tout le monde sait que tel est le nom d'un groupe en marbre exposé sur une place de Rome et longtemps confident indiscret de mordantes satires lancées contre les grands. Pendant des siècles on n'avait pu reconnaître le sujet de ce marbre profondément mutilé. Le célèbre archéologue Visconti y a retrouvé Ménélas soulevant, au milieu des guerriers troyens, le cadavre de Patrocle. Quelques recueils des satires affichées à cette statue, publiés de 1510 à 1526, sont mentionnés au catalogue Libri (1847, n°° 2562 à 2566). Ils sont excessivement rares et souvent fort libres. Le *Manuel du Libraire* indique divers écrits du même genre. Les *Pasquillen* et *Satiren* en langue allemande, composés au seizième siècle, ont été réunis par M. O. Schade, 1856, 2 vol. in-8.

vous trompez vous-mesme, mon amy : l'homme se trompe, qui pense Paradis estre plein de delices, d'allegresses et de joyeux passe-temps. Il y a cinquante ans, que, moy, tenant hostellerie, je servois d'hostelier à Rome et estois si cogneu à toute la ville, que ma renommée et mon nom y demeurera à perpetuité, et m'ont les Peres honoré d'une statue, comme on a accoustumé de faire à ceux qui sont dignes d'un renom, d'un honneur et d'un beau triomphe. Ce ne te seroit pas une petite vertu d'acquerir une loüange par des choses que tu penserois estre agreables aux Rois, aux Papes, à ceux qui portent mitres et bonnets rouges. Partant, j'ay trouvé que tout nostre soing et estude ne doit estre qu'envers trois arts et mestiers; à sçavoir l'art de cocquinerie, de bouffonnerie et de ruffiennerie. Par les merites de tels mestiers, j'ay souvent gagné de bons presens par Messieurs les porteurs de rochets, et ay receu d'eux beaucoup de plaisirs : par telle pratique, ayant la cognoissance des gestes, des prouesses, des actions, des vertus, des merites et du cours de la vie de si grands personnages, je puis seul rendre bon compte de tout cecy à tout le monde et en relever le secret. S'il faut adjouster foy aux saincts Prophetes, croïez à Pasquin, sage et advisé Prophete. Tout ce qu'il dit est aussi vray que le *Credo*, qu'on chante en l'Eglise. Estant devenu tout decrepit, l'heure de ma mort s'approchoit, et toute la ville de Rome s'attristoit fort pour moy. Elle supplia le Sainct Pere de me vouloir envoyer au ciel, et me charger de forces bulles et briefs. Le pape aussi-tost assembla le College, pour l'amour de moy. Là, après un long discours sur ce que, par la perte d'un tel Citoyen, il arriveroit un grand dommage aux jeunes courtisans et aux courtisanes, on me donne enfin ceste indulgence, que je peusse tenir hostelerie devant la porte du ciel, afin que quand les Prelats de l'Eglise, bien gras, bien refaits, viendroient au Royaume de Paradis sur leurs mules, je fusse prest à les recevoir en ma bonne hostelerie, ayans bien merité de moy ce bon service et les loger en chambres garnies à l'Allemande. Mais mon genie est tousjours à Rome soubs une effigie et statue de marbre, par dessus laquelle, si on y pense bien, il n'y a chose si merveilleuse. Tantost là je suis masle, tantost je suis femelle; maintenant on me prend pour Religion; maintenant pour Victoire; je suis Pasquin tout nud et sans chemise : ma face coulemerde n'a point de nez, à moy, estant de pierre : ceste disgrace m'advient pour l'amour du Citoyen Marphore, auquel je revele tous les secrets; et ne discourons ensemble que de choses grandes, en plusieurs et diverses manieres, combien que les pierres pueriles nous ayent osté la parolle. Or, vous sçaurez que nous avons tenu nostre hostelerie par l'espace de trois ans devant la porte de Paradis, avec fort peu de gaing; car les portes estoyent tousjours cadenacées et courrillées et toutes moisies, pour n'estre souvent remuées. Les aragnes y avoient tendu leurs toiles. Il se passoit bien six jours, et telle fois huict, qu'aucun estranger, ou passant, ne venoit en ce quartier. Si toutesfois aucun y venoit, c'estoit quelque boiteux, quelque bossu, ou quelque borgne, ou bicle, ou bien quelqu'un de ceux qui, ne se soucians des voleurs, ont la bouche plus pleine de chansons que la bourse d'escus. Il n'y arrivoit aucun qui peut payer son escot, qui voulut une chambre, qui demandast un lict, ou de l'avoine pour sa monture. Il n'y venoit que ceux qui n'avoient pas un sol et qui avoient accoustumé de coucher dedans des chaumiers, et d'aller quester et se nourrir seulement de morceaux mendiez çà et là. J'y ay veu fort rarement des Papes, des Roys, des Ducs; aussi peu, des Seigneurs, des Marquis, des Barons, de ceux qui portent chappeaux houppez, des mitres et des chappes cardinalesques, lesquels eussent peu tirer, de leurs gibbecieres pleines d'escus, dequoy m'y enrichir, et qui eussent bien voulu payer les chappons bouillis avec le potage saffrané et les tourtes avec les bouteilles de divers vins doux et forts. Ce sont ceux-cy, qui despendent et qui peuvent despendre leurs escus. Si d'adventure j'y voyois arriver quelque Procureur, quelque Juge, quelque Advocat ou Notaire, ne pouvant penser que ce fussent de tels gens, soudain, je m'escriois : « O le grand miracle! » Voilà qui a esté cause que je me suis osté de ce quartier, mesme lors que l'abbé Demogorgon, qui n'aime que des rejettons de choux, des sardines, des figues, des feves et des fraises, y vint sur sa mule maigre et si ensorcelée, qu'on eust peu couldre ensemble ses deux flancs. Il n'avoit pas en sa bource un pauvre liard, pour payer un plat de bouillie chaude. Il vint enfin à la porte de Paradis, et pria d'estre receu au dedans, et d'y estre fait citoyen bienheureux, ou d'estre logé en quelque petit coing. Mais saint Pierre en cholere repoussa de l'entrée ce miserable, et luy dit : « Va t'en, avaleur de feves moulues! Tu n'es point et ne seras jamais digne d'entrer en ce lieu, tant que ma Dame Simonne se tiendra entre les Clercs, laquelle tant que Luscar permettra ainsi vivre parmi le monde, ni vous, ni toute votre race ne pourrez entrer icy dedans. Va t'en, et ne frappe plus à la porte, de peur que tu ne sois toy-mesme bien tabourdé! » Pendant que telles choses se disoient, sortirent hors l'escole du ciel, mille petits enfans, les uns mal vestus, autres tous nuds, mal en poinct, mal peignez, maigres et couverts de teigne ; iceux entrerent en mon hostelerie sans aucun contredit : « O! dis-je alors, quelle temerité est-ce cecy, mes enfans? — Nous sommes, me respondirent-ils, jeunes anges; donnez-nous à gouster. « Et soudain commencerent à remuer mes pots, et me devorerent une fournée de pain frais et trois porcs, une vache, trente chappons, autant de poules, six chevres avec le bouc, huict flesches de lard, un plein saloir de salé. Que diray-je davantage? le chat, l'asne, et ma maigre mule; et après telle mangeaille, ils estoient encore affamez, et si je ne me fusse tout nud eschappé d'eux, ils m'eussent, et ma fille aussi, fourré en leur ventre ; pensez quelle consolation reste après la mort. »

Pendant que ce meschant vieillard babilloit ainsi, Hippolyte s'estoit accosté de ceste jeune pelerine, et la vouloit emmener avec soy. Cingar, rusé paillard, s'advançoit pour aider à l'entreprinse d'Hippolyte, luy faisoit escorte, et guignoit Falcquet ; mais enfin tous donnerent la main à Hippolyte. Balde ne sçavoit rien de ce qu'ils vouloient faire, lequel eust bien desiré que tous ces compagnons en tel temps se fussent portez avec toute modestie et pudicité. Incontinent, toute la campagne se meit à trembler tout autour, et ce trompeur vieillard disparut comme une ombre. Les pieds de Balde et ses jambes ne se peurent tenir de trembler, et ses cheveux de se herisser, quand il se vied seul, ne voyant devant soy aucun de ses amis, Il resve à ce qu'il doit faire, et où il doit aller. Il invocque Dieu en son esprit, et appelle Seraphe à son secours. Enfin, il trouva pour son meilleur de s'acheminer vers le Palais de Gelfore, ayant opinion d'y trouver ses compagnons en quelque ennuy. Mais, comme il s'acheminoit assez lentement, et à pas comptez, voicy venir vers luy de loing Resveilleguerre, qui couroit en façon d'un Stradiot sur un genet, et portoit sur son espaule sa javeline. Balde le recognoit, l'appelle : « O Resveilleguerre, es-tu point l'Ange Gabriel, qui puisses apporter joyeuses nouvelles? Où est Seraphe tout nostre espoir? » L'autre respond : « Je ne porte jamais, mon Baron, meschantes nouvelles. Reçoy, en don de Seraphe, ceste pierre, qui a la vertu de rendre invisible celuy qui la porte : on la nomme Opthalmie. La tenant en ta bouche, tu ne seras veu de personne; et cependant tu entreras au Palais, auquel Gelfore, presidente sur toutes les vaches et les louves, fait sa demeure, gouvernant toutes leurs estables. Ce vieillard, qui vous avoit dit estre Pasquin, n'est pas Pasquin; mais c'est Demogorgon, lequel a accoustumé de battre de sa queue les vives Fées, et chevauche les sorcieres en guise d'asnesses. Il ne venoit vers vous que pour vous decevoir, et vos compagnons; mais vous estes demeuré seul exempt de ses piperies, et vos compagnons portent la peine de leurs merites. Vous les recouvrerez toutesfois enfin avec joye et contentement. » Ayant achevé ces mots, soudain se disparut.

Balde met en sa bouche ceste pierre, qui le rend invisible, et s'en va au Palais de Gelfore; il rencontre force trouppes de sorcieres, à travers lesquelles il passe comme une ombre, et, pour se donner du plaisir, en tire l'une et puis l'autre par leurs robbes, donne des coups de pied à une, des soufflets à l'autre. Il entre dedans le Palais, duquel les portes sont tousjours ouvertes : les entrées, les voultes, les corniches, le tout n'est que d'or. Il voit une bande embastonnée de longues picques : il estime que ce soit la garde de la Roine. « Resjoüis-toi, ô mon espée, dit Balde, tu te repaistras en brief de bonne viande, et laveras ta face en sang Aërien ! » Il tire vers un cloistre qui estoit fort ample et large, lequel estoit embelli de cent cinquante colonnes. Tout y resplendissoit pour l'or et merveilleuses richesses qu'on y voyoit. Les pilliers, les colonnes, les chapiteaux, les pieds d'estals, les frises estoient d'or. O quelles façons de faire ! O quelles villanies Balde trouva-là ! Quelles bordeleries ? Quels actes ords et infames ! Si je le voulois descrire, il ne seroit utile ni profittable pour la jeunesse de le voir escrit ; car il ne faut manifester toutes choses aux simples. Tout autour estoient plusieurs chambres basties separement par certaines mesures, ayant leurs huis tousjours ouverts, et le seuil fort usé, pour la frequence de ceux qui sans cesse alloient et venoient, ainsi qu'on voit aux maisons des Roys. Balde, sans se faire veoir, veut contempler par le menu toutes ces choses. Il entre à la premiere porte qui estoit haute et large, en laquelle plusieurs entroient et sortoient. Là dedans on oyoit tic-toc, du bruit que faisoyent des mortiers de bronze ; car c'estoit-là l'Apotiquairerie. Il entre plus avant et, revisitant tout, il s'estonne d'y veoir une infinité de vieilles, assemblées ensemble, lesquelles enseignent une infinité aussi d'hommes, ou plutost sorciers, à mille choses meschantes. Il y a des Italiens, des Grecs, des Espagnols, des Allemans, des riches, des pauvres, des laïcs, des moines, des prestres, des dames, des nonnes, et, en somme, de toutes sortes de gens. Iceux sollicitent et procurent secretement diverses choses, et font, selon ce qu'on leur apprend, des onguents, des ciroënes, des pastes, des linimens, des emplastres, des pillules, des confections, des sirots. Ils ouvrent et referment, tournent, remuent mille boëtes, mille pots, flaccons de triacle, barils et bouteilles. Les uns pesent l'eau avec balances, les autres pilent et concassent herbes et drogues, avec les pilons dedans les mortiers, comme du taxe, du cambrossen, des squilles, de l'aconit, de la ciguë. Autres emplissent des vaisseaux d'estain de electuaires noirs. composez la nuit, à la clarté de la cinquiesme Lune, avec de la salive de crapaut, de la chair de pendu, du poulmon d'un asne, de la peau d'une grenouille verde, de la sanie de la matrice, de soulphre tiré de l'argent vif, des corps morts par mort violente, de la sueur d'un loup enragé, de la gresse de vipere, du fiel d'une puppu et du lait d'une ceraste. Davantage, ils meslent les choses sacrées avec les prophanes, et se servent de chandelles faites de la cire du cierge Paschal, du cresme, du sel du baptême, autres telles choses que de mauvais Prestres donnent à ces poltrons. Je pourrois bien d'adventure descrire comme ils font telles compositions ; mais je me defie que, pensant reprendre les fautes d'autruy, je deviendrois precepteur et instructeur d'icelles, tellement qu'on m'estimeroit digne de la mitre d'un Thomiste, et me donneroit-on en main la queuë d'un asne en guise d'une bride, recevant telles choses pour un si grand labeur. Car, pour dire verité, tous les jeudis on y voit courir des Orateurs, des Advocats, des Medecins, des Astrologues, des Poëtes, des Moines, des Prestres et des Juges. Mais, parce que la raison cede au respect et que les gros poissons ont accoustumé de manger les petits, il n'y a seulement que quelques malheureuses vieilles qui servent de spectacle au monde, quand on les promeine sur des asnes [1]. Icelles servent de voile aux fautes des nobles, et espargnent aux Dames le feu qu'elles meritent.

Balde se fourre partout, estant ainsi incongneu, regarde à tout, lit les inscriptions des boëtes et des pots. Il ouvre les livres, et lit en iceux : il n'y trouve rien que des receptes mortelles, à sçavoir : comme les enfans sont ensorcelez par la seule haleine d'un marouffle ; comme il faut causer un dormir pour cependant jouir d'une fille ; comme un mari cognoistra quelles cornes sa femme luy fait, et pour trouver le ribaut sur le faict ; comme il faut contraindre les belles filles à aimer, et y attirer de force leurs volontez encore saines et entieres ; comme une femme n'engrossira point, quelque coup de corne qu'on luy donne ; comme elle vuidera son enfant si elle se sent grosse ; comme, à grand' peine estant, nay, on luy peut corrompre tous les membres ; comme une femme pourra faire desecher son mari qu'elle haïra : comme une villaine sorciere ostera l'entendement à un enfant, ou la vie du corps [2]. Il y a là, dis-je, des Beguines, vieilles puantes, qui vont et reviennent, portent et rapportent telles drogues en de petits pots, en des boëtes, et autres vaisseaux.

---

[1] Des femmes accusées de sorcellerie, des entremetteuses, étaient, au moyen âge, promenées sur un âne, au milieu des huées de la populace, et fouettées par le bourreau. Le dix-huitième siècle a offert encore à Paris le spectacle de promenades de ce genre.

[2] Tous ces secrets et bien d'autres du même genre étaient regardés, à l'époque où écrivait Folengo, comme chose facile à accomplir lorsqu'on avait des relations avec les puissances infernales.

Balde les suit, pour l'envie qu'il a de veoir tout. Il s'y voit un autre lieu, long de trois cens brasses, large de deux cens, autant spatieux qu'aucun autre, qui se puisse trouver. Là, les uns sont enseignez, les autres enseignent autant de sorciers qu'il y a de graine au sable de la mer, autant que la forest de Bacanè jette de feuilles, et autant que la seche et sterile Pouille engendre des mouches noires. Là sont de vieilles édentées, vieilles guenippes, vieilles chassieuses, lesquelles Gelfore a instituées pour estre maistresses d'escole, et des premieres du Senat. Icelles, à la façon des Pedagogues, sçavent fort bien dispenser leur science, donnans les preceptes de sorcellerie, et pour operer avec onguens, et faire de telles bonnes œuvres, comme d'esmouvoir les tonnerres du ciel, faire tomber la tempeste sur les bleds et sur les vignes, attirer la Lune çà bas, et faire retrograder les estoilles, remonter les fleuves contremont, et de la mer faire retourner les fontaines à leur premiere source ; comme il faut changer les corps en diverses formes, muer les hommes en loups, en ours, en chiens, et se tourner soy-mesme en chat, en chouette, en hibou, chantans la nuict sur les couvertures pour tristes augures ; et comme les Prestres peuvent abuser par fascinations leurs commeres, et les meschans Moines chevaucher sur les diablesses de mules. Balde oit d'un costé et d'autre plusieurs preceptes de sorcelerie, et, regardant de près pour veoir s'il en recognoistroit quelqu'une, il advise la femme de Cingar, et Berthe servir de maistresses d'escole à des petites filles : dont, tout estonné, ne se peut quasi tenir de tirer son espée. Mais, considerant qu'il y voyoit aussi plusieurs Madames, femmes de nobles personnes, et autres, sortans de dessous de grands chappiers, vrayes montures de Satan, se prostituer aux diables, il appaisa sa colere, se teut et se tint encore ainsi invisible, se confortant en soy-mesme ; et se resout de prendre un jour telles bonnes pieces sur le faict, voyant clairement que celles que nous pensons estre icy des Hersilies sont là des Thaides : mais bien loüoit celles qui sçavoyent dextrement couvrir leurs larrecins ; car la coulpe est à demy pardonnée qui est couverte. Les murailles, les planchers, les toicts sont de pur or. Les chaires sont aussi de mesme matiere, couvertes de diverses couvertures et carreaux. Les licts sont parez de toiles d'argent, de velours plein et velours raz, de taffetas changeant, de samis et autres draps de soye. Il voit là des jeunes gens beaux, de belle face, agiles, dispos, legers, tousjours prets à danser, se jouer avec de jeunes filles. Il croit qu'iceux estoient diables deguisez, qui avoient ainsi prins forme humaine, et s'estoient, comme les hommes, vestus de robes et habillemens d'or, et bonnets de velours. Ils portoient aussi des chausses d'escarlate et des chemises à collet ouvré, des anneaux en leurs doigts, garnis de pierres pretieuses. Ils estoyent parfumez de musc, de civette, d'eau de naphe, et tenoient à leur nez du storax, et un mouchoir trempé en eau roze : ce Palais en estoit tout abbreuvé.

Autour des murailles de porphire, y avoit des espailliers tousjours verds et remplis de fleurs, auxquels on voit plusieurs miroirs attachez. Là, de pauvres et miserables filles apprennent à devenir Dames, mettans sur leurs joues, sur leur front, sur le sein, du blanchet, et du rouget sur leurs levres, pour les faire paraitre rouges comme coral ; et frisotans leurs cheveux avec le fer chaud ou avec la paille, et chanvre, avec laquelle elles les tiennent liez la nuict ; s'arrachent aussi le poil de leurs sourcils, pour n'en laisser qu'un filet en forme d'un arc. Elles s'élargissent les espaules, et se font enfler le sein et mammelles, voulans par là ressembler à la vraye semblance de Pallas. Mais ce n'est qu'un sac de paille, ou cet espouvantail qu'un Jardinier pose en son jardin, pour faire peur aux oiseaux, et les chasser d'autour de ses graines. Je laisse là à part les lires, les flustes, les cistres, les luths, les espinettes, les danses, les moresques, les gans d'Espagne et le bal de la torche. La magicienne Gelfore fournit de toutes ces choses pour une telle volupté, estant assise au haut de la salle dedans une chaire dorée.

Pendant que Balde contemploit cecy, il voit qu'on ameine, avec une grande rumeur, Boccal enchaîné, en le traînant, et auquel les gueux et la villaine canaille donnoient de grands coups de pied et de poing. Tout le peuple y accouroit pour veoir ce que c'estoit, et pour tourmenter ce pauvre homme; on le pousse, et de pieds et de poings, devant le trosne de la Roine. Il crie, recrie, et demande souvent pardon, et jure la foi qu'il doit à Dieu n'avoir rien fait. Gelfore, enflée de colere, demande la cause de sa prinse. On luy respond que ce meschant goulu estoit clandestinement entré en la cuisine pour desrober, et qu'il avoit jà fait son petit pacquet de fromage et de beurre, et qu'il avoit estrillé, avec un baston, deux marmitons d'icelle, n'estant enroolé au nombre des serviteurs domesticques de la Cour de la Roine, ni tirant ce villain bourreau aucun salaire de sa Majesté : et y avoit davantage, c'estoit qu'il ne vouloit dire de quel quartier il estoit venu. Gelfore, tournant le visage avec une façon desdaigneuse, et toussissant un bon coup, et jettant un crachat hors de son estomach, parla en ceste sorte : « Hors d'icy sus! hors, menez au loin ce maroufle! Sus, vite! Que tardez-vous? Ce mastin me deplait. O badauts que vous estes, combien a esté grande vostre indiscretion d'avoir amené devant moy une telle charongne: allez viste, et changez sa villaine figure! » Aussi-tost, à ce commandement, ce pauvre malotru est emmené hors de là, et toute la trouppe suit après, criant contre luy. On luy donne plus de coups que n'en porteroit un asne paresseux. Balde se contient bien à force, et avoit mis la main sur son espée deux, trois et quatre fois : toutesfois il a patience pour veoir la fin, desirant avoir cognoissance certaine de plusieurs choses. Enfin, on oint Boccal de je ne sçay quel onguent : aussi-tost ses oreilles croissent merveilleusement et son muffle s'alonge en telle sorte qu'il touche quasi à terre. Ses bras deviennent jambes, de façon qu'au lieu de deux il en a quatre; et devient tout couvert de poil gris. En somme, celuy qui estoit Boccal est faict asne. Il ne crie plus : « Ha Dieu ! » mais ne dit que « Hin han! » Il court çà et là, estant bastonné à outrance. Il pense tirer des coups de pied outre sa coustume ; mais soudain il tombe, et, en tombant, se donne de bonnes taloches. Il s'estonne en soy-mesme de ne se veoir plus Boccal, mais à veoir le corps d'un asne, n'en estant de plus gris en Arcadie, pour bien ricquanner en portant le bled au moulin; et, pendant qu'il se veautre l'eschine en la poudre, l'un le tire par la queüe, un autre par les oreilles, et enfin le fait-on lever à grands coups de tribal.

Balde, ne pouvant plus supporter un tel outrage, tire son espée du fourreau, et commence à donner sur ceste trouppe sans estre apperceu, à cause de la vertu de sa pierre : et comme le faulcon met en pieces avec ses ongles le canart, ainsi Balde couppe et detrenche ceste miserable compagnie. Chascun voit l'un de ses membres tomber par terre, sans veoir aucun fer, et cela les contraint de quitter Boccal, fuyans çà, fuyans là, et se cachans par le Palais. Sur ce bruit, qui vint incontinent aux oreilles de la Royne, elle changea de diverses couleurs au visage. Elle pense que ce soit un magicien, Coclés ou Seraphe, lesquels elle avoit tousjours esprouvé estre ses mortels ennemis. Elle se retire en un secret cabinet, separé de toutes les autres chambres, où cette porcque avoit accoustumé d'exercer ses enchantemens.

Balde, cependant, tout seul, avoit occis et meurtri tous ceux qui estoyent autour de luy, et avoit rempli la salle de plusieurs corps morts, tellement que tout le cloistre estoit vuide, et n'y estoit demeuré personne, s'estant chascun retiré dedans les chambres, et fermé les portes d'icelles. Balde s'en va, et, voulant amener avec soy cet

asne, le chassoit devant soy avec un baston pointu, disant :
« Arri, arri, rosse, pru, pru, arreste. » Et, estant ainsi devenu muletier, il fait tant qu'il met l'asne hors du cloistre. Ceste beste de Boccal ne sçait qui le guidoit par derriere, ne peut encore comprendre qui est le musnier qui le touche. Il tourne souvent la teste, pensant en apprendre quelque chose ; il voit bien l'esguillon, mais non pas le bouvier. Estant un peu esloignez, Balde oste sa pierre de sa bouche, par le moyen de laquelle il avoit esté çà et là invisible, et monstre sa face à son cher asne, lequel, encore qu'il fut couvert d'une peau grise, recognoissant Balde incontinent, en eslevant ses jambes de devant, se dresse comme fait un tel animal voulant saillir une jument, pour rompre son pucelage ; et, avec ses jambes, comme si ce fussent ses bras, se jette sur le col de Balde, et, avec la discretion telle qu'elle peut estre en un asne, presente son mufle baveux à la bouche de Balde pour la baiser. Balde ne se peut tenir de rire à bon escient, sentant un si grand fardeau sur ses espaules ; toutesfois, comme il estoit plus courtois qu'aucun autre, et qui ne sentoit aucune incommodité pour sa courtoisie, et s'accommodoit à un chascun, tant il estoit doux, gentil et gratieux ; il endure les embrassemens et les sales baisers de Boccal, et pleura par trois fois son malheur, puis il lui demande nouvelles de ses compagnons, s'il en sçavoit quelque chose. Mais iceluy avec sa bouche d'asne ne fait qu'asnonner : Balde ne peut entendre son langage asinin.

Boccal ne pouvant, ny de la langue, ny de ses mains, rien exprimer, par le mouvement de ses grandes oreilles donnoit au moins quelque intelligence à Balde, à ce qu'il eust à le suivre la part où il iroit. Ce que fait Balde ; et non loing de là se presente devant eux derechef ceste fille, laquelle nous avons cy-devant dit avoir esté en la compagnie de celuy qui se disoit Pasquin. Icelle avoit pour lors lié avec une corde six animaux : un toreau, un sanglier, un linx, un singe, un renard et un cheval, et tiroit après autant d'agneaux. Or, Balde approchant de ces bestes, icelles commencent incontinent, et de pieds, et de cornes, et de dents, à s'efforcer pour rompre les cornes. Balde s'esmerveille de ceste rencontre, et demande à ceste fille par quelle vertu ou par quelle finesse et ruse elle peut assujettir ces animaux. Ceste magicienne ne respond rien, mais attache ses bestes à un arbre, et puis, comme une villaine putain, accourt vers Balde, et luy dit : « Si tu es sage, ô Baron, tu viendras avec moy en des baings qui sont tous prets? Uses de moy comme tu voudras. Regarde que je suis belle : j'ai les joues blanches et les levres rouges. Tu es las, je ne suis point lasse : que mon lit reschauffe nos membres attenuez de travail ensemble. » Et disant cecy, cette lascive femme ouvroit et decouvroit son sein, et vouloit ceste putain baiser Balde; mais iceluy recogneut incontinent que c'estoit ceste fille pelerine qu'il avoit cy-devant veue avec le pelerin, et se defie que c'estoit celle qui avoit transformez en bestes ses compagnons, et partant la prent habilement par les cheveux, et, plus legerement que ne fait un chat quand il se rue sur un petit oiseau ; mais il luy fasche de s'attaquer à un sexe fragile et se contente quelle remette ses compagnons en leur premiere estre, et qu'elle s'en aille puis après où elle voudra. Il la despoüille toute nue ; mais, pendant qu'on la despoüille, elle se change en une vieille edentée, chassieuse, bossue. Balde, qui pensoit avoir prins un bel œillet, quand il se veit entre les mains une telle carongne, incontinent, avec un grand mal de cœur, laissa cette villaine. Icelle incontinent s'enfuit ainsi nue, et, pendant que Balde regardoit où elle s'en alloit, aussi-tost se presenta devant luy la venerable face de Seraphe, lequel, soudain exerçant son art, avec vers magicques, figure plusieurs cercles en terre par certains nombres, et puis incontinent l'enfer tremble et viennent les diables en grande bande. Lors Seraphe commande, avec seules parolles, que ces porcs et bestes soyent delivrées de leurs prestiges et fascinations, et que, reprenans leurs vrayes formes, ils se representent à leur naturel, et se monstrent tels qu'ils sont à la verité. Cingar, en moins de rien, se descharge de la figure de singe; Fracasse quitte sa forme de bœuf; Lyron n'est plus linx; le sanglier devient Hippolyte; le Centaure, qui estoit tout cheval, en perd la moité; Falcquet reprend sa forme humaine, en se despoüillant de celle de renard; Boccal se trouve devestu de sa peau grise d'asne. Ils changerent tous le poil; mais quant aux coustumes, je ne sçay.

Or, parce que la chandelle est bruslée jusques au bout, et que la lampe vuide d'huile a consommé toute sa meche, j'en ay assez dit jusques icy; à demain le demeurant.

LIVRE VINGT-QUATRIEME.

Gelfore avoit entendu le grand meurtre qui avoit esté fait des siens, et en avoit veu une partie de ses propres yeux: dont elle estoit fort estonnée; et, se voulant informer plus à plein d'où estoit procedée ceste desconvenuë, ceste vieille arriva vers elle, estant encor toute nuë, laquelle s'estoit eschappée des pattes de Balde, comme une vieille renarde que les païsans auroyent poursuivie plus de six cens pas, crians après elle: « Au renard, prenez, arrestez, courez, devant, à vous, icy, là, de là! » laquelle ainsi mal menée fuit la queuë levée, fientant de rage de peur villaines ordures, et pense avoir beaucoup fait pour elle de pouvoir remporter sa peau entiere: elle s'escoule, tirant la langue dehors un pied de long. Ainsi estoit de ceste vieille, de toutes les vieilles la vraye ordure, la meurtrrere, et empoisonneresse du peuple, laquelle maintenant sembloit si belle, et à present hale tant qu'elle peut, et haletant rapporte qu'elle venoit de veoir la face d'un bel homme, ne pensant point qu'il y en eust un plus fort et robuste ; et qu'elle jugeoit que ce pouvoit estre quelqu'un de ces Chevaliers errans, qui, comme un autre Roland, estoit venu pour destruire les Fées, et qu'il avoit avec soy huict compagnons tous armez, qui de leur seul regard pourroyent renverser le Ciel, et que toutesfois elle les avoit changé en figure et forme de bestes, ayans voulu accomplir avec elle leur lubricité; mais que les chastes meurs, et la bonne ame de ce gentil Baron avoit esté cause de leur faire reprendre leur premiere forme; qu'il ne luy avoit rien proffité d'avoir mis son sein à descouvert ; car aucune envie, ny aucune delicatesse fardée, ny aucune flaterie ne l'avoient peu tromper. Peut-estre estoit-il conduit par Seraphe, lequel a tousjours l'esprit tendu pour ruiner entierement le Royaume des sorciers : et que partant il estoit besoin de faire tel ordre, qu'on peut faire repentir de leurs folies ceux qui ainsi presument assaillir les dieux.

Gelfore, ayant ouy ce recit, incontinent fait approcher d'elle sa garde. La rumeur s'esmeut grande. On oyt de tous costez le cliquetis des armes, le *tarantutare* des trompettes, le *din don* des cloches : l'amas du peuple se fait grand autour de la Royne. Mais mille trois cens legions de Diables, qui avoyent accoustumé de vivre icy entre les miserables, incontinent à ce bruit levent le siege, et vont chercher logis ailleurs : peut-estre avoyent-ils esprouvé auparavant la force de Balde. Iceluy, ayant entendu ceste rumeur, commande à ses compagnons de le suivre, et s'en va droit au Palais. Ceste Magicienne Gelfore, le voyant de loing venir vers elle avec ses compagnons, s'esclatte de crier plus fort. Elle estoit dedans un coche doré, qui l'emmenoit bien vistement, et estoit suivie de cinq chariots pleins de ses Nymphes. Il n'y eut jamais Royne plus pompeuse, ny plus magnifique que ceste-cy. Quatre· beaux roussins blancs couverts de drap d'or tiroyent son coche. Icelle tenoit en main un sceptre, et avoit sur ses cheveux une couronne d'or. Cent estaffiers, et cent autres de ses domesticques, ayant chascun l'espée au costé, marchent devant elle, et après elle suit une autre grande trouppe de ses gens, tous perfumez de musc et de civette. Iceux se disent Courtisans, bien attifez et bien polis; les meurs et façons de faire desquels si vous vouliez mesurer avec l'œil de raison, vous ne les jugeriez pas estre hommes, mais les diriez estre putains. Le vray Courtisan estoit au temps passé, quand ce bon Roy Artus tenoit sa Cour et sa Table ronde. On sçait quels ont esté Tristan, Lancelot, Galvanes [1], et toute ceste honorable bande, qui remplissoit la famille, le palais du Roy et de la belle Genevre [2]. Alors Amour portoit sur le dos la cuirasse, et avec coups d'espée acqueroit de l'honneur, auquel la sueur de son corps et la poudre servoyent de musc, d'ambre et de storax de Levant. Alors la face courtisanesque estoit apte pour·appaiser et amollir le cœur d'une rigoureuse dame la voyant lavée de la sueur, qui procedoit de la charge et pesanteur de leur salade et heaume, et hallée de l'ardeur du Soleil et couverte de poussiere. Mais maintenant, ô Dieu, et en ce temps, on ne voit que des perfums en telle gens, et diverses senteurs, les cheveux bien peignez soubs leurs

---

[1] Gauvain, neveu d'Arthur, joue un rôle important dans les épopées chevaleresques de la Table ronde. Un ancien poëme anglais, dont il est le héros (Sir *Gawayne*), a été publié en 1839 à Londres avec une introduction et des notes par le savant conservateur des manuscrits du Musée britannique, Frédéric Madden. On connaît aussi un poëme allemand du quatorzième siècle, conservé en manuscrit à la bibliothèque de la ville de Leipzig, et dont on vante la naïveté et la gaieté. Quant à Tristan et à Lancelot, ils sont trop connus pour que nous ayons besoin d'en parler ici.

[2] Cette épouse du roi Artus ne le rendit pas heureux en ménage; ses galanteries sont l'objet de maint récit dans les épopées chevaleresques de la Table ronde.

bonnets de velours, et sous leurs coëffes tissues d'or avec plusieurs ouvrages et medailles, ayans mille façons sur leurs chausses et sur leurs pourpoincts : et c'est là que nous cherchons à present le sejour de l'Amour.

Cependant que Gelfore sollicite son cocher de haster ses chevaux, et que cinq chariottées de telles louves la suivent, lesquelles font les Nymphes, les Deesses et les Dames; les courtisans les suivent, les accompagnent, et font des discours avec elles de je ne sçay quels songes à eux advenus la nuit precedente, et se tenans pres d'elles sur leurs mules d'amble, vous les verriez par contenance manger leur baguette, et faire des contes de choses qui ne furent jamais, recitans quelques sonnets mal cousus et donnans mille menteries : et, pour entretenir leur Amour, passeront le temps avec propos pleins de quenouilles et de fuseaux. Balde, qui d'en haut voyoit tout cest attirail, en se riant, disoit ainsi à ses amis : « Regardez, compagnons? De tant de personnes que je voy là, je n'en voy pas un qui soit homme, qui puisse desgainer une espée de bois : la barbe les fait juger estre hommes; mais le reste les fait croire n'estre aptes ny idoines que pour manier la quenouille. Mais je veux que nous facions aujourd'huy un beau fait : feignons, je vous prie, que nous ayons peur de ceste putain, pour laquelle tout put, et nous tenons cois pour veoir le mal qu'ils nous feront. »

Balde parlant ainsi avec ses compagnons, ceste Royne des Sorcieres approche, et voyant ces Barons armez : « Hola, dit-elle, qu'est-ce que cecy? Ho! voicy une chose qu'on n'avoit jamais icy veuë! Ne voyez-vous pas une bande d'hommes? Quelle temerité? Qui sont ces porcs? Quelle villaine race a-t-elle le courage si hardi que d'oser entrer dans mon Royaume?» Elle fait advancer un sien Trompette, pour sçavoir d'où venoit ceste bande de meschans hommes, qui ont prins la hardiesse d'entrer en la maison des dieux, Cestuy-cy, galloppant, ne fait que sonner *tariran tariraran* avec sa trompette, jusques à ce qu'il arrive devant Balde et ses compagnons, lesquels font contenance d'avoir peur; et, avec une voix superbe, il leur dit : « O Poltrons, quelle fantaisie vous a prins d'ainsi sans aucun respect venir au Palais des Dieux? Ignorez-vous que ce soit icy leur sejour? Avez-vous eu si grande fiance sur vous autres, canailles? Fuyez d'icy vistement, et escampez habilement! Venez-vous icy, teigneux, bastardeaux, sales et villains, ainsi contaminer l'entrée de la maison des Dieux? Ceste venerable femme (mais plustot, disoit Cingar en soymesme, venerable Putain) m'a envoyé vers vous, laquelle a soubs soy l'Empire de ceste contrée : elle vous commande de vous en aller bien loing de ce quartier, ou que vous veniez vous prosterner devant elle, estant fort courroucée contre vous : peut-estre meriterez-vous d'estre employez pour faire de vous un sacrifice ; car icelle s'appaise par une effusion de sang humain. »

Lors Balde dit : « Ha, nous sommes icy mal arrivez ! Pourquoi nos meres, quand elles nous ont mis hors de leur ventre, n'ont-elles pas plustot mis au monde quelques raves ou naveaux? Allons donc, miserables, appaiser la sainte Deité, adorons la divinité du Ciel : car peut-estre que la nature colerique des Dieux s'adoucira par prieres humaines. » Les compagnons rioyent en leurs cœurs le plus du monde : toutesfois en leur visage ils feignoyent sentir une grande douleur. Tous commencent à marcher la teste basse, comme si, ayans les mains liées derriere le dos, on les menoit au gibet pour y estre pendus. Alors le Trompette les presente à la Royne, et luy dit : « Voicy ceux qui ont profané vostre Royaume. » Gelfore eut peur de ce grand corps de Fracasse : elle luy demande qui il est, et de quelle race. Il respond en tremblant : « On me nomme Sturlon : je suis du pays de Bresse, et suis descendu de ces geants qui voulurent une fois tirer Juppiter à bas hors de son siége, et partager par entr'eux le Royaume des Dieux. » Gelfore, oyant cecy, eut encor plus grand'peur. Puis, considerant la face belle de Balde, ses espaules larges, et le fort du corps menu, incontinent elle se laisse se prendre à la glus de Cupidon; et, monstrant une grande courtoisie, parle à luy avec douces parolles : « Et, toy, qui semble avoir en toy quelque chose de grand, dis-moy qui tu es, et ton nom, et la race et origine des tiens? » Balde luy respond : « Je m'appelle Caposec, nay en adultere d'une nonnain et de frere Capon, lesquels me forgerent derriere un pillier de l'Eglise, puis me voüerent au Diable : je suis à luy et luy donne ma vie en present. Je m'en voys chercher mon Pere Capon; la mer, la terre, les estoilles ne veulent point de moy : si je ne puis estre à Dieu, il faut que je sois au diable. » La Royne s'estonna de telles paroles comme d'un desesperé. « Or sus, Prestres, dit-elle, preparez le sacrifice et remplissez mes autels de ces hosties, et en preparez autant que voicy d'hommes : gardez-moy seulement ce bel homme là, lequel je veux estre le premier Eunucque de ma Cour. » Elle disoit cecy, entendant du beau corps de Balde. Tous les servans se mettent en devoir : on apporte du bois, et allume-on plusieurs feux. Les Prestres et les Moines, avec leurs tuniques et leurs chappes, viennent chantans ensemble, avec plusieurs voix : « Eu, oe, jach, jac, a, a, eu, oe, pi, ri, la, bu, ba. »

Le premier d'entr'eux avoit sur ses espaules un manteau long, et, avec un encensoir, faisoit de grands perfums. Autour des autels les torches flamboyent. Gelfore s'estoit fait monter sur le chapiteau d'une haute colonne, comme on plante sur une grosse masse un grand colosse, se faisant en ceste façon reverer ainsi qu'une deesse. Les trompettes sonnoyent *farirarira, rirun, tantare, tantare;* ce qui excitoit grandement le courage des compagnons à mettre l'espée au poing. Cayphe le premier, et puis l'Evesque Annas, viennent ensemble, et se preparent pour coupper la gorge à Fracasse, et recevoir son sang en un grand et large vaisseau, pour le mesler avec le pain des sorciers. On luy commande de plier les genoux, le voulant premierement assommer comme un beuf avec une hache, et puis luy mettre le cousteau en la gorge. Mais iceluy, n'en pouvant plus endurer, dit : « O Balde, c'est trop fait, nous tardons ! » Et, en disant ces mots, soudain se leve en pieds, et prend avec la main cest Evesque, et, le serrant bien estroit, le fait crever, et le jette contre terre, demeurant sa main teinte de sang, et de la matiere de ses boyaux. Balde, voyant ce commencement, desgaine son espée, encourageant ses compagnons, et va droit à ceste colonne où Gelfore s'estoit perchée, et renverse ceste colonne, tombant Gelfore quant et quant; et, la prenant par le collet, la trainoit, la faisant bien crier, implorant icelle le secours des siens; lesquels y accourans, Cingar et ses compagnons se fourrent parmi eux, et y font un tel eschec que feroit la fouldre et le feu. Fracasse s'escrie : « Il est temps, dit-il, voicy l'heure venuë, qu'il faut sacrifier à Dieu, et ces louves, et ces vaches, et ces boucs ! » Et, en ce disant, il essaye la trempe de son baston. « Ha ! villaine porchaillerie, disoyent Falcquet et Hippolyte : nous pensiez-vous estre quelques maroufiles, ou que nous fussions des aigneaux et brebis, pour ainsi nous tuer ? » Mais, en disant ces parolles, ils ne laissoient de bien dauber, et ne donnoient coup en vain, faisant voler force testes. Sept mille vinrent environner Balde, s'efforçans de recouvrer leur truye : mais le leger Falcquet, Cingar, Hippolyte, Moscquin, et tous les autres luy vinrent donner secours, et en peu d'heure feirent une haute montjoye de corps morts, et toutes ces Nymphes, qui estoient en ces cinq chariots, les voïans briser, s'enfuirent belle erre, et de despit rompoyent leur sein, et s'arrachoient les cheveux. Le bon Boccal ne perd pas temps : il les suit, et, criant après elles, leur dit : « Demeurez, ribauldes, demeurez, putanelles ! Il est besoing de vous estriller : et bien, où allez-vous ? Demeurez, dis-je, holà, attendez ! Où fuïez-vous ? Où pensez-vous eschapper ? J'auray maintenant ma vengeance : m'avez-vous pas n'agueres ainsi fait, estant devenu l'asne de vostre vache, de vostre louve? M'avez-vous pas ainsi estrillé l'eschine avec une estrille de bois? » Il avoit trouvé en chemin une longue couroye, pareille à celle que j'ay veuë autrefois à Venise, quand le bourreau foüette par le marché les putains, les faisant courir devant soy en les foüettant. Il frappe ainsi outrageusement sur ces pauvres miserables. Toutesfois il se feint, et donne plus legerement, quand il se rencontre sur les plus jeunes, les plus blanches et les plus belles. Mais, sur les vieilles riddées, lippues, et coureuses d'esguillettes, ne se feint de leur donner des rudes estafilades, leur faisant devenir leurs cuisses et les fesses pareilles aux jambons de la Bresse. Elles ne gaignent rien de crier misericorde, ny de demander pardon; car Boccal avoit lors l'oreille de marchand.

Balde, d'autre costé, emportoit la Royne entre ses bras, et tous les siens taschoyent à la ravoir : qui fut un travail bien grand à ces Barons, pour le nombre infini de personnes, qui y venoyent à la file. La campagne retentissoit de toutes parts pour les grands cris et clameurs de ces gens icy : tellement que les poissons de la mer venoyent sur terre tous estourdis. Car icelle est au dessus de ce Royaume, située comme un plancher. Les hommes et personnes de ce monde (je ne voudrois pas dire une menterie) entendirent de dessous la mer ce grand tintamarre. Balde avoit, non sans en suer, enfin lié ceste sorciere, et sur ses espaules l'avoit portée en un certain trou d'une caverne. Ces gens icy ne le suivent plus, estant une partie d'iceux demeurez estendus sur la place, une partie estropiez, et le reste fuiant et cherchant à se cacher. Gelfore, menée à un mauvais port, invocquoit les Diables pour venir emporter la vie qu'elle leur avoit promise. Se tourmentant ainsi, elle est incontinent saisie entre les griphes des Diables, qui vinrent à elle avec grands hurlemens, et l'emporterent en corps et en ame au fond d'enfer.

Fracasse, cependant, fracassoit et brisoit tout ce villain palais, pour en descharger le monde. Il donna un coup contre un gros pillastre de marbre si rudement, qu'il le meit en cent pieces, et par sa cheute se feit un merveilleux bruit des poutres, soliveaux, et autres bois de charpente des chambres, salles et retraites de ces sorcieres, tombans toutes par terre, et le poussier, se levant contremont, rendoit une grande obscurité : et redoublant ses coups, il brise toutes les colonnes ; et les murailles, qui estoient basties sur icelles, tomberent toutes par terre, et voyoit-on les planchers dorez en pieces, et meslez parmy les pierres.

Pendant que ce geant estoit eschauffé à faire si beau mesnage, et voulant assaillir une tour, Seraphe soudain s'en vient à luy, l'appelle et crie : « Pardonne, Fracasse, à ceste tour, pardonne ! La peine est assez bien payée. Laisse, pour le present, ceste tour en son entier, laquelle, quand elle tomberoit en ruine, incontinent tout le fondement de ceste mer suspenduë là haut tomberoit aussi quant et quant, et vous seriez tous noyez, et serviriez de pasture aux poissons. Si tu ne le sçais, je te veux bien advertir qu'en icelle sont encloses sept statuës fées, six de cire, et une de plomb, lesquelles ont esté, soubs le mont Tonale en la cinquiesme Lune, composées par sept sorcieres, à sçavoir Madoge, Ladoge, Stane, sa sœur, Birle, Sberliffe, Cantare et Dine. Aussi-tost que tu aurois rompu ceste tour et brisé ces figures, tout ce lieu s'en iroit en fumée, et vous beuveriez de l'eau plus que vous ne voudriez. » Balde, après avoir fait si grand massacre, s'en estoit venu en ce lieu avec tous ses compagnons. Là prennent advis ensemble de ce qu'il falloit faire. Cingar est d'advis qu'il fault aller, et descendre en ces manoirs infernaux, lesquels Seraphe leur avoit dit n'estre loing de ce lieu, et que seroit bien fait de laisser à Seraphe ce qui resteroit encor' à faire pour ruiner le Royaume de sorcelerie, pour abbatre ceste tour et pour oster ces images fées. Chacun presta consentement à l'advis de Cingar et loüerent tous son courage, l'estimant tel qu'ils ne pensoyent point y en avoir de plus genereux au monde.

Gilbert demeura seul, par le commandement de Balde, avec Seraphe. La deliberation donc, et la resolution est de descendre ès basses cavernes de Phlegeton ; et une petite heure sembloit desjà en durer à Balde cent, s'estimant assez puissant pour assaillir derechef les forces des Diables. Plus hardis donc et courageux qu'ils n'avoyent encor' esté, ils entrent dedans les obscurs cachots, et descendent aux plus creux du centre. Le rubi et escarboucle, que Balde portoit tousjours au haut de son heaume, leur enseignoit par sa splendeur le chemin, et leur faisoit eviter de grands dangers. Tousjours descendoient contre-bas fort aisement, Balde marchant tousjours devant avec sa lanterne : ils recognoissent cent petits chemins, et cent petites sentes se rendans toutes de divers endroits en un grand chemin, par lequel estant large et spacieux, on va au pays infernal. Comme nous voyons à Venise divers canaux portans barcques se rendre tous en un grand et spatieux canal ; ainsi, voit-on icy des petites ruelles, des routes, des sentiers, plus de mille s'assembler en un, et chascun a son escrit, par lequel on peut sçavoir de quelle ville chasque chemin vient. Il y en a un qui vient de Florence, autre de Rome, autre de Milan, de Gennes, de Naples, de Venise, de Parme, de Boulongne, de Lyon, d'Avignon, de Paris, de Bude, de Valence, de Constantinople, du Caire et de Cipade. En somme, il n'y a pays, ville, chasteau, qui n'aye un chemin se rendant icy, et amenant avec soy en Enfer ses meschantes ames, dont autant de mille remplissent continuellement ce gouffre infernal, qu'en mille ans peuvent naistre au monde de milliers de mouches. Tant plus qu'on descend, plus le chemin s'eslargit, et reçoit une infinité de ces pauvres ames gemissantes. Balde commande à tous ses compagnons de ne parler aucunement, et pendant qu'iceux gardoient ce commandement à l'estroit, et tousjours cheminoient, ils arrivent au bout du grand chemin, lequel s'estendoit et s'eslargissoit en une horrible campagne toute couverte de cendre. En icelle regnoient les vents souterrains, par lesquels adviennent les tremblemens de terre que nous sentons : avec leur impetuosité ils poussent çà et là ces cendres, esmouvant une grande tempeste avec icelles, ayans une odeur de soulphre.

Balde se resjouit de se voir en une telle nouveauté. Il admoneste Lyron et tous les autres de n'avoir aucune peur. « Quoy? dit Falcquet ; pendant que nous te verrons, Balde, toute la canaille des Diables qui sont en Enfer ne nous estonnera point, ny tout tant qu'il y en a par l'air. » Et, se monstrant gaillard et dispos, se lance de là, se lance deçà, contre ces terribles vents. Cingar le suit : et, se gaudissans ensemble, rient, saultent, vont, reviennent çà et là, comme font de jeunes agneaux, lesquels, laissant leur mere, sautent en l'air des quatre pieds, et font des cabrioles ; mais, quand ils oyent le loup près d'eux hurler, soudain tous peureux se retirent soubs le pair de leur mere : le berger s'approche, et appelle à soy son gros mastin. Falcquet de mesme avec Cingar se donnoient carriere à plaisir loing des autres ; mais, s'ils apprehendoient quelques hasards et perils, incontinent se retiroient vers Balde, comme à un port, pour combattre plus hardiment soubs son ombre : lequel, comme a de coustume un advisé Caporal, ne se soucioit point de soy ; mais regardoit seulement à ses amis.

Au bout de ceste campagne y avoit un bois obscur, et espais, non point planté de mirtes, ny de lauriers, ny de platans, ny d'ormes, ny de cyprès ; mais estoit rempli de ifs, d'aconites, de cignes, estans aussi hauts que les grands fouteaux qu'on voit au haut des Alpes : de l'escorce de ces arbres coule un suc veneneux. Balde, y entrant le premier, prend plaisir à veoir telles nouveautez, et ne craint de cheminer par ces obscuritez veneneuses. Ils oyent de loing un grand bruit, et une rumeur telle qu'on oit en l'air quand une tempeste de gresle nous menace ; ou bien au bruit que fait ordinairement la mer, quand irritée elle bat le sable et esleve ses ondes jusques au Ciel. A la fin du bois, ils rencontrent une entrée d'une grande porte, laquelle n'est jamais fermée, mais tousjours ouverte, et par laquelle pourroyent passer de front trente charrettes, et ces mots sont gravez au dessus d'elle en une pierre dure :

> De Lucifer est la maison,
> Où il tient en toute saison
> A tous venans sa Court ouverte :
> Pour entrer un chascun j'admets,
> Mais d'en sortir point ne permets :
> Ceste reigle vous soit aperte.

Fracasse, ayant leu cette inscription, s'en rit. « Allons donc, dit-il, soldats, nous n'aurons congé de retourner à ce que je voy. » Ils passent ceste porte, et l'escarboucle de Balde à grand' peine peut-elle surmonter les tenebres et ceste espaisse nuict. Ils oyent en ces obscurs Royaumes retentir des plaintes horribles, et puis vient au devant un certain hostelier avec sa grand' barbe, et, les voyant encor vifs, admire que c'est, et dit en soy-mesme : « Quelle nouveauté est cecy? » Et, en ce disant, et tirant doucement avec sa main le long poil de sa barbe contrebas demeure tout pensif, et remuë en sa cervelle s'il doit inviter ces gens icy à prendre leur escot chez luy. Enfin, ceignant au devant de soy une serviette grasse: « Voulez-vous, dit-il, compagnons, entrer en ceste mienne hostelerie ? » Boccal respond le premier : « Que cherchons-nous autre chose ? Avez-vous premierement bonne cave ? Avez-vous des cailles, du veau, du chevreau ? Nous avons le ventre bien preparé pour y loger tout, et la bourse pour vous payer. » L'hoste leur dit : « Venez avec moy ? Je n'ay point faute de perdrix, de faisans, de vin fort, et de vin doux du Royaume. » Il rentre le premier, et commence à dresser la table : tous les autres le suivent ; Balde, toutesfois plus soigneux que tous ses compagnons, prend garde à tout. L'hoste les mena en une sale grande merveilleusement. En icelle, ils trouverent environ mille ames assises à table, et mangeans avidement ainsi que font des pourceaux. Elles estoient fort maigres, et noires ; elles estoient borgnes, bossues, éhanchées, et ne ressemblans qu'une vraye charongne pour la puanteur de leurs maux et de leurs vices. Boccal tout gaillard s'en vint à leur table, et voulant estendre ses griffes sur un plat, incontinent il se retira en arriere, devenant tout palle au visage; car, pensant se saisir d'avanture d'un chappon, il veid soudain que c'estoit un villain crapaut. Balde, voulant recognoistre de plus près ce que c'en estoit, approche, comme vous verriez un chat, quand, estant tombé en l'eau, on le tire par la queuë, et estant retenu par autruy de force, se prend à crier *gnao, gnao*, et se noye enfin. Ainsi, Balde contemple ces ames se repaistre de chair de vipere, de crapaux, et de telles viandes, dont s'ensuit une mort inevitable. Puis, beuvoient pleines coupes de sang d'aspic, tournans les yeux hors du gobelet, comme fait le malade quand on luy baille une potion de Hiera. Après cela, l'hoste avec un gros nerf de bœuf les va foüettant tout autour de la table, en leur commandant de se retirer, parce qu'il falloit en traiter d'autres. Icelles donc s'en vont habilement, et soudain en voicy une autre bande, lesquels il fait asseoir à table ; puis dit à Balde, et à ses compagnons : « Asseez-vous, mangez, ou ne mangez pas si vous voulez, il faudra neantmoins que vous payez vostre escot. » Et, en ce disant, il hausse un foüet composé de cinq escorgées et en donne sur Hippolyte, le faisant retentir *zif zaf*, et en donne autant à son frere Lyron, les faisant tomber tous deux sur l'eschine. «Voilà qui est à vous, dit Boccal, vous avez chascun vostre picquotin : je n'ay point de besoing toutesfois de telle avoine. » Et, sur cela, soudain escampe, et s'en va se cacher en un coing.

Balde, du premier plat qu'il rencontre, prend un dragon rosti, et en donne rudement sur la face de l'hoste, en sorte que la marque y demeura, et pour la saulse de ce rosti luy donne quant et quant un si grand'coup de poing sur l'oreille droite, qu'il le renverse à terre sur l'autre. Cingar, en riant, luy dit lors : « Nous n'avons pas encor mangé, ô Balde, et neantmoins tu commences desjà à payer ton hoste. — Voilà comment, respond Balde, je paye l'escot de Hippolyte. »

Cependant Virmasse demande à ces ames pourquoy elles venoient ainsi loger en ceste hostelerie, et pourquoy elles se repaissoient de ces viandes veneneuses et beuvoient ainsi du sang. Celle qui estoit la plus grande luy respond en soupirant et pleurant : « Toute ame, après avoir quitté son corps, et qui doit estre tourmentée par les tourmens infernaux, quand elle vient descendre, avant qu'elle aille faire sa demeure en ces cavernes infernales, est premierement invitée par cest hoste, lequel est par les diables nommé Griffaroste; et nous ne pouvons le refuser : autrement, nous serions estrillées à coups de barre de fer ; et partant, autant d'ames qui descendent en Enfer, autant sont receuës par cest hoste. » Sur ce propos, Virmasse en voit arriver encor d'autres.

Balde, ennuyé de veoir telle pauvreté qui luy faisoit mal au cueur, commande à ses compagnons de desloger de tel lieu. Tous se resolvent de se tenir ensemble serrez, estans les tenebres si espaisses, qu'on les eust peu coupper avec un cousteau, parmi lesquelles il estoit aisé de s'esgarer l'un l'autre. Ils se tiennent, à ceste occasion, serrez comme sont les soldats allant à l'escarmouche. Car les Stadiots, montez à la legere, quand ils veulent faire une course sur l'ennemy, ne s'escartent point comme fait ceste poltrone canaille : mais marchent serrez tous ensemble, ne faisans aucun bruit, jusques à ce qu'ayant fait un bon butin, ils jouent de l'esperon, et font à leurs cavalles legeres prononcer avec les pieds : *pospodo, pospodo.*

Balde, marchant devant, portoit son espée nuë en la main. Boccal ne s'esloignoit jamais de luy, et eust bien voulu, pendant qu'il se conchioit tout de male peur, estre caché en ses entrailles, et faisoit souvent sur son front force croix, disant : *Agnus Dei.* Ils oyent de loing un grand bruit d'eaux, comme quand on lasche la porte d'un moulin. Balde tourne ses pas vers ce bruit, et arrive sur le bord du fleuve noir d'Acheron, lequel fume tousjours comme les baings de Porrete. Là, sur leurs testes, voletoyent une infinité d'ames pleurantes, lesquelles appelloyent Charon, qui les devoit passer à l'autre rive. Mais il y avoit jà huit jours qu'elles ne l'avoyent veu. Cingar pour lors s'estoit un peu reculé de ses compagnons : car Nature l'avoit contraint de poser une borne, ou de planter un nouveau champignon, ou, pour mieux dire, produire une caille Lombarde ; et, avalant desjà ses braies, alloit flairant avec le nez, comme fait le braque qui suit le lievre. Mais Cingar ne rencontre ny lievre, ny chevreuil, ains un jeune homme mort, lequel, sans l'apercevoir, il heurte avec une telle frayeur, qu'il n'y eut poil en luy qui ne se dressast, et s'estant mis en un fossé, et n'ayant pas bien avalé ses chausses, en se baissant, il se trouva enfin bien perfumé. Car une peur soudaine haste souvent telle besongne plustot qu'on ne voudroit. Aussi, a-elle plus de pouvoir de desbrouiller les constipations de ventre, que ne feroit une seringue pleine d'une decoction de mauves.

Cingar se retire, comme s'il eust donné du pied, sans y penser, sur un serpent, et, estant fort estonné, contemple ce jeune homme, qui n'estoit pas mort là, mais sembloit à la verité deguisé comme un mort, et avec larmes avoit abreuvé la terre. « Ha Dieu ! dit Cingar, quelle fortune t'a conduit icy, mon enfant ? et où vas-tu ainsi avec ton corps vif ? » Ayant dit cecy, il s'approche plus près de luy pour sonder s'il avoit encor vie, et, destachant ses accoustrumens, luy met la main sur le cœur, et y sentant encor un peu de chaleur, il s'asseure qu'il n'a point encor rendu le dernier soupir, et qu'il n'estoit besoing de luy chanter *Requiem eternam.* Mais il ne sçait par quel moyen il le pourroit faire revenir. Il n'a point là d'eau fresche pour luy jetter au visage ; il n'a point d'eau odoriferante pour luy en frotter les veines : il n'y a point de moyen de avoir de l'eau froide du fleuve, car Acheron brusle en ses ondes veneneuses. Que fait-il donc ? Il urine en sa main, et soudain, estant l'urine encor chaude, il en humecte les veines, le pouls et les temples de cest enfant, lequel par le moyen de ceste eau commence peu à peu à recouvrer ses forces, ouvrir les yeux, la couleur luy revenant aussi au visage ; et ayant aperceu Cingar, luy dit ces mots : « O quiconque sois, heureux sois-tu, qui m'as donné un tel remede, estant demi mort ! Apollo, inventeur de la Medecine, n'eust pas trouvé si promptement ce remede. » Cingar le leve de terre, et luy dit : « O bel enfant, quel malheur a esté si grand, et quelle adventure t'a esté si contraire de t'ameiner en ces lieux ? » Cest enfant, avec une demonstration d'un grand ennuy, luy respond : « J'ay une meschante mere de Cipade, laquelle ayant entendu que mon Pere Balde estoit noyé, ceste louve a incontinent espousé un autre mari, duquel aussi-tost ceste truie a eu trois enfans ; et depuis nous a tenu mon frere et moy en mespris, estans venus de Balde, et nous a contraints d'abandonner nostre propre maison. On m'appelle Grillon, et mon frere Fanet, et sommes tous deux sortis gemeaux d'une ventrée. Nous avons circuy tout le monde, pour chercher nostre pere : après avoir voyagé par mer, par terre, avec grand travail, et eschappé à travers une infinité de voleurs et de meurtriers, et autres tels pareils, à la desesperée, comme on dit, nous nous resolumes tous deux de le chercher par les demeures infernales, faisans de nostre vie moins de compte que de cinq poix. Mais, après que la Fortune nous a conduits en ce lieu à demy morts par une trop longue lassitude, Charon s'est offert à nous, qui est le nautonnier de ceste riviere, et qui a charge de passer en son petit batteau les ames damnées; et le requerant de nous vouloir passer, luy exposant la cause de nostre voyage fondé sur la pieté, sur l'amitié et sur la foy que nous devions à nostre pere, ce ribaut, ce superbe vieillard et ce trompeur asseuré, comme sont volontiers tous nautonniers, nous promit bien de nous passer delà, mais non pas ensemble, et que l'un passeroit après l'autre, alleguant que sa gondole seroit en danger d'enfondrer, si elle estoit chargée de deux avec luy. Mon frere, sur ceste raison, a passé le premier, et y a six jours que la barque n'est revenuë; je ne sçaurois vivre seul sans mon cher frere. »

Cingar, oyant tout ce discours, estoit quasi comme hors de soy-mesme, et estoit comme ceux qui resvent la nuict : il tenoit ses yeux fichez sur la face de cest enfant, et remarqua en luy les traicts pareils à Balde, et aussi tost ses jouës furent abreuvées de larmes et donna cent baisers au front de ce jeune adolescent. « Il fault laisser, luy dit-il, mon fils, tout estonnement : il vous fault quitter là tout travail et l'ennuy qu'avez au cœur : ne pleurez plus ! La barque vous sera prospere et aurez fait meilleur voyage que vous ne pensiez : je vous annonce que vostre pere Balde n'est pas loing d'icy. » Et incontinent s'encourut vers les rives d'Acheron pour advertir Balde d'un tel contentement. Il le trouva criant après Charon, l'appellant avec une voix forte, et jure qu'il l'estrenera de coups, s'il ne luy ameine incontinent sa gondole à bord, estant là arrivez tant de nombre d'ames attendans à passer y avoit long-temps. Mais il crie pour neant, et pour neant se courrouce ; car Charon estoit espris de l'amour d'une des Nymphes du Dieu d'Enfer, laquelle on nommoit Tesiphone, et en estoit tout en feu, et ce pauvre fol ne sçavoit encor ce qu'il en pouvoit esperer : mais, après luy avoir fait present de Fanet, qui ne luy avoit rien cousté, elle luy avoit accordé une nuict. Il estoit pour lors aux attentes, tout fol et estourdi, preposant son plaisir charnel à choses serieuses, donnant son profict, son revenu, et le gaing qu'il faisoit de son batteau avec travail, et tout son salaire à sa bien aimée putain, comme est la coustume.

Il arrivoit donc cependant tant d'ames de toutes les parties du monde, que les espaules de Balde et de tous ses compagnons en estoient toutes chargées : ne sçachans, ces pauvres miserables ames, sur quoy elles se jettoient et perchoient, tellement qu'il y en avoit plus de mille sur ces gens icy. Fracasse en avoit les oreilles toutes pleines, le nez, la barbe et les cheveux, qui le contraignoient de secoüer souvent la teste et d'esternuer. Mais, après l'esternuement, et tel secouement de teste, elles rentrent derechef dedans son nez et se reperchent sur sa teste. Luy, impatient, secouë ses espaules : neantmoins plus il secouë et plus se trouve empesché, en sorte que sa teste ressemble à un essein de mouches à miel, qui veut sortir hors de sa ruche, ou bien on eust dit que Fracasse lors ressembloit à un vieil beuf chassieux et baveux, lequel les mousches desjà assaillent pour le ronger, pour lesquelles chasser il est contraint sans cesse de remuer souvent les oreilles ; mais, plus il se donne de peine, plus ces bestes reviennent à luy.

Cingar cependant avoit là ameiné Grillon, et le presentant à son peré, il luy dit ainsi : « Recongnoissez, ô pere, vostre fils : vostre tige, ô Balde, a produit ceste belle fleur : vostre plante a mis en lumiere ce bel œillet : cueillez ce fruict de vostre arbre : voilà vostre fils, voilà vostre Grillon, lequel vous aviez laissé encore petit. » Balde, estonné au possible, contemploit cest enfant, et s'esmouvant en ses entrailles, enfin ne douta plus que ce ne fust son fils, et soudain l'embrasse, et en l'embrassant s'enquiert de son frère. Cingar là-dessus prend la charge de luy reciter le tout; mais il ne luy voulut rien declarer de la faute de sa femme Berthe.

Sur ces entrefaites, voicy venir Charon braillant, et en criant bravoit, disant : « Prince Satan, ô Prince Satan, Beth, Ghimel, Aleph, Crac, crac, Tif, taf, Noc, Sgne, Flut, Canat, Afra, Riogna. » Il avoit une grande barbe sale, et non peignée, qui luy couvroit tout le ventre et pendoit jusques sur les genoux. Il n'avoit un seul poil sur le devant de la teste, comme si, devant le peuple, avec la teste rase et de tout pelée, il voulust tuer Gatuzze. Il avoit une longue souquenie, qui luy couvroit le corps, laquelle ceste canaille de Chiozois appellent Salimbarcque. Il se tenoit sur un pied au bord de sa gondole pointue, et sembloit devoir tomber en l'eau : toutesfois, il n'avoit aucune peur d'y tomber, estant expert en son art. J'ay veu souventesfois, à Venise, des barquerolliers voguer de ceste façon par la ville : ils ont sur le bord de leur barque un pied, et l'autre est en l'air, et si, ne rencontrans rien de leur baston, le pied d'aventure leur faut, ils ne s'en soucient pour cela, et, se jouans ainsi avec la mort, se retrouvent soudain sur leurs pieds; soyent Sclavon, More ou Sarasin, ils sublent, ils crient : « A la barque! » et ne leur manque de dire trois mille cancres le jour.

La chiche face [1] Charon jà approchoit de la rive, et par cruels effrois estonnoit ces pauvres ames. Balde en furie l'appelle poltron, et à grand' peine fut-elle arrivée à la fange du rivage, que ces ames incontinent remplis-

---

[1] Le nom de Chiche-Face et celui de Bigorne désignent deux monstres fantastiques, dont il est fait mention dans les facéties italiennes et qui passèrent de la France en Angleterre; Bigorne dévore les maris qui obéissent à leurs femmes; Chiche-Face mange les femmes soumises à leurs maris : aussi, est-il d'une maigreur extrême. On peut consulter à l'égard de ces créatures bizarres une note curieuse dans les *Anciennes poésies françaises* de la Bibliothèque Elzevirienne, t. II, p. 187-191.

sent les trous et chargent les cordes de la barque. Mais, quand Charon eut apperceu Balde et ses compagnons, il leur demanda d'une haute voix : « Qui vous a ameiné en ce quartier icy? Hola, à qui est-ce que je parle? Si vous voulez entrer en mon vaisseau, il faut quitter là le corps et vous descharger de ceste chair? Vous ne passerez autrement ce fleuve. » Balde luy respond : « Tais-toy, tais-toy, diable escorné, si tu ne veux aller sous l'eau la teste contrebas. Tu n'as pas passé Meschin, estant encore en corps? Et tu ne voudrois m'accorder un passage commun à tous? A qui parle-je? n'est-ce pas à toy, menteur? Approche icy ta gondole, tourne la peaultre : où tires-tu en large? Ameine deçà! » Charon fait semblant de n'entendre rien ; mais repousse son vaisseau en arriere, et, estant chargé d'ames, reprend la traverse. Vous pouvez penser comme Balde estoit en furie, ne se pouvant venger. Fracasse, sans attendre autre chose, se délibere de sauter par delà le fleuve, et soudain crachant entre ses mains, se reculle en arriere loing de cinq ou six enjambées, puis avançant le pas, galloppant, et enfin courant roidement, franchist le fleuve vers l'autre rive, et du saut toute la campagne d'autour trembla, et tous les Barons s'estonnerent d'un tel saut. Balde, criant tant qu'il peut, luy dit, qu'il arrache poil à poil la barbe à ce villain battelier, et qu'il luy rompe la cervelle, qu'il luy brise les os, et que puis il essaye de leur amener la barque. Charon estonné, estant jà arrivé à bord avant que Fracasse eust franchi le fleuve par son merveilleux saut, s'esmerveillant grandement de la hardiesse de ce geant, licentie incontinent ces ames, lesquelles malheureusement sautoyent en terre, et s'en alloyent à la haste se confesser à Chiron, afin qu'après estre confessées, elles s'en allassent où il leur convenoit, soit en la chaudiere pleine de poix-résine boüillante, soit dedans les fournaises de verre ou de plomb fondu, soit au profond d'une glace, sur laquelle siffle Borée, ou bien entre les flambes des Baselics et Dragons.

Charon ne se haste pas d'aller querir Balde ; mais tremble tant qu'il peut, voyant reluire ses armes, se tenant caché parmi des cannes et roseaux, qui estoyent sur le rivage du fleuve. Fracasse se traisne, baissé, le long d'iceux, pour attrapper ce miserable Charon, lequel faisant là l'empesché à rabiller ses guestres pour reculer le plus qu'il pourroit à retourner à l'autre rive, Fracasse, se traînant le long du fleuve, et s'approchant de Charon sans faire aucun bruit, et si legerement, qu'à grande peine eust-on peu remarquer ses pas, le prend soudainement par le collet, et luy fait faire trois ou quatre tours, comme une autruche fait à une oye, et puis le jette rudement en l'air, s'envolant comme une corneille : et si Dieu ne luy eust donné secours, il se fust tout brisé en tombant. Mais, de bonne fortune, tombant dedans le vuide du centre, fut garenti par la legereté, et demeura, par ce moyen, sain et entier. Fracasse se delibere après de meiner ceste gondole, et le bonhomme pensoit entrer dedans, et estre porté en un si petit vaisseau ; mais, n'y ayant gueres mis que le pied, il veid son esquif prest d'estre au fond, ne pouvant soustenir un si gros pilastre, comme si une puce pouvoit porter un gros roussin, ou un fourmis un sac de bled de Boulongne. Fracasse, voyant cest inconvenient, se retire arriere, et s'advise d'un autre moyen en grattant sa teste. Avec le pied, il pousse si rudement ceste barque par derriere, qu'elle fut aussi-tost à l'autre rive, autant que si le vent Sudest l'y eust poussée, et estoit eslancée si brusquement, que s'ils n'eussent advancé leurs picques pour la recevoir doucement, elle se fust brisée en cent pieces contre le bord. Cingar la retient et l'aborde au rivage. Il monte dedans et appelle ses compagnons, et, prenant en main l'aviron, leur commande d'entrer ; « car, dit-il, nous passerons bien sans Charon. » Ils entrent tous soubs la conduite de Cingar; non pas toutesfois ensemble, car ils eussent peu se noyer, mais l'un après l'autre. Cingar passa ce fleuve sept fois, non sans la risée de Balde, qui

disoit à ses compagnons : « Voyez, freres, comme Cingar
est habile à ce mestier de battelier? Certainement, et de
forme, et de dexterité, il n'est gueres esloigné de Charon :
voyez ses yeux terribles et sa face maigre. Qui le regar-
deroit, et ne jugeroit qu'il fust un diable? — Il est ainsi,
dit Boccal, c'est le visage d'un Chiozois, par lequel si vouliez envoyer argent à Venise, ô combien il seroit prest et
diligent à recevoir ceste charge! » Cingar respond : « Et
toy, Boccal, en touchant des beufs, tu ne ferois pas bien
le mestier de bouvier, en desrobant le lard et le salé
gras, pour mettre en ta gorge, pendant que tu ferois semblant d'en frotter et oindre le fust de tes roues? » Balde
les oyant, leur dit : « Ho! vous estes tous deux la saincte
Aumosne. Baisez ceste rive : puisque le fleuve est passé,
le sort est jetté, ç'en est fait. » Mais, toy, Sorciere, laisse
un peu ce travail en repos.

LIVRE VINGT-CINQUIEME.

Les Compagnons s'acheminoient le long du fleuve d'A-
cheron, vers la ville de Pluton, par des champs sablo-
neux et steriles, quand ils ouirent de loing un jeune adolescent, criant avec une voix pleine de larmes. Une vieille
le suivoit, et le picquoit avec esguillons pointus. Comme
une jeune tore, picquée par un cruel taon soubs la queue,
se jette çà et là, court d'un costé et d'autre à travers les
buissons, et est quelquefois secourue par son bouvier :
ainsi ce jeune enfant court tantost deçà, tantost delà,
sentant ceste vieille courir après ses espaules. Icelle a
ses cheveux espars au vent, qui ne sont point cheveux,

mais serpens veneneux, et villaines cerastes, lesquelles se dressant contremont, rendent des siflemens horribles. Elle tient en ses mains un fouet composé de viperes, avec lequel elle deschire les flancs de cest enfant. Grillon lors soudainement s'escrie : « O moy, miserable, je vous prie tous, secourez mon pauvre frere! O mon pere! souffrirez-vous veoir une chose si cruelle? Voilà Fanet, votre fils, et mon frere : ha Dieu! voyez comme il est tourmenté : c'est Fanet, à la verité, à qui ceste meschante vieille donne tant d'affaires comme vous voyez! » Le pere fut picqué au cœur, et, d'une course legere, court après Thesiphone. Icelle, voyant Balde courir si furieusement après elle, quitte Fanet, et se fourre entre les compagnons de Balde, et arrache de ses cheveux serpentins, qu'elle jette parmy eux. Ha Dieu! quelle escarmouche soudain s'esleva entr'eux! quels coups horribles ils se donnent du poing l'un à l'autre! Cingar en donne un si grand à Falcquet, qu'il l'estend en terre tout estourdi. Falcquet, avec un hideux regard, avoit le visage tout enflambé de cholere, et met la main à sa masse, avec laquelle il commence le combat contre Cingar, en sorte que ceux, qui n'agueres eussent exposé l'un pour l'autre trois cens vies, estoient à present disposez et resolus de se manger la fressure l'un de l'autre. Moscquin regarde Philoforne de travers : « Que me regardes-tu tant? dit Philoforme; desgaine; villain! » Avec telles braveries, ces deux commencent un duel. Le vaillant Hippolyte s'attacque à son frere Lyron, et se grattent la teigne à bon escient. Fracasse prend à deux mains son rond baston ferré, esperant paistrir une tourte du corps du Centaure; mais, ayant les nerfs aussi durs que metail, telle matiere ne seroit pas propre pour estre fricassée en une poisle. Toutesfois le geant ne laisse de se mettre en devoir, et lancer coups à gauche, à droite; mais souvent en vain, le Centaure luy donnant de la fouace pour du pain. Grillon s'estoit prins desjà à Fanet son frere, et ces deux, n'ayans

point de baston, se jettoient des pierres l'un à l'autre.
Boccal, n'ayant personne à qui se prendre, se donne à
soy-mesme de grands soufflets, et avec ses ongles s'efforce
de se peler la teste. Toutesfois, sa folie ne fut si estrange,
qu'avant se prendre à soy-mesme, il n'allast cacher en un
coing sa bouteille. Balde, voyant un tel changement entre
ses compagnons, se tenoit là immobile comme une pierre.
Puis, voulut separer tous ces combats : il tire son espée,
et crie comme nous faisons, quand nous voulons separer
ces bravaches et machefers faisans friser leurs espées
l'une contre l'autre : « Demeurez, dit Balde, reculez-vous,
de par le diable! A qui est-ce que je parle? Garde! Or
sus, arriere, je frapperay! O Dieu, certes, ceux-cy se tue-
ront l'un l'autre! » Ainsi, Balde, parant aux coups, se met
parmy eux tantost d'un costé, tantost d'un autre, et,
toutesfois ne peut esteindre ce tumulte enflambé. Ils rompent leurs jaques, leurs mailles, leurs cuisseaux, leurs
brassarts, leurs espauletes, et en font voler les morceaux.
Cingar presse Falcquet; et Falcquet, Cingar : Hippolyte
ne pardonne à son frere Lyron lequel aussi ne le laisse
gueres reprendre haleine. Ils sont tous deux nez d'une
mesme mere; mais neantmoins, oublians leur mere, ne
veulent entretenir paix ensemble. Fracasse mugle contre
le Centaure de despit, et de toute sa puissance escrime
contre luy avec son grand baston; mais Virmasse dispos
evite les coups, et sans son habileté, il eust esté brisé en
mille pieces. Boccal ressemble desjà à une oye toute
plumée, tant il s'estoit soy-mesme deschiré, et s'estoit
arraché les cheveux. « Appaisez-vous, crioit Balde, appaisez-vous, freres! Dites-moy, quelle occasion vous a
ainsi excité l'un contre l'autre? Ne frappez plus, Cingar;
laissez reposer vostre massue, Falcquet : le lien d'amitié
qui estoit entre vous deux se rompt-il ainsi? Reculez, Virmasse, ne combattez plus ainsi! Or sus, Lyron, demeurez :
voulez-vous ainsi blesser vostre frere Hippolyte? Estes-vous
fol, ô Fanet; et toy, Grillon, quelle furie te tient? Laissez

tous deux ces pierres! O Philoforne, qu'est-ce que Moscquin t'a fait? Hola, Moscquin, pourquoy te coleres-tu ainsi contre un si bon amy? Reculez tous, et rengainez vos espées! » Mais, voyant que ces parolles n'avoyent aucun pouvoir, il met l'espée au poing, pensant avec le plat demesler tels differends. Il les menace souvent qu'il sera contraint de manier les mains, sans respect d'aucun. Chascun estoit desjà assez las de se combattre, et toutesfois ils ne vouloyent aucunement escouter Balde, qui tantost avec douces parolles les prioit, tantost juroit, tantost les menaçoit : et considerant qu'il n'en pouvoit venir à bout en quelque sorte que fust, il se tourne vers Thesiphone, qui estoit là arrestée à les regarder : « Peut-estre, dit-il, qu'ainsi ce tumulte s'appaisera. » Elle s'enfuit incontinent, et remplit l'air de ses cris, et quelquefois, se tournant, menaçoit Balde, puis grinçoit les dents, et soudain ouvroit la bouche, rendant une haleine puante. N'avez-vous jamais veu un chien enragé courir, lequel, pendant qu'on le chasse à coups de baston et huées que chacun fait après luy, porte la queue entre les jambes, et tournant la teste derriere soy, grince les dents, et redouble quelquefois *bau bau*? Ainsi ceste vieille meschante et villaine fait à Balde, qui la suivoit derriere ; et pensant l'attraper incontinant, il la perd, estant icelle esprit, qui ne s'accouple gueres à un corps. Elle s'en va vers une montagne, qui avoit tout autour une grande et spatieuse vallée, et au-dessus vomissoit des flammes sulphurées, et plus mal sentantes que privez et latrines. Ceste vieille ribaude ne se soucioit de grimper au haut de ceste montagne, y estant plus prompte que ne seroit une chevre. Balde la suit quelque part qu'elle aille, et ne se soucie des ronces, des espines, des pierres et des precipices, estant resolu de n'abandonner ses pas.

Pendant qu'il la poursuit si chaudement, il descend en un lieu desert où le chemin estoit tel, qu'il n'y en avoit au monde de plus rude. Tantost il descendoit bien bas ;

tantost il remontoit si haut, qu'il luy estoit advis monter au ciel. Autour d'iceluy y avoit un marais plein de bourbe noire et puante, dont l'odeur affoiblissoit le cœur de Balde. Toutesfois, ne s'en souciant autrement, il saute dedans; mais ce ne fust sans s'y veautrer à bon escient, maulgré qu'il en eust, et jamais pourceau ne sortit plus beau fils d'un grand bourbier, comme Balde sortit hors de cette fange, assez fasché, et non sans un grand travail. Mais les peines, les fatigues et les travaux sont aux Paladins, plus chers et plus precieux que l'or. Davantage de grosses nuées pluvieuses le suivoient, lesquelles pleines de gresle ruinoient et brisoient tout. Ceste obscurité tenebreuse estoit tout autour par fois transpercée de certains esclats de feu, après lesquels on oyoit bruire d'un costé et d'autre des tonnerres merveilleux.

Avec telles peines et tels travaux, le Baron Balde s'eschappe, et sort hors de tant de dangers. Enfin, ceste meschante vieille descend en un palus obscur, autour duquel y a des bois tousjours pallissans et des repaires de dragons. Entre iceux ceste Nymphe de Charon se perdit, et laissa Balde en defaut, ne la pouvant plus suivre. Icelle s'esquive, et s'en va levant les oreilles, faisant comme le chevreuil, ou un vieil lievre rusé, lequel, suivi d'un chien, qui le sent au train, ne cherche pas à se sauver par la campagne, mais à travers les buissons, entre lesquels il fait plusieurs tours et destours, rusant çà et là; et se pensant estre hors des pattes du chien, s'arreste sur ses quatre pieds, leve les oreilles, escoutant s'il est suivi. Et comme le chien, estant lors aussi en defaut, s'arreste court, reprend le vent en haussant le nez; ainsi Balde soudain se retient, ayant perdu ceste Furie, ne pouvant rien recognoistre d'elle : et puis, entrant dedans le bois, queste çà et là, et avec son baston bat tantost un buisson, tantost un autre.

Il n'oit cependant rien branler, et le vent ne fait mouvoir aucune feuille. Il s'advance peu à peu, prestant l'oreille à tout. Enfin, il apperçoit au milieu d'un vallon une maison couverte de demies tuilles rompues. Il n'y trouve aucun gardien, et n'est besoing de frapper à la porte. Il entre en icelle, tenant son espée nue à la main. Les murailles à demy rompues estoyent couvertes d'une grosse humidité, et les planchers estoient tous moisis, ainsi qu'on voit ès lieux, ausquels le jour ne donne point. Balde, cheminant en icelle, marchoit avec un pas ferme, et escoutoit s'il s'y faisoit point quelque bruit. Il n'oit rien, tellement qu'il croit que là le Silence faisoit sa demeure : marchant de pas en pas, il faisoit avec le pied crever de gros crapaux enflez, et escachoit des vers. Il rencontroit souvent des dragons, trainans un ventre large contre terre, lesquels avec son espée il tailloit en deux. Enfin, il trouva un College que la vieille de Charon avoit fait, et où se tenoit le diforme Senat. Balde s'arreste à la premiere entrée, et preste l'oreille attentive à ce qu'il pourroit ouïr, et oit ceste ribaude parler au peuple. Ceste sale estoit grande et spatieuse, faite en quarré. Autour d'icelle estoyent des sieges de bois tous pourris, comme sont ces cercueils des morts qu'on tire de terre un long-temps après qu'on les y a mis. Au milieu de la sale est une chaire plus grande que les autres, faite de metal, et laquelle est environnée d'espées et glaives sanglans. En ce siege sied Ambition, tenant le port d'un superbe tyran, laquelle tasche par tous moyens de commander au ciel, à la terre et à la mer. Toutesfois on voit une espée pendante sur sa teste, ne tenant qu'à un petit filet et estant tousjours preste de tomber sur elle. Non loing d'elle, cause et babille sans cesse Discorde avec cent langues, meut, baille des bourdes, murmure, manie les mains, et avec mille flateries, tente l'oreille de la Royne, et ceste traistresse jamais ne se depart de son costé. Les trois Furies luy obeissent et portent ses ambassades par tout le monde, par le moyen desquelles advient la ruine d'un chascun. Elles vont tous les jours çà et là, et reviennent, rapportans nouvelle à la Royne, et combien par leur industrie elles attirent d'ames en enfer et en font mourir par leurs ruses accoustumées. L'Impiété sanglante se voit aussi en ce lieu, regardant de travers et ensanglantant tout ce qu'elle touche. Icy aussi est la Vengeance, fremissant de rage, et s'esguillonnant elle-mesme de ses propres esguillons. La Royne l'envoye souvent parmy les compagnies, et la salarie grandement, quand de son glaive elle sçait bien ensanglanter quelques Royaumes, ne pardonnant le frere à son frere, ni la sœur à sa sœur, ni la mere à son fils, ni la femme à son mary. La Sedition est icy, tenant en sa possession une populace. Icy sont le Deuil, la Rage, la Haine, la Crainte, l'Ire, le Travail, faisans tous le Concile d'Enfer et le Senat de la mort. Ambition preside et ne veut seconder personne. En sa presence, et devant tels monstres diformes, Thesiphone, Alecto et leur sœur Megere plaidoient lors l'une contre l'autre, le Senat leur donnant audience. Mais qu'avoyent à demesler ces truies, et ces villaines et maigres louves? O vous, mortels! accourez pour ouyr ce que c'estoit, et pleurez avec moy. Approchez toute sorte, toute condition, toute race d'hommes, et veillez ouyr les miserables follies de ce monde, et cognoistre les causes de tels erreurs. Ambition avoit imposé silence à tous, afin qu'un chascun peut mieux tenir ses oreilles attentives.

La puante Megere, secouant sa chevelure serpentine, commença ainsi la premiere son plaidoyé, et dit : « Oyez, Peres infernaux, et vous, Princes et satrapes de Magog : je suis celle qui enseigne comme il fault mesler et preparer le noir venin, et n'y a aucun teriacle qui puisse resister à mon aconit. J'ay le soing du Siege de S. Pierre et de la tiare Papale, et bien souvent je mets sans dessus dessous les chappeaux cardinalesques. Regardez comme je porte la chevelure deschirée : de là, je dois avoir la palme que merite un triomphe perpetuel. La grande liberté que se donnent aucuns des Pontifes, c'est la grande ruine de toutes choses, lors que je puis traîner ma queuë et faire ensorte qu'aucun ne soit eslevé à ce haut degré d'honneur par saintes prieres, ni par le consentement de la sainte colombe. O que nous sommes bienheureux ! ô, comme nous sommes bien parvenus aux fins de nos doux et plaisans souhaits, quand un pontife est forgé par nostre faveur ! Car nous sommes engraissez de la chair et du sang d'un troupeau sain et entier, s'il est conduit par un pasteur aveugle. Le berger, mitré par mon soing et sollicitude, tue et assomme les ouailles, et les laisse pour viande au loup, s'enfuiant de peur : il pele ses brebis, il arrache les plumes à ses oiseaux. A mon occasion, les autres se voyent sales et villains parmi les temples à demi rompus, l'Eglise tombe et la Mere chet du haut en bas : Mere, dis-je, qui nourrit les bastards, et qui enfin sera mise soubs le joug de l'Alcoran, si elle n'est consolée par quelque juste et sainct Evesque. Et lors seroit malheur à nous, et une pauvreté et misere bien grande pour nous, si la chair de Jesus-Christ estoit octroyée à un tel personnage, qui ne voulust plus vendre les bonnets rouges, qui ostast de dessus les espaules des hommes mille charges, qui renouvelast les sainctes ordonnances de l'Eglise, desquelles nous avons fait perdre l'usage, et qui voulust remettre en son vray poinct ce qui est corrompu en icelle. Vous cognoissez, il y a long-temps, quels Peres saincts l'Eglise a eu quelquefois ; comme ils ont esté dignement sacrez ; comme ils sont bien pansez, combien ils sont jolis, comme ils sont parez, comme ils sont vrays bufles d'entendement, comme ils sont sçavans aux cartes, et comme ils sont coustumiers de nourrir et entretenir des garces qu'ils appellent leurs sœurs, de nourrir des bastards qu'ils nomment leurs nepveux, de se parfumer de bonnes odeurs, de porter cappes à l'Espagnolle, et faire bouffer le velours à leurs chausses ; nourrir oiseaux de proye, des chiens, des esperviers, des braques ! Et cependant l'Eglise, deschirée et mal accommodée, pleure, ainsi qu'on peut veoir :

car, entrant en icelle, on n'y voit que toute ordure, ressemblant plutost à un toict à porcs, qu'à un temple. La paille et ordure y sont jusques au genoüil, et la pluye passe à travers les voultes, estans les murailles parées de longues aragnées. Le crucifix aura faute d'un bras ; et au haut de sa teste, la souri, le rat, ou le chathuant, fera son nid et rongera une si noble figure. La saincte Hostie, pour la laisser trop envieillir, engendrera des vers, s'estant par humidité du lieu attachée au verre ou au bois. Car des ciboires d'or ne sont gueres en usage, pour estre sujets au larrecin. Il n'y a aucune lampe pleine d'huille pour ardre en l'honneur de Dieu ; car l'huille, ordonnée pour cet effect, est tournée en usage de la poisle et sert plus à fricasser des lampreons qu'à faire honneur au corps de Jesus-Christ. Il n'y a aucun tapis sur l'autel, ou ce ne seront que lambeaux, qu'à grand' peine serviroient d'une couverture de cheval. Le clocher sent l'urine des Prestres, et en iceluy on fait venir les commeres pour les ouyr en confession. Bien souvent il n'y a point de corde, ou icelle n'est composée que de longes des licols de la mule nouez bout à bout. Que me servira de reciter tout ? Vous sçavez tous comme je suis habile et accorte à mes entreprinses. Pour ces causes et considerations, je soustiens que je suis preferable à mes sœurs, et qu'Alecto me doit ceder. »

Ceste-cy ayant achevé d'ainsi parler, soudain Alecto, putanesque de malebouche, toute en cholere, se leve de sa chaire, se tient debout, jette infinies ordures, et puanteurs de sa bouche, puis retirant une horrible haleine de l'estomach : « Je ne suis, dit-elle, pas moins digne que toy pour estre eslevée en la chaire triomphale, avec l'applaudissement de tout le peuple, ayant fait espandre parmy le monde plus de sang que la mer ne reçoit d'eau en soy, et plus qu'il n'y a en elle de sablon. J'ay cy-devant conceu, et esté grosse (estant la putain du diable, Faulseté), et avois le ventre merveilleusement enflé, lors qu'approchant le temps et mesme l'heure d'accoucher, la femme de Lucifer, la mere de Lupasse, la putain de Satan, vindrent à moy pour me secourir à mon accouchement et recevoir mon part. Pendant qu'elles travailloyent par-devant à le recevoir, comme est la coustume, sortirent par la villaine et sale bouche de mon derriere deux enfans avec une très-puante odeur, lesquels, à grand' peine estans à demis sortis, commencerent à se donner l'un à l'autre des coups de poing, et se deschirer les joues avec leurs ongles. Je me resjouissois en moy-mesme, je le confesse, de ce que ceste laide semence pronosticquoit desja devoir estre la ruine des Rois du monde. Je les ay tousjours nourris de laict de serpens, et les ay faict succer les mammelles d'un baselic; et lors ils combattoient l'un contre l'autre à qui auroit la droite ou la gauche, se donnans de grands coups de pied; l'un se nommoit Guelphe et l'autre Gibelin. Iceux, ayant atteint l'aage de douze ans, ne cessoient jour et nuict de se quereller. Il advint, un jour, qu'ils se tindrent aigrement à beaux ongles et avec belles dents de chien. Guelphe, avec ses dents trenchantes, coupa net le pouce à Gibelin; et pour triomphe le portoit partout, pour en faire plus grand' honte à son frere. Mais iceluy, se revenchant, coupa aussi avec les dents à Guelphe le doigt d'auprès le pouce, et le devora, portant seulement la semblance d'iceluy, pour marque de sa vengeance : dont vient que Guelphe, avec le pouce de sa main droicte, tue les puces; et Gibelin leche et essuye les mortiers avec le doigt d'auprès le pouce de sa main gauche. Avec tels soldats j'ay renversé tout le monde, et par telles boucheries j'ay infecté toute la terre de sang. Dites-moy, que vaudroit à present ceste compagnie de Guelphes et Gibelins, si ce n'estoyent mes enfans, ayant icelle tel pouvoir qu'elle rompt, qu'elle deschire, et qu'elle met sans dessus dessous tant de villes et tant de pays? Le Guelphe veut porter son pennache à droit ; au contraire le Gibelin le veut porter à gauche.

L'un veut coupper en travers tout ce qu'il fault coupper ; l'autre veut tailler en long tout ce qui a besoing d'estre taillé. O gens fols et insensez, et sans sçavoir ! Ne voyez-vous pas bien comme je remplis l'Enfer de telles ames perdues, mieux que vous ? Et si a davantage ; car je ne laisse accroistre la Religion et foy de Jesus-Christ, laquelle autrement se fust assujetti tout le monde, et eust ruiné les Turcs, si cest assassinateur de Guelphe et ce voleur de Gibelin n'eussent espandu parmy le monde ceste semence pestifere. C'est donc bien raison de nous resjouyr, et faire feste avec toutes sortes de danses en cest Enfer obscur, pour le moyen seur que j'ay trouvé, tendant enfin peu à peu à la ruine du Christianisme ; pendant que les Italiens, suffisans à suppediter le monde, se divisent ensemble, et se rendent eux-mesmes serfs, vassaux et vils serviteurs de ceux qui, au temps passé, estoyent leurs vassaux, leurs serfs et leurs vils serviteurs, par leurs vertus et vaillances. »

Pendant qu'Alecto, toute enflambée de cholere, tenoit tels superbes propos, Thesiphone, poussée d'un grand desdain, se leve en pieds, et ainsi commence son discours, entrerompant les dernieres paroles de sa sœur : « Vous estes toujours trop arrogante, outrecuidée, temeraire et babillarde, Alecto, et vous ne vous mesurez point en vos propos. Ce seroit mieux pour vous, si dès longtems je vous eusse coupé la langue près le palais : nous aurions peut-estre de toy des propos plus raisonnables ; et non si fols, ny si legiers, ny si peu balancez. Dis-moy, qu'est-ce qu'un peuple, une populace, un vulgaire, en comparaison de gens sages, illustres et pleins de bon gouvernement ; il n'y a rien plus leger qu'un peuple ; il n'y a rien plus muable en tout le monde, que le vulgaire. Quiconque se vante d'estre Guelphe ou Gibelin, dites hardiment cestuy-là estre un villain, nay d'une infecte et puante fiente, combien qu'il porte bonnet et escarpins de velours. S'il s'ingere de suivre un parti, et regarde l'autre de travers, vous luy pouvez dire qu'il n'est point de sang illustre, qu'il n'est ny Seigneur, ny Duc, ny Marquis, ny Baron, ny Gentilhomme : car pas un d'iceux en cent ans ne suivroit telles villaqueries. Voilà de belles conquestes, et dignes de grandes louanges ! Et tu t'oses vanter, par dessus mes triomphes, de ce que tu as totalement ainsi mis le monde sans dessus dessous, comme tu dis ; et neantmoins voilà Cipade, qui s'est encor' garantie de tes serpens ! Mais, moy seule, j'ay fait maintenant, et fais qu'icelle s'est bandée cruellement contre soy-mesme, et s'est fourré d'elle-mesme le couteau en son ventre : laquelle ny vous, ny ceste louve de Megere n'avez peu aucunement desmembrer. Qui croit que j'aye peu rompre par entr'eux la paix : la paix, dis-je, tant ferme, et le lien si solide, qui retenoit en amitié ceste grande, illustre et venerable Cipade, laquelle, après avoir rangé sous ses loix toutes les villes du monde, est venuë çà bas pour deposseder Pluton de son Royaume. Balde, Balde est icy, ce Heros Renaldicque, auquel, comme estant de cœur royal et franc, autant plaist le parti des Guelphes que celuy des Gibelins, pourveu que l'un et l'autre aiment la bonne et belle reputation, et soyent affamez de l'honneur. Ceux qui osent dire le Roy de France estre Guelphe, et l'Empereur Gibelin, n'ont pas grand entendement, pensant que tels princes se lient à telles folies. »

Or Balde, ayant eu patience pour escouter tous ces beaux discours, soudain prend son espée, rompt les portes et entre dedans. Le voyant tous entrer en telle furie, incontinent toute ceste infâme assemblée se depart, s'enfuit, quittant là chascun sa chaire. Comme quand l'Aurore, reluisant avec ses belles rouges couleurs, se descouvre au matin et vient revoir le monde, tous les chathuans se cachent, et font soudain retraite, de peur de voir la clarté du jour : ainsi ceste compagnie infernale escampe à la veuë de Balde, et ne peut souffrir l'aspect et le regard d'un si grand personnage. Il demeure là seul, voyant

toutes les chaires vuides ; et, s'en courrouçant, brise et
decouppe tout avec son espée. Pendant qu'il s'amusoit à
cela, il aperçoit la gratieuse personne de Seraphe, qui
souvent vient et revient voir Balde : les Compagnons duquel il avoit jà trouvez comme ils estoient ainsi poussez
en furie l'un contre l'autre, et lesquels il avoit reduits et
remis en bonne cervelle, et les avoit là amenez bien rassis
et paisibles; et puis soudain disparut, et s'en retourna en
haut.

Or les Compagnons recommencent à poursuivre leur
chemin par ces lieux tenebreux. Fracasse marche le premier, ayant un courage tel, qu'il bouilloit d'envie d'arracher les cornes aux Diables ; et ne parloyent tous par
entr'eux que de tels exploits. Boccal recite les follies inventées par les Poëtes, lesquelles ils disent estre aux Enfers. Il raconte ce qu'il avoit leu autrefois du guerrier
Meschin; pendant qu'aussi Cingar rapportoit à son amy
Falcquet le sixiesme livre de Virgile. O chose merveilleuse! qui la pourroit croire, si on ne l'avoit veuë de ses
propres yeux ? Cingar demeure court au milieu de son
conte, sans pouvoir plus parler, et s'imagine toute autre
chose que le contenu de ce sixiesme livre, et ne se resouvient en avoir parlé.

Falcquet ne sçait aussi ce que Cingar luy avoit dit, et
estoit tout alourdi fantastique après toute autre chose,
sans se resouvenir de ce qu'il avoit entendu de ce sixiesme
livre. Le Centaure brouille sa cervelle de plusieurs choses,
tantost veut celle-cy, tantost celle-là, et ne sçait que choisir. Fracasse fait beaucoup de chasteaux en l'air. Sa langue se taist autant comme si elle n'eust jamais parlé.
Hippolyte n'avoit plus de sel en la teste ; son entendement embrouillé passe à travers de plus de cent chimeres. Lyron, ravi de plusieurs imaginations, tenoit ses yeux
eslevez en haut, se riddant le front. Moscquin estoit fol, et
Philoforne plus fol : car le soing de plusieurs affaires fait
devenir les hommes fols. Fanet et Grillon marchoient en-

semble, sans parler l'un à l'autre, et se regardoient avec les yeux fichez l'un sur l'autre. Boccal en humeur fantastique marchoit seul devant, remuant les levres sans proferer aucun mot, et avec les deux mains joüoit à la morre tout seul, s'escriant quelquefois, sans prononcer une parole. Mais Balde, ayant la parole à commandement, blasmoit fort le silence qu'il voyoit en ses compagnons, et, parlant à eux, il leur demandoit response : mais iceux, estans devenus muets le regardoient seulement pour toute response. « Ho! dit-il, voicy une chose bien nouvelle : ô Cingar, que veux-tu dire? ô Lyron? Hippolyte, vous ne parlez point? Et d'où vient cela? Voulez-vous garder silence comme en un cloistre? Dites-moy quelque chose, afin que le long chemin ne nous ennuye. Ne daignez-vous rendre response à vostre Balde? » Iceluy usoit de tels mots à ses compagnons ; mais il eust plustost ouï parler des murailles. Partant, estant las de leur faire tant de demandes, ne voulut plus essaïer à les faire parler.

Ainsi marchoient-ils à pas mal asseurez, comme font les Lansquenetz quand ils ont en l'estomach du vin plus crud que cuict. Balde enfin veut sçavoir la cause de cecy : il s'advance avant les autres, et trouve une autre chose nouvelle ; car il sent la terre manquer soubs ses pieds, et ne luy semble plus veoir terre sur laquelle il puisse affermir ses pas, et comme s'il estoit suspendu en l'air, manie les jambes, et ne sent aucun travail à marcher. Il se tourne vers ses compagnons et les voit marcher de mesme comme luy avec pareille legereté. Ils veulent bien parler à luy, mais ils ne peuvent que remuer les levres, et, comme muets, ne parlent que de l'œil et des mains. Chascun sent son corps se porter legierement, et aller comme à nage, et se resjouissent de marcher ainsi sans aucune peine. Cecy leur dura jusques à ce qu'un vent les poussa dedans un creux. Là estoit le sejour de Fantasie, accompli d'un murmure de silence, d'un mouvement permanent, et d'un bruit taisible, par un ordre confus sans reigle, sans proportion et sans art. On y oit les Fantasies volleter sans cesse : les estourdis esprits, les songes, les pensers esmeus sans aucune raison, le soing nuisible à la teste, la sollicitude fantastique, l'espece et image diverse de l'entendement. Enfin, c'est la cage des fols; chascun en icelle se piccotte la cervelle, et pesche des mousches en l'air. Du nombre de ces gens icy sont les Grammairiens et la race des maistres-ès-arts. Là est le Nom et aussi le Verbe, le Pronom, le Participe et toute leur sequelle, à sçavoir; *là, icy, delà, deçà, en bas, en haut, à gauche, à droit,* avec toute la bande de *qui* et de *quels*. Les argumens dialectiques y volent çà et là, mille sophismes, mille sottises, pour, contre, en niant, en prouvant. La Matiere ne defaut point icy non plus que la Forme. L'Homme, l'Ens, la Quiddité, l'Accident, la Substance avec le Solecisme. Toute ceste bande assaille les compagnons, ainsi que les mousches donnent l'assaut à un coing de beurre, ou à un fromage frais. Je me suis trouvé quelquesfois, je le confesse, estant bien repeu de vin, et estant à cheval, pendant que le soleil estoit en sa vigueur, lors que la cigale chante, que six mille moucherons volloyent autour de ma teste, comme ils ont accoustumé de voler environ un pot de beurre et un vaisseau de moust. Ainsi ces legeres fantasies et apprehensions biserres assaillent ensemblement ces Compagnons et leur piccottent la cervelle, et, entrans en leur teste, mettent sans dessus dessous le silence.

Balde, n'estant point atteint de ce mal, les regarde, s'estonne, et enfin s'en rit, voyant Cingar, lequel pendant que telles fantasies le provoquoient tantost deçà, tantost delà, les poursuivoit, les prenoit avec les mains; mais il n'avoit la dexterité de les retenir, et voïoit qu'enfin il ne tenoit rien. Vous avez peu veoir autrefois des enfans s'esbattre à prendre des mousches en la main, pour puis après les mettre en prison en un coffret fait de papier plié en quatre. Ils en prennent beaucoup, et les retiennent bien dedans le poing ; mais quand ils estendent les doigts, et les ouvrent un petit pour les prendre de l'autre main, elles s'eschappent. perdans l'huille et le temps, comme on dit. Cingar et ses compagnons estoyent ainsi, non sans apprester bien à rire à Balde. Ils tendoient les mains, pensans prendre quelque chose, mais enfin ils trouvoient que ce n'estoyent que comme des chauve-souris, des chathuans, des chouettes qu'ils prenoient, et dont ils emplissoient leurs poches. Cingar reccut de Paul le Venitien et de Pierre l'Espagnol mille fourbes, lesquelles soudain il avalla aussi doucement que si c'eust esté de la coriandre confitte. Puis, s'en va contre Falcquet, et tout de suite luy fait trente argumens ; mais Falcquet, bon Logicien, luy respond promptement : l'un crie, l'autre babille, et ne se pourroient jamais accorder en cent ans. Lyron en fait autant ; aussi font Hippolyte et Boccal. En somme, tous avec si grand bruit remuent la Physicque, l'Ethicque, l'Ame et cent telles nouvelles, que Balde tout estourdi fut contraint de se boucher les oreilles. Philoforne trouva là l'estrille de l'Escot, laquelle il print, et jura qu'il en estrilleroit bien les livres de S. Thomas d'Aquin. Virmasse amasse les songes et resveries d'Albert le Grand, et avec iceux il se veut rendre agreable à tous, et predire l'advenir, oster la cervelle aux corneilles, prendre les poissons à la main et ouvrir les serrures sans clef. Fracasse s'efforce à prendre des grenouilles, sautant et pissant par derriere, et pendant qu'il en tient une, l'autre s'enfuit bien loing. Boccal, sans grand travail, prend je ne sçay combien de regles d'Epicure, les serre et les met en son baril, de peur qu'elles s'enfuient, et bouche bien l'entrée avec le bondon.

Entre telles bandes, on descouvre enfin une beste, laquelle avoit une teste d'asne, le col de chameau, mille mains, mille pieds, et portoit mille aisles pour voler, un ventre de beuf et les jambes de chevre. Si icelle avoit une queuë de singe, avec laquelle elle pouvoit chasser d'autour de soy les taons, elle toucheroit jusques au ciel et voudroit avaler Minerve en un morceau : mais, parce que tout ce qu'elle fait n'est qu'un bignet, à faute de queuë n'est rien estimée, et est appellée Chimere, laquelle engendre de hautes montagnes, et naist d'icelle un petit fagot. On voit aussi là un autre monstre à deux ventres, lequel est seulement sousteneu de deux jambes, comme la Carte de Tacun tient et represente les deux jumeaux Castor et Pollux, voulant demonstrer les signes de la Lune. Ainsi et en la mesme façon est là formé un homme avec deux corps, ou bien deux hommes se joignans ensemble par l'aine seulement. L'un s'appelle : A sçavoir mon, et l'autre s'appelle de mesme nom, se donnans à soy-mesme de grands coups de poing. Et toute la forme s'appelle : L'un ou l'autre : se combattant ainsi soy-mesme, l'un prouve, l'autre nie; et enfin tous deux viennent en un.

Or, cependant les Compagnons sont emportez par un je ne sçay quel mouvement, et se trouvent hors la caverne : et lors chascun commence à marcher sur ses pieds; chascun chemine, et ne se souvient de ce qu'il a nagueres veu. Les fantasies s'en vont, lesquelles ils avoient tantost tousjours autour d'eux, et reviennent au lieu d'où ils estoient partis. Iceux toutesfois sont, grand' espace de temps, à demy fols et à demy estourdis, et retournent enfin à leur maison. O! que pauvres gens sont, et de peu d'esprit, ceux qui perdent le temps à telles choses vaines et qui pensent employer le jour après icelles plus utilement qu'à mesurer, et bien peser des mots et paroles Maccaronesques, et qu'à attacher et coller des vers sur les espaules de Pasquin! Car icelles à la fin se perdent avec leur legereté, et ceux-cy folastrent tousjours encore que leurs ans durassent autant et plus que ceux de Nestor.

Ces Compagnons donc s'en vont; et Balde leur racompte tout ce qui s'estoit passé entr'eux. Et n'estoient encor gueres loing, quand voicy au devant d'eux se presenter un certain bouffon, et fol tout à faict : car il chevauchoit une longue canne, comme font les petits enfans, et levoit de sa main gauche la bride de son coursier, et avec la main droite tenoit une longue chenevotte, au bout de laquelle y avoit un petit moulinet, lequel, pendant que cest homme couroit, le vent faisoit tourner tout autour. Il portoit deux oreilles droites faites de drap, lesquelles il avoit attachées à son capuchon, auquel il avoit des sonnettes cousuës : il saulte et contrefait des pieds et des mains la moresque, et, presentant la main à Balde, commence à dancer. Balde, avec un gracieux accueil, ne le refuse point, et se laisse aller dançant avec luy, ainsi que ce fol le vouloit mener. Les Compagnons rient, et sont envieux de veoir la fin de ce jeu, suivans eux tous ceste dance. Ce fol ne dit mot : mais tombe souvent à terre. Balde le releve, et ne pense à autre chose qu'à relever souvent ce bouffon.

Après quelque peu de temps, ils apperçoivent une grande machine, la hauteur de laquelle surmontoit le mont Olympe. Et qu'estoit-ce ceste grosse masse? C'estoit une coquille, ou, pour mieux dire, un test sec et creux, lequel, quand il estoit encor frais, sain et entier, estoit mangeable et eust peu fournir d'une bonne repeuë à tout le monde. A son costé, il y avoit un trou, au lieu de porte : par iceluy entre le bouffon, Balde, et les autres. C'est la demeure des Poëtes, des Chantres et des Astrologues, qui inventent, feignent, chantent, predisent, devinent plusieurs songes à un chascun, et qui ont rempli leurs levres de nouvelles follies et vanitez. Mais quelles peines ils endurent! Oyez-le maintenant, ô Poëtes, ô Astrologues, Chantres et Chyromantiens, ne veuillez feindre tant de menteries, et avec un art de flaterie complaire aux seigneurs, ausquels, comme à de pauvre moutons, et despourveus d'entendement, vous comptez sur le doigt mille fadeseries de vos estoilles; et ce que des facquins et portefaix peuvent dire par les conjectures des choses passées qu'ils ont veu, vous le rapportez à certaines conjonctions, et à des ascendans de Juppiter, en conjonctions faites avec la Vierge et avec le Lyon. Ce test est leger, creux, dedans, et semblable à une sonnette en laquelle y auroit un pois sec pour rendre un son. Ce test, à la vérité, est la vraye maison et le séjour des Astrologues, des Chantres et des Poëtes, et est comme une pierre qui, jettée en haut, revient tousjours à bas, et comme un feu qui de soy mesme tend tousjours en haut. Ainsi les choses legeres se meslent avec les legeres; et les vaines et superflues avec celles qui sont de pareille qualité. Il y a là trois mille barbiers fort experts : l'office desquels n'est pas de faire et raser les barbes, mais d'arracher les dents avec tenailles. Pluton les paye tous les ans de leur salaire. Chasque Poëte, chasque Chantre et chasque Astrologue est suject à un de ses barbiers, qui le fait souvent crier : ay, ay, pendant qu'il fait son office sur une chaire et tient la teste de l'accusé entre ses cuisses, et luy deschausse les dents, les luy maniant tout autour avec ses ferremens jusques à ce qu'il les luy ait arrachées, qui est cause que là vous oyez crier mille : helas! Car cest ouvrage ne prend jamais fin, par ce qu'autant qu'ils ont par jour donné de menteries, autant à tous leur arrache-t'on de dents; mais plus on en arrache, plus en renaist.

Partant, ô Crogne, la premiere de toutes mes seurs, si tu ne le sçais, il faut que moy estant Poëte, je demeure icy. Il ne m'est moins convenable de sejourner en ce test qu'à celui qui un jour proposa un jeune Grec nommé Achiles à Hector, et qu'à cest autre qui mesprisa et contemna l'insigne vaillantise de Turne, pour un Seigneur Ænée, lequel par ses vers il louë pour une mitre et bonnet, qui luy couvroit la teste jusques au menton, et pour ses cheveux oincts et frottez d'onguent. Ce test est donc mon pays : en iceluy, il faut que je perde les dents autant que j'ay inseré de mensonges en ce gros livre. Adieu, Balde : je te laisse en la recommandation d'un autre, auquel peut-estre ma Pedrale fera ceste faveur de pouvoir chanter comme tu auras destruict le royaume de Lucifer, et de te ramener de là sain et sauf.

Arrive, ô navire, très-lasse, au port désiré : arrive, il est temps : car je voy que j'ay perdu durant une si longue navigation mes rames. Ha! miserable que je suis, j'ay amené le vent de Midy et d'Auster sur de belles fleurs ; et par mes porcs sales et villains, j'ay soüillé les belles et claires fonteines.

FIN.

TABLE DES MATIÈRES

Préface de l'éditeur. I
Notice sur la vie et les ouvrages de Théophile Folengo et sur la poésie macaronique en général. VII
Avertissement. 1
L'Imprimeur au Lecteur. 4

HISTOIRE MACARONIQUE DE MERLIN COCCAIE.

Livre premier. 5
Livre deuxième. 24
Livre troisième. 40
Livre quatrième. 60
Livre cinquième. 77
Livre sixième. 93
Livre septième. 109
Livre huitième. 134
Livre neuvième. 152
Livre dixième. 170
Livre onzième. 185
Livre douzième. 205
Livre treizième. 222
Livre quatorzième. 238
Livre quinzième. 249
Livre seizième. 261
Livre dix-septième. 280

TABLE DES MATIÈRES.

Livre dix-huitième.. 301
Livre dix-neuvième. 316
Livre vingtième. 335
Livre vingt et unième. 357
Livre vingt-deuxième. 371
Livre vingt-troisième. 389
Livre vingt-quatrième. 410
Livre vingt-cinquième. 451

FIN DE LA TABLE DES MATIÈRES.

LIBRAIRIE DE A. DELAHAYS

BIBLIOTHÈQUE GAULOISE

BUSSY-RABUTIN. Histoire amoureuse des Gaules. 2 vol. in-16. . . . . 8 fr.
2 vol. in-18 jésus, 5 fr. — *Vélin*, 10 fr.

BRANTÔME. Vie des Dames galantes. 1 vol. in-16, papier vergé. . . . . . 4 fr.
1 vol. in-18 jésus, 2 fr. — *Vélin*, 5 fr.

JACOB (P. L.). L'Heptaméron de Marguerite d'Angoulême. 1 vol. in-16. . . . . . 3 fr.
1 vol. in-18 jésus, 2 fr.

CYRANO DE BERGERAC. Histoire comique des états et empires de la lune et du soleil. 1 vol. in-16. . . . . . 4 fr.
1 vol. in-18 jésus, 2 fr. 50. — *Vélin*, 5 fr.

— Œuvres comiques, galantes et littéraires. 1 vol. in-16. . . . . 4 fr.
1 vol. in-18 jésus, 2 fr. 50. — *Vélin*, 5 fr.

LA VRAIE HISTOIRE COMIQUE DE FRANCION, composée par Charles Sorel. 1 vol. in-16. . . . . 5 fr.
1 vol. in-18 jésus, 2 fr. 50. — *Vélin*, 7 fr. 50.

CONTES ET NOUVELLES DE LA FONTAINE. 1 vol. in-16. . . . . . 5 fr.
1 vol. in-18 jésus, 2 fr. 50. — *Vélin*, 7 fr. 50.
— Papier de Hollande, 10 fr.

LES AVENTURES BURLESQUES DE DASSOUCY. 1 vol. in-16. . . . . . 5 fr.
1 vol. in-18 jésus, 2 fr. 50. — *Vélin*, 7 fr. 50.

LES CENT NOUVELLES NOUVELLES. 1 vol. in-16. . . . . . . 5 fr.
1 vol. in-18 jésus, 2 fr. 50. — *Vélin*, 5 fr.

CYMBALUM, précédé des Récréations et joyeux devis de Bonaventure des Periers. 1 vol. in-16, papier vergé. . . . . . 5 fr.
1 vol. in-18 jésus, 2 fr. 50. — *Vélin*, 5 fr.

LES VAUX-DE-VIRE d'Olivier Basselin, poète normand du quinzième siècle, et de Jean Le Houx. 1 vol. in-16, papier vergé. 4 fr.
1 vol. in-18 jésus, 2 fr. 50. — *Vélin*, 5 fr.

ŒUVRES DE TABARIN. 1 v. in-16. 5 fr.
1 vol. in-18 jésus, 5 fr. — *Vélin*, 7 fr. 50.
Cette édition est tirée à très-petit nombre.

ŒUVRES POÉTIQUES (Les) de Philippe Desportes. 1 vol. in-16, papier vergé. 5 fr.
1 vol. in-18 jésus, 3 fr. — *Vélin*, 7 fr. 50.

VIRGILE TRAVESTI (Le), par P. Scarron. 1 vol. in-16, papier vergé. . . . . . 5 fr.
1 vol. in-18 jésus, 3 fr. — *Vélin*, 7 fr. 50.

BIBLIOTHÈQUE DE POCHE

CURIOSITÉS LITTÉRAIRES, par Ludovic Lalanne. 1 vol. . . . . 2 fr.

CURIOSITÉS BIBLIOGRAPHIQUES, par le même. 1 vol. . . . . . . 2 fr.

CURIOSITÉS BIOGRAPHIQUES, par le même. 1 vol. . . . . . . 2 fr.

CURIOSITÉS DES TRADITIONS, des mœurs et des légendes. 1 vol. . . . 2 fr.

CURIOSITÉS MILITAIRES. 1 vol. . 2 fr.

CURIOSITÉS DE L'ARCHÉOLOGIE et des beaux-arts. 1 vol. . . . . . 2 fr.

CURIOSITÉS PHILOLOGIQUES, géographiques et ethnologiques. 1 vol. . . 2 fr.

CURIOSITÉS HISTORIQUES. 1 v. 2 fr.

CURIOSITÉS DES INVENTIONS et des découvertes. 1 vol. . . . . . . 2 fr.

CURIOSITÉS ANECDOTIQUES. 1 volume. . . . . 2 fr.

CURIOSITÉS JUDICIAIRES, historiques et anecdotiques, par C. B. Warée. 1 v. 2 50

SOUS PRESSE

CURIOSITÉS THÉÂTRALES, par Victor Fournel. 1 vol.

CURIOSITÉS THÉOLOGIQUES, par G. Brunet. 1 vol.

NOUVELLE BIBLIOTHÈQUE DE POCHE

CURIOSITÉS DE L'HISTOIRE DES ARTS, par P. L. Jacob. 1 vol. . 2 fr.

CURIOSITÉS DE L'HISTOIRE DE FRANCE, par le même. Première série. 1 vol. . . . . 2 fr.

— Deuxième série. Curiosités des procès célèbres. 1 vol. . . . . 2 fr.

CURIOSITÉS DE L'HISTOIRE DU VIEUX PARIS, par le même. 1 vol. 2 fr.

CE QU'ON VOIT DANS LES RUES DE PARIS, par Victor Fournel. 1 vol. . 2 fr.

RUELLES, SALONS ET CABARETS, par E. Colombey. 1 vol. . . . . . 2 fr.

NINON DE LENCLOS ET SA COUR, par le même. 1 vol. . . . . . . 2 fr.

PETITE BIBLIOTHÈQUE DE POCHE

LES SECRETS DE NOS PÈRES, recueillis par le Bibliophile Jacob. In-32.

En vente

L'Art de conserver la beauté. 1 vol. . 1 fr.

La Cryptographie ou l'Art d'écrire en chiffres. 1 vol. . . . . 1 fr.

L'Onéirocritie ou l'Art d'expliquer les songes. 1 vol. . . . . 1 fr.

Sous presse

L'Art de prolonger la vie. 1 vol.
L'Art d'avoir de beaux enfants. 1 vol.
L'Art de faire fortune. 1 vol.
L'Art de gouverner les femmes. 1 vol.
L'Art de trouver des sources, des mines et des trésors. 1 vol.
L'Art d'être heureux en songe. 1 vol.
L'Art de se guérir de l'amour. 1 vol.
L'Art de se désopiler la rate. 1 vol.
L'Art d'expliquer l'avenir. 1 vol.

DU RÔLE DES COUPS DE BATON dans les relations sociales, par V. Fournel. 1 vol. in-32 jésus. . . . 1 fr.

DICTIONNAIRE DE FORMULES ET RECETTES relatives à l'économie domestique, etc., par W. Maigne. 1 vol. in-32.

DICTIONNAIRE DES PEINTRES, par M. Pelloquet. 1 vol. in-32 jésus. . . 1 fr.

LES CRIMES DE L'AMOUR, par Bénard. 1 vol. in-32 jésus. . . . . . . 1 fr.

PARIS. — IMP. SIMON RAÇON ET COMP., RUE D'ERFURTH, 1.

www.ingramcontent.com/pod-product-compliance
Lightning Source LLC
Chambersburg PA
CBHW071713230426
43670CB00008B/996